发展型家庭生活教育

理论、实践与制度创新

杨启光 著

国家社会科学基金教育学一般课题
"中国发展型家庭生活教育的理论与制度创新"
(BGA130042)研究成果

上海交通大学出版社
SHANGHAI JIAO TONG UNIVERSITY PRESS

内容提要

本书系统分析了家庭生活教育的基本理论、跨文化实践经验以及中国家庭生活教育发展与制度创新等内容，初步建构了跨学科研究家庭生活教育问题的基本框架，探讨了家庭生活教育在增进家庭能量、缓解家庭压力与危机以及促进家庭发展能力建设诸方面的一般规律与实践脉络。该书是第一部系统研究家庭生活教育的重要著作。

本书适合家庭教育学、社会学、社会政策学等专业的教学与研究人员学习参考，对各级政府制定家庭政策、家庭成员推进家庭学习及个人能力发展具有重要指导意义。

图书在版编目（C I P）数据

发展型家庭生活教育：理论、实践与制度创新 / 杨启光著. —上海：上海交通大学出版社，2017

ISBN 978 - 7 - 313 - 16272 - 4

Ⅰ. ①发… Ⅱ. ①杨… Ⅲ. ①家庭教育-研究-中国 Ⅳ. ①G789.2

中国版本图书馆 CIP 数据核字（2016）第 308847 号

发展型家庭生活教育：理论、实践与制度创新

著　　者：杨启光

出版发行：上海交通大学出版社　　地　　址：上海市番禺路 951 号

邮政编码：200030　　　　　　　　电　　话：021 - 64071208

出 版 人：郑益慧

印　　刷：上海宝山译文印刷厂　　经　　销：全国新华书店

开　　本：710mm×1000mm　1/16　印　　张：18

字　　数：358 千字

版　　次：2017 年 1 月第 1 版　　　印　　次：2017 年 1 月第 1 次印刷

书　　号：ISBN 978 - 7 - 313 - 16272 - 4/G

定　　价：59.00 元

序

　　我的老朋友上海社会科学院家庭研究中心主任徐安琪教授告诉我,江南大学教育学系系主任杨启光教授完成了一项国家社会科学基金课题,结项报告《发展型家庭生活教育:理论、实践与制度创新》即将出版。徐教授特别强调,这个研究成果令她很惊喜和欣慰,因为杨教授做了她和她的同事们一直想做却还没来得及做成的事,是个具有开创性意义的研究成果,并希望我给写个序。

　　因为这是中国婚姻家庭研究会副会长、中国社会学会家庭社会学专业委员会会长徐教授的委托,加上全美家庭关系委员会(National Council on Family Relations)和徐教授的团队正在合作进行中国家庭生活指导师的专业培训,杨启光教授的这项研究在当前中国也具有特别重要的学术价值和社会意义。自己作为一个具有15年家庭生活指导师资质,婚姻家庭治疗师和医师,全美家庭关系委员会的国际部部长,也有义务为推动中美研究和实务工作者的合作,共同促进家庭生活教育的普及和推广尽份力。因此,就应诺为之写序。

　　读完《发展型家庭生活教育:理论、实践与制度创新》后,我不仅和徐教授有同感,杨教授是中国系统梳理该领域相关资料的第一人,而且梳理得非常全面,他的研究非常扎实。同时也深感这部书的份量和在中国家庭研究和家庭生活教育中的地位。

　　中国几千年的文化传承十分重视家庭伦理和家庭和谐。现代社会科学的各个领域则从社会、心理、人类、妇女及早期教育的视角研究家庭的方方面面。而作者把家庭生活教育作为一门专业学科进行研究,探讨以教育为形式的家庭干预,用以促进家庭成员间的交流与支持,提高每个成员的潜能和家庭福祉,在中国实属开启先河。

　　发展家庭生活教育是家庭学和家庭干预思维理论性的转变。家庭生活教育首先肯定家庭普遍具备健康生活的能力和潜质。通过掌握必要的家庭生活知识和技能,家庭成员有能力改善沟通、互相支持、有效应对压力和危机,生活得快乐,使家庭成为"避风港"。在中国社会现代发展转型时期,家庭生活教育可以发挥其建设和谐家庭的特有作用。

　　家庭生活教育亦是经济实用的干预手段。家庭生活教育利用相对少的资源提高多数家庭的福祉。中国需要家庭与婚姻咨询，而受过专业训练的咨询师数量很少，难于满足整个社会的需求。更要指出的是很多家庭只需要学习和提高，即可自行排除困惑，缓解压力，改善亲子或夫妻关系，增强亲密感。家庭生活教育面向大众，倡导健康的家庭互动和环境，还可防患于未然或把问题解决于萌芽状态。家庭生活教育肯定人和家庭的潜能，避免使家庭及成员污名化，让众多中国家庭更容易接受和更积极参与。家庭生活教育适合中国国情。

　　杨启光教授在书中引用了国外最新的家庭婚姻研究和家庭生活教育理论，介绍了国内外该领域的发展和现状，立足于中国文化和社会发展特征，提出发展型家庭生活教育，进一步阐述了理论、政策和实际操作的关系，为中国家庭生活教育迈出了开创性的一步。

　　我衷心祝贺《发展型家庭生活教育：理论、实践与制度创新》的出版，也十分期待该项具有开启先河意义的研究为中国家庭生活教育的普及起到积极的推动作用！

夏　岩

2016 年 12 月于美国

前　言

　　19世纪末20世纪初,西方哲学主题出现重要转向之一即是表现为对人的现实生存的日常生活世界的关注。与之相呼应的是,日常生活世界和生活教育正日益成为当代教育学界关注的理论焦点之一,因为教育学理论更为关注从"抽象的人"回归"生成的人"或"现实的社会的个人"①。作为每个人生活其中的现实而具体的家庭日常生活世界的教育个体发展意义,历来是教育理论研究关注的内容,更是当代教育发展的内在本质要求。

　　正如怀特(White,J)所言,无论是家庭教育还是学校教育,都应当帮助和训练孩子们准备去过一种"有意义的生活"②,这种有意义的生活,首先应该是通过传递专门的知识、技能,培养家庭道德情感,建立良好家庭人际关系,发挥教育的影响与作用,促进人们去过一种幸福康乐的家庭生活,一种对人们全部生活、活动及人类文化的发展起着至关重要作用的有意义与价值的家庭生活。这种教育是要面向家庭生活、服务家庭生活与建设家庭生活的教育,是一种为了(for)家庭生活幸福的教育,其根本要旨在于如布朗(Brown, M. W)指出的那样:"加强家庭生活的教育旨在帮助家庭成员尽可能地认识到他们自己在他们所属的文化中创造性地生活的潜能。"③

　　在全球化、现代化与城市化等多重力量的推进下,作为中国社会发展所依赖的主要基本组织的家庭日常生活世界正在进入变迁的关键时期,成为全球化社会变革重要的缩影。诸多家庭享受着全球化快速变化带来的福祉的同时,也面临着许多新的危机与挑战。目前国内关于家庭社会发展的相关研究普遍认为现代化、城市化及人口政策推力等因素,很大程度上改变了中国家庭生活的规模、结构、关系与功能,使中国呈现人口与家庭的双重变迁特质,主要表现出稳定的低生育水平,"少子化"与"独子化"的家庭规模与结构变动、快速的人口老龄化、

---

① 项贤明:《论生活教育与学校教育的逻辑关系》,《教育研究》,2013年第8期,第4-9页。
② 约翰·怀特:《教育与"有意义的生活"》,《教育研究与实验》,2014年第1期,第1-4页。
③ Brown. M. W. (1964).Organizational Programs to Strengthen the Family.In Christensen. H.T (Ed.). Handbook of Marriage and the Family. Rand McNally,Chicago,Illinois:p.823.

剧烈的城乡人口迁移、多元化家庭类型以及以体现个体自由发展为主的家庭价值观念的变化等,家庭问题与危机频仍,家庭功能进一步弱化,家庭成员生活质量降低。如此繁复的家庭生活问题,亟待社会专业化研究与综合性的制度干预以支持中国家庭生活现实发展。

作为一门学术性学科、专业研究领域以及社会服务内容的家庭生活教育(Family Life Education,FLE),正是一种通过教育的作用干预、支持与服务家庭生活现实的生动实践活动。它主要是通过专门的教育与学习的形式,以传递家庭生活的知识、技能、信息等文化为中介,激发与唤醒个体与家庭面向家庭生活的自身潜能,预防由于社会转型变革致使的一系列家庭困难与问题,增强家庭福祉,提升家庭生活的质量。从这个意义来看,通过教育介入传统被认为私领域的家庭生活,充分发挥教育激发个体发展潜能、完善个体发展人格与实现个体自由发展的本体功能,是教育回归家庭生活,服务家庭美好生活需要的重要体现。

从全球范围来看,为了应对风险社会及其相关的家庭变迁及家庭生活问题,以倡导社会投资、社会参与及积极干预为发展导向的社会政策应运而生。中国也应该以"发展型家庭政策"作为未来改革方向[①],提升家庭成员抵御风险社会的能力。以提高个体与家庭的生活发展能力为宗旨的发展型家庭生活教育,正是与发展型社会政策理念一致的一种教育实践,为个体及家庭有效提供正确扮演现在及未来家庭生活中的角色所需要的知识、技能、道德、理想与伦理价值,以防止他们自我伤害并促进家庭和谐与社会凝聚。

关于"家庭生活教育"的概念,对于中国社会而言是比较新鲜的术语,它在一定程度上属于"舶来品",是基于西方 18 世纪以来社会、经济与家庭变革的现实需要的产物。对于中国社会而言,家庭生活教育不同于一般意义上认为的"家庭教育"的含义。目前,中国大陆缺乏与之相关的基于理论与实践的系统研究。许久以来,面向贯穿家庭生命周期不同阶段的家庭生活的教育,一直没有完整地纳入整个国民教育体系,其研究也游离在教育研究的边缘地带。家庭是作为私人领域还是公共领域,在家庭中的教育是个体本能行为还是社会理性行为,面向家庭生活的教育是家庭私育还是社会公育,对这些问题的认识还一直处于争论之中。

尽管如此,与西方长期实践的家庭生活教育概念相联系的齐家之道、子女教养规范、家庭伦理道德教育等,却一直是中国传统家庭教育文化蕴含的主要内容。尤其是新中国成立以来,关于家长教育指导、青少年性教育、夫妻婚姻关系的经营培训及家庭生活问题的心理治疗与社会工作介入等成为各级政府与社会福利改革关注的重要内容,不断获得社会各方面的广泛关注与积极支持。为那

---

① 张秀兰、徐月宾:《建构中国的发展型家庭政策》,《中国社会科学》,2003 年第 6 期,第 84 - 96 页。

些处于家庭生活发展困境与压力中的弱势家庭提供着一系列有用有益的知识、信息及专业治疗,家庭生活服务的地方性创新实践经验正在不断涌现。与之相关的针对家庭生活的教育的对象、内容与范畴也正在悄然扩大。传统意义上的中国家庭教育的对象,正在从子女教育逐步扩大到其他家庭成员的发展,家庭对教育的投资逐步成为贯穿家庭生命周期不同阶段的任务,教育与学习对于家庭人力资本的改善作用日益显现。这些变化与发展引起了不同学科领域专业社群的关注。以预防与发展为导向的具有中国特色的发展型家庭生活教育的理论研究与制度创新,日益成为全球化时代中国社会婚姻与家庭生活面临困难、压力及危机的背景下,需要积极回应的重要研究使命与实践改革任务。

本书正是依据以上全球家庭生活变革与中国家庭生活发展的现实挑战,构建理论、实践与制度创新三维一体化的研究内容体系,系统考察家庭生活教育运动是怎样在全球复杂的社会与经济变革背景下演化、推进并形成了以促进家庭生活能力发展为目的的影响广泛的制度建设与服务实践,初步建构系统研究家庭生活教育问题的基本框架。首先,从理论层面上,追踪家庭生活教育的形成与发展历史,探讨作为一个整合性强的学科与研究领域的家庭生活教育的本质、理论基础及其可能涉及的涵盖广泛的家庭生活课程体系;其次,应用跨文化比较的方法,详细引介全球主要国家或地区关于家庭生活教育不同范畴的实践项目与运作经验;最后,主要考察当代中国家庭生活教育的现实发展状况,并以此为基础提出构建适应中国现实状况的发展型家庭生活教育制度的具体内容与策略。这些研究紧密围绕家庭生活教育作为变动不居的社会变革下家庭单元的责任保护者与功能恢复者的角色与使命加以展开,以实践“教育让家庭生活更美好”为基本价值取向,以建立适合中国社会背景与家庭生活需要的发展型家庭生活教育制度作为研究的重要任务,达到创造稳定、健康与幸福美好的中国家庭生活的最终目标。

全球化力量迅猛发展,使全球范围的不同社会文化环境下的家庭生活被纳入一个复杂的、相互联系与持续演化的世界之中。在相互联系与相互依赖为主要特征的全球化力量的冲击影响下,当今世界范围的家庭生活出现了很多趋同与相似的问题。因此,全球范围的不同领域的公共政策的跨国学习与借鉴,逐渐成为不同国家各级政府的普遍政策行为,并被认为是公共政策形成与政策创新的一种普遍范式与主要途径。近年来,从推进发展家庭能力的制度建设层面开始关注发挥教育的基础作用,强调增进家庭的教育投资效益,提高家庭人力资本含量在实质发展型家庭政策实践中的意义不断受到广泛关注。以国际与跨文化比较的视野与方法来考察全球范围的家庭生活教育的理论、实践范畴及制度命题,是本书最为突出的研究特色。

该书的另外一个特点是体现家庭生活教育的服务实践特性。全书注重凸显家庭生活教育在不同主题领域的实践应用性,目的在于帮助那些关注家庭生活的人们、从事家庭生活教育的专业工作者以及对家庭生活教育研究有兴趣的研究者,更好地来理解当代全球化时代中国家庭变迁及其影响下的家庭生活现实。尤其是书中具体涉及家庭生活教育的微观领域,如亲职教育、婚姻生活教育、家庭性教育、家庭青少年发展服务及其他家庭发展问题。这些具有广泛代表性的主题的实践经验与教训,对于个体与家庭激发他们的家庭生活潜能,提升家庭生活发展能力都具有重要的现实启发与借鉴意义。

从家庭制度建设来看,家庭生活教育不仅仅是社会政策的一个范畴,它逐步成为一个行之有效的社会政策的核心组成部分。一方面,作为社会政策的重要组成内容的家庭政策的制定,愈加强调优先投资于人的能力发展的理念,把更多公共教育资源配置到与家庭成员的健康、技能、知识和道德等素质的全面发展直接相关的具体领域。另一方面,需要将其纳入系统的终身教育体系,以家庭生活教育为主要载体,整合学校正规教育与成人非正式教育体系,围绕贯穿家庭生命周期的不同阶段的家庭及家庭成员发展需要,增加有关家庭生活的知识、态度与技能的教育,提高家庭成员的家庭生活学习能力,增加家庭人力资本含量。因此,从制度建设层面推进家庭生活教育的发展,将成为今后社会政策改革与国民教育体系建设面临的重要任务。本书从中国社会改革与家庭生活实际需要出发,分析建立发展型中国家庭生活教育制度的必要性、紧迫性。真诚地希望本书的研究,能够为中国特色的家庭生活教育理论研究、终身教育国民体系建设、社会公共福利制度及家庭政策的完善等方面搭建起一个初步的信息联系、对话交流与制度变革的平台。

回顾人类历史发展与文明演化的历程,家庭一直与人类文明进化相伴而行。家庭是个体身心发展的重要环境。面向家庭生活的教育,是所有教育中最早也是影响最为持久深刻的一种形式。我们相信,通过坚持不懈的研究与实践努力,一种适合中国社会变革与家庭变迁及发展需要的家庭生活教育,不仅会为保持现代中国国家长期经济繁荣与持续社会稳定发挥作用,更重要的是它能够增进个体家庭生活福祉,促进人们去过一种幸福美好的家庭生活。

杨启光

目 录
Contents

第一章

导　论

　　在一个动荡的世界中,家庭生活不断变化的景观已经成为"新常态"。因为家庭面临前所未有的挑战,关系模式中的多样性和复杂性日益增长,这两者交织在一起,从而让我们理解家庭的挣扎和奋斗。①

　　　　　　　　　　　　　　　　　　　　　　　——[美]弗洛玛·沃希

　　我们是否敢于进行私人生活的教育?我想我们必须这样做。一个关怀型的社会应该确保所有的公民至少拥有一般的住宿条件、其他物质条件和医疗条件。除了满足基本的合法需要,这个社会还必须追问它如何能最有效地鼓励积极的相遇经历,以促进能干的、关怀的、生机勃勃的、对生活充满兴趣的人们的发展。②

　　　　　　　　　　　　　　　　　　　　　　　——[美]内尔·诺丁斯

　　1989 年 12 月 8 日第 44 届联合国大会通过决议宣布 1994 年为"国际家庭年"(International Year of the Family),并确定其主题为"家庭:变化世界中的动力与责任",其宗旨是提高各国政府、决策者和公众对家庭问题的认识,促进各国政府机构执行和监督家庭改革。20 年后的 2014 年,世界各大洲 68 个国家的部长及代表在世界家庭峰会《珠海宣言》中,进一步明确了家庭在促进可持续的社会、经济、环境和文化发展及促进和平与安全中的强大行动者的角色与地位。

　　上述这些国际性的行动与宣言,都在进一步昭示家庭是人类各种活动最基本的决策单位,也是社会关系中最核心的利益共同体,养育、塑造与支持着我们作为关涉日常家庭发展的生活实践,是人类生活实践的重要组成部分。家庭日

---

① [美]弗洛玛·沃希:《正常家庭过程:多元性与复杂性(第四版)》,刘翠莲等译,上海三联书店,2013年,前言。

② [美]内尔·诺丁斯:《始于家庭:关怀与社会政策》,侯晶晶译,教育科学出版社,2006年,第 299 - 300页。

常生活应该是个体生存最为基本的层面,是人生的首要领域与人生的起始点。作为现实的生活主体安身立命的家庭生活的美满幸福、和谐与富有意义,对人的全部生活、社会实践活动及人类文明进步起着至关重要的作用。因此,有必要从人文关怀与社会变革不同价值主旨出发,对当代家庭生活现实进行深入研究。

处于变迁关键时期的家庭生活发展状况

全球化迅猛发展使家庭生活被纳入一个复杂的、相互联系与持续演化的世界之中。在以相互联系与相互依赖为主要特征的全球化力量的冲击下,当今世界范围的家庭生活出现了很多趋同与相似的问题,如青少年早孕、离婚率上升、家庭暴力、社会老龄化以及多样化家庭形式等。这些全球性的变化不可避免地会引起家庭本身的结构与功能的变化,而这些变化给家庭带来危机的同时,也会带来一定的机遇,如丰富的人类经验,增强的人际关系等[①],家庭依然是个体个性化的最初的理想之所,更是人类社会组织运行发展的重要单位。

在全球化、现代化与城市化等多重力量的推进下,作为中国社会发展所依赖的主要基本组织的家庭也正在进入变迁的关键时期,成为全球化社会变革重要的缩影。长期以来的现代家庭变迁既是中国人口与社会转型深刻变化的结果,同时也是这一转型过程的重要因素[②]。全球范围内家庭自身的快速变化,对于身处其中的中国家庭成员的家庭生活质量以及社会运行状态都将带来重要冲击与不利影响。全面准确把握当代中国家庭生活变迁的广阔的社会现代化演进背景及其变化给每一个家庭成员及家庭生活带来的影响,并积极有序应对其中的变化以及积极预防并转换其中一系列问题,是促进个体家庭生活幸福以及社会健康和谐发展最为现实与紧迫的要求。

作为现代社会建构的家庭生活

19世纪末20世纪初,西方哲学主题重要转向之一即是表现为对人的现实生存的日常生活世界的关注。对家庭及家庭日常生活世界的理解,恰如西方文化社会学学者英格利斯(Inglis,D.)指出的那样,"要理解日常生活,我们就要明白,日常活动的形塑不仅受个人社会地位的影响,而且深受身处其中的文化情境的影响",[③]要与身处其中的广泛的社会变革相联系,来考察社会发展变革如何

① Arcus,M.E.(1992). Family Life Education:toward the 21st Century. Family Relations,41(4),390-394.

② 唐灿、张建主编:《家庭问题与政府责任——促进家庭发展的国内外比较研究》,社会科学文献出版社,2013年,第1页。

③ [英]戴维·英格利斯:《文化与日常生活》,中央编译出版社,2010年,第7页。

能动地对家庭生活变革做出恰当准确的回应。

对于家庭生活概念的理解,在佩妮·斯帕克(Sparke,P)看来,往往是随着社会发展不断发生改变的,反映了其"流动性"(mobility)的本质①。近代快速工业化与被强化的社会流动性的时空背景使家庭发挥各不相同的功能,这种观念反映了以西方现代化理论体系为分析框架的认知。较长一段时间,对于家庭及家庭生活的研究都是将其置于现代化发展体系下加以探讨的。对于 17 世纪家庭概念形成以来的家庭现代化研究,主要表现为以诸如家庭规模小型化、家庭结构核心化为基本特征的家庭现代化趋势等作为近代家庭生活变迁的重要内容。家庭现代化理论所倡导的基本观点是与社会生产方式的发展和变化紧密联系的,工业化生产方式对传统家庭生活带来革命性的影响。

这种将家庭视为社会系统中的子系统,强调它对于社会稳定与和谐的作用的家庭现代化理论,是以社会功能主义理论为基础,要求将研究与政策视角聚焦在家庭结构、规模、关系及社会功能变迁所引发的一系列社会问题之上,如离婚率的提高、未婚先孕、单亲家庭增多、隔代教养、家庭暴力、青少年儿童犯罪等。很显然,这些家庭问题的形成与社会变革转型有着很强烈的相关与一致性。家庭问题归根到底是社会问题的呈现。如何促进由于社会变革导致的家庭生活的质量下降,以及衍生转化为社会问题的家庭生活问题,需要与之相适应的不断变革的社会支持与社会政策供给,以便调节家庭与社会之间的关系,促进社会凝聚。

基于个人自主的家庭人际关系变化

在西方现代化理论体系分析框架下,以古德(Goode,W.)为代表的相关研究认为,家庭形式不能准确反映家庭的变迁,家庭关系的转变才是判定家庭变迁的主要内容②,强调对于家庭生活的分析需要转向对家庭生活中关系维度的考察。具体表现为家庭主轴由纵向代际关系向横向夫妻关系转变、家庭内部个体独立性和平等意识增强、亲属连带关系逐步削弱等家庭生活关系内容③。

随着西方社会从现代转向后现代社会,与之相联系的是以德国著名的社会学家乌尔里希·贝克(Ulrich Beck)为代表提出的西方"后现代家庭"发展阶段理论。该理论认为,在西方家庭变迁进程中,家庭正在从需要的共同体变成一种

---

① [英]佩妮·斯帕克:《离家在外:家庭生活与现代主义》,载李砚祖主编《艺术与科学:卷 12》,清华大学出版社,2012 年,第 1 页。

② 唐灿:《从家庭结构到家庭关系的转变——西方家庭现代化理论的分析范畴》,《中国社会科学报》,2010 年 8 月 24 日,第 13 版。

③ 杨迪:《聚焦中国家庭变迁,探讨支持家庭的公共政策——"中国家庭变迁和公共政策国际研讨会"述评》,《妇女研究论丛》,2011 年第 6 期,第 89 - 94 页。

选择性关系①，更加凸显的是家庭个体的自由与独立品性，这样，直接结果是家庭生活以诸如非正式婚姻或没有孩子的婚姻、单身父母、再婚或同性伴侣关系等多元的、中间的、次级的或流动的面貌展现出来，流动开放将逐步取代传统封闭而成为家庭生活的基本形态。换言之，对家庭走向后现代的理解除了普遍强调的规模、结构外，侧重从家庭内部关系与家庭价值来探讨，强调从纵向的亲子关系主轴向夫妻关系这个横向主轴转化，女性权力得到彰显，性别趋向自由平等。这些家庭人际关系新的变化，与传统的家庭关系有相互适应的地方，但更多地呈现出矛盾与冲突的特点，为家庭生活带来新的困惑与挑战。

如果说家庭现代化反映了家庭生活在结构与关系上变化以适应外部社会现代化的社会建构的重要性质，相应地，后现代家庭的发展则反映出与传统家庭现代化研究不一样的主体关系视角。有研究指出，应用个体化理论解释家庭的存在反映的是私人家庭（private family）的视角，它要求家庭是为服务个体而存在的，以往的家庭视角应该转移到家庭中的具体个人，走进并支持家庭生活以及研究家庭的逻辑在于如何指导人们处理家庭问题，让家庭生活更为美好②，家庭成员中的个人自主（autonomy）需求已渐渐取代以往的"家庭共同体"的价值观念③。因此，家庭在面临强调自我、反权威及反传统的后现代家庭文化冲击下，各个成员关系的传统秩序与交流沟通范式面临新的矛盾及问题。而如何处理与对待新出现的家庭生活难题与困境，往往其家庭及成员自身难以独立认识或解决。因此，需要以学习者的姿态来强化自身发展能力的变化。同时，也需要依靠社会专业力量的介入干预并提供相关专业支持服务。

社会变迁中的家庭功能弱化

不论对家庭变迁的研究是从公共的视角还是私人视角，都需要关注的是家庭整体及家庭中个体成员可能由于社会整体转型带来的一系列问题。这些问题的形成更多的是由于家庭结构与关系的变化所带来的家庭功能的弱化。

随着现代社会的发展，日常家庭生活中的多样化家庭结构与个性化家庭关系处于不断转变中。与之相伴随的是家庭功能的逐步衰退，现代家庭本身日益成为一个脆弱体，具体表现为家庭人口规模的日益缩小，家庭价值观念多元化以及婚姻家庭生活自主化，家庭初婚与生育年龄推迟，不育家庭增加，离婚率上升，

① 乌尔里希·贝克、伊丽莎白·贝克-格恩斯海姆：《个体化》，李荣山、张惠强译，北京大学出版社，2011年，第98页。
② 沈奕斐：《个体家庭 iFamily：中国城市现代化进程中的个体、家庭与国家》，三联书店，2013年，第32页。
③ Elkind，David. (1995). School and Family in the Post-modern World. Phi delta Kappan,77(1), 8 - 14.

未婚同居正在成为普遍的生活方式,多样化的小家庭模式上升,维护家庭存在的责任与义务观念不断削弱,家庭功能逐渐弱化与被让渡于其他功能性社会集团。

以斯基那(Skinner, H A.)等人的家庭功能过程模型为代表的过程取向理论认为,家庭在运作过程中如果没能实现其各项基本功能,极易导致家庭成员出现各种问题。家庭实现其功能的过程越顺畅,家庭成员的身心健康状况就越好。反之,则容易导致家庭成员出现各种心理问题以及家庭出现危机①。处于社会建构中的家庭生活的不断变动所激化的家庭功能式微、受损并可能失灵,将使日常家庭生活面临更严重的压力,导致各种各样的家庭问题的产生。更为严重的是,一系列家庭贫困、家庭赡养、儿童照顾、家庭失业、青少年犯罪、家庭暴力及精神疾病等家庭生活问题将溢出家庭范畴演变为社会问题,必然给社会发展带来重要影响。

为此,对于当下全球化与转型期由于社会变迁中家庭趋于结构多元与功能弱化所导致的家庭生活问题与家庭风险,必须有专业的干预与及时治疗,需要社会政府在一定价值观指导下有针对性地应用科学智慧干预家庭生活问题,以此来提升家庭成员自身发展能力,恢复与增强家庭生活的基本功能,促进家庭和谐稳定与幸福。

社会改革背景下中国家庭生活面临的挑战

改革开放以来,由于全球化、现代化、城市化及人口政策推力等,在很大程度上改变了中国家庭的规模、结构、关系与功能而使社会呈现出人口与家庭双重变迁的突出特点②。伴随社会现代化的推进,中国的家庭生活正发生着深刻的变化。

首先,近年来中国社会结构转型、经济体制转轨、产业结构与社会经济增长方式的调整等社会综合改革进入深水期,使中国城乡居民家庭的功能与需求对应结构失衡,家庭生活面临更大的风险与挑战。中国家庭系统原来所建构的稳定性与秩序性已受到非常大的挑战,由此带来的一系列家庭问题与危机将会使家庭功能进一步弱化,家庭生活质量降低。其次,在多元社会文化的影响之下,家庭价值观念呈现多元与分歧,家庭关系显现令人瞩目的物化与疏离现象。在台湾学者黄宗坚看来,全球化带来的多元文化价值及后现代思潮对台湾目前的家庭带来的冲击与改变重点体现在家庭传统文化价值观念上,他认为在面临强调自我、反权威及反传统的后现代家庭文化的冲击之下,台湾原有的家庭模式正

---

① Skinner H A., Steinhauer P. and Sitarenios, G. (2000). Family Assessment Measure (FAM) and Process Model of Family Functioning. Journal of Family Therapy, 22(2), 190-210.

② 胡湛、彭希哲:《家庭变迁背景下的中国家庭政策》,《人口研究》,2012年第2期,第3-10页。

遭受到无比强大的震荡①。事实上,家庭文化的变化是中国家庭具有的普遍性特征。

目前,关于中国家庭变迁呈现的时代特征的相关研究非常丰富。尽管立足点与统计来源及表述有所差异,但主要分析中国社会文化背景下家庭生活变迁侧重表现为这么几方面:①人口老龄化及家庭规模不断缩小,生育意愿降低,对孩子享有高质量的生活教育提出要求,老龄化人口增加导致家庭赡养负担加重,引发家庭矛盾以及老年人家庭生活质量提升问题;②社会竞争和分化递增形成的家庭夫妻与亲子主要家庭关系调适难度加大,引发家庭暴力比例上升,极大影响家庭凝聚与团结,日益诱发青少年犯罪,使他们的身心健康发展受到抑制;③离婚率上升使婚姻及家庭稳定性下降,单亲家庭递增,由此形成复杂的生活质量下降、心理及社会适应能力困境增加等问题;同时,中国婚姻家庭的嬗变给家庭成员带来了困惑、痛苦与纠葛。现代中国的家庭伦理文化的转型,需要重新认识与反思家庭在社会中的地位与价值②;④由于多元化的家庭价值观念、自主化的婚姻家庭生活以及家庭中心的个体化趋势逐步加强,家庭结构不断多元,复数家庭概念增加,一系列非传统的家庭生活方式叠加形成,而与此同时对于家庭的社会支持和家庭制度供给严重滞后与不足,导致一些家庭负载重荷,功能不断弱化。家庭抵御风险能力薄弱,家庭生活满意度持续降低。

上述社会改革背景下中国家庭生活面临的挑战,往往与中国一些宏大的社会改革与社会热点问题密切相关,其中很多内容表现为与国际家庭变化趋同的特点。近几十年来,世界很多国家的政府开始把家庭责任担负起来,不断进入家庭私领域,强调对家庭的支持与家庭问题的早期预防。这种介入与预防侧重从家庭生活的方方面面入手,关注家庭婚姻与家庭观念的巩固、培养家庭生活技能、调适家庭亲密关系、促进家庭青少年积极发展等,为这些家庭成员的家庭生活提供旨在恢复家庭功能的专业服务,重点表现为增加对这些家庭的教育投资。改革开放以来,中国关于家庭研究正在出现大发展的趋势,涵盖人口学、社会学、心理学及教育学等领域的研究都逐步关注家庭变迁相关议题,但缺少针对提高家庭抵御社会风险能力与增强人力资本的制度供给方面的深入探讨。以提升家庭生活品质为内容的家庭服务供给体系的理论研究与制度建设,是中国家庭当下面临的最为紧迫的现实研究课题。

---

① 黄宗坚:《从后现代家庭的建构与解构看学校咨商的未来趋势》,《迎接二十一世纪师资培训——教师专业知能的省思研讨会论文集》,1998 年。

② 张春海:《小家庭 大问题——社会转型期的家庭研究受关注》,《中国社会科学报》,2015 年 3 月 13 日,第 2 版。

走向以能力建设为重点的发展型家庭政策

　　工业化进程迈向 19 世纪中叶,社会多方面领域的改革进一步加快行进步伐。与之相伴而生的是民众生活贫困加剧引发的系列社会问题。西方政府开始逐步建立旨在矫正社会贫困问题的公共机制的社会政策,强化社会福利保障、医疗与健康及教育等领域的改革。

西方福利国家重视发展型社会政策的价值

　　20 世纪中期,以西方传统国家为代表推行强调自由主义思潮的广泛的市场经济改革政策,导致了一系列社会矛盾与问题。这些国家逐步在考虑将“社会”本身作为解决社会问题过程中对资源、技术和人力要求的来源[①],以对失衡的社会关系做出修正。在此背景下,政府开始对与民众社会生活福祉密切相关的领域进行政策干预。社会政策逐步成为普遍解决社会问题的机制,在促进社会凝聚与经济发展方面日益凸显其意义与价值。

　　进入 20 世纪 90 年代,随着全球化进程加速和世界风险社会的形成,国际社会普遍在政策发展上达成一致,逐步摒弃以经济为中心的“发展”概念,强调融合经济政策与社会福利政策,统整公民的权利与义务,提出了“发展型社会政策”(Social Policy for Development)概念,它强调以社会投资为导向,寻求多种方式来发展社会资本与人力资本,以提高人们参与经济发展的能力[②]。这种积极型的社会政策出发点当然主要是希望以社会投资、社会参与和积极干预的方式全面提升社会成员抵御风险的能力,并以此减轻福利国家的税收依赖和社会弱势群体的福利依赖等。

建设以能力建设为本的发展型家庭政策体系

　　社会政策中关于家庭政策讨论议题之一是围绕家庭作为私领域还是公共领域加以展开,能否可以或者在多大程度上来介入、干预与公共监督家庭生活,成为论证的一个重点。随着社会变革与家庭急剧转型,公共立场占据上风,强调国家或社会有权力(有时甚至是义务)来划清公私领域的界限[③]。

　　近 20 年来,西方福利国家在发展型社会政策理念推动下,同时由于西方妇

---

① 熊跃根:《社会政策:理论与分析方法》,中国人民大学出版社,2009 年,第 5 页。

② 胡位钧:《社会政策的“积极”转型:OECD 的经验及其启示》,《复旦学报(社会科学版)》,2010 年第 5 期,第 99－106 页。

③ [美]罗斯·埃什尔曼、理查德·布拉克罗夫特:《心理学:关于家庭(第 12 版)》,徐晶星译,上海人民出版社,2012 年,第 524 页。

女就业率的增加、人口出生率的下降及老龄化加剧,开始将政策工具更多地指向对家庭功能的干预,国家与家庭的关系正在发生着变化,"国家和公共政策如何营造有利于家庭形成和发展的环境的作用变得更为重要了。"①在他们看来,家庭是社会不同系统政策最终发挥作用的地方,因为很多的社会问题都可以追溯到家庭功能未能发挥而形成的问题,家庭问题归根到底是社会问题的呈现。人们也愈加明白,作为社会认同、凝聚与融合发展最为重要的家庭及成员人力资本的改善提升问题,是社会成员人口素质优化的重要环境,也是形成具有稳定的社会能力、高尚的精神品质以及健康活力的幸福家庭生活质量的重要基础。

在这种认识的强化及西方发展型政策的实践下,政府对家庭生活功能的干预逐步强化,突出表现为从以预防和早期干预为目标的家庭服务到确立家庭"资产投资"的家庭政策②,一些国家或地区普遍把私领域的家庭及其成员的教育投资与教育服务变成公共社会议题,纷纷大举投资积极型的家庭政策,重视家庭问题的预防、早期干预及事后的治疗,积极给予家庭系统有力的支持与服务,以恢复家庭生活的基本功能,提升家庭生活发展能力,帮助家庭履行其应该担负的家庭及社会责任。

具体来看,西方发达国家家庭政策实践主要是通过设计专门的立法制度、财政补贴及服务等,提高有子女家庭的福利来影响与支持家庭,全面提升家庭成员抵御社会风险的能力。随着全球化和科技革命的加速,知识和技术在社会发展中的贡献越来越大,人力资本的收益率越来越高。因此,投资家庭人力,通过广泛的项目与计划刺激与干预,着眼于家庭成员的全面发展,提升家庭成员参与社会竞争的素质与发展能力,就成为应对急剧变迁的家庭生活矛盾与问题所需要的家庭政策的主要路径选择与要求。同时,西方国家推行围绕着"社会投资"的理念的积极型社会政策趋势表明,这些社会政策目标从既往仅仅关注人生的低谷和尾声阶段,逐步扩展至人生的所有阶段③,这也为促进家庭生命周期不同阶段的家庭生活赋权增能提供了有力的理论基础。

教育与发展型家庭政策的关系

按美国哲学家杜威的观点,教育不仅仅是社会政策的一个范畴,它必须是行之有效的社会政策的核心。近年来,从发展家庭能力层面关注发挥教育的基础作用,强调增进家庭的教育投资效益,提高家庭人力资本含量在实质发展型家庭

① Chiara Saraceno, Jane Lewis and Arnlaug Leira (Eds.). (2012). Families and Family Policies, Vol. 1.Cheltenham: Edward Elgar, Preface, P.Xi.

② 张秀兰、徐月宾:《建构中国的发展型家庭政策》,《中国社会科学》,2003 年第 6 期,第 84 - 96 页。

③ 胡位钧:《社会政策的"积极"转型:OECD 的经验及其启示》,《复旦学报(社会科学版)》,2010 年第 5 期,第 99 - 106 页。

政策实践中的意义不断受到广泛关注。作为社会政策的重要组成内容的教育政策的制定,也开始愈加强调优先投资于人的能力发展的理念,强调把更多公共教育资源配置到与家庭成员的健康、技能、知识、道德等素质的全面发展直接相关的具体领域,积极通过系统的组织运作,面向所有的家庭及亲密关系,努力增加家庭生活的知识、态度与技能,注重预防胜于治疗来减少家庭危机,提高家庭成员人口素质与家庭生活质量,形成家庭可持续发展能力,达到增进家庭的幸福和谐的目标。这将成为今后国际上应对家庭变迁所导致的社会问题与家庭个体问题时采取的重要方法。

教育影响日常家庭生活的相关研究概况

在著名的关怀伦理学家内尔·诺丁斯教授(Noddings,N)看来,人们对于幸福的感悟与理解距离家庭更近[1],主要体现在持家、为人父母、住所、惬意品质与人际关系等方面。然而,这些感受幸福与收获情感的家庭生活实践内容,并非自动获得知识、技能与经验的过程,它是一个需要不断学习与受教育的自我发展过程。一个充满关爱的社会,也必须时常以及敢于干预公民作为私人领域的家庭生活,为个体及家庭有效提供正确扮演现在及未来家庭生活中的角色的知识、技能、道德、理想与价值观的教育,以防止他们自我伤害并促进家庭和谐与社会凝聚。

概言之,家庭中每一个成员均需要关于家庭生活的教育,以提高个体的家庭生活发展能力;同时,政府配置社会资源大力进入家庭生活教育领域并将其作为一项现代公共服务内容,日益成为现代社会治理的必然要求。为此,需要关注教育与家庭生活质量之间关系问题,全面发挥教育之于家庭生活发展与个体自我实现的发展意义,提高家庭人力资本含量与人口素质,完善社会的发展型家庭政策,促进家庭和谐与社会稳定。

教育与家庭资本:重视教育在家庭生活中的基础作用

教育是一项以人为对象并且有目的地促进其发展的人类实践活动。家庭生活的改善、发展与幸福,核心点在于人的发展,这是教育的目的。在社会政策领域,世界各国政府普遍重视投资教育,国际社会也广泛认识到通过正规与非正规教育传授一系列提高生活水平的技能,以此作为促进国家和国民进步的重要途径。为此,教育在家庭生活中主要表现为对家庭成员个体发展的促进功能,通过日常家庭生活实践教育,促进其精神成长与完善其独立自由人格,改变家庭的经

---

[1]　Nel Noddings. (2003). Happiness and Education.Cambridge University Press, p.30.

济、社会与文化资本，提升人们在家庭生活中应该享有的生命价值与意义。

对于作为用于个体发展需要的积累的物质或资源这一"资本"的概念意义，理论研究领域存在一些争论①。这方面代表人物为布迪厄（Bourdieu，P.，1986），他将其划分为经济资本、文化资本、社会资本以及符号资本。他认为，作为教育产品的文化资本的多寡由社会状况、个体社会阶层及个人能力决定②。而教育是改变家庭文化资本并将其转化为社会关系网络的社会资本的重要因素与方式。长期以来，广义的教育研究领域非常重视家庭教育，尤其关注家庭教育之于孩子的健康成长与家庭资本的影响，科学合理的家庭教育将为孩子的社会生存与职业成功提供最为初级的社会化环境。在目前的社会状态下，家庭拥有的教育资本已经占据主导地位。个体在家庭内所经历的社会化方式与程度是最为基础的部分，它直接影响今后的人生发展。因此，家庭中对于子女的教育，在于创造良好的环境，通过感化、熏陶、模仿及自主学习等方式实现社会化与个性化。为此，父母等家长的教育文化水平与能力直接反映在孩子的社会化与受教育的过程中，同时他们自己也需要再社会化过程，也需要接受与之生活、工作及休闲相匹配的教育，从而积极影响其婚姻生活质量与子女教养水平。

教育社会学领域关注家庭因素对于教育分层与社会结构的作用机制。美国教育社会学研究侧重从家庭资本的层面揭示家庭背景与孩子未来学校教育成就的影响问题。以涂尔干（Durkheim，E）为代表的社会功能主义流派与阿普尔（Apple，M）为主的社会冲突论，都揭示了教育对于家庭成员社会分层发展及幸福生活的重要影响。这些研究最后强调，为了弱化家庭背景因素对于个体教育成就与人生幸福的影响，一方面需要政府加强对处于文化不利境况的家庭的财政帮扶及社会政策支持，强化教育对促进阶层的合理良性流动与改变家庭社会资本的功能；另一方面，也需要社会强化教育具有的提高家庭成员自身造血功能，提升家庭学习能力，改变家庭资本构成结构的作用。

教育与家政学：教导家庭生活资源管理知能

具有现代意义的家政教育诞生于 1899 年美国柏拉赛特湖会议。在这次会议上，现代家政学创始人艾伦·理查德兹（Ellen Swallow Richards）与其他参会者将与家事（domestic economy）相关的各个层面问题的总称定为家政（home economics）。在他们看来，"home"是庇护的住所，是养护儿童的所在，是培养个人自我牺牲品质以造就他人获得适应世界能力的场所。"economics"是对家庭

① Annette Lareau & Elliot B. Weininger (2003). Cultural Capital in Educational Research: A Critical Assessment. Theory and Society. 32. pp.567 – 606.

② Bourdieu，P. (1986). The Forms of Capital. In J. C. Richardson (Ed.)，Handbook of Theory and Research for the Sociology of Education. New York：Greenwood Press.PP.241 – 258.

的时间、精力和金钱做经济有效的管理①。可以看出,早期关于家庭生活的教育就是由现代家政学推动形成发展起来的,重点关注的是人类家庭生活中衣食住行等内容,是侧重家庭生活家务技能与管理实务的学习教育。

家政学与家政教育,是发挥学习与教育对于家庭生活和谐与幸福功能的重要方面与具体内容,是培养与经营家庭生活必要的素质和能力的学科与教育。从具体内容上看,主要集中在家庭生活所需要的营养知识、安全知识、照顾宠物、房间整理、家庭理财、家庭消费、家庭维修等家庭生活事务上。从目的与功能来看,家政学所聚集的知识领域所关注的主要是通过家庭生活知识技能及家庭资源管理的学习,改善家庭物质生活、文化生活、伦理感情与社会交往生活质量,是对个人进行家庭生活的一种教育。随着这门学科的日益发展以及社会发展需要的变化,运用科学理论、思维与方法来指导家庭日常家务生活技巧,改善家庭关系与提高家庭整体生活素质成为其新的发展任务。

在我国,关于家庭生活事务的知识技能活动管理形成可以追溯到远古时代。依据台湾学者的考察,家政教育可远至黄帝妃教民养蚕桑制衣裳时代②。在随后的历朝历代文化发展中,一直强调齐家之道对于家庭生活和谐稳定的重要意义。近年来,在中小学教育中开设家政课程,将其作为对校本课程建设和课程资源开发的内容,旨在将学生发展与丰富的家庭生活经验相结合,着力发挥家庭作为学生成长、生活与学习、个性化养成与教育的主要场所的价值,为现在及未来经营与管理家庭生活做好积极的准备。一些高校也开设家政学专业或相关课程,围绕其开展的人才培养模式与课程教学改革成为研究的主要内容。

国内缓解家庭风险与压力:指向家庭生活的教育与训练

由于现代化、城市化及人口政策推力等,很大程度改变了中国家庭规模、结构、关系和功能,使中国呈现人口与家庭的双重变迁特质,快速的人口老龄化、剧烈的城乡人口迁移以及多元化家庭类型,家庭问题与危机频仍,家庭功能进一步弱化,家庭成员生活质量降低,为中国家庭生活带来转型与挑战。这些相互联系的家庭问题以及由此衍生的其他社会问题相互作用,致使家庭在社会生活中的地位与作用日益凸显,亟待社会专业化研究与综合性制度干预介入,强化对中国家庭的支持与关爱。

为应对风险社会引发的家庭变迁及家庭生活问题,相关研究指出中国应以"发展型家庭政策"作为未来改革方向(张秀兰等,2003)③,提升家庭成员抵御风

① Parker, F. J. (1987). Home Economics: An Introduction to a Dynamic Profession. (3rd Ed). Mac Millan Publishing Company.
② 叶霞翟:《家政教育论文集》,华冈出版(台北),1973 年,第 1 页。
③ 张秀兰、徐月宾:《建构中国的发展型家庭政策》,《中国社会科学》,2003 年第 6 期,第 84 - 96 页。

险能力，具体要从家庭发展能力切入，强化社会对家庭学习的支持（吴帆等，2012）[①]，凸显教育基础作用及生活品质服务的意义（景天魁，2012）[②]。张秀兰等（2003）指出支持家庭要突出婚前教育、生活技能训练、父母角色及亲子关系技能培训等。徐安琪等（2007）从优化家庭生态环境与压力角度，提出普及家庭科学教育和训练的社会支持策略，强调将婚前教育纳入正规教育体系，推进社会组织和有关部门的成人培训服务。同时也指出，更为主要的是需要从制度体系建设层面推进我国家庭生活教育与训练，需要政府的重视和投资，同时还需要调动社会组织和有关部门共同参与[③]。这些研究主张共同之处在于强调专业化与制度化的教育与培训在增进家庭能量、缓解家庭压力与危机以及促进家庭发展能力方面具有的独特作用。

国际增进家庭发展能量：推行家庭生活教育实践运动

在以家庭为核心的社会政策改革领域，一种以预防和早期干预为目标给予家庭支持与服务的家庭生活教育运动与政策实践，一直嵌入其中并发挥着重要影响力，业已形成一系列具有影响力的国际性家庭生活教育创新规划方案与项目。源于18世纪的美国并发展于20世纪的家庭生活教育，其形成的主要动因在于近代工业化及城镇化等社会变革带来家庭的传统功能失调且无法满足现实家庭的需求，导致贫困、失业、青少年犯罪、家庭暴力、精神疾病以及社会排斥等各种社会问题的产生，从而使家庭生活教育广泛成为世界许多国家与地区社会福利制度与家庭政策重要实践内容。

经过百年来的实践发展，主要的西方工业化国家以及中国香港与台湾地区推行的家庭生活教育，在预防与解决家庭问题、优化家庭功能、凝聚家庭关系与家庭价值认同、赋予家庭成员权能、加大家庭人力资本投资建设等方面发挥着越来越重要的作用。在以美国、英国、澳大利亚、加拿大等为代表的西方发达国家，围绕家庭生活教育理论与实践开展了丰富的研究。在以印度为代表的发展中国家，致力于将家庭生活教育的研究与发展中国家人口生育变化、妇女与家庭及社会问题相结合[④]，重在发挥家庭生活教育的预防功能，以开发个体应对家庭生活挑战的潜能[⑤]。

[①] 吴帆、李建民：《家庭发展能力建设的政策路径分析》，《人口研究》，2012年第4期，第37-44页。

[②] 景天魁：《创新福利模式优化社会管理》，《社会学研究》，2012年第4期。

[③] 徐安琪：《应将家庭生活教育和训练制度化》，《中国妇女报》，2012年3月20日，第B01版。

[④] Hullfish，H. G. (1986). Women and Family Life Education in India. Printwell Publishers.

[⑤] Choedhury，A.，Carson，D.，(2006). Carson，C. Family Life Education in India：Perspective，Challenges，and Application. Rawat Publications.

理论研究主要内容

从宏观上看,近年来国外关于家庭生活教育的研究维度主要从以下几方面进行展开并深化:在概念内涵上,依据美国家庭关系协会(National Council on Family Relations,NCFR)提出的工作性定义,家庭生活教育强调以预防与教育作为首要目标,提供高质量家庭生活所需要的知识、技能、经验或资源来促使个人和家庭提高生活质量,改善家庭关系及增进全体成员福祉[①]。在内容上,家庭生活教育通过贯穿幼儿、儿童、青少年、成年人到老年人这一生命周期的个体或家庭的生活教育与训练项目(Arcus,1993),涵盖性教育、婚姻教育、亲职教育、家庭资源管理、伦理、自我与人际关系、休闲教育、饮食健康教育及社区环境教育等主题[②]。在国外主要实践应用上,满足多样性家庭特殊需要,成为西方推进家庭生活教育专业化实践原则(Duncan & Goddard,2011)[③]。目前研究重点针对非传统家庭,如军人家庭、农村高危家庭、移民家庭及监狱服刑人员家庭的特殊需要,开展家庭生活教育服务项目及评估(Ballard,2012)[④]。在制度供给上,强调政府投资以及社会组织和相关部门的社会化参与、持续不断的专业化建设以及家庭的政府政策支持,突出家庭生活教育服务的组织机构、法律保障、专业化以及服务提供途径的多元化等体系建设,旨在通过家庭生活教育的干预,平衡家庭公共与私人领域界限,强化家庭的社会支持。在研究范式上,主要采取工具的、解释的或批判的范式来设定家庭生活教育课程内容与教学策略。

实践发展呈现的特点

家庭生活教育运动肇始于1930年代的北美洲,经历近百年发展逐步走向科学化与专业化,形成了系统的知识体系及课程规划体系。家庭生活教育运动业已扩展到欧洲大陆及日本、新加坡、中国香港与中国台湾等地,主要表现为这几方面的实践特点:①专业化。在西方发达国家开展家庭生活教育运动中,逐步重视其专业化发展。首先,这种专业化突出地体现在什么人具有从事家庭生活教育的资格。尤其关注家庭生活教育者的培养和资格认证问题的研究与实践,强化家庭生活教育专业化与专业的学术研究紧密结合,以确保专业服务品质。此外,相关研究关注高校关于家庭生活教育课程教学改革与人才培养问题,注重发

---

① 夏岩:《美国家庭生活教育导论》,载史秋琴:《城市变迁与家庭教育》,上海文化出版社,2006年,第211-220页。

② Arcus M E,Schvaneveldt J D,Moss J J.(1993). The Nature of Family Life Education. In Arcus,M. E.Schvaneveldt,J. D. & Moss J. J. (Ed.):Handbook of Family Life Education:Foundations of Family Life Education(vol.1). USA:Sage Publications,Inc,pp. 15-20.

③ Duncan,S.F. etal. (2011). Family Life Education:Principles and Practices for Effective Outreach (2nd ed.). CA:Sage.

④ Ballard S. Taylor A. (2012). Family Life Education with Diverse Populations. USA:Sage Publications,Inc. P.11.

挥大学学术优势推广家庭生活教育服务质量。②制度化。一些国家与地区已经建立对家庭发展进行支持与服务的框架体系,其中包括开展家庭生活教育的组织机构、传播推广、运作评价机制等。③实践的文化多样性。日益发展的家庭生活教育运动实践,已经形成了多元的实践特色。如以美国为代表的家庭生活教育专业化资格的培训、认证与评估等。在欧洲,家庭生活教育注重形成自己的婚姻教育模式。在澳大利亚,突出了亲职教育在家庭生活教育中的作用。中国香港形成极具特色的社会服务模式。中国台湾颁布实施了《家庭教育法》。

概括起来,当下国际家庭生活教育研究与实践呈现跨文化差异与跨学科整合特点,显示出多学科的应用发展研究性质,表现出多元文化下国家或地区的实践差异。开展家庭生活教育实践,已经成为国际社会增强家庭福祉与应对全球风险社会的重要选择。

中国家庭生活教育发展状况:理论研究与制度设计双重缺失

家庭生活教育作为一门学术性与专业性领域,长期以来并没有引起国内理论研究的高度重视。尽管在实践领域,中国已开办家长学校及各类婚姻家庭咨询等教育、培训及治疗机构。但因其理论体系研究缺乏,由官方或半官方机构承担的家庭服务规范化与专业化不完备[1],社会教育工作者的知识结构缺乏专业性,辅导内容陈旧、空泛,制度供给运作难以有效满足家庭需求。张秀兰等(2010)指出政府缺位和社区碎片化是形成家庭福利需求与福利供给失衡的主要制度问题[2],更为深层次的原因是国家制度法规中的家庭缺位[3],学校教育与儿童青少年的家庭生活教育需要完全脱离。有研究认为,需要将家庭教育指导作为一项社会公共产品并且由政府公共提供[4]。徐安琪(2012)明确强调应将家庭生活的教育和训练制度化[5]。因而,从制度层面变革家庭与政府、学校及工作单位等社会组织的关系,是建立中国特色家庭生活教育制度的重要现实路径选择。

综上所述,国内关于家庭生活教育理论及制度实践的系统研究尚付阙如。基于国家或当地经济社会状况,面向全体国民,涵盖其基本生活的中国"适度普惠型"社会福利制度[6],受到目前研究高度关注。本书基于中国家庭变迁背景,通过跨文化比较研究,系统开展中国家庭生活教育的理论与多层次制度设计研

① 张文霞、朱冬亮:《家庭社会工作》,社会科学文献出版社,2005年,第87页。
② 张秀兰、方黎明、工文君:《城市家庭福利需求压力和社区福利供给体系建设》,《南京社会科学》,2010年第2期,第46-51页。
③ 吴小英:《公共政策中的家庭定位》,《学术研究》,2012年第9期,第50-55页。
④ 胡杰:《将家庭教育指导纳入政府公共服务体系的研究》,上海交通大学硕士论文,2011年。
⑤ 徐安琪:《应将家庭生活教育和训练制度化》,《中国妇女报》,2012年3月20日,第B01版。
⑥ 王思斌:《我国适度普惠型社会福利制度的建构》,《北京大学学报(哲社版)》,2009年第3期,第58-65页。

究,是中国实施"适度普惠型"社会福利战略进程中一个重要的理论问题与实践内容。

开展中国发展型家庭生活教育研究的意义

当前由于中国经历以"后发性""压缩性"与"不平衡性"为最大特征的社会转型[①],导致中国家庭日常生活面临着突出的功能被不断削弱、家庭结构更为多元以及家庭关系问题丛生等重要变迁特点,家庭生活呈现最新的变化,表现出其特有的家庭现实问题。如何破解家庭变迁下一系列影响家庭生活发展的问题,需要发挥教育的基础性作用。让教育回归家庭生活世界,开展面向中国家庭生活的专业化与系统性的家庭生活教育具有重要的现实意义。

提高与改善家庭生活质量的人本意义

家庭是人们生活世界的细胞与微观基础,是现实生活主体生存和发展的实际发源地与最终栖息地[②]。随着全球化和科技革命的加速,知识和技术在社会发展中的贡献越来越大,人力资本的收益率越来越高。尤其在经济全球化趋势下,新的市场环境对劳动力的素质产生了新的要求,人力资本还被赋予了更为丰富的内涵,人的社会能力、精神品质等因素被纳入其中,它们都与家庭有着千丝万缕的联系[③]。因此,投资家庭人力,通过广泛的教育增能,着眼于家庭成员的全面发展,提升家庭成员参与社会竞争的素质与发展能力,就成为当下中国社会发展的主要路径选择与要求。

随着中国社会经济现代化与全面推进小康社会建设进程的推进,人们愈来愈多地意识到家庭在发展社会关系,形成社会基本道德、价值观与态度,以及建立终身学习心理倾向等方面具有重要意义。中国社会的剧烈转型与变革,正在重新定义家庭中每一个成员的角色与作用。通过专业的教育与培训,开发家庭人力资本,积极引导与调试家庭伦理道德转向,同时对可能出现的家庭生活问题进行早期预防与干预,激发自身应对社会变化的潜能,以教育独特的功能提升家庭满意度和幸福感,推进社会质量发展与增进家庭福祉。中国家庭生活教育深入的理论研究与制度建设系统研究,正是顺应我国社会变革需要的一项重要的知识创新内容,其发挥的稳定家庭关系的功能不仅对儿童青少年学业教育与身心健康成长有利,而且将增益于家庭成人发展能力,为其自信地参与到成年人生

---

① 张翼:《中国家庭变迁:特征、问题与对策》,载唐灿、张建主编:《家庭问题与政府责任》,社会科学文献出版社,2013 年,第 88 页。
② 王福民:《家庭:作为生活主体存在空间之价值论旨趣》,《哲学研究》,2015 年第 4 期,第 25 - 30 页。
③ 张秀兰、徐月宾:《建构中国的发展型家庭政策》,《中国社会科学》,2003 年第 6 期,第 84 - 96 页。

中提供重要的支撑。可以这样讲,未来衡量劳动者的素质以及一个社会或城市文明水平的重要指标将是公民获得的家庭生活教育服务的渠道、内容及质量。

教育回归生活与完善终身教育体系的教育学意义

　　教育的本质是以人为对象,遵循个体生命历程不同阶段身心发展规律,引导与激发个体自我意识觉醒,促进个体走向自由的实践活动。让教育回归与服务家庭生活世界需要,开展面向中国家庭生活的专业化与系统性的家庭生活教育,正是回应当代人类家庭生活需要的产物。本书将采用教育学、社会学及管理学等多学科视角,开展优先投资于人的发展型家庭生活教育的研究,这是建设人力资源强国的现实要求。从广义上来说,家庭生活教育是一种面向家庭的服务,可以归纳到家庭社会工作领域。但它又不完全是一种社会工作,其根本目的是发挥教育的功能,激发个体与家庭面向家庭生活的潜能,促进家庭幸福生活。家庭生活教育依托专门的课程,联结家庭、学校与社会教育资源,应用多学科知识与研究成果,增强个体与家庭发展能力。它不仅仅是针对家庭问题的预防与解决,也不单是协助家庭恢复正常运转,是属于以教育学为基础的多元课程系统与专业人才培养体系的内容。

　　以网络通信与信息技术为主要特征的 21 世纪,将是一个不断走向自我发展与学习的学习化社会形态。每一个个体及家庭组织的发展完善不仅需要通过正规的学校教育与专业知识学习来完成,还需要不断学习与接受来自家庭生活的知识与技能的非正式的教育。后一种非正规的家庭生活的学习与教育,将贯穿个体成长始终,是发挥教育在促进个体潜能实现与走向自由发展功能的重要途径。研究贯穿家庭生命全程的终身化发展型家庭生活教育,实现家庭终身教育与学习的制度化,发挥教育增强家庭人力资本功能,促进家庭生活的知识、情感、技能和管理活力竞相迸发,并使其成为中国终身教育体系的一部分,是推进学习型社会建设的重要要求与内容。中国教育现代化,必然包括家庭生活教育在内的现代化,这是推进当代中国教育改革面临的重要内容。

　　概言之,以国际比较研究为基础,借鉴西方,立足国情,将正式的学校教育与非正式的家庭学习相结合,强调家庭生命周期不同阶段个体生命受家庭生活教育的历程,构建发展型与终身型的家庭生活教育理论体系,探讨面向中国家庭的生活教育服务制度,是亟需关注的研究点,目前国内尚无该领域的系统研究学术成果。本书的系统研究,将有力完善中国教育在该领域理论研究的不足。

完善与丰富中国以家庭为视角的社会政策意义

　　当前中国社会发展迅速,一系列围绕民生与社会凝聚力的社会政策逐步推进,中国逐步进入了"社会政策的时代"①。全面应对风险社会带来的家庭发展现实困境,需要借鉴与全面比较国际社会政策的知识、态度、价值与行为体系,以社会投资为导向,强调授权于个人,促进个人资产的长期积累,以推动个人、家庭和社区的发展,并以这种发展构成社会整体的长期发展②。

现代社会的家庭日益成为一个脆弱体。投资家庭人力,通过广泛的教育增能,提升家庭生活发展质量,成为当下中国政策选择的主要路径之一。长期以来,中国千万家庭的利益和需求在社会政策制定和实施中被不同程度地忽略或忽视。有研究者建议,针对目前我国尚缺少普遍的以家庭为基本单位的家庭政策,以及相关政策呈现碎片化等状况,需要将家庭政策的发展路径从个人转向家庭。积极应对家庭变迁所带来的种种挑战,积极构建公平、有效的家庭政策体系,已成为政府的当务之急③。

将家庭生活教育问题放置在以家庭为视角的社会政策基点上,倡导将私领域的家庭教育变成公共议题,并将其视为公共服务的一种力量,及早研究因应中国人口与家庭变迁问题与挑战,整合经济学、社会学、人口学及教育学等学科内容,深入探讨构建发展型家庭生活教育制度,对于丰富中国家庭政策建设内容具有重要的实践意义,将对家庭建设发挥促进作用从而惠及亿万家庭,也将有益于社会的进步和国家的发展。通过家庭生活教育理论研究与服务实践的推动,集中社会资源用于家庭个体关系改善、满足家庭成员发展需要并为社会提供和谐美好家庭生活环境,将是发展型家庭政策建设的重要内容。

---

① 王思斌:《社会政策时代与政府社会政策能力建设》,*Social Sciences in China*,2004年第4期,第117-121页。
② 杨团、孙炳耀:《资产社会政策与中国社会保障体系重构》,《江苏社会科学》,2005年第2期,第206-211页。
③ 张春海:《小家庭 大问题——社会转型期的家庭研究受关注》,《中国社会科学报》,2015年3月13日,第2版。

第二章

发展型家庭生活教育的本质

关爱不只是使人们变得亲切可爱的一种温暖和模糊的感觉,关爱意味着对能力(competence)的不懈的追求。当我们关爱时,我们就想尽最大的努力为我们所关爱的对象服务。把造就关爱的人,造就有能力、有爱心和讨人喜欢的人作为教育的目的并不是反理性的。相反,它表现为对人类多种多样的才能的尊重。①

——[美]内尔·诺丁斯

自有人类社会开始,就有了教育。一开始的人类教育实践活动是与人们广阔的日常生活世界相联系,与生产生活经验结合在一起。随着一夫一妻制度的建立与家庭这种制度的形成,家庭成为人们私人生活的据点、情感交流的场所、社会生活最基本的组织单位,养育儿童的任务自然而然地成为家庭职能的有机组成部分②。在漫长的农业社会阶段,为了更好地促进家庭存续与发展,发生在家庭日常生产生活实践中关于其智慧与经验的代际传递、继承与学习,就成了家庭生活的重要内容。

随着人类社会快速进入工业化与信息化发展阶段,家庭生活愈加受到来自外部社会变革的影响。尤其是知识与信息更新与创新步伐不断加快,家庭中上一代人的家庭生活智能形成的经验不足以应对家庭的变化与需要,需要来自家庭以外的专业组织与明晰的课程体系来专门传递与训导有关家庭生活的内容,家庭中的每一个人都需要重新定义自己在家庭生活中的作用。由此形成的面向家庭生活的教育,逐步成为国际社会一项影响深远的教育实践运动与政府服务行为。从历史与跨文化比较层面来具体分析家庭生活教育的概念、目的与功能等本质问题,应该成为研究家庭生活教育理论的首要任务。

---

① [美]内尔·诺丁斯:《教关爱的主题》,载阿伦·C·奥恩斯坦、琳达·S·贝阿尔-霍伦斯坦、爱德华·F·帕荣克:《当代课程问题(第三版)》,浙江教育出版社,2004 年,第 87 页。

② 杨宝忠:《大教育视野中的家庭教育》,社会科学文献出版社,2003 年,第 76 页。

教育与家庭生活关系的演进

从历史视角来看,家庭日常生活与教育之间存在着天然的紧密联系。一方面,家庭生活为人类教育提供最初与持久的实践环境;另一方面,作为社会建构的家庭日常生活发展,不仅需要基于经验传承的传统家庭教化与指导,也需要基于科学理性的系统性与专业化的教育及培训。随着社会与家庭经历广泛而深刻的变革,需要更清楚地了解教育与家庭生活发展的关系是如何随着时间而变化及其与不同社会环境的互动关系。这既反映了家庭生活质量提升对教育提出的现实需求,同时也是当代教育发展回归个体日常生活发展的必然逻辑。因此,教育与家庭生活关系的发展进程,可以为把握家庭生活教育概念提供一种历史的视角。

近代教育与家庭日常生活的分离

家庭生活是人类最初与最具原生态的教育场所与环境。面向家庭生活的教育是人类最早存在的基本教育实践活动,更多地表现为一种适应性教育特点,关于家庭生活的教养与学习更多地是以达到适应自然环境与简单的社会生活为目的。从人类产生与最初形态的家庭起源到工业革命发生前相当长一段历史时期,面对家庭日常生活世界的生存与发展的基本需要,年长的家长将家庭生活知识与家庭生活技能及经验传递给下一代,家庭成员之间通过参与家庭日常生产生活劳动的形式不断学习家庭生活的知识、技能及培育道德情感态度,开始了基于自然主义与经验主义的家庭生活的最基本的"教与学"活动。这个时期依靠血缘及婚姻关系形成的家庭日常生活世界环境,是家庭成员非正式学习与大众接受教育最主要的机构与场所,这种状况一直持续到 18 世纪工业革命前后。

随着民族国家开始大规模建立、管理与控制正规学校教育,原来家庭被要求更多承担子女一般性道德培养与塑造某种特定的生活方式的信仰与行为模式的责任,被逐步转移到公共学校及其日益科层化与专业化的学校与教师手中,家长更多地被认为是非专业的,难以胜任日益复杂与广泛的知识、技能与道德的教育,教育的中心开始从过去几百年的家庭里不可扭转地转到学校里[①]。这反映了工业革命带来的生产方式变革引发的家庭现代化,已经深刻影响到了家庭生活与教育长久的传统关系,家庭承担的教育的功能逐步更多地被让渡给了专业化的学校机构。另一方面,现代化教育更多地面对国家经济与科技现代化发展需要,更多传递的是与现代化科学理性相联系的知识与意识形态体系,注重的是

---

① 杨启光、陈明选:《家庭与学校教育改革的关系:西方的经验与中国的问题》,《华东师范大学学报(教育科学版)》,2011 年第 4 期,第 30－39 页。

符合现代工业化的人才素质选拔的教育，主智主义教育逐步占据主流，家庭的生活知识与生活技能的教育与家庭道德文化传承功能日益弱化。如柯克霍夫（Kerckhoff. R. K, 1964）指出的那样，"某些原来在家庭与社区中学习的信念和技能已不再在那里传授了……妇女在职业和经济行为中角色的激剧变化以及整个的工业化城市化运动，使每个人都知道世界已不再是几年前的那个世界。"①

与此同时，随着工业革命进程深入推进与家庭现代化发展，许多严重的社会问题凸显了家庭生活的教育缺失与被忽略，让更多的家庭成员与社会逐步认识到家庭生活世界是一个重要的教育领域，更为重要的是让人们明白家庭生活是需要系统的教导、学习与引领才能提升其生活品质的道理。人们开始意识到家庭生活的不适当性，更多地要求教育关注家庭生活需要，一些社会组织开始承担从前由家庭来完成的功能。1918 年美国国家教育协会（The National Education Association，NEA）发表的《教育基本原则》中就明确将"成为有价值的家庭成员"作为美国生活方面一项基本教育原则而加以明示，显示出为了家庭生活的教育被社会所认可②，反映了将家庭教育置身于儿童将要生活其中的社会的意义。尽管如此，家庭日常生活的知识与技能，更为主要地被视为私领域议题，以西方传统自由主义为代表的教育反对公立学校染指家庭议题与技能，认为持家的技能、育子的方式、家庭护理都不是传统男性博雅教育的固有内容③，制度化的教育与家庭生活仍然处于相互隔离与彼此独立的阶段，家庭生活诸多主题并没有系统地进入以学校为主的教育机构的视野之中。

现代教育逐步介入家庭日常生活问题

二战后，随着西方社会现代化高速整体推进，现代与后现代家庭思想相互裹挟，原来的传统家庭形态与关系模式日益走向多样与复杂，以个人自由主义为核心的思想价值不断威胁着现代家庭的稳固，它们彼此交织与混合在一起，致使现代西方家庭的功能不断弱化。同时，现代西方工业化的发展，使得越来越多的母亲步入职场，家庭的子女养育与社会化功能减弱，青少年儿童的不良行为与学校教育危机不断显露。愈来愈多的家长在子女教育方面显示能力不足，家庭关系趋于紧张，家庭生活幸福感与满意度不断下降。

诸如此类许多复杂的社会家庭问题的出现，促使人们对家庭及其成年家庭成员进行教育以改善家庭功能的兴趣增加，开始重新审视与定义家庭成员的作

---

① Kerckhoff. R. K.(1964).Family Life Education in America. In Christensen. H.T (ed.).Handbook of Marriage and the Family. Rand McNally，Chicago，Illinois：p.881.

② Kirkendall，L.(1948).Emerging Concepts in Family Life Education. The School Review 56(8)，448-458.

③ [美]内尔·诺丁斯：《始于家庭：关怀与社会政策》，侯晶晶译，教育科学出版社，2006 年，第 294 页。

用。人们不再认为当家长是不学而会的本能,而是某种"高深的技术"①。20 世纪六七十年代,一种以传递个人进行家庭生活所需要的认知、情意和技能,协助、支持和满足家庭成员的发展需要,来预防或减少家庭内外形成的问题的家庭生活教育运动,开始在美国等发达国家孕育发展起来并扩展到其他国家或地区,一系列关于家庭性教育、婚姻教育、家庭经济关系、家庭伦理、家庭关系及亲职教育等的项目与实践活动蓬勃展开来,显示出教育在介入传统私领域的家庭的力度与广度在逐步加强,现代教育开始有目的有系统地逐步回应家庭生活的需要。

当代教育日益主动回应家庭日常生活需要

步入 21 世纪,由于全球化力量的影响,工作与家庭关系问题愈加凸显,不同国家将面临诸如妇女角色、婚姻目的以及持续增加的离婚率等变化带给家庭的影响,同时由于国际交往的深入以及移民的发展,家庭成员间将面对彼此的隔离,全球化将每个人的日常生活卷入其中并成为常态②,使全球家庭生活环境变得更为趋同、多元而复杂,使适应全球化家庭变革的家庭发展能力建设问题成为紧要的国际社会共同课题。这为当代教育阔步介入当代家庭生活,支持、协助家庭与提升家庭发展能力提供了新的更为重要的社会现实需求。

发展经济学家阿马蒂亚·森(Sen,A)曾指出,一个人所过的生活是所做的各种事情和各种状态的组合(doings and beings),而体现为一系列"功能活动"(functions)。而"能力"(capabilities)则是一个人能够实现的各种功能的组合。能力大小反映个人在这些组合中进行选择的自由度,它代表了一个人在不同的生活中间做出选择的自由③。从这种意义看来,美好的家庭生活功能的实现是衡量家庭发展能力的重要指标,而家庭生活能力大小是依据家庭成员在家庭生活中所拥有的能够给他带来何种生活的选择范围。在这一点上,社会建构的不断变化的家庭生活为当代教育回归个体日常生活世界寻找到了新的契合点,这为今天教育服务家庭生活能力建设需要提供了新的广阔舞台,需要教育积极发挥促进家庭个体自由发展的重要社会功能。

通过简单回溯教育与人类家庭生活关系的历史,可以看出逐步走向现代与后现代交织的家庭生活变迁的社会建构进程,反映了教育与家庭生活世界之间变动的复杂关系,显示出不同时期现实社会家庭生活变迁背景下教育的变革进程。恰如奥尔格·齐美尔(Simmel,G)所言:"即使最为普通、不起眼的生活形

---

① 程晋宽:《试论走向后现代社会的西方家庭与学校》,《比较教育研究》,1999 年第 1 期,第 2 - 6 页。

② Moran, J. (2003). Globalization, Family Life, and the Future Research Environment in Home Economics and Human Sciences, International Journal of Human Ecology,4(2),89 - 100.

③ [印]阿马蒂亚·森:《能力与福祉》,载阿马蒂亚·森、玛莎·努斯鲍姆:《生活质量》,社会科学文献出版社,1992 年,第 36 - 37 页。

态,也是对更为普遍的社会和文化秩序的表达。"①现代教育逐步回归家庭生活世界、满足与服务家庭生活需要,是教育与家庭生活世界关系变革的必然逻辑,深刻反映了教育的本质要求。"家庭生活教育"正是教育适应家庭生活发展变化的一种具体的教育形态。

家庭生活教育的形成与发展

从家庭生活教育概念的提出来看,其起源的本质是基于不同时代与社会改革变化影响到家庭生活,需要提前预防家庭问题与家庭危机的产生,旨在使家庭免于受到社会转型与变革导致的冲击而破碎或瓦解。为此,一些社会改良者与关注家庭的理论者倡议为家庭生活提供适当而切合需要的学习活动,以降低家庭离婚率、提高家庭幼儿青少年教养水平以及最终维系家庭制度促进社会聚合。

概括起来看,起源于 18 世纪以美国为代表的西方社会的家庭生活教育,有其特定的形成与发展的社会、历史与理论多重原因,深刻反映了人们对西方工业化、城市化与家庭现代化变迁给家庭带来的社会问题的关注与重视。分析了解有关家庭生活教育的起源及演化过程,将有助于更好地理解目前家庭生活教育所处的新的发展状态。

家庭生活教育形成发展的社会背景

家庭生活教育运动最早起于北美,以美国为主要先驱,其快速发展并形成系统的根本动力与 20 世纪以来美国家庭开始发生的变革具有紧密的联系。有研究专门分析了美国社会发展变革对于家庭价值的影响,认为 20 世纪初哈佛大学一群"年轻知识分子"(the young intellectuals)开先河的新文化运动以及 20 世纪 60 年代的"妇女解放运动"所引发的意识形态领域的变革,给美国家庭带来不可估量的影响②。其所倡导的"新"(new)、"性"(sex)及"解放"(liberation)等价值观念以及其后五六十年代的"享乐主义"(hedonism)及 70 年代的"反正统文化"(the counterculture),提倡绝对个人主义、性自由和同居,瓦解了对传统家庭的认知,大量家庭的孩子开始置传统文化信念于不顾,对政府和父母均持不信任态度。未婚同居者及离婚率上升、单亲家庭大批出现、非婚姻关系性行为普遍,家庭开始走向解体。其次是普遍认为的美国工业化和都市化的快速发展,给家庭变革以重要而深远的影响。工业化的发展与个人自由主义的意识形态紧密相连,使家庭成员不断失去对家庭的忠诚与义务感。更重要的,由于有工作的母亲

---

① [英]戴维・英格利斯:《文化与日常生活》,中央编译出版社,2010 年,第 4 页。
② 陈奔:《从美国家庭变革看其基本价值观》,《厦门大学学报(哲社版)》,1996 年第 2 期,第 14 - 19 页。

的比例不断增长,加之出生率的下降导致的家庭规模不断缩小,直接导致孩子从大人中孤立出来,缺少了父母的照顾与关怀,青少年不良行为开始大量出现。

20世纪七八十年代随着社会现代化的发展,美国家庭变革的影像也开始在其他发达国家显现。在日本,由于二战以来产业社会的变化以及女性学历的提高,许多年轻母亲进入职场,孩子疏于管教,导致青少年犯罪、拒绝上学与儿童自杀等教育危机频繁出现。在新加坡,20世纪后期受西方社会价值观的影响,作为亚洲发达和经济起飞地区的新加坡家庭模式也走向小型化与核心化,越来越多的青年人不再和父母生活在一起,两代人关系疏远,彼此背离,从而带来了传统家庭纽带的解体,家庭的意义与家庭的功能发挥受到严峻的挑战。这个时期,世界社会经济文化的时代变化给各国家庭予以最为根本的冲击,具体表现为核心家庭从变革走向解体,出生率急剧下降,离婚率直线上升,性解放极度泛滥和家庭观念日渐淡薄。这些家庭变革带来严重的社会问题,对于家庭成员尤其是青少年儿童的身心发展影响最为直接。由于夫妻关系不稳定,大量的孩子逐渐失去家庭的保护,在学校与社会生活中逐渐失去可能成功的机会,家庭成员之间变得疏远,家庭压力与危机增加,青少年犯罪几率逐步增高。这些全球趋于一致的家庭变革的社会趋势,表明家庭正经历一个戴维·波普诺(D.Popenoe,1988)认为的"后核心家庭"模式,该模式由对家庭的强调转移到了对自我实现的特别关注上,"有相当高比例的夫妻契约没有把孩子考虑在内……"①。故此急切需要为个人和家庭提供更多协助与社会支持服务,发挥家庭正常的功能,为青少年发展创造更好的环境,以帮助他们适应急速的社会发展及变化。许多国家对家庭生活干预的倾向明显加强,以协助、支持和满足家庭成员的发展需要来预防或减少家庭内外形成的问题的家庭生活教育,正是回应时代社会变革的产物,并在美国等西方国家孕育发展起来,且扩展到其他国家或地区。譬如这个时期一些国家为了降低人口增长速度,促进家庭生活水平提高,开设计划生育课程、育儿知识技能提升课程等。

进入20世纪90年代,由于全球化的迅猛发展引发的经济、环境、科技以及移民的变革,使家庭生活步入一个复杂的、相互联系与持续演化的世界。现代性的全球扩张必然使家庭风险在全球范围传播。世界范围的环境灾难、战争以及恐怖主义等无一不影响着全球领域的家庭,给家庭生活带来新的冲击。对家庭需要的满足与支持,对之可能面临的问题进行提早预防和早期干预将显得日益重要,家庭生活教育需要放置在全球化进程这一新的时代中加以考虑并加以发展,并使之成为推动家庭生活教育继续发展的新的时代力量。

---

① 〔美〕丹尼尔·U·莱文、瑞依娜·F·莱文:《教育社会学(第九版)》,中国人民大学出版社,2010年,第105页。

家庭生活教育形成的历史背景

家庭生活教育一词最早来源于北美洲,相关的历史文献大多关注的是美国的家庭生活教育的发展,反映了不同历史时期变动发展的美国社会经济与文化给家庭生活教育带来的影响。在阿库斯等人(M.Arcus,J.Schvaneveldt & J.Moss,1993)编辑的《家庭生活教育手册》(*Handbook of Family Life Education*)一书中将美国家庭生活教育形成发展的历史分为初聚期(coalescence)、发生期(emergence)、具体期(crystallization)、拓展期(expansion)和巩固期(entrenchment)五个阶段,勾勒了家庭生活教育在美国发展的基本进程[①]。

家庭生活教育的源头最早可以追溯到18世纪。这个时期的家庭生活教育始于提供家庭成员的基本衣食及住宿,主要靠妇女们互相学习来传承家庭生活的相关技艺。家庭承担培养与训练青少年儿童的主要工作,孩子们获得的教育主要来源于他们对于家庭生活的参与,间或由学徒制与教堂举行辅助补充。一些非正式的团体逐渐成立,相互交流讨论养育子女的方法。进入19世纪,由于美国东部城市快速发展以及西部的新兴开发,使家庭妇女对于子女教育指导显得更为重要。从1875年到1890年一些地方州政府开始立法,规定在公立学校体系实施家政教育,以培养人们有效地管理家庭以改善生活质量,目的在增进家庭的福祉。

20世纪由于美国社会经济的大发展,尤其是两次世界大战的爆发,给家庭生活教育大发展带来了新的契机,引发了美国社会对儿童及其福利的关注,许多社区组织与志愿工作者逐渐加入到家庭服务中来。其中以1938年成立的"美国家庭关系协会"为代表,使美国家庭生活教育进入到系统的快速发展轨道。由于这个时期的美国家庭处于急剧变革之中,社会组织开始更多地承担从前由家庭完成的功能,人们开始意识到家庭生活的不适当性,一些原来在家庭与社区中学习的信念和技能开始转移到专业社会团体中去。二战后,随着社会现代化高速发展,许多复杂的社会家庭问题开始出现,促使人们对家庭及其成年成员进行教育以改善家庭功能的兴趣增加,开始重新审视与定义家庭成员的作用。因为人们逐渐意识到家庭是一个起教育作用的重要机构,在这个机构中可以发展社会关系、形成价值观与态度,并建立终身学习的心理倾向。当人们转而向外部机构寻求帮助以减轻在家里经历的过度紧张时,更加正规的家庭生活教育运动开始酝酿。反映不同哲学观的不同家庭生活教育方案开始出现,引发了社会公众对日益增加的家庭社会问题的关注,反过来也加速了家庭生活教育的发展完善。

---

① Lewis-Rowley, M., Brasher, R. E. et. al. (1993). The Evolution of Education for Family Life. In Arcus, M. E., Schvaneveldt, J. D. & Moss J. J. (Ed.): Handbook of Family Life Education: Foundations of Family Life Education(vol.1). USA: Sage Publications, Inc, pp.28 - 46.

家庭生活教育发展的专业背景

　　美国家庭生活教育在 20 世纪初能开始蓬勃发展,在于其发展融合了众多不同的学科专业领域,如家政学、社会学、社会工作学、家庭社会学、心理学与教育学等,相关的理论研究与学科发展在其中发挥着十分重要的推动作用。

　　起初,美国家庭生活教育方案大部分是通过以女性为主的教师与学生的家政课程来提供的,其动力来源于这个时期营养学与人类发展知识的增加,譬如营养学的名词,如热量、蛋白质、淀粉等,在 1890 年首次介绍给大众,推进了各种实践指向家庭的生活教育。1887 年《家庭社会学》出版,开始将量化研究与统计方法应用至离婚等家庭问题,强调家庭问题与社会问题之间的相关性,强调政府需要适时介入家庭,对社会制度或家庭成员进行改革,推动了大众对家庭问题的关注。从 1901 年至 1920 年间,家庭社会学逐渐成为家庭生活教育理论界的主流,使人们开始关注家庭生活技能的学习。此外,关于儿童发展、健康教育、家庭管理教育、性教育等知识的增多与研究内容的丰富,以及其他科学研究如家庭经济学、儿童心理学和儿童发展领域的兴起、社会科学与行为科学的繁荣发展以及心理分析地位的提高,都促进了家庭生活教育的大发展。

　　一些重要的理论流派的思想也无时无刻不在渗透并影响着家庭生活教育的理论研究与实践运作。如不同派别的女性主义观点给家庭生活教育实践带来的影响。随着妇女就业人口的增加,女性如何兼顾工作与家庭成为家庭生活教育的重要课题,影响着各种家庭生活教育方案的制定与实施。女性主义的学者提出反思性别角色,帮助家庭生活教育者从另一角度看家庭,挑战以往传统的家庭观念,他们认为大部分传统家庭生活教育的课程忽略了女性的经验[1]。值得提及的是一些刊物的发行,如 *Journal of Marriage and the Family*,*Family Issue* 与 *Family Relations* 以及专业学会组织如"美国家政协会"(American Home Economics Association,AHEA)、"美国家庭关系协会"对于家庭生活教育的发展功不可没。

　　概括起来,家庭生活教育作为一种新的教育实践形态,其在 20 世纪美国蓬勃发展的原因除了急剧发展的工业化、城市化以及女性主义思潮下妇女角色的变化外,一系列源自卫生与健康、社会学、心理学、生物学、医学,甚至历史学、经济学及大众传媒学科与组织的知识创新的推动力量也发挥了重要作用,它们纷纷开始对家庭及家庭婚姻生活等问题显示出兴趣,同时一系列专业刊物的发行

---

[1]　Bubolz,M.M.,& McKenry,P.C. (1993). Gender Issues in Family Life Education:A Feminist Perspective. In Arcus,M. E.,Schvaneveldt,J. D. & Moss J. J. (Ed.):Handbook of Family Life Education:Foundations of Family Life Education(vol.1). USA:Sage Publications,Inc,pp.131 - 157.

与专业学会组织的运作,共同形成推动了家庭生活教育运动的大发展。尽管如此,关于家庭生活教育的定义却没有明确与统一的确立,这部分原因也在于其所涉及的学科领域与专业知识的过于多元,难以形成共识。

事实上,如果我们将家庭生活教育形成与发展放置在更为广阔的国际背景而非仅仅从美国出发,将会发现自20世纪60年代末起,世界范围的人们对家庭及其成年家庭成员开展教育以便改善家庭功能的兴趣在持续增加。导致这种变化背后的因素或者动力,主要表现为这个时期家庭功能日益式微以及家庭价值不断偏离传统,如何重新让家庭发挥其作为主要的教育机构的作用,以便调适家庭关系,形成社会期望的价值观与态度,成为家庭生活教育发展的重要因素。此外,西方一些福利国家开始对家庭生活这种传统私领域进行干预,其介入的倾向与力度不断增强。面向家庭的一系列政策开始实施,为家庭个体提供计划生育课程、育儿技能培训以及婚姻辅导课程计划不断增多。最后,推进家庭成员在家庭生命周期每一个新阶段形成学习的习惯并满足其学习的需要,是与当时提出的终身教育思想及后来的终身学习体系建设相一致的,这也是推进家庭生活教育发展的一个不可忽视的因素。

家庭生活教育的基本概念

事实上,关于"家庭生活教育"概念的理解,存在着不同的语境。从前面对于家庭生活教育的形成发展的历史环境演化中,可以发现其形成发展是出于广大公众家庭生活需要与对问题关注而形成的领域,吸引了来自包括社会学、心理学、教育学、医学、法律、家政学、护理、社会工作、人类学以及婚姻与家庭治疗等学科及机构参与其中,使家庭生活教育涉及众多学科,成为一个广泛而又无定形的领域。因此,从宽泛角度看,任何对家庭问题的解决、整体发展和幸福有益的,如身体的、心理的、情感的、经济的、精神的,都可以纳入家庭生活教育概念之下。

由于不同阶段家庭生活的主题视点不一样,家庭生活教育概念有着不同的指代。一开始,家庭生活教育被更多地涉及关于人口教育或家庭计划(family planning),后逐步转向关注家庭的性教育(sex education)问题,使家庭生活教育概念一时期成为"性教育"概念的一种委婉的说法,而被西方很多文献广泛使用。随着社会转型与家庭变迁加快,家庭生活面临更新与更复杂的问题,更多显示出家庭生活教育作为一种社会学习的过程,需要家庭成员主动学习家庭生活知识技能,以便于更好理解家庭制度,扮演好家庭作为社会基本机构的关键角色。

从实践语境来看,关于家庭生活教育概念的具体定义,自1960年代以来受到广泛争论,至今莫衷一是①。其原因在于不同国家或地区推行家庭生活教育实践,赋予其特定的历史文化与现实价值诉求与实现目标,不同国家或地区及民族对家庭生活教育都有不同的诠释,使该概念的内涵表现出一定的重心差异,体现了跨文化的一些特征。譬如对于广大发展中国家,家庭生活教育更多聚焦在人口、营养及生殖健康,人口教育成为家庭生活计划优先考虑的领域,此外还有传授父母子女养育技能;而对于发达国家,其焦点则是亲职教育,具体包括父母增能、培训父母提高养育服务与支持孩子身心发展和学习的技能。

下面主要以目前推广服务实践体系完善的中国香港地区、中国台湾地区以及作为家庭生活教育运动肇始的美国为例,并结合中国大陆有关家庭生活的教育发展情况,具体分析比较家庭生活教育概念的具体内涵与不同特点。

中国台湾地区的家庭生活教育概念

长期以来,在台湾地区的相关研究与实践领域更多使用的是"家庭教育"的概念。近年,岛内一些研究家庭教育的学者引入了美国的"家庭生活教育"概念来替代"家庭教育",且很多时候二者混用并视为等同,并没有进行明确区分。尽管这样,也有研究指出,台湾最近愈来愈多的人使用了"家庭生活教育"概念,原因在于避免落入视"家庭教育"为"私领域""家中之事"的传统刻板印象②。

尽管如此,台湾对家庭教育与家庭生活教育的概念主要从狭义与广义进行区分。"家庭教育"侧重从狭义而言,强调以场域来确定在家庭范围中发生的教育,主要是指家庭中父母对子女,或长辈对晚辈所施予的训示与教诲,偏于长幼有序的家庭世代伦理教育与生活起居应对进退的规范,相当于美国家庭生活教育内涵中的家庭互动与亲职教育的部分内涵。台湾更多相关法令如《家庭教育法》,则是从广义上来看"家庭教育",突出以家庭为对象与实行以家庭生活主题为导向的教育,该概念强调培养国民重视家庭观念,增进国民家庭生活知能,健全国民身心发展,促进家庭和谐,建立和谐社会的目的。

从早期的家庭内教育扩展到家庭以外与社会互动的家庭生活教育,目前台湾的家庭生活教育的内涵广泛得多,包括家庭世代生活伦理教育、夫妻婚姻关系教育、现代化家庭生活知能传递、亲职教育以及处理家庭与社区关系的教育等更为丰富的主题内容,彰显了家庭的成员关系及与社会环境的相互作用,其对象是依据台湾地区所有国民在家庭中扮演的角色,包括为人子女、配偶、父母、祖父母或从事家庭教育工作的教师及行政人员等广泛的人群,凸显家庭生活质量的改

① Curtis E. Avery and Margie R. Lee,(1964). Family Life Education:Its Philosophy and Purpose,The Family Life Coordinator,13(2),27 - 37.

② 林如萍:《The Best Home for Families:新加坡的家庭生活教育》,载台湾师范大学、家庭教育研究与发展中心:《健康婚姻与家庭国际研讨会会议手册》,台湾师范大学,2004 年,第 306 页。

善在促进台湾社会祥和发展中应该扮演的角色及发挥的作用,为此需要为国民适应变迁的家庭生活提供尽可能的学习机会①。

依据近年来台湾家庭变迁现实,台湾社会对于开展家庭生活教育日益重视,实践体系不断完备。这些丰富的家庭生活教育实践反过来进一步自动调整与拓展了该概念的内涵,具有台湾地区特点的家庭生活教育逐步将家庭治疗性服务与教育性服务进行整合,广泛采取了诸如家族治疗、亲职教育、性教育、父母恳谈会、妈妈教室、家长会等活动形式,帮助成员了解和预测家庭及社会生活中可能遇到的事件与问题,目的在于增加家庭父母的知识,学习调适技能,丰富家庭及社会生活,预防和减少家庭风险与危机。

中国香港地区的家庭生活教育概念

多年来,香港社会因为其健全与高质量的社会福利制度而广受世界瞩目,这也体现在其服务香港地区家庭生活福利制度方面。因此,香港文化传统下对"家庭生活教育"概念的提出,是基于为香港市民提供家庭支持与服务的一项社会福利服务而开展并推广的一种制度。

香港地区的家庭生活教育的兴起与发展,是由香港政府回应香港地区人口、社会政治、经济改革所引发的家庭问题所引起并推动。随着香港社会急剧转型,传统家庭发挥凝聚力量的观念日益削弱,越来越多家庭面对经济困难和失业危机,家庭婚姻破裂,离婚事件增加、社会病态个案如虐待儿童和虐待配偶等数目不断上升。青少年问题、对心理健康的关注、部分新来港定居人士和单亲家庭所经历的适应困难和融入社会问题、迁居新市镇家庭的疏离感觉、照顾长者的护老者和残疾人士给家庭带来的压力等等社会挑战及家庭生活压力问题,成为香港地区各级政府推行面向家庭生活服务与介入家庭生活的最为直接与关键的动因。

在这样的背景下,香港地区的"家庭生活教育"概念被更多地理解为一种面向家庭生活的兼具预防与发展功能的社区教育服务,属于香港社会福利署下面的社区教育的一种形式,主要通过物质援助、服务支持以及个案评估和个别辅导等家庭生活服务范畴的形式,教导人们家庭生活相关知识技能,协助家庭成员履行家庭中的角色与责任,帮助家庭成员适应、改变与应对家庭不同压力,巩固家庭关系,预防家庭破裂②,以此增强香港家庭的凝聚力。

香港家庭生活教育的对象,更多的是特定人口组群,根据其存在的特定家庭生活问题确定服务的方案与课程计划,如为准父母安排的"产前准备"、已婚夫妇准备的"夫妇相处之道"及为有问题的青少年儿童安排的"管教子女"课程等,凸

---

① 许美瑞:《家庭生活教育的本质》,《家庭生活教育》,师大书苑(台北),2001 年,第 2 - 15 页。
② 许美瑞:《家庭生活教育的本质》,《家庭生活教育》,师大书苑(台北),2001 年,第 7 - 8 页。

显家庭生活问题预防与发挥家庭功能为导向的家庭生活教育特点。以预防治疗服务为主要特征的香港家庭生活教育的内涵,也反映在由政府、社区、社会团体及学术教育机构多方协同推行运作的制度体系之中。

中国大陆的家庭生活教育概念

长期以来,我国内地一直使用"家庭教育"概念,用以概述在家庭互动过程中父母对子女成长发展施加教育影响的一系列教育实践活动[①],很少使用"家庭生活教育"一词。与之有关系的还有"家庭教育指导",它是指家庭以外的机构、团体和个人对家庭教育的指导过程,是以家长为主要对象的、以家庭教育为内容的教育过程。有研究认为该概念具有成人教育、业余教育、师范教育与继续教育的性质,类似于西方的家长教育或中国台湾地区的亲职教育[②]。

如果仔细分析,与"家庭生活教育"字面意义比较一致的中国内地的家庭教育,更多的是一种更为广泛的社会教育形式。正如台湾学者研究的那样,中国大陆地区家庭生活教育是促进家庭发展和幸福,提高家庭成员道德、健康、智力水准的教育,是社会教育的重要组成部分,其内容十分广泛,包括学习文化、时事政策、计划生育、卫生、营养、法律、教育子女、家庭人际关系、缝纫、烹饪、家庭装饰、家电保养维修等;除广播电视、报刊等大众宣传媒介外,许多成人学校设有缝纫、烹饪、家电维修、家庭装饰及人口教育等课程。有些地区开办有老年人学校,主要学习内容是书画、保健(包括气功、卫生)及时事政策等。同时,主管家庭生活教育的机构主要包括妇女联合会、居民委员会、计划生育委员会以及爱国卫生委员会等。一般采取印发宣传教育材料、走访家庭、召开会议宣讲等形式,通过评选"五好家庭"(卫生、计划生育、教育子女、本职工作、家庭及邻里和睦)及文明居民小区等活动进行自我教育。在北京一些地区设立家庭教育咨询服务中心,解答关于儿童教育、营养及青春期青少年教育等问题[③]。

从这个意义上看,中国早已开展家庭生活教育活动实践,与西方社会早期开展的家政教育、社区教育内容比较一致,与现在提倡的家庭教育指导服务有许多交叉内容。也正是这种五花八门、包罗万象的围绕家庭生活的广义的教育,使家庭生活教育独特的作用被分解而难以整合其应有的功能,相反成为一个大箩筐,什么东西都往里面装,缺乏一个核心统整。

改革开放以来,随着社会各个领域改革不断深化,人口生育政策的变化、现代化及城市化的发展,中国家庭还经历着重要的社会变迁,一系列家庭教育问题

---

① 缪建东:《家庭教育社会学》,南京师范大学出版社,1999 年,第 2 页。
② 中国儿童中心:《我国家庭教育指导服务体系构建与推进策略研究》,中国人民大学出版社,2016 年,第 13 页。
③ 贾馥著:《教育大辞书》,文景书局(台北),2000 年,第 801 页。

已经超越简单的父母对于子女的教育范畴。更为重要的是，很多狭义的家庭教育问题已经影响到家庭生活品质与社会发展，使原来狭义的家庭亲职教育内容扩展到家庭生活其他主题内容，使原来局限于亲子社会化与个性化的教育扩充到家庭其他成员。这些现实状况与需求，客观上需要重新理解原来的"家庭教育"概念内涵。近年来，从中央政府到地方开始日益意识到家庭在社会发展中的独特意义，不断强化政府的公共责任，正在努力构建家长信得过、用得起、有水平、高质量的家庭教育指导服务体系[①]。从这个趋势来看，有关家庭生活的教育的内涵为适应家庭变迁与社会发展而必将发生转变，逐渐趋同于国际社会提倡的"家庭生活教育"概念的基本形态与内容。

美国家庭生活教育的概念框架

正如前面所述，家庭生活教育运动最开始在美国发动，经过其注重学术研究与人才培养的长期积淀，不断向专业化发展，在实践中取得了重要发展影响力。其对于家庭生活教育的概念及本质的认识也更为全面、深入与具体，成为目前家庭生活教育理论研究最为系统的代表。

美国家庭生活教育的多元定义

尽管美国开展家庭生活教育运动较早，但对于该概念的定义因为不同研究者、不同实践的州及相关学术团体机构的差异，却有很多不同的理解。早在20世纪60年代，已经有专业研究者尝试对其作出定义。譬如在1964年早期的"家庭生活教育"被认为是"教师协助学生发展人格以丰富其作为现在与未来的家庭成员的能力所作出的任何所有安排的学校经验——这些能力是能够让个人建设性地解决个人所属的家庭角色面临的独特的问题的能力。"[②]该定义被广泛认可，但仍然让人感觉到过于宽泛而无形，其主要还是将家庭生活教育限定在学校中的学生为主要对象，强调学校课程内容的传授与经验获得。随后，教育对象扩大到家人，教育内容不断被丰富。到20世纪70年代，家庭生活教育将社会资源概念纳入其中，强调家庭生活教育协调推动家庭与社会资源的发展意义，以利于改善家庭关系[③]。

阿库斯等人在《家庭生活教育手册》开篇就归纳了从1962年到1989年出现的差不多20条关于家庭生活教育概念的定义。为什么界定该概念会如此困难，

① 中国儿童中心：《我国家庭教育指导服务体系构建与推进策略研究》，中国人民大学出版社，2016年，第4页。
② Avery, C. E., & Lee, M. R. (1964). Family life education：Its philosophy and purpose. The Family Life Coordinator，13(2)，27-37.
③ Cromwell, B.E., & Thomas, B.L. (1976).D veloping resources for Family Potential：A Family Action Model. The Family Coordinator，25，13-20.

她给出了她的解释，一方面可能是这些定义属于谢弗勒（Scheffler, I., 1960）所谓的"规定性"（stipilative）定义或生造的（invented）定义；另一方面，这些概念没有很好澄清该概念的本质或为从事家庭生活教育者提供应有的行动指导[①]。

目前，美国社会更为广泛与流行的关于家庭生活教育概念的界定是来自从事家庭生活研究的专业化学术机构——美国家庭关系协会，主要从家庭生活教育实践需要达到的目的与目标入手。美国家庭关系协会提出的工作性定义，正反映了这种需求意图，它认为家庭生活教育包括"任何向家庭成员提供信息、技术、经验或资源的有组织尝试，目的在于增强、改善和丰富他们的家庭经验。家庭生活教育的全部目标是，丰富与改良个人、家庭的生活质量。"[②]概言之，家庭生活教育概念主要基于家庭是协助个人融入社会和培育个人成长的主要媒介，健全的家庭对个人身心的健康发展有重要的影响这样的理念，是旨在预防、推广和谐的家庭人际关系，预防家庭问题，发展家庭功能的一种教育，其终极目的在于强化与提升个人与家庭的幸福。

美国家庭生活教育的操作性原则

为了更好地理解家庭生活教育概念的本质，更加切实准确把握家庭生活教育的内涵，更多研究着重从其原则、目的、学科内容、受教育对象、理论基础与具体教育方式方法等方面入手，以此走出必须寻找出一个更为精确的定义的思维困境。其中，以阿库斯等人提炼总结出的七个方面的关于家庭生活教育的可操作性原则（operational principles）最具代表性与影响力[③]：

第一，家庭生活教育与个人及家庭的生命周期有关。家庭生活教育与其他各类个人成长教育在目标上应该有所区别，家庭生活教育聚焦于隶属于家庭的成员，其目的指向增进家庭全体成员的福祉。家庭生活教育的对象已扩大为各个年龄层的家庭成员，涵盖儿童期、青少年期以及家庭建立期与家庭扩展期等各发展阶段的家庭。其提出是基于所有年龄阶段的人都需要学习与家庭生活相关的知识技能以及在每一个发展阶段都为家庭生活教育提供机会。

第二，家庭生活教育应基于个人与家庭的需求。家庭生活教育的实践者应该对于社会文化的变化带给家庭生活新的需求有足够的敏感，同时对未来的需求也要有足够的把握。

---

① Arcus, M. E., Schvaneveldt, J. D. & Moss J. J. (1993). The Nature of Family Life Education. In Arcus, M. E., Schvaneveldt, J. D. & Moss J. J. (Ed.): Handbook of Family Life Education: Foundations of Family Life Education(vol.1). USA: Sage Publications, Inc, p7.

② 夏岩：《美国家庭生活教育导论》，载于史秋琴主编：《城市变迁与家庭教育》，上海文化出版社，2006年，第211页。

③ Arcus, M. E., Schvaneveldt, J. D. & Moss J. J. (1993). The Nature of Family Life Education. In Arcus, M. E., Schvaneveldt, J. D. & Moss J. J. (Ed.): Handbook of Family Life Education: Foundations of Family Life Education(vol.1). USA: Sage Publications, Inc, pp.15-20.

　　第三，家庭生活教育在研究领域上是学科整合的，在实践上是专业整合的。家庭生活教育是属于跨学科的研究与实践领域，主要涉及的学科领域如：教育学、社会学、心理学、人类学、生物学、经济学、家政、法律、医学、哲学及社会工作等，在实际工作中需要强调学科之间的合作，以保障家庭生活教育的目的的达成。

　　第四，家庭生活教育方案可以在各种教育环境中提供。从事家庭生活教育的专业人员广泛认为不同的机构与团体应该都参与到家庭服务与支持之中，发挥政府部门、民间私人企业机构、学校、教会、社区团体等的不同功能。

　　第五，家庭生活教育是教育取向的，而非治疗取向的。家庭生活教育强调教育而非修复，让学习者运用所学，做出最适当的判断。从这个意义上看，家庭生活教育重塑了家庭的教育与学习功能。最近有研究特别指出，家庭生活教育不同于其他家庭问题的事后治疗，应该强化其"教育"的特点，是提升个体发展处理应对家庭问题能力的教育，以确立家庭生活教育应该有的边界（boundaries）问题。同时，这种教育应该与其他的教育形式不一样，它更多强调了这是一种与父母及家庭有关的更为个性化的教育①。

　　第六，家庭生活教育应呈现并尊重不同的家庭价值。家庭生活教育要呈现和尊重不同的家庭价值观，需将多元家庭的价值观融在家庭生活教育方案中。

　　第七，认证合格的家庭生活教育者是成功实现家庭生活教育的重要因素。因为家庭生活教育是一项专业，首要需要强调的是推动家庭教育专业化，需考虑此领域工作者的养成、培训过程及在职进修等。

　　这些具体原则更加具体地解读了关于家庭生活教育的研究与实践的本质，并为区别与之接近的概念提供了必要的界限。首先，家庭生活教育不同于其他有关个体的教育，家庭生活教育聚焦隶属于家庭成员的教育，其目的指向增进家庭全体成员的福祉；其次，家庭生活教育强调家庭问题的早期预防的观点，旨在通过教育使一般的家庭成员培养家庭生活的能力。实现此目的的根本途径在于联系内在力量和外部资源，为个人和家庭增能（empower），让每个人和家庭都能呈现他们最高的潜能。家庭教育者通过增能来促进个人和家庭生活的质量②，不同于家庭治疗及社会工作服务，也不同于其他学校教育、成人教育或社会教育等教育形式。

美国家庭生活教育的主题范畴

　　由于家庭生活教育内涵的广延性与目的的多重性，要建立比较可行的实施

---

①　Doherty，W. J. (1995). Boundaries between Parent and Family Education and Family Therapy：The levels of Family Involvement Model. Family Relations，44(4)，353－358.

②　夏岩：《美国家庭生活教育导论》，载于史秋琴：《城市变迁与家庭教育》，上海文化出版社 2006 年，第212 页。

计划与方案,需要统整关于家庭生活教育的概念范畴。1987 年美国的家庭关系协会首先提出家庭生活教育的内涵架构,该协会又在 1997 年提出第二版的基于家庭生命周期的家庭生活教育架构(Framework for Life-span Family Life Education),将家庭个体生命周期分为儿童、青少年、成人与老人四个阶段,每个阶段的主题拓展到九个方面,即社会中的家庭、家庭互动、人类发展、人类的性、人际关系、家庭资源管理、亲职教育、家庭法律与公共政策、家庭伦理,形成了纵横交织的家庭生活教育概念架构网络,丰富了家庭生活教育的内涵,成为指导家庭生活教育实践的重要纲领①。这个关于家庭生活教育主题的框架,实际上包括了亲职教育、婚姻教育、伦理教育与性教育在内的家庭生活教育内涵,亲子关系、夫妻婚姻关系及代际互动关系的家庭生活教育人际关系内容以及聚焦家庭人力、物力及经济等多方面的家庭资源管理与经营教育等方面的内容,具体内容将在本书的第四章进行深入的探讨。

美国家庭关系协会关于家庭生活教育的主题内容,是与美国社会变革与家庭生活文化传统相一致的,成为许多国家或地区制定、实施与评估家庭生活教育实践项目、方案或课程依托的主要内容来源。该主题内容的选择与提出遵循着一些重要的标准,家庭生活教育的主题既反映了美国家庭生活教育学术领域与家庭生活实践需求层面涉及比较广泛的概念,同时这些主题内容又涵盖便于家庭成员完成家庭生活知识与技能学习的目标内容,并从知识、情感、意志、态度、价值观等多方面提出了具体的教育与学习评价目标。这为美国家庭生活教育达到提供充实个人家庭生活所需要的知识与技能,以最后达到增进个体与家庭生活福祉的目的提供了具体可行的课程与教学指导标准。

家庭生活教育概念的教育特性

综合以上对家庭生活教育概念的跨文化比较,可以发现趋同的一些概念特征。同时,对于"什么是家庭生活教育"概念的理解,往往容易与其他相关概念或学科发生联系,比如"家庭社会工作"(family social work)、"家庭治疗"(family therapy),在研究与实践过程中有所交叉,需要对其进行必要的辨析。作为社会工作分支的"家庭社会工作",又指"家庭服务"(family service)、"针对家庭工作的实践"(social work practice with family),它们主要是以家庭为中心,社会工作者介入来协助解决家庭问题的一项专门社会服务系统,强调面向弱势家庭及有需要的家庭成员的服务支持。家庭社会工作涉及家庭治疗、心理辅导及家庭服务等诸多方面,是集工作目标、实施主体、服务对象、价值伦理和特定技术于一

---

① National Council on Family Relations (1995). College and University Guidelines. In Bredehoft, D. J. & Cassidt, D. (Ed). Family Life Education Curriculum Guidelines. 12 - 14. MN: Author.

体的专门系统，五要素缺一不可，五者融合使其区别于其他助人专业①。从家庭生活教育服务的专业化与制度发展来看，可以归属于家庭社会工作服务的一种专门形式与具体内容，具有跨学科的特点，但是其主要采取的是教育与学习的形式，以此来发展学习者提高其扮演现在及未来在家庭生活中角色的能力，促进家庭和谐。

从其最终极的目的在于促进人的发展达成的主要形式来看，"家庭生活教育"概念具有和其他教育一致的内在独特的性质，它是通过教与学的形式，以向家庭不同生命历程的学习者传递家庭生活的知识、技能、信息等文化为中介，以实现增强家庭关系、改善家庭福祉与提升个体及家庭生活发展潜能为目的的一种人类学习实践活动。该概念与"家庭治疗"概念的边界明显不一样，不是在家庭问题出现以后进行教育和学习，而是在家庭问题出现之前实现预防与发展的教育目标。其遵循的实践方法是教育性而非治疗性，是充实个体与家庭生活所需要的知识、技能与信息等的一种学习活动，在具体传授与教导学习者对象、研究工作范式、项目或课程实施内容、教学方法以及教育效果评估诸方面都反映了教育学的学科特性，呈现出明显的文化情境适应性与实践的多样性的特点。

家庭生活教育的价值与目的

人类社会在家庭生活的不同阶段重视家庭生活经验的学习与受教育的意义，在于通过这种家庭生活的教育能够实现家庭成员的期望，使家庭成员及家庭生活诸方面发生这样或那样的变化并产生预期的一些结果。教育的本质在于对受教育者施加科学合理的积极影响，激发个体潜能使其身心健康和谐发展，更加强调教育的正向的发展性价值。家庭生活教育主要是通过对个体家庭生活问题的教育干预与预防，应用这种特殊的教育形式来提升个体发展处理应对因为社会变化带来的家庭问题的能力，这是推进家庭生活教育具有的重要的发展性价值，全面体现了发展型家庭生活教育（Family Life Education for Development）的基本价值内涵。

从前面关于家庭生活教育概念内涵的跨文化的比较梳理，可以发现不同的社会文化与历史传统赋予了家庭生活教育最高的使命与诉求。如美国家庭关系协会形成的"生命全程家庭生活教育主题内容框架"显示出不同主题促进家庭幸福的具体的多元子目标。尽管表述有所差异且重心有不同，但是根据家庭生活实现的价值期望的抽象与具体程度以及其实现进程的不同，家庭生活教育目的一般都包括具体的过程性目的与抽象的终极性目的两种类型。其中，具体的过

---

① 蔡忠：《境外经验：青少年事务社会工作的项目与研究》，华东理工大学出版社，2009年，第5页。

程性家庭生活教育目的是实现家庭幸福这一家庭生活教育的最高理想的工具、方式与手段,主要表现为通过学习个人及家庭生命周期中各阶段的发展需求的实践行为,增加个人在扮演目前及未来家庭角色的无限可能,最后达到促进个人及家庭幸福的最终目的。

家庭生活教育抽象的终极性目的

目前,愈来愈多的人强调家庭生活教育是面对家庭所有成员的终身持续的一项学习教育活动。作为家庭生活教育的终极性目的,又称为理想性目的,它是对未来家庭生活的最为美好价值的期盼与设计,是一种全人类的、持续的学习与自我实现的过程,是家庭生活教育总的最高的目的。

人类现代家庭制度形成以来,涵盖家庭在内的生活教育一直伴随人类的生产生活以及社会文明进步。由于社会不断发展转型,家庭生活面临来自社会剧烈的冲击。近代以来的工业现代化发展打破了长期以来相对发展稳定的家庭生活,社会变迁与变革带来的变化引起了家庭结构与关系的改变,高离婚率、更多的妇女加入就业市场以及形成的家庭儿童养育与教育问题、家庭暴力问题等关系家庭责任与家庭能力发展的问题,显示出现代家庭正面临前所未有的困境及挑战。尽管如此,在一些从事家庭生活教育的人来看,事情远未达到如此悲观的状态,他们认为家庭生活是可调适的、可教导的及开放学习的,家庭成员为了家庭幸福愿意改善目前面临的问题。这为家庭生活教育的实践奠定了非常坚实的前提基础,提供了大有作为的空间,也表明了家庭生活教育具有的重要社会价值。

因此,通过家庭生活教育来为家庭提供专门的用以充实家庭个体关于家庭生活所需要的知识与技能,提高个体家庭生活的满意度与幸福感,以此达到增进个人与家庭幸福、强化家庭在社会稳定与发展中价值的目的。尽管在表述上有所差异,但这始终是不同国家或地区推行家庭生活教育运动与实践最终要努力实现的目标与达成的结果。正如托马斯等人(Thomas,J & Arcus,M,1992)归纳总结的那样,目前在家庭生活教育领域对于家庭生活教育的"增强与丰富个体与家庭幸福"的最终目的都表现出概念上的合乎理智的一致①。

家庭生活教育具体的过程性目的

家庭生活教育的终极性目的在于实现家庭幸福确保社会和谐发展。为了实现这一目的,必须有具体的可操作的过程性目的协助才能完成。这些具体的子目标或目的是通向理想的最高的家庭生活教育目的的主要的具体内容、手段与

① Thomas,J & Arcus,M,(1992).Family life education:An analysis of the concept.Family Relations,41,3-8.

方式。不同文化背景的国家或地区在家庭生活教育的总的目的的指导下,都会有一系列具体的过程性目的来推进,体现每一个社会环境下特定的教育服务需求。

20 世纪 60 年代,美国家庭生活教育国家委员会(National Commission on Family Life Education,NCFLE)提出家庭生活教育的总的目的是为家庭生活提供能量,以帮助个体及家庭学习与了解家庭生活生命全程的家庭环境中个体的成长、发展及其行为[1]。为了实现该目标,又提出了五个主要的具体学习目标:有关家庭的学习;学习有关个人与家庭的发展;学习适应过程;发展察觉与评估行动的能力;探索新的行为方式。阿维瑞等(C.Avery & M.Lee,1964)提出的家庭生活教育的四个过程性目的:对自我及他人的了解;性行为的认知及调适;认识婚姻与家庭;熟悉家庭生活必要技能[2],是协助学生了解家庭生命周期的不同发展需求与人际关系。

美国职业教育学会(American Vocational Association)的家政教育部门(Home Economics Education Division)指出八个家庭生活教育的使命(Schultz,1994):发展知识和技能,以增进个人和家庭的幸福;为家庭、小区和就业单位培育负责的公民和领袖;经营管理个人、家庭和工作的知识和技能;具备家庭、小区和工作环境问题的批判思考能力;具备生活、工作和生涯发展的知识、技能和态度;帮助个人成为产品和服务的提供者和消费者;面对变迁及调适的能力;欣赏人类价值,承担自己的行为与成就的责任。

在中国香港,家庭生活教育的具体目标都是围绕其提高家庭功能、巩固家庭关系与预防家庭破裂的总目标展开,过程性的具体目的主要有三点:一是帮助家庭履行每一阶段的任务,适应改变及应付特别需要与压力,以提高家庭功能;二是帮助家庭成员自我了解、帮助他们与家人培养和谐关系,并协助其履行在家庭中的角色与责任,以巩固家庭关系;三是教导个人有用的知识与技能,以应付角色的转变和生活上种种需求,并培育对家庭责任的正确态度,以预防家庭破裂[3]。

这些具体的太多的教育目标将家庭的发展与社会环境相结合,体现了家庭生活教育目的综合性特点。同时,这也使家庭生活教育陷入其究竟是一种手段,还是过程,还是最终行为的混沌模糊状态之中,增加了对此概念理解的复杂性,也给具体实践带来迷惑。因此,统筹处理最终目的与具体过程性目的,理清关

---

[1] National Commission on Family Life Education.(1968).Family life education programs:principles, plans,procedures:A Framework for Family Life educationors.The Family Coordinator,17,211 – 214.

[2] Curtis E. Avery and Margie R. Lee(1964). Family Life Education:Its Philosophy and Purpose,The Family Life Coordinator,13(2),27 – 37.

[3] 许美瑞:《家庭生活教育的本质》,《家庭生活教育》,师大书苑(台北),2001 年,第 8 页。

系,回归到家庭生活教育概念的本质上来,这也许才是最为直接的方式。

当代家庭生活教育的主要功能

人类文明进化是与家庭生活发展相伴而行。家庭是家庭成员身心发展的重要环境。面向家庭生活的教育,是所有教育中最早也是影响最为持久深刻的一种形式。只不过这种教育内容更多地表现为家庭内部的一些伦理道德规范,教育形式更多的是一种简单的口耳相传与无意识的模仿及相互影响,往往属于私领域的家庭内部事务。

随着社会的变迁与时代的演变,家庭这种机构在社会发展中的作用不断为社会广泛关注,许多严重的社会问题凸显了涉及家庭生活方面的专业化教育的缺乏和被忽略,让更多的家庭成员与社会逐步认识到家庭是一个重要的教育之所,家庭中除了发展中的青少年儿童需要正式系统的教育外,那些成年的家庭成员的学习意义也需要重新定义,回归到"以人为本"的教育上来。当代社会由于全球化、现代化及网络通信技术等新力量的影响,家庭生活正经历更为突出的发展转型。复杂紧张的现代家庭生活比以往更加需要专门的学习教导才能提升家庭生活的品质与幸福感。通过事先预防的观念与教育策略,提供个人进行家庭生活所需要的认知、情意和技能,适切并及时防范回应家庭的困境,促进个人与家庭幸福的家庭生活教育内容与形式逐步显现其重要的作用与影响。

家庭生活教育的个体发展功能

家庭生活教育核心是教育取向,其本质内容是一种人类教育与学习实践活动的行为。"有人说,人是一个'可教的动物',这是一个不坏的定义。实际上只有受过恰当教育之后,人才成为一个人①。"作为教育,其本体功能是促进个体的个性化与社会化发展。作为教育形态的家庭生活教育,首先是表现为通过专业的家庭生活教育训导与服务,激发个体自我服务家庭生活的潜能,为当下及未来家庭生活做好准备,具体功能包括预防家庭问题发生与建构个体健康生活方式两方面内容。

学习家庭生活知识技能,早期预防与干预家庭问题

从前面家庭生活教育的形成与发展历程来看,不同社会发展与变革将会对家庭生活带来新的问题与挑战。长期以来,有关于家庭问题的出现更多是依靠家庭治疗或社会工作的方法进行介入与服务。家庭治疗的概念主要是以家庭为整体对象进行的一种针对家庭成员及家庭问题进行诊断治疗以改善家庭关系、

---

① 夸美纽斯:《大教学论》,傅任敢译,人民教育出版社,1984年,第39页。

建立良性的家庭互动模式。不同家庭治疗的流派及方法都是针对比较广泛的精神卫生问题与婚姻家庭问题的事后治疗,更多涉及的是心理学及社会学研究理论与方法,尤其关注心理行为障碍、某些精神疾病和药物依赖的康复治疗以及家庭遭遇重大变故与困难之后的家庭介入辅导[①]。家庭生活教育与家庭治疗或者称之为家庭辅导都具有明显的不同与区别。休斯(Hughes J. R., 1996)等人指出[②]:

> 由于有效的家庭生活教育方案必须能反映问题现况,所以某些家庭治疗技术可以被修改作为教育之用。但这两者虽有交集却非完全等同。其中家庭生活教育较采预防的观点,主要强调透过教育使一般的家庭成员培养家庭生活的能力;而家庭治疗较采解决问题的观点,偏重为求助的家庭就已发生的问题进行个别的处理计划与服务。

当代家庭生活中的个体没有问题行为,并不等于其获得了家庭生活所需要的知识技能及态度。作为家庭生活教育强调"教育性"与成员的"自我学习",要把家庭成员看作是学习者而非病人,其目的是通过一系列教育与学习提升家庭个体人力资本,强调家庭成员的积极性发展,让家庭成员能够履行符合社会所期望的角色,储备相应的知识技能,形成相应的态度与价值,具有维护家庭关系与巩固家庭责任的这种能力。他们都需要参加学习与接受专门的教育活动。家庭生活教育的这种解决家庭问题的基本功能是为所有的家庭及家庭中的每一个成员在家庭生命周期的不同阶段,提供及时的教育服务与智力储备,其目的是尽可能避免那些可能导致或诱发家庭出现争吵、矛盾及破裂解体等相应的环境因素的出现,有效阻止由于缺乏家庭生活知识技能以及面对家庭不同发展阶段主题知识、智力及能力资源不足所导致的个体家庭生活的生存与发展机会的破坏。简言之,家庭生活教育通过提高家庭成员人力资本含量,以学习者为中心,发挥教育面向未来家庭生活的特性,具有早期预防与教育干预的功能,彰显其更为丰富的知识与智力,应对与解决未来可能的家庭问题与风险。

建构健康生活方式,促进家庭成员积极发展

当今应用科学发展日益表明,促进个体积极发展比单纯的预防消极行为及问题的形成与产生重要得多。作为一个家庭的成员要形成积极发展的结果,正确履行家庭成员的角色,形成家庭生活所需要的各种能力,需要自我的教育学习与外在社会支持的共同努力,也即需要与之匹配的内外部资源。家庭生活教育作为一种重要的社会支持的资源,强调教育对于家庭个体的成就动机、自尊自立

① 张文霞、朱冬亮:《家庭社会工作》,社会科学文献出版社,2005年,第123页。
② Hughes, J. R. & Perry-Jenkins, M. (1996). Social Class Issues in Family Life Education. Family Relations, 45(2), 175-183.

及责任感等个性潜能与品质的激发,并引导其自动建构美好幸福的家庭生活方式,向积极快乐的家庭生活方向发展,这就是家庭生活教育的魅力与影响所在。

首先,家庭生活教育将日常家庭生活价值导向与意义自觉构建作为其重要目标。前面我们分析有关家庭生活教育的价值与目的,说到底都是通过系统的教育力量,让家庭成员形成自动探索一种适合自己的家庭生活方式的能力,释放其对理想的生活形态追求的潜能。这就是家庭生活教育的最重要的价值的体现。随着社会发展的急剧转型,包括家庭生活在内的人们的生活方式的选择因为人们日益增多的困惑与迷茫而逐渐受到关注,它的重要性也就不断凸显出来。一方面,美好的家庭生活方式需要每一个个体的自觉建构;另一方面,全社会的幸福的家庭生活方式也需要公共力量来加以引导与规范。家庭生活教育主要发挥其教育性的特点,在价值规范与道德的家庭生活意义的建构方面具有其独特的功能。从这个意义上来看,家庭生活教育的主题与内容应该包括如何理解家庭的生活意义及当代价值。关乎家庭生活的哲学问题,这是承担家庭责任、维系家庭关系与促进家庭幸福的重要基石。

其次,家庭生活教育将发挥科学理性配置家庭生活资源的作用。一方面,当下社会中家庭资本厚薄程度日益成为影响子女学校教育成就及以后职业成功的重要因素。通过社会对家庭生活教育的干预与支持,以此增强家庭人力资本含量,强化教育对促进阶层的合理良性流动功能,对于个体发展而言具有重要的支撑作用;另一方面,作为社会发展所依赖的资源供给水平在既定条件下,家庭发展所需要的社会资源如何合理配置也是建构健康的家庭生活方式的重要内容。当下社会资源的配置主要通过公共政策与联合市场及其他社会力量,以达到促进社会发展的积极公平的社会治理目标。家庭生活教育通过整合多学科研究力量,将涉及家庭生活幸福的身体的、心理的、情感的、经济的及精神的等等资源归于一体,聚焦从生儿育女、孩子的社会化、夫妻情感到家庭老人发展等在内的面向全体家庭成员的生命全程的发展课题,合理科学配置家庭生活所需要的家庭发展政策,引导家庭成员形成终身学习的意识与能力,以更为理性的态度追求美好的家庭生活价值,以求获得更高的家庭生活质量,减少对社会经济发展与环境发展可能造成的社会压力。

最后,家庭生活教育将协助家庭成员形成自我调适能力,发展个体批判性地面对家庭生活的潜能。家庭生活教育的重要内容除传递给家庭成员家庭生命周期不同阶段必需的生活知识技能外,更主要是通过一系列项目或课程或方案评析家庭成员个体的自我反思及自我更新的水平。随着家庭生活教育实践的不断成熟,其课程逐渐降低一些家庭生活技巧与经验的重复,更加强调家庭生活教育课程应着重发展人们自我省察与自我尊重的能力,探索自己与家人、朋友、社区、社会间的关系,并关注彼此文化差异、家庭角色与家庭的关系,关注家庭与社会环境背景的关系。此外，家庭生活教育者还注重激发家庭个体解释过去家庭受社会影响的情形，强化其自信与洞察的能力。这些课程变革与目标的调整，为家庭生活的主体提供很好的自我反思与批判的能力，让他们具备不断修正自己的认知，及时自动建构适合自己的家庭生活方式。这是家庭生活教育的另一个重要功能的表现。

家庭生活教育的社会发展功能

家庭作为社会生活世界中的重要的群体类型，对于社会发展而言具有重要意义不言而喻。家庭问题不仅仅是单一家庭的问题，"家庭这个复杂的社会细胞决不单纯地涉及某些个体的、经济的、社会的问题"[①]，它将通过多种方式与途径演化并外溢为社会软动力并造成一系列社会问题，从而与社会和谐稳定与健康发展形成直接关系。家庭生活教育在于整合专业机构的力量并吸引他们参与到家庭生活质量建设中来，发挥教育影响和发展家庭个体的作用来恢复家庭的功能，改善家庭关系，支持家庭发展，从而降低演化社会问题的风险。

发挥家庭生活教育促进社会发展的工具作用

家庭生活教育实践改善家庭关系与恢复家庭功能并促进社会和谐稳定的作用，主要依靠家庭生活教育科学的日益完善、丰富与发展。只有将家庭生活教育科学作为当代应用科学领域重要的研究内容，才能有效发挥它作为促进社会文明发展工具的作用。这深刻反映了家庭生活教育应该发展为一门学科，吸引更多的学科领域开展集成系统合作研究，使其专业化发展程度更高，才能体现其促进社会文明进步发展的贡献。另一方面，也反映了当代复杂快速的社会变迁与特定的社会时代变革对家庭生活教育科学发展提出的新的更高的要求。

近年来，在西方欧美国家，应用多种学科专业知识与智力人才资源，调动各方面力量实现个体、家庭及社会良性发展，开展应用性研究来解决与探究社会生活中的实际问题的应用发展科学得到大发展[②]。家庭生活教育的最大的特点也是其最大的问题在于其是一门广泛而未定型的学科，涵盖了教育学、社会学、心理学、人类学、生物学、经济学、家政、法律、医学、哲学、生物学及社会工作等多门学科，内容包括家庭生活的方方面面。为了体现学科的统一性与专业性，需要强化家庭生活的专门问题的应用性研究，重点攻关当前可能涉及或影响到社会发展与个体家庭发展的重要理论与现实问题。这些问题可能包括研究巩固当代家庭和谐关系与促进个体幸福的内在逻辑关系，现代婚姻关系维护及配偶选择与

---

① 王福民：《家庭：作为生活主体存在空间之价值论旨趣》，《哲学研究》，2015年第4期，第25-30页。
② 张文新、陈光辉、林崇德：《应用发展科学——一门研究人与社会发展的新兴学科》，《心理科学进展》，2009年第2期，第251-260页。

家庭和谐稳定的关系,当代婴幼儿家庭护理、青少年子女教育、家庭结构变化引发的一系列伦理道德问题以及老龄化社会下老年人生活学习与生活质量改善等等与家庭相联系的重要社会发展问题。当家庭生活教育科学在这些关系家庭民生发展问题中能够有效提供服务,将有力释放出家庭生活教育促进社会文明进步与社会发展的重要功能。

提升家庭发展能力促进社会和谐稳定

　　家庭是人类社会演化发展进程中的一项制度创新,它的变革与发展反映着不同历史时期社会发展综合质量与水平。当代社会发展面临新的挑战,家庭的稳定与模式结构等都发生了很大变化,一系列多种复杂因素的综合作用,导致层出不穷与花样翻新的家庭问题,直接影响着人类发展与社会和谐稳定。20 世纪90 年代,以西方为代表的现代化先行的国家或地区,在强调家庭成员要切实履行家庭责任的同时,也从社会发展的层面开始支持与服务家庭,使其具备履行责任的能力。一系列以终极理想为家庭发展目标的名词纷纷推出,譬如"strong family""friendly family""healthy family",在中文里与之对应的如"美好家庭""凝聚力家庭""和谐家庭"等。有研究指出,这些家庭的共同特点表现为:积极的家庭认同、在与家庭成员交往中有满足感、鼓励家庭成员或团体潜力的发挥、家庭有能力有效地应对家庭的矛盾和冲突、有能力获得其他家庭的支持[①]。

　　为此,需要通过相关政策与制度创新来实现以上这些宏大的社会发展目标。这其中最为关键的是从家庭发展的视角(family development perspective),以促进家庭能力发展为目的,稳步推进各项社会政策,真正有效地支持与服务家庭,从而促进社会和谐稳定发展。"家庭发展能力"的含义被界定为"支持家庭生活生存、代际发展与更替、社会适应的能力"。不难看出,这三部分能力构成是从家庭成员日常生活与生命健康能力、家庭人口延续、发展能力及融入社会、趋向正向阶层流动与应对社会风险的能力等多个层面展开[②]。实际上,当代不同国家或地区的家庭生活发展都面临着由于经济发展水平导致的家庭生活生存问题,面临着由于难以兼顾工作家庭平衡形成的家庭生育养育问题,面临着个体生活方式与生活价值多元导致的家庭代际延续及老龄化等问题。

　　正如前面的分析,家庭生活教育涉及个体与家庭成员生活的许多方面,旨在通过专门的知识与技能在促进家庭和谐,巩固家庭关系,强化家庭在稳定社会发展中的基础作用。这种价值的真正发挥需要围绕家庭生活教育开展理论研究与制度创新实践,以这种理论研究与实践经验为基础来制定与完善与家庭生活相关的教育与学习的公共政策,使其成为政府配置以家庭为视角的系统的公共政

---

① 张丽丽:《和谐家庭——理论与实践探索》,上海社会科学院出版社,2009 年,第 4 页。
② 上海社会科学院性别与发展研究中心:《性别影响力》,上海社会科学院出版社,2014 年,第 201 页。

策的重要内容。只有当有关支持与服务家庭生活教育的一系列公共政策得到制定，反映公众与家庭需要思考与重视的内容及问题，发挥家庭生活教育政策的预防与早期干预的服务功能，面向全体家庭而非只有有问题的家庭，才会产生突出的政策创新的效益，从而很好地促进社会发展与文明进步。

总之，全球化与科技革新的力量，带来了家庭面貌的急速改变。其中一个重要的趋同改革是世界许多国家或地区逐渐把长期作为私领域的家庭及其成员的教育及服务，变成公共社会议题。国际社会也日益认识到有活力且具备生产力的家庭是未来发展的基础，纷纷投资"家庭政策"，透过公共体系强化对家庭的教育投资及教育支持，进而增进家庭的能量与强度。简而言之，20世纪以来西方福利国家依据社会与家庭变迁，积极进行家庭变迁相关的社会政策的调整与创新，积极动用家庭补贴和税收优惠政策，产假、生育补贴和工作保护，以及儿童看护和教育政策①，发挥政策工具对家庭资源、认知与行为的积极干预与调节功能，支持与满足家庭成员健康、个人独立、终身学习或创新的需要。我们相信，将社会政策的视角不断投向家庭生活教育领域，积极发挥家庭生活教育促进家庭和谐健康的社会发展功能也必然成为国际社会未来共同的政策选择与支持家庭的制度创新的方向。

---

① 盛亦男、杨文庄：《西方发达国家的家庭政策及对我国的启示》，《人口研究》，2012年第4期，第45 - 51页。

第三章

发展型家庭生活教育的理论视野

在学术水平上,理论为我们提供了解释某些过程或结果的相关逻辑主张,引导我们跨越差异巨大的背景和个人经验中,设立假设并进行验证,总的来说,理论引导我们的研究问题和方法。[①]

——[美]罗斯·埃什尔曼 & 理查德·布拉克罗夫特

要充分讨论道德生活和社会政策,学校和家庭是核心。始于家庭,并不意味着我们必须限于家庭。理论就像孩子一样,会成长发展,走入公共世界。[②]

——[美]内尔·诺丁斯

开展面向私人生活的教育,增强家庭凝聚力与增进家庭生活幸福,涉及家庭生活的价值意涵,家庭生活教育的对象、内容与方式方法等诸多理论与实践课题。家庭生活教育的领域涉及众多学科知识系统,需要整合相关理论与实务内容,以发展适合家庭生活教育的理论基础。

在现有社会科学领域涉及家庭及家庭生活教育的理论,一般都是在某个有限范围来解释家庭生活的状态或结果。这些理论之间的架构尽管不一样,但是可以应用一个或多个理论视角或理论框架,为研究家庭现象与问题提供多样化支持。为此,从理论基础的角度来进一步分析,既能够拓展与深化对家庭生活教育内涵本质的理解与分析,又可以为增加家庭生活教育专业化实践工作经验提供充分的理论视野与支撑。

---

① [美]罗斯·埃什尔曼、理查德·希拉克罗夫特:《心理学:关于家庭(第12版)》,徐晶星译,上海人民出版社,2012年,第86页。

② [美]内尔·诺丁斯:《始于家庭:关怀与社会政策》,侯晶晶译,北京:教育科学出版社,2006年,第299-300页。

家庭生活教育的理论基础概述

近代科学的发展是一个学科体系不断分化与综合的辩证的发展过程。家庭生活教育作为一种适应时代兴起以应用发展为主要特征的正在形成的新型学科，正是在吸纳、整合与融合与家庭科学相关的学科知识基础上逐步形成与发展起来的。

20 世纪各国社会、经济与政治不断变化，家庭在人们的社会生活领域与社会变革进程中不断显示其重要的作用，它在历史的反复中不断生成复杂具体的家庭生活问题。尤其是 20 世纪后半期，以西方为代表的社会现代化进程中涌现了不断累积的与家庭相联系的社会问题，如家庭贫困、家庭失业、离婚、单亲父母、留守儿童、未成年怀孕、大量的年轻妈妈以及家庭青少年儿童教育与学习不良问题等。在这样的社会变动的大背景下，有关于家庭的科学在回应社会变革与家庭生活需要的进程中积累了大量与人类家庭生活发展密切相关的科学知识与事实，使其成为一个有着丰富理论基础的领域[1]，吸引着来自心理学、家政学、生物学、医学、社会工作、经济学等学科知识的集聚与融合。家庭生活教育就是这样一种融合多学科的以早期干预与预防为主要形式的促进家庭成员积极发展的应用实践性研究领域与学科。

下面呈现的是美国研究者艾伦（Allen，K）从广泛的家庭科学知识系统中提炼出的与家庭生活教育联系紧密的八种类型的基础理论[2]：

心理学理论（Psychoanalytical Theories）

性心理（psychosexual）理论：西格蒙德·弗洛伊德（Sigmund Freud）

社会心理（psychosocial）理论：埃里克·埃里克森（Erik Erikson）

行为与社会学习理论（Behavioral & Social Learning Theories）

行为主义（behaviorism）理论：经典条件反射理论：约翰·华生（John Watson）

操作性条件反射理论：斯金纳（B. F. Skinner）

社会学习（social learning）理论：艾伯特·班杜拉（Albert Bandura）

生物学理论（Biological Theories）

成熟理论（maturationism）：G·斯坦利·霍尔和阿诺德·格塞尔（G.

---

[1] K. Allen(2016). Theory, Research, and Practical Guidelines for Family Life Coaching, Springer International Publishing Switzerland, p.48.

[2] K. Allen(2016). Theory, Research, and Practical Guidelines for Family Life Coaching, Springer International Publishing Switzerland, p.47 - 48.

Stanley Hall & Arnold Gesell)

动物行为学(ethology)理论：劳伦兹(Konrad Lorenz)

依恋理论(attachment)：约翰·鲍尔比(John Bowlby)

认知理论(Cognitive Theories)

认知发展理论(cognitive development)：让·皮亚杰(Jean Piaget)

社会文化理论(socio-cultural)：维果茨基(Lev Vygotsky)

学习(learning)理论：蒙台梭利(Maria Montessori)

个体心理学理论(individual psychology)：艾尔弗雷德·艾德勒(Alfred Adler)

系统理论(Systems Theories)

生态系统理论(ecological systems)：Urie·布朗芬布伦纳(Urie Bronfenbrenner)

家庭系统理论(family systems)：莫瑞·鲍恩(Murray Bowen)，弗吉尼亚·萨提亚(Virginia Satir)

生命周期理论(life span)

学习理论(Learning Theories)

成人学习理论(adult learning theory)：马尔科姆·诺尔斯(Malcolm Knowles)

完形(gestalt)理论：沃尔夫冈·科勒(Wolfgang Kohler)

建构主义(constructivism)理论：让·皮亚杰，维果茨基

沟通与人际关系理论(Communication & Interpersonal Relationship Theories)

亲密关系理论(relationship)：约翰·戈特曼(John Gottman)

社会交换理论(social exchange theory)

符号互动理论(symbolic interaction)

多样性、文化和包含理论(Diversity，Culture and Theories of Inclusion)

他指出，虽然每一个理论都值得实践与关注，但这绝不是一个包含家庭科学的所有理论的综述，也不是一个具有全面的代表性的理论概括。的确如此，由于家庭生活教育科学所要关注的个体与家庭的积极发展的内容与范畴太过丰富，同时又贯穿家庭生命全程不同阶段，面向家庭的全体成员，涉及家庭生活教育的目的及功能的方方面面。这除了为从事该领域研究的人们提供了令人鼓舞的优势外，更多的是其潜在的局限性，即过于分散的学科、理论、研究与实践。

随着家庭生活教育朝向纵深加快发展，对于家庭生活教育的概念的边界、作为面向家庭关于家庭的学习与教育的本质以及具体的教育知识体系与教育方式方法等问题愈加需要从理论上获得进一步澄清与支持；想开辟自己的学科领地，

家庭生活教育后面的研究必须强调一体化,即将其许多亚类、许多来自其他学科的理论研究与实践一体化,这需要一个能够支持家庭生活教育作为一门独立学科的概念框架[1]。事实上,这里就遇到一个问题,即需要正确与客观地分析家庭生活教育作为一门学科的性质。关于该问题,托马斯很早就通过研究归纳出家庭生活教育的学科范畴。他指出:

家庭生活教育首先是种多层次和多方面的客观存在,它反映社会进步,并对变化中的问题和需要做出回答。其次,它是一个研究领域。可以从中找到许多规律,并且可以按照一种直接行动的方式进行工作。最后,它是一个工作领域,对于个体与群体的解脱和社会的民主化都具有重要意义。[2]

因此,从其他与家庭生活相关的理论中为家庭生活教育寻求解释,以此丰富发展关于家庭生活教育的规律性认识;同时,也希望以不同理论的多元化的视角或框架为基础,结合家庭生活教育的实践经验来提升与完善家庭生活教育学科内涵与实践体系,为促进家庭系统稳定与社会发展贡献自己的力量。

由于家庭生活教育涉及跨学科的婚姻与家庭生活领域,要从本质上理解家庭与婚姻问题,需要从社会学领域获得关于个人、家庭关系与家庭结构功能方面的知识体系。但对于以家庭知识技能和家庭学习为中心的家庭生活教育,就其核心本质而言,用来解释与深化的理论主要是研究家庭生活中的教育教学规律的教育学与心理学理论,包括家庭的变化、家庭互动规律及个体与家庭及其环境因素之间的关系等层面的理论,家庭生活知识技能的学习与个体身心发展理论以及开展家庭生活教育实务工作的具体技术方法三个层次。

本章主要将重点放在家庭系统、家庭生命周期、家庭生态理论等现代家庭社会学理论,女性主义理论及现代学习理论等几种理论上,因为它们创造形成的仅仅是与家庭生活教育本质与应用服务可能密切相关的不同理论的轮廓,目的在于将家庭生活教育的范围进行尽可能的聚焦,使其内涵更加集中与准确地予以诠释表达,同时重点回答家庭发展中的哪些因素、如何影响家庭生活教育,以及面向家庭成员的家庭生活知识技能学习过程为何及如何内化为自己的行为等基本问题。

家庭社会学理论与家庭生活教育

在有关家庭生活领域的社会学研究里,目前还没有发展与形成一个统一的

---

① M·E·布里林格、D·H·布伦戴奇:《成人的家庭生活教育》,载 Torsten Husen、T. Neville Postlethwaite、吴庆麟:《国际教育百科全书(第四卷 F-H)》,贵州教育出版社,1990 年,第 33 页。

② R·M·托马斯:《家庭生活教育》,载[以] A·莱维主编:《课程》,西南师范大学出版社,2011 年,第448 页。

关于家庭生活的理论,相反却吸收了来自社会学领域多个理论或分析模式,从不同视角来达到对家庭生活的结果或某种状态的解释。对于家庭生活教育这个领域,要使用某一种更为广泛适用性的理论就显得更加困难。有研究将有关婚姻与家庭生活现象的社会学理论分为三组:应用研究有关家庭变化的问题与跨社会情境的稳定性的宏观理论视角(结构功能主义和冲突理论)、强调社会结构中个体对社会结构的理解与反应的微观理论(符号互动主义与社会交换理论)及包含家庭系统理论与家庭发展理论的具体的多水平理论①。

作为长期主导社会学的功能主义理论,优势在于关注社会结构与社会功能相互作用以维持社会系统的正常运转,强调家庭是个体社会化主要机构,需要保持家庭系统的秩序与稳定。与之相对的是社会冲突理论,它看到了包括家庭在内的社会组织系统与人际互动中存在的矛盾、对立及不平衡,强调社会关系交互中形成的不满意、不平等与破坏性特性。这两种来自宏观领域的家庭社会学理论,对于分析家庭内部关系及社会其他机构对家庭的影响以及论证家庭生活教育的本质与功能具有重要的支持性意义。由于家庭的周遭的世界正在发生重要变化,不稳定性与冲突成为其主要表现形态,应用社会冲突理论来分析目前家庭生活变化问题或许更为普遍与适用。正如有研究者指出的那样,关于家庭分析的结构功能主义理论在逐渐消失,不再明确使用其作为研究分析框架了,仅仅在一些教授家庭理论的教科书中出现②。

下面主要呈现与家庭生活教育比较直接相关的家庭系统理论、家庭生态理论与家庭发展理论三种具体理论,以此分析这些理论关照下对家庭生活教育的内涵的解释与理解。

家庭系统理论

要有效推进家庭生活教育,促进家庭成员积极发展,首先需要了解作为系统的家庭的特性及其运行基本规律。同时,家庭系统内部由许多子系统构成,它们之间如何运作,家庭系统与家庭各个成员之间是什么关系,这些问题主要通过家庭系统理论来进行解释。理解家庭成员之间互动机制,可以广泛应用于家庭生活教育实践,这对于发挥教育促进个体智力发展、提升精神成长与完善人格具有指导意义。

家庭系统理论架构

家庭系统理论是一般系统理论在家庭生活中的应用,主要强调家庭是按照

---

① ［美］罗斯·埃什尔曼、理查德·布拉克罗夫特:《心理学:关于家庭(第12版)》,徐晶星译,上海人民出版社,2012年,第105页。

② ［美］罗斯·埃什尔曼、理查德·布拉克罗夫特:《心理学:关于家庭(第12版)》,徐晶星译,上海人民出版社,2012年,第109页。

特定规则运行的互动的一个重要的社会系统，着重解释了家庭系统中相互作用的复杂性，分析了依靠一定的家庭运行规则实现家庭功能的家庭运行机制，同时也解释了家庭是如何对来自外部的变化做出反应的。家庭系统理论具体内容主要通过以下几个核心概念进行解释与说明。

1）整体性与相互依存

依据系统理论，家庭系统是依据整体性原则运作，其整体功能大于各部分功能之和。改变家庭是改变个体最为有效的途径。家庭系统中的某一个家庭成员的认知、情感与行为变化将会影响到家庭其他成员及整个家庭。每一个家庭成员既有自己独立的个性，但同时又是家庭系统中的一部分，代表着家庭整体并反映其特点。

2）家庭关系

任何家庭系统都是由家庭成员构成的不同关系形成的，如婚姻关系、亲子关系、兄弟姐妹关系、祖孙关系等。家庭关系联动方式以及由此形成的复杂的互动网络，是直接影响家庭系统健康运作程度的因素。

3）家庭规则与家庭角色

家庭成员的行为依据家庭建立的规则进行管控。家庭规则的形成、建立方式与内容根据不同家庭文化而有不同，包括非言语性的隐形规则与共同协商遵守的显性规则。与家庭规则相联系的是家庭成员的角色，是家庭中成员具有的特定的权利、义务与行为要求。与之相联系的是家庭沟通方式，它与家庭规则、家庭角色相互作用，确立不同家庭系统特定的行为模式与家庭功能，形成开放与封闭两种形式的家庭系统，并成为家庭形成其各自传统的基础。

4）边界

某个家庭系统与其他系统之间存在一定的界限，以便明晰该家庭与其外在环境之间的互动关系。家庭的边界在于发挥该家庭与其他家庭以及这个家庭系统中成员之间的亲密程度或可以容许的亲密行为的作用，以此可以帮助家庭系统与其他系统区别开来，确立该家庭系统中的成员的角色与关系。家庭边界根据其有无灵活的界限可以分为开放型与封闭型两种类型，不同类型家庭在强调家庭成员的个体差异的程度方面有所不同。

5）家庭平衡

不论家庭外部环境怎样变化，家庭系统将会维持一个稳定平衡的状态，这是家庭系统运行的最终目标。在日常家庭生活中，当家庭在一段时间的稳定发生变化，家庭固有平衡的作用就会发挥，允许家庭系统在家庭规则、家庭关系模式及家庭成员角色等方面做出改变以适应变化的家庭生活环境。同时，当这种变化或改变超越家庭系统所能忍受的极限时，就会产生具有对抗性的反应。

家庭系统理论应用于家庭生活教育

首先,家庭生活教育需要重点强化以处理家庭关系能力为重点内容的教育。家庭系统理论从系统观念出发,将家庭视为多种复杂的家庭成员关系的群体互动,强调了家庭关系是影响人们心理健康与个人是否病态的主要因素,家庭互动的分析,需要从家庭具有的婚姻和亲子关系角度探讨,因为任何家庭小系统的改变都有可能引起家庭主要系统的改变①。这些研究成果都为促进家庭生活教育来提升家庭个体改善家庭关系的潜能提供了重要的理论支持。在家庭生态系统理论中,它将家庭系统中的亲子关系、婚姻关系、兄弟姐妹关系以及延伸的其他家庭关系,如祖孙关系、家庭与其他社会机构之间的关系等,作为家庭系统中的重要的子系统,强调这些家庭关系的部分与家庭的整体的关系。这些关系的处理与家庭系统中不同时期的家庭规则、家庭沟通方式与家庭成员扮演的角色都是密切联系的。因此,获得准确处理家庭关系的知识、技能,习得相应家庭关系改善应用的情感、价值与态度,应该成为家庭生活教育的主要目标与重点内容。

其次,家庭系统理论为具体如何辅导与支持家庭成员处理家庭关系提出了新的视角。根据家庭系统理论,家庭成员之间的相互关系表现为家庭的每个部分是相互关联与相互影响的,家庭各个关系子系统需要纳入到家庭整体系统中进行系统的了解。如果只是了解家庭中各个子系统单独的运行模式,一般是很难全面了解更大的家庭整体的关系与功能的。更为主要的是,家庭系统在理论上解释了家庭群体作出家庭决策的过程,设立家庭规则、家庭沟通方式及管理家庭成员行为的一系列机制,这对于家庭生活教育从家庭学习的角度,深入分析家庭如何维持家庭系统稳定平衡与家庭如何应对来自外在社会环境的影响、恢复家庭功能等问题提供了很好的理论指导。因此,以家庭生活教育者作为专业人员的早期预防与辅导治疗要在该理论指导下,帮助家庭与家庭成员走向更有弹性和开放的家庭关系,强化家庭系统与外部系统之间的知识、信息与能量之间的交换,恢复与强化家庭系统自身的功能。

最后,基于家庭系统理论,帮助家庭系统有效发挥其特有家庭功能,是家庭生活教育的最核心的目标。家庭生活教育的重要价值与目的就是恢复家庭的功能,增强家庭能量,这是从事家庭生活教育理论研究与实践工作者共同的责任。一方面,需要帮助家庭成员在日常家庭生活中朝他们期望的目标前进,同时,需要让他们了解这并非个体的事情,将也会影响他们的家庭以外的社会其他成员。家庭生活教育需要强化家庭系统的概念,有效形成家庭凝聚力,准确释放家庭功能。另一方面,通过家庭系统理论,家庭生活教育的任务在于通过特殊的家庭生活教育方案,强化家庭沟通模式与家庭规则能力建设,正确认识自己的家庭成员

---

① 邓伟志、徐新:《家庭社会学导论》,上海大学出版社,2006年,第24-25页。

角色与处理家庭关系,并建立健康的家庭参与模式,帮助可能正在或即将偏离正常轨道的家庭恢复他们的发展路径,家庭可以正常地释放他们的功能,这正是家庭生活教育要面临与解决的问题。

家庭生态理论

布朗芬布伦纳的人类生态学理论是直接或间接地应用最为广泛的解释家庭成员生活发展的重要理论基础。该理论实际上是对前面的家庭系统理论中个体与家庭环境因素之间关系的进一步解释,它提供了一个分析框架,描述了物理环境和社会环境(社会网络、社区、学校、工作场所、政府机构、个人和家庭的影响等)是如何影响个人和家庭以及它们是如何作用于他们所处的环境。

家庭生态理论架构

1979 年美国学者布朗芬布伦纳创建了著名的生物生态学理论(bioecological theory)。他认为,个体的发展受到与其有直接或间接联系的生态环境的制约,这种生态环境是由若干个相互镶嵌在一起的微观系统(microsystem)、中介系统(intermediarysystem)、外层系统(exosystem)、宏观系统(macrosystem)以及时序系统(sequential system)五个子系统所组成的,这些系统表现为一系列的同心圆。在该同心圆系统中,个体处在系统的中心。该理论着重阐述与个体相互联系的家庭是如何受到其他独立又相互联系的环境背景的作用,个体及家庭与其他这些系统的关系是如何运行以及之间的互动是如何发生的。该人类生态理论模型应用于个体与家庭环境关系的解释,主要提出直接或间接影响个体与家庭关系的五种彼此关联的人类生态环境:

①微观系统:指与个体最密切相关的家庭、同伴、学校或邻居组成的环境背景,它们直接与个体发生交互作用。其中,家庭环境与家庭生活发展质量密切相关,它不仅指家庭收入、居住条件、家庭关系,还包括反映家庭成员共同利益与共同心理的家庭意识以及反映家庭成员各种活动与行为规范的家庭行为。

②中介系统:它涵盖微观系统之间的关系或与其他环境的联系,如学校经历与家庭经历之间的关系等。家庭生活的关系改善与家庭发展能力获得,与微观系统之间的互动关系也有着重要联系,尤其明显的是家庭中亲职教育问题需要建立与学校及社区之间的相互沟通与合作的良性关系。

③外层系统:它包括中介系统以及个体并未直接参与但仍然对个体有影响的环境,诸如政府机构、社区、父母工作环境等。家庭生活教育是针对家庭所有成员的发展问题,社会与政府的以家庭为视角的一系列政策内容与制度安排都会直接或间接影响着家庭关系与家庭生活质量问题。

④宏观系统:指影响个体发展的更大的环境,主要指影响个体的文化环境,如特定社会所有成员普遍的信念、行为方式及价值系统等,它涵盖前面的外层系

统。当今社会经济与政治及文化变革正以一种更强大的力量作用于家庭生活，具体反映在多样化的家庭结构、变化的性别角色与两性关系、文化多元及社会经济差异以及快速老龄化的家庭与社会等因素。

⑤时序系统：强调社会历史环境对个体的影响，如个体在他人生特定历史时期的事件或变化的组织，譬如成年人现在的行为和互动受到他们早期生活阶段所发生的事件和互动的影响[①]。目前普遍的观点是将家庭作为生命历程中的不同时期以及更宽广的生命阶段与转变历程来看待与理解，这种跨越历史的生态环境对于家庭成员生活发展能力的影响日益受到重视。

在此之前，霍克(Hook，1970)等人第一次把家庭看作为一个"生态系统"，他们指出之所以可把家庭视为一个生活支持系统，是因为家庭依赖自然环境来维护生理的存在及依赖社会环境来追求生活的品质和意义。若以生态学的观点来看待家庭，则家庭是由一群人组合而成。因此"家庭生态理论"可以说是整合人类发展、家庭关系及家庭资源管理的概念，进而形成"家庭生态系统"，探讨家庭各种问题及其对环境的各种关系，包括外在系统的各种多元架构[②]，家庭与家庭外其他的小系统、外系统、大系统产生互动并且交互影响。因此，家庭可说是一个动态的单位，会随着时间与情境而产生改变。这些改变有些来自家庭内部，有些则来自家庭外其他的小系统、中间系统、外系统及大系统的影响。

人类生态理论应用于家庭生活教育

首先，以系统论观点认识家庭生活能力的改善受家庭之外的其他系统的影响。布朗芬布伦纳的生态系统模型，强调发展个体嵌套于相互影响的一系列环境之中。在这些系统中，系统与个体相互作用并影响着个体发展。该理论与家庭系统理论有一些共同的特征，即强调互相依赖、交互性社交互动和反馈、平衡和适应相关联的概念[③]。在家庭生活教育中来考虑人类生态学是很有必要的，这是因为理解家庭的功能以及家庭系统中个体、夫妇及家庭的行为及决策，必须将其放置在广泛而多元的系统中考察这些系统因素与其他系统环境之间是如何相互作用的。要服务家庭中作为个体的成人、儿童、青年与家庭，需要明确家庭、社区、社会、经济和政治等因素是如何影响这些服务对象的，并提供帮助他们的有效建议与可行办法。

其次，作为以帮助与支持家庭为目的的家庭生活教育专业人员，重点在于从思考个人和他们所处的环境之间的关系出发，以此来开发、维护或加强支持家庭

---

① ［美］Jerry. J. Bigner：《亲子关系——家庭教育导论》，郑福明、冯夏婷译，高等教育出版社，2012 年，第 69 页。
② 范明林：《社会工作方法与实践》，上海大学出版社，2005 年，第 107 - 108 页。
③ ［美］Jerry. J. Bigner：《亲子关系——家庭教育导论》，郑福明、冯夏婷译，高等教育出版社，2012 年，第 70 页。

的教育干预措施，减少那些具有挑战性或带来压力的系统的影响。家庭生活教育需要有效地创建促进家庭关系，改善与激发参与者的发展潜能的项目或方案，用来帮助家庭中的儿童、成人及整个家庭更好地了解他们所处的环境，以此来逐渐从实践中获得相应的有益的家庭生活知识技能与经验；而对于从事家庭生活教育者而言，可以通过考察生态系统的相互作用与环境影响，评估家庭、青少年以及社区面临的优势与可能面临的问题。

最后，家庭生活教育资源需要强化与学校等社会其他资源的有效整合。20世纪90年代末，人类生态系统理论逐步拓展并运用到教育领域。早期一些关于学校与家庭关系的理论基础正是基于生态学的解释框架，该理论模式是基于个体与组织的巢状联系而构建的。家庭与学校、学生个体，甚至其他社会组织构成了互相包含的同心圆。在此模式下，家庭与学校的影响力是交织在一起的、难以区隔的。此模式显然已注意到家庭、学校与其他机构之间交互的作用，然而却忽略了家庭、学校独特的影响力，而且没有考虑到各机构影响力的累积与协作。因此，对于学生发展的影响难以获得整体力量[①]。家庭生活教育在具体实践过程中，将面临服务机构提供资源有限等问题的挑战，需要注意与家庭生活密切相关的其他系统或机构的协作，譬如学校、社会福利行政机构、医疗卫生机构、大众媒介网络机构、社会教育及社区等系统，以便发挥整体力量提升服务家庭生活的品质。

家庭发展理论

家庭如同个体发展一样，遵循着生命有机体发展阶段的规律，有其自身的产生、发展与自然结束的运动发展过程。这种用以揭示家庭变迁的动态发展过程的理论，一般称为家庭生命周期理论，或谓之家庭发展理论。

家庭发展理论架构

家庭发展理论形成于20世纪30年代，20世纪50年代开始被应用于家庭研究工作中，由于发展期间不同理论假设均具有其缺陷，人们逐步认识到家庭的高度复杂性与多样性，该理论在实践中经过不断修正、发展与完善，为开展家庭研究提供了重要的理论分析视角。

1）家庭生命周期模型理论

一个家庭从建立到终止的过程，一般可以划分为形成、扩大、稳定、收缩、空巢和解体六个阶段。至于家庭生命周期的具体分阶段，因不同民族人口、社会经济与文化背景影响而表现有所不一样。家庭在其每一个周期与不同发展阶段具有相对应的各种发展任务。家庭作为一个单位要继续存在下去，需要满足不同

---

① 杨启光：《学校教育变革中的家庭参与问题研究》，河海大学出版社，2015年，第35页。

阶段的需求,这些需求包括生理需求、文化规范以及人的愿望和价值观。杜瓦尔(Duvall,E.M)认为家庭的发展任务是要成功地满足家庭成员成长的需要,在特定的家庭生活阶段增加其责任感,如果成功应对会带来满足感、认可及下一个任务的成功;反之,会导致家庭不幸、得不到社会认可及后来发展任务的困难[①]。由于家庭结构的复杂多样,并非每一个家庭都会观察或经历到如此重复交替的周期发展阶段,尤其并非所有的家庭都有孩子;其次,家庭发展重点不仅仅在于夫妻作为主要成员来展开;第三,家庭发展也非仅单独一代人的发展阶段。由于这些原因,该理论受到了不同研究者的质疑与批判。

2) 家庭系统发展理论

尽管不同家庭在推移家庭生命发展变化的具体过程中存在差异,但是所有家庭也面临共有问题,即在不同阶段面临的压力因素,这些普遍性的压力因素要求家庭系统做出改变来适应家庭发展,这种改变会引起家庭角色与关系的变化。通过考察一个家庭在发展中的某一个特殊阶段,会发现家庭的每一代人都会面临具有挑战的共同压力与家庭危机,它包括婚姻、工作、孩子的出生、孩子的不同发展阶段、家庭成员的慢性疾病、退休、离婚、家庭成员的死亡、各个年龄段的压力、新的家庭角色、经济问题等等[②]。

家庭发展理论应用于家庭生活教育

首先,家庭发展理论提供了从时间维度研究与实施家庭生活教育的理论框架,拓展了对家庭生活教育的历史阶段的理解,体现出家庭生活教育具有的终身教育特性。家庭发展理论说明家庭是一种生命过程,它是呈阶段性发展的。不同的发展阶段,家庭成员个体生命发展将会显现其独特的表现特征,赋予家庭新的职责与任务。杜瓦尔(1977)所划分的八个阶段的家庭发展周期主要包括已婚夫妇、生育期、学龄前、学龄期、青少年时期、空巢期(launching center)、中年父母期以及老年家庭成员时期[③]。家庭生活教育内容需要包括面对家庭成员的生命发展全程基本阶段的需求。针对家庭成员不同阶段的发展任务提供知识与技能,全面梳理发展时间观念,从发展纵向维度分析不同发展阶段的家庭的各种特性,充分了解和把握家庭生命周期的不同阶段中所要完成的任务与面临的挑战,构建系统的家庭生活终身教育知识与课程体系,促进家庭成员生命发展每一个阶段的发展,这是家庭生活教育发展面临的重要任务。

其次,家庭生活教育需要关注家庭不同发展阶段中对家庭面临的压力进行

---

① Duvall, E. M. & Miller, B.C. (1985). Marriage and Family Development (6th Ed.). New York: Lippincott.p.61.

② Laszloffy, T.A, (2002). Rethinking family development theory: Teaching with the Systematic Family Development (SFD) Model. Family Relation, 51, 206 - 214.

③ Duvall, E. M. (1977). Marriage and Family Development (5th Ed.). New York: Lippincott.p.179.

教育支持的问题。家庭系统发展理论对家庭系统理论加以延伸，提出不同家庭会面临共同性的家庭压力。每一个家庭都会面临家庭生活中的不同类型与程度的压力。当这些压力出现的时候，家庭将会面临困难，这些困难可能引发家庭危机，导致家庭新的问题与家庭变故。家庭发展理论所揭示的更主要的意义在于关注家庭中转折变化（transitions）的事件对家庭生活的影响。这种转变对于许多家庭成员而言都是有困难的，父母在这个转换的阶段更加需要外部的帮助。家庭生活教育重在早期预防与干预，因而家庭生活教育应该研究如何提升家庭抗逆能力（family resilience）。所谓的家庭抗逆能力是指以家庭为单位的一种如何让家庭及其成员克服危机渡过逆境并适应家庭压力的过程①。家庭生活教育的内容之一是依据家庭发展理论对家庭发展中的各阶段确立教育计划，帮助家庭成员了解与掌握如何应对与处理破坏性的经验，缓解压力以及有效地组织家庭生活，提升应对家庭生活不同阶段困难的生存与发展能力。

最后，家庭发展理论提供了面向家庭个性化的生活教育的理论意义。家庭成员在家庭生活中的幼儿期、儿童期、青春期的集体生活经历以及应对家庭压力变化的情况将直接作用于今后家庭成年人以后的生活。同时，不同时期关于家庭发展阶段理论的争论批判，也强调每一个家庭的发展并不是呈现线性的发展模式。围绕特定家庭情况，强化家庭生活教育应该是因家庭文化与家庭代际差异而有所区别的个性化教育。因此，以发展的视野来开展家庭生活教育，需要强化教育的个体发展功能，针对不同家庭所处不同的阶段及面临的不同问题提供不同的教育支持，以追求家庭生活教育实践获得更大的针对性和有效性。此外，家庭发展理论还有助于家庭生活教育开展家庭生活质量评估，以确认家庭在各种生涯发展阶段的压力与教育需求程度，尤其是那些非传统的家庭，这是家庭生活教育个性化特点的要求与反映。

女性主义理论与家庭生活教育

家庭生活教育是通过传递个体家庭生活所需要的认知、情意与技能，正确建立人格独立与平等的家庭关系，推进营造幸福家庭的能力发展的一种社会实践活动。其中，建立男女性别平等和谐的家庭关系，将两性平等的观念进一步推广到社会文化的价值中，这是家庭生活教育关注的重要内容与发展具体目标之一。也正如汤普森（Thompson，P.J.，1995）所言，在家庭生活教育学科谈论两性的权利结构及规划性别平等的蓝图最为恰当与合适②。同时，从性别角度探讨家庭

---

① ［美］Froma Walshh 著：《家庭抗逆力》，朱眉华译，华东理工大学出版社，2013 年，第 17 页。

② Thompson，P.J. (1995).Reconceptualizing the Private/Public Sphers: A Basis for Home Encomics Theory. Canandian Home Economics，45(1)，53 - 57.

生活教育,消除陈旧落后的关于家庭生活教育等同于家政教育与"女子做家事的刻板印象"等片面概念与认识①,理解科学合理的家庭生活教育本质内涵,都需要从影响家庭生活男女关系最为广泛深刻的女性主义理论那里寻找所需要的行动指导思想与原则。

女性主义理论中的家庭议题架构

女性主义思想是融合多种流派的女权或妇女知识运动,其总体思想基本上都主张性别是所有社会结构与社会组织的基础,承认女性不平等的现实,其诉求目标在于理解女性从属地位,解放女性,争取妇女在选举、教育、就业等领域的平等权利。

近200年女性主义的运动发展,形成了概念百出与流派纷呈的状态,譬如自由主义、马克思主义、存在主义、激进主义、精神分析主义、当代社会主义、后现代主义等女性主义流派。女性主义运动一直与家庭议题相联系,主要挑战"家庭可以脱离经济、政治以及其他男性权力系统而被理解"这一概念,强调弥合家庭的公共与私人领域的分离局面的紧迫性②。这里主要集中讨论的是与家庭男女性别关系密切的家庭生活教育,从理论上更多关注的是女性主义对性别角色、家人角色、婚姻关系、家庭权力、女性母职、女性为照顾者等信念提出挑战的主要思想的概述,以便为家庭生活教育本质内涵的理解与实际教育实践提供一些有益的思想指导。

1) 关注多元家庭形式,强化彼此学习与相互尊重

以后现代女性主义为代表,应用批判性反思方法强调祛除传统思维与尊重多元、差异,开始关注不同形式的家庭,挑战结构功能论的典型家庭结构,提出后现代家庭不断趋向多元化的观点。无论任何形态的家庭,只要观念正确,相处得宜,都可以建构健康温馨的家庭。对于过去某些形态的家庭标签化、污名化,只会令这些家庭陷入更为不利的处境,不公平的境遇③。建立多元家庭,彼此学习及相互尊重,给予不同形式与结构形态的家庭存留空间,正是后现代社会主要的家庭价值,这是社会历史文化变迁带来的对传统家庭结构的解构,通过这种方式来重新认识家庭的本质、家庭关系、家庭以及个体在家庭中的角色与地位问题。

2) 建立男女相互依赖平等的家庭婚姻关系

纵观女性主义追求目标的发展变化,涵盖人类、自然、人性与社会人生各方

---

① 洪久贤:《家庭生活教育的性别议题:女性主义观点》,《家庭生活教育》,师大书苑(台北),2001年,第58页。

② Myra Marx Ferree.(1990).Beyond Separate Sphere:Feminism and Family Research. Journal of Marriage and the Family.52(Nov.).pp.866-884.

③ 洪久贤:《家庭生活教育的性别议题:女性主义观点》,《家庭生活教育》,师大书苑(台北),2001年,第66页。

面,最后的所有权利都归结于争取女性在男权社会中丧失的"平等"地位与摆脱对男权的依附,争取女性的自由与自主权利①。家庭作为人类社会与文化演化的基本单位,集中反映了以男性为主人与家长的基本社会制度。近现代工业化、城市化与信息化发展不断挑战男性固有的优势地位所形成的婚姻制度。自由主义、存在主义与精神分析女性主义等为代表的现代女性主义流派基本上认为必须变革目前一夫一妻婚姻制度中男性支配女性的不平等关系,反思现有的婚姻制度中两性关系,重视家庭生活中以家庭集体为重向尊重个体需求的转向,建立相互依赖支持与平等和谐的真正两性关系平等的家庭结构与婚姻制度,强调男女亲密关系的对等性,凸显感情优先的婚姻生活价值。

3）赋予家庭成员每个人共同参与家庭生活的机会

马克思主义从历史唯物论观点出发,分析造成女性在家庭扮演的传统角色的原因是她们往往被排除在生产领域之外,仅仅被视为临时补充所需的劳动力。马克思女性主义强调为妇女提供平等的物质经济基础,鼓励女性进入职场。为此,女性在家庭生活中因为经济上的自给自足,家庭地位得到明显提高,女性在家庭生活中的经验与权力得到更多更大的重视。生态女性主义鼓励男性回归到家庭生活中,实际参与包括育儿养老、残病照顾等维护家庭生命的工作。女性主义强调男女平等参与家庭生活对每个家庭成员的发展有着重要的影响,尤其在目前影响家庭生活最重要的家庭和工作平衡的问题上,不仅关注对女性成员的支持与生活策略的改变,还认可从社会政策入手,对所有负有家庭责任的男女两性成员给予支持与关怀,认为这是建立民主、平等与公平的家庭关系并促进家庭幸福的重要改革方向。

4）提倡始于家庭的关怀伦理原则,强化为人父母之道的教育

以强调性别平等为特征的生态女性主义,着力构建一种关怀的环境伦理视域的理论,将关怀视为一种最为基本的道德要求,提倡爱、关怀、公正等伦理原则,旨在通过关怀重新唤起对道德的敏感,并重新建立起人与人、人与自然之间的关系②。关怀伦理学的代表人物内尔·诺丁斯(Noddings，N，2002)从哲学、历史与教育学的视角来建构关怀伦理学,认为关怀理论是始于家庭的一种理论,人们的关怀和被关怀的意识与需要都是起源于家庭生活。因此,家庭是培养人们关怀能力最重要的场所。诺丁斯认为家不仅是一个避风港,更是可以保护我们免受伤害的地方。一个充满关爱的社会必须时常干预成人的生活,以防止他

---

① 夏国美：《主义抑或信仰：对女性主义理论的反思》,载上海社会科学院性别与发展研究中心：《性别影响力》,上海社会科学院出版社,2014年,第7页。

② 赵媛媛：《关怀伦理的生态文化转向——论生态女性主义的关怀环境伦理》,《自然辩证法通讯》,2011年第1期：第93-97页。

们自我伤害,帮助他们获得家庭生活的能力[①],因此,关怀伦理女性主义反对家庭暴力与遗弃子女,重视开展对私领域的家庭开展生活教育,强调以家庭为视角探索社会政策理论建构,从而促进家庭生活质量提升。这种家庭生活教育实际上就是一种关怀教育,是有益于个人生活需要的,要发挥学校作为传递家庭生活场所与机构的重要作用,教会学生在家庭生活中表达自己对各种关怀行为的感受,掌握为人父母之道,让学生为将来的家庭生活实践做好准备。

女性主义理论应用于家庭生活教育

首先,需要将家庭性教育与性别教育作为家庭生活教育的重要组成内容。在女性主义者看来,离开了男性权力系统以及忽视男女利益冲突来理解单一的整体家庭都是行不通的。通过检视女性主义不同流派关于家庭及家庭性别议题的共同思想,可以发现女性主义理论提出的一些观点与原则丰富了家庭生活教育的本质内涵,与家庭性别议题相关的教育问题应该成为家庭生活教育的重要内容。一方面需要开展家庭性教育,从男女两性自然生理机制出发,开展性行为的生理、心理、社会面、生育、生殖、婚姻与家庭男女亲密关系互动的教育。另一方面,要推进家庭的性别教育,强调从社会建构的广义层面对男女两性关系以及造成两性差异与限制的各项社会因素进行思考及反省,积极促进家庭两性的真正平等。

其次,家庭生活教育的课程或教育项目需要从性别角度出发,重视女性在家庭生活中的经验。现代许多女性主义的学者提出性别角色的省思,协助家庭生活教育者从另一角度思考家庭生活的概念,同时对以往传统的家庭观念、家庭结构与形式提出了新的挑战。布波尔兹等人(Bubolz & McKenry,1992)在研究家庭生活教育中的性别问题时认为,一些关注家庭男女权利平等的女性主义的运动聚焦到已经开展的一些家庭生活的教育项目及课程内容。在他们看来,大部分传统家庭生活教育的课程忽略了女性的经验。其中一些课程常常以传统的、过时的男女角色行为模式为基础。这些富有冲击力的建议将促使从事家庭生活教育的专业人员去评估自己的性别意识、去处理他们教授课程时性别的权力结构问题,并建构有助于分析与批判传统性别角色的环境[②]。

最后,在具体如何开展家庭生活教育与教学方面,女性主义理论中的一些观点也指出了一些具有建设性的实施建议。艾伦等人(Allen & Baber,1992)从女性主义的观点来检视家庭生活教育,他们指出三个思考方向:其一,家庭生活教育者应特别重视家庭的多元化、传统婚姻的减少、亲密关系的重新建构、性别平

---

① 内尔·诺丁斯:《始于家庭:关怀与社会政策》,侯晶晶译,教育科学出版社,2006年,第2页。

② Bubolz,M.M.,& McKenry,P.C.(1992).Gender Issues in Family Life Education:A Feminist Perspective. Handbook of Family Life Education,p.1.

等、经济自主、生殖自由等议题，并根据有确实依据的理论与研究，及广泛且务实的信息来发展家庭生活教育课程与方案。其二，教师并非处于中立环境，知识是经过控制来传递的，所选择的议题、阅读的文章、强调的重点、演讲的来宾、评估的方法，乃至于教育者与学习者的权力关系，皆蕴含特定的家庭哲学，因此家庭生活教育者必须洞察自己的家庭哲学。其三，家庭生活教育者应协助学习者重新评估家庭中在性别、种族、阶级、年龄、性取向等方面所延续的不平等，提供对话空间以建构知识，并采取改变的行动①。中国台湾学者洪久贤将女性主义观点应用指导下的家庭生活教育启示归纳为八项：①建立多元形态家庭新典范；②传统婚姻失微，重组亲密关系；③夫妻轴关系的发展；④家庭权力的解构与转变；⑤子女抚育与家人照顾由夫妻共同分担；⑥强化亲职教育中的父职教育；⑦尊重性自主权；⑧家务事是每个家人的事②。这些分析从不同方面为理解家庭生活教育实践与项目课程设计提供了有益的启迪。

现代学习理论与家庭生活教育

20 世纪 80 年代，格尔尼等人（Guerney，B & Guerney，L F，1981）强调家庭生活教育必须坚守其作为一种新的教育模式的重要的学科特征。他们强调指出：

家庭生活教育工作者在从事人的改造这种职业时有一个很大的优势，即教育者这一自我概念，这是实际社会工作者、咨询顾问和心理学家所没有的——这些帮助人的专业人员常常将他们的角色看做医治者。……家庭生活教育工作者所应该避免的是临床医学模式。他们应该遵循的是大众教育模式。③

通过传递家庭生活知识技能，让家庭成员理解与学会有关家庭关系的知识，并提供机会让他们具备现代家庭生活的发展能力，这是家庭生活教育的主要实践活动内容与目的。这种以人的能力提升与发展为核心的实践活动，是让家庭成员充分发展他们家庭生活能力而精心设计的学习经验，是以受教育为主要形式，以家庭成员作为学习者为中心的一种教育模式。了解人类学习的相关理论，无疑有助于作为学习实践活动的家庭生活教育的理论研究与实践运作。

---

① Allen，K. R. & Baber，K. M.（1992）. Starting a Revolution in Family Life Education：A Feminist Vision. Family Relations，41(4)，378 - 384.

② 洪久贤：《家庭生活教育的性别议题：女性主义观点》，《家庭生活教育》，师大书苑（台北），2001 年，第 65 - 70 页。

③ Guerney，B & Guerney，L F，（1981）. Family Life Education as Intervention.Family Relations 30，591 - 598.

现代学习理论架构

　　关系家庭生活教育的学习的主体对象,主要包括处于身心发展基础阶段的未成年的家庭子女与处于成年的家庭其他成员,作为现代家庭生活的学习者,他们也是家庭生活教育的受教育者。从事家庭生活教育,首先要了解家庭成员在家庭日常生活中如何通过经验方式获得知识并学会某种能力及改变自我态度与行为,这需要从有关学习理论中获得。同时,家庭生活教育概念本质与实践需要从家庭成员作为学习者的角色中进一步深化与拓展延伸。现代学习理论主要包括有关个体行为是如何随着经验与外界因素的交互作用而发生改变或变化的一些知识创新观点与看法,它们是理解家庭生活教育本质并有效开展家庭生活教育实践的又一主要的理论基础。

学习的本质

　　什么是学习? 不同的学习心理学流派对此有不同角度的论述。在美国行为主义学派的华生与斯金纳等人看来,学习即条件作用,强调行为矫正方法在塑造学习行为过程中的作用。格式塔学派的观点认为,学习即顿悟。现代认知心理学强调学习即信息加工过程。认知学习理论的代表布鲁纳等认为,学习是对环境中的刺激依其关系形成一种新的认知结构的过程,是意义的获得和实现期望的过程。社会学习理论重在解释社会化如何发生以及榜样角色与观察模仿对个体经验获得与行为改变的重要意义。尽管理论的角度与方式不一样,但对于人类的学习本质的共同认识在于学习是人在生活过程中获得个体经验的过程。这些关于学习本质的不同理论阐述,对于分析家庭中个体与家庭互动过程中获得的家庭生活经验与行为变化都具有重要指导作用。

认知学习流派理论

　　认知发展心理学在分析学习者认知能力发展规律方面具有重要的理论贡献。其主要观点包括五个方面:①重视人在学习活动中的主体价值,充分肯定了学习者的自觉能动性。②强调认知、意义理解、独立思考等意识活动在学习中的重要地位和作用。③重视人在学习活动中的准备状态。即一个人学习的效果,不仅取决于外部刺激和个体的主观努力,还取决于一个人已有的知识水平、认知结构、非认知因素。准备是任何有意义学习赖以产生的前提。④重视强化的功能。认知学习理论由于把人的学习看成是一种积极主动的过程,因而很重视内在的动机与学习活动本身带来的内在强化的作用。⑤主张人的学习的创造性。认知学派提倡的发现学习论强调学习的灵活性、主动性和发现性,提倡一种探究性的学习方法。强调通过发现学习来使学生开发智慧潜力,调节和强化学习动机，牢固掌握知识并形成创新的本领①。

成人学习理论

　　家庭成人在家庭生活的学习与受教育中，将形成与其他对象不一样的学习特点与学习风格。目前成人教育学学科探讨的成人的学习机制与非正规教育规律，是家庭生活教育者需要参考的有用的知识来源。参加非正规教育的家庭成年人的学习特点、学习动机、学习风格与参与经验的方式方法是家庭生活教育的有益组成部分。

　　1) 诺尔斯的成人教育学理论

　　在诺尔斯(Norles,1970)的理论论著中，成人教育学被定义为"帮助成人学习的艺术和科学"，其理论的出发点是区分成人与儿童(包括在校学习的青少年)在身心发展和社会生活方面的质的差别。首先，随着个体的不断成熟，成人自我概念将从依赖型人格向独立型人格转化。其次，成人在社会生活中积累的经验为成人学习提供了丰富的资源。个体生活经验在对儿童与成人的学习活动的影响上存在很大差异。再次，成人的学习计划(学习目的、内容、方法等)与其社会角色任务密切相关。最后，随着个体的不断成熟，学习目的逐渐从为将来工作准备知识转变为直接应用知识而学。相应地，学习内容将从"课程中心型"向"问题中心型"转化②。

　　2001年，劳勒(Lawler,P.A.)等在诺尔斯等前人研究基础上总结提出了成人学习模式的五点原则：①形成一种相互尊敬的氛围；②采用合作与探究式的模式；③营造一种积极参与的环境；④从行动中学习；⑤ 建立在经验的基础上③。这些原则进一步强调要特别关注成人学习者真实生活中所关心的问题，从而发挥学习的最大效果与意义，体现出作为成人的学习者与青少年儿童不一样的学习特点，成人具有强烈的认知需求与内在学习动机，他们的学习更多地以其丰富的学习经验和工作经验为基础，这决定了成人学习以生活为中心，适合以实践与问题为导向的学习模式。

　　2) 麦基罗成人学习知觉转换理论

　　知觉转换理论(Perspective Transformative Learning)是麦基罗(Mezirow,J.,1977)从成人的社会认知角度分析成人学习规律的一种理论。在他看来，成人的学习活动是成人与社会环境相互作用的一种结果，每个成人对其所处的现实生活都有一种解释，他把这种解释称之为"知觉"。这种知觉的含义比较丰富，既包括个体对自身的社会角色、社会责任、人际关系及行为方式的理解和评价，

---

① 娄宏毅、宋尚桂：《成人教育学》，齐鲁书社，2002年，第130页。
② 娄宏毅、宋尚桂：《成人教育学》，齐鲁书社，2002年，第131-133页。
③ Lawler P A, King K P. (2000).Refocusing Faculty Development：The View from an Adult Learning Perspective. Adult Education Research Conference.

也指对自身原有知识、技能、能力对外部环境适应强度的评价。随着成人社会生活的发展变化，致使新经验与原有的知觉相背离，最终导致原有知觉难以"合理"解释新的经验。这时知觉系统不再保持稳定，使个体对经验及知觉进行反思，反思的结果是对原有知觉系统进行修改，使之重新适应经验，这个过程就是"知觉转换"，这种转换引发了成人生活中的一系列变化①。麦基罗成人学习知觉转换理论成为揭示成人学习动机的形成原因的重要理论。

现代学习理论应用于家庭生活教育

首先，以家庭个体经验学习为视角，有助于更好地理解家庭生活教育的目的与功能。家庭生活教育的本质是有效地让家庭成员更好地获得理解自己及今后家庭关系的经验的实践活动。这是与个体在生活过程中获得个体经验的过程的学习本质相一致的。在家庭生活教育中，学习的课题包括的内容广泛而多元，如夫妻关系、性教育、亲子关系中儿童教养以及与家庭伦理道德、法律政策相关的问题等。为了取得家庭生活教育的效果，需要自己运用现代学习的基本原理，了解作为学习者的家庭成员独特的学习特点、风格与学习策略等学习原理，需要明晰家庭成员如何根据家庭规则或家庭价值调整自己的学习行为所依据的原理，自觉应用一些强化方法来矫正家庭生活行为。由于在家庭生活中家庭成员的学习具有更强的功利性，在学习过程中，要从他们家庭生活问题实际出发，发挥不同家庭成员所具有的学习的优势，遵循其作为学习者的基本特征，并尊重学习的基本理论观点，这是家庭生活教育能够取得实效的不可或缺的基础。

其次，由于家庭生活经验在非正规学习活动中有着十分重要的作用，家庭生活教育实践中需要将家庭成员已有的家庭生活经验作为教育教学与课程实施的重要依据。因此，家庭生活教育中应充分重视发挥经验在教育活动中的作用。要重视分析家庭成员学习提升处理家庭关系的动机形成原因。同时，在教学活动的主要环节上注意发挥成人经验的作用，更多地选择批判性的课堂讨论与小组探究式等方法，创造机会使成人更多地利用已有知识经验来学习，注意培养成人学习者对既往的家庭关系处理生活经验开展反思批判与重构，形成改造原有的家庭生活思维方式的自觉意识，提升批判性建构新的家庭生活的能力。

最后，明晰当下学习原理有助于在家庭生活教育中选择合适与有效的教育与教学方式。作为家庭成员在获得家庭关系的知识并运用这些知识去理解与重构当前与今后自己的家庭关系中，重要的是让他们形成学会反省与批判的方式来参与家庭生活的教育与学习。由于家庭生活教育与价值、伦理的判断息息相关，家庭生活教育课程或实践项目，应着重发展人们自我省察与自我尊重的能

---

① 宋尚桂：《当代西方成人学习理论述评》，《济南大学学报》，1998年第3期，第37-41页。

力。因而，研究家庭生活教育经验的学习方式应该偏向诠释的、解释的，或批判的、解放的思维观点。为了有效丰富成人学习者的家庭生活经验，家庭生活教育内容要进入到家庭生活学习者实际的生活情境中，重视学习者的兴趣与需求，根据不同的对象来发展课程的内容；在编印家庭生活教育的学习材料的时候，需要照顾不同学习者的实际要求，避免采用统一的学习内容与材料；在实际家庭生活教育教学方式中要以问题为中心，教育者与学习者应共同讨论各种与家庭生活有关的议题，通过平等的对话与讨论的教学方式，觉察并思辨各种社会力于其家庭角色的作用及其背后的价值，唤起学习者自愿改变的意识，并协助他们将其具体应用于家庭生活实践中。

第四章

发展型家庭生活教育的课程基础

现代课程的工具性不仅应当定位在把人类已有的、共同创造的文化、经验、智慧转化为个体的道德、智慧和能力,激发出个体潜在的能力与创造力,使其有可能投入到社会的再生产之中,还应当超越于此,指向于人、自然和社会的和谐及过去、现在与未来的有机统一。①

——卜玉华

我们想把有关人类生存本质的问题和事件放到课程的中心位置上。一种可能的做法就是围绕关爱的主题来组织课程——关爱自己、关爱亲密的人、关爱陌生人和全世界的人、关爱自然和自然的生物、关爱人造的世界和理念的世界。②

——[美]内尔·诺丁斯

以帮助家庭成员学习增进在家庭生活中形成维系家庭与个体健康与幸福的知识、技能与情感态度的家庭生活教育,全部目标在于提升家庭生活发展能力,促进家庭幸福。通过具体的家庭生活教育课程来达成教育目的,这是实现家庭生活教育满足人们在整个家庭生活中的需要的重要内容与保障。

与家庭知识、技能及相关的信息、经验、资源内容相关的家庭生活教育课程或项目的制定、组织、实施与评估在家庭生活教育中处于重要的核心地位,因为它是实现家庭生活教育目的与目标的手段与方式。因此,研究家庭生活教育推进家庭成员的关于家庭生活潜能的实现与发展,需要具体分析与之相适应的学习的课程内容以及相关的课程实现的途径与方式。

---

① 卜玉华:《课程理念探——历史、现在与未来》,复旦大学出版社,2001年,第226页。

② Nel Noddings(1992).The Challenge to Care in Schools. New York:Teachers College Press.

家庭生活教育课程的本质

在教育学领域，对于"课程"概念的理解形成了不同的流派，表现为多元的关于课程观的理解与阐述。一般地，早期西方对"课程"（curriculum）概念的解释起源于"跑道"（race-course），即学习的路线，被理解为特定教育阶段学生学习的知识内容（knowledge contents）与时间计划安排的进程。对于任何一项课程资源的开发与制定，需要考察社会、受教育者对象及学科三方面的信息资源，以便能够形成对于人的全面促进与发展。随着社会的变化与教育的发展，关于课程概念目前主要形成了学科中心课程论、人文主义课程论、社会再造主义课程论以及后现代课程理论等，从不同角度丰富了对课程本质的理解。

其中，学科课程以传递人类文明精华与知识概念学习为主要任务，一直占据学校教育的主导地位。坚持这种观点的人，强调以学习的内容作为课程的核心。在课程论的历史上，英国教育家斯宾塞（Spencer, H）的关于"什么知识最有价值"，历来是这种思想的体现。在推进家庭生活教育课程中，首先需要以传递家庭生活相关的知识为主要基础，让学习者掌握理解家庭生活所需要的现代理性认识成果，才能更好地形成其他相应的家庭发展能力。此外，家庭生活教育课程具有与其他课程不一样的课程特性，主要表现为其作为生活经验课程的特点。

基于家庭生活经验的家庭生活教育课程

作为人文主义课程理论的代表人物杜威（Deway, J），坚持儿童中心的思想，形成了以儿童社会生活经验为中心的课程思想。这种对于"课程"的本质理解更为广泛，跳跃出一般的教材特定知识内容与学科概念逻辑体系的学习掌握，强调一切促进人的发展的经验都应纳入到课程视阈中来。在他看来，是依靠儿童本身的社会活动将不同科目联系起来，要注重联系儿童的生活经验安排教学活动。

在杜威的社会改造主义与实用主义哲学指导下，强调以社会生活为基础来设计开发课程，以问题解决为导向，强调学习者的经验改造与重组，要求受教育者结合生活经验提出解决办法，验证假设，最后解决真实的问题。这种所谓的生活课程，要求课程的设计注重这类活动的提供及自我的亲身参与选择、反思与评价，更加强调学习者在受教育过程中实际所学到的知识与体验到的意义。自然地，这类以生活实践改造为目的的课程的实施与评价方式也将发生转变，它将不再强调学习者对学习内容的掌握程度，而是强调他们采用了什么样的学习过程、社区参与的程度以及可用和所用资源的丰富多样性，课程学习也不是循序渐进的，而是一种所谓的蜘蛛网式的学习模型（spider-web model of learning）。可以看出，以生活经验为中心的课程观，将教学、教育者与学习者都作为课程实施的内容。

以此为指导,更多人推崇其生活经验课程理论,指出课程即学习者在认识与实践中转化的个体的生活经验或自身体验,是个体在社会性交往的过程中建构生成的。对于什么是生活经验,我国著名教育研究者鲁洁有这样的精辟论述[①]:

生活经验是人类生活历程在意识层面上的凝集,存在于多种多样的形态之中。有表现于知识的,也有表现于活动的;有表现为理论的,也有表现为现实关系的;有表现为有形的规则、规范的,也有表现为无形的风俗习惯的。经验的载体也各不相同,有以生命体为载体,也有物质为载体,有以类为载体,也有以个体为载体;以文字为载体,有以口头语言为载体,就是在文字的载体中,有的是表现为概念逻辑的,也有的是具体描述的……多种多样的生活经验构成一种生态式的联系,它们相互依存,形成一个整体。

以增强家庭个体与家庭生活发展能力为主要目标的家庭生活教育的课程,不能仅仅是传授一种客体化了的家庭生活知识与技能。这种所谓知识的客体化,是知识对于主体性的排除,知识已经成为主体之外的一种存在。应该说家庭生活课程需要加强关于家庭生活中齐家之道、为人父母之道以及处理夫妻婚姻关系与亲子关系等等的客观性知识的课程内容,其中很多是以往历史中积淀与实践检验过的真理。这些充满对家庭亲人成员关爱的教育课程,透射出浓郁的家庭生活气息与家庭成员彼此融洽的生活经验的感化、学习与熏陶。应该努力把面向家庭生活的教育看作是一种多种多样的生活形态的生活经验的存在。这种生活课程,应该以家庭生活实践为其导向,引导家庭成员去学习、丰富、积累、扩大家庭日常生活经验与反思经验。总之,现代的家庭生活教育课程应该是知识课程与以生活的经验为其内容和资源的经验课程有机结合的一种新的课程形态。

作为以项目为载体的家庭生活教育课程

事实上,在西方家庭生活教育中,与"课程"术语相类似且使用更为广泛的是家庭生活教育"项目"或"计划"这样的概念。在一些教育文献中,"课程"更多地与学校教育相联系,与"项目"或"计划"更普遍地被作为同义词使用,主要强调所教的内容及其重要性。随着研究的进一步发展,"课程"逐渐地与学习活动获得的经验更多地联系在一起,而这个时候对于教育"计划"或"项目"概念,则主要关注到如何被使用及使用后的效果等研究方面。

19世纪末期在工业化与城市化推动下,美国进步主义教育运动如火如荼,一些教育改革人士希望通过引进一些项目,用以教授北美学校孩子们关于儿童

---

① 鲁洁:《德育课程的生活论转向———小学德育课程在观念上的变革》,《华东师范大学学报(教育科学版)》,2005年第3期,第9—16页。

发展与家庭关系的技能。随后,这些项目不断完善,项目的设计主要包括项目相关的理念、原则、目标、具体活动内容、可能采用的资源及评价。在现代家庭生活的快速变化以及家庭功能不断弱化的社会背景下,通过设计与推广面对特别的对象与特殊家庭生活问题的一系列项目,综合利用社会资源,采用非正式的形式,在家庭生活教育实践领域广泛实施与开展,在促进家庭关系改善与增进家庭生活幸福方面产生重要而积极的效果,积累了更多的项目实践的有益经验。从这个角度而言,家庭生活教育项目更大程度体现了家庭生活教育作为工作领域的学科性质,强调在教育者与家庭成员之间通过实践交往活动获得个体的经验与体验,从而实现教育的目的。家庭生活教育"项目"是家庭生活教育课程资源的重要开发内容,围绕家庭生活教育特定学习主题内容开展设计与推广应用,服务与实现家庭生活教育的目的。作为教给家庭成员关于家庭生活多种主题与内容的家庭生活教育实践活动,强调的是家庭生活知识与技能的学习,其本质上是一种教育现象与行为,体现出教育性的特点。因此,研究家庭生活教育的教授与学习的知识内容,形成家庭成员处理家庭生活可靠与恰当的家庭生活经验的发展,更多地反映了作为教育学领域的学科知识、生活经验改造与社会民主发展的多元课程本质特点。

面向社会现实需要的家庭生活教育课程

首先,以社会改造主义哲学为指导确立当代家庭生活教育课程观。要弄清楚家庭生活教育的课程观,首先需要明白家庭生活教育是什么,家庭生活教育的目的是什么。在前面第一章我们多次提出家庭生活教育的发展性目的,即通过增进家庭成员对于家庭生活实践的反思与批判,形成改造他们现有及将来家庭关系并创造新的家庭生活文化的能力,培养出经营与发展完善的家庭生活的人。这种关于家庭生活教育的哲学,决定了家庭生活教育必须以社会的家庭生活为课程本质的基础。只有首先开创一个和谐幸福的家庭,且家庭成员都得到充分发展的时候,以此种的家庭为基础的社会才会繁荣稳定和谐幸福。

其次,家庭生活教育课程是以传递家庭生活经验和预防家庭生活问题为导向的课程类型。家庭生活是呈现动态发展的生命周期的领域,每一个阶段都有其发展主题与任务,同时面临着与下一个阶段转化的重要问题的出现的可能。因此,家庭生活教育课程的设计,要以家庭生活实际情境为基础,分析、研究与学习家庭生活中可能现在及将来面临的发展任务主题、困难、问题甚至危机,激发家庭成员参与到家庭生活的问题的解决中来,形成做出选择并反思选择带来的后果等家庭生活价值批判与问题决策能力,这也是家庭生活教育课程评价的主要原则。此外,家庭生活教育需要把家庭成员作为学习者,注重家庭生活经验知识在帮助他们改变观点和行为方面的意义,提倡学习有关家庭生活的技术和增强需要从经验和参与实验中获得新技能的观念,预防并及时治疗家庭生活中出现的问题,避免其外溢为社会问题影响社会良性运作,这也是家庭生活教育作为社会改造课程的重要内容。

最后,家庭生活教育课程资源开发需要整合与家庭相联系的其他社会资源。主要体现为一系列有目的与有计划的干预项目与教育方案。家庭生活教育的目标是促进家庭幸福,需要面向不同类型特殊家庭需要与家庭生命发展中普遍存在的问题,教育的课程资源是以这些对象与问题为目标形成的特别的家庭生活教育项目或方案。这些方案与项目的开发、实施与评价需要来自社会资源的整合与支持。社会资源是支持与维护家庭资源发挥最大效益的重要内容与途径。作为一门内容广泛主题多元的家庭生活教育课程,其资源不仅包括家庭拥有的经济的、社会的与物质的个体与家庭系统资源,还需要拓展能够协助家庭达到生活质量提升的社会物质与精神资源。这些可以很好开发利用的社会资源,有来自部分政府机构的正式部门资源与宗教、社会民间组织、专家学者及义工等非正式的部门支持;也有来自社区内外帮助家庭的一系列资源,这些资源网络整合在特殊的方案与项目中,成为家庭生活教育课程资源的最重要的途径与形式,预防与解决特殊家庭生活问题或提高家庭整体生活质量,帮助个体实现自我发展,从而促进社会文明进步,这是作为社会改造主义课程观指导下的家庭生活教育课程的另外一个特点。

家庭生活教育的课程目标

从课程的内涵看待家庭生活教育,首先一点是观察与分析确立课程的目标,即课程的设计开发者需要通过课程期望受教育者学习什么,并且在哪些方面得到怎样的发展,或者具备哪些方面的能力或素养。根据美国课程领域专家泰勒(Tyler,R.W)的理解,确立课程目标应当考虑经过组织的学科知识的性质、社会的性质以及学习者的性质。

家庭生活教育课程面对的学习对象

家庭生活教育课程面向的对象是多种多样的,反映了教育服务的主体的多元,这决定了其提供的服务主题对象的确立具有重要作用。一般地,家庭生活教育主要是不加区分地面向所有家庭成员尤其是夫妻、父母的教育。另一方面是面向特殊家庭群体的教育,表现为不一样的家庭结构与家庭形式下对于课程的不同的特殊的需要。事实上,除了这两方面的课程对象,还有面向家庭生活教育的专业人员的教育,这些专业人员包括社会工作者、专门的教师以及家庭生活教育培训者等。

按照以上加以区别的家庭生活教育对象，实际上包括了正规与非正规的家庭生活教育两种形式。作为正规的家庭生活教育，教育面对的对象是家庭中的青少年儿童，主要是通过中小学校设置有关于家庭生活教育的必修或选修课程来实现。对于家庭中的以成人为主体的非正规家庭生活教育，主要是通过专业或专门的家庭生活教育项目作为课程表现形态，指导与引导家庭成人的生活能力的提升。

而作为那些专门从事家庭生活教育指导与培训对象的专业化的家庭生活教育者(family life educators)，对于他们的家庭生活教育课程主要是反映在高等院校开设与家庭生活相关的学院系科与专业中，除了指导大学生家庭生活能力发展外，重点是提升那些未来以家庭生活教育为职业的人员获得家庭生活教育的专业资格。从现实实际来看，广义的家庭生活教育者指任何教导个体及家庭关于家庭生活知识、技能及信息的人。有时候它又专门指称学校专门的教师、学校辅导员、儿童生活专家、婚姻或家庭临床医生、家庭心理医生、护理人员，他们介于专业与业余之间，是承担教导与指导个体、父母或家庭关于家庭人际关系、亲子养育知识与技巧任务的所谓"半专业"(semi-professional)人士。

家庭生活教育课程目标的特点

课程目标与目的是对教育者期望学习者发生什么样的变化的一种主观期望的一种设计，它与教育价值紧密相连。作为课程设计，首先需要确立的是在教育目的指导与要求下的课程的目标，并以这些具体的行为性目标来组织学习的内容与选择相应的教学方式方法。

家庭生活教育课程目标是家庭生活教育课程本身要实现的具体目标与意图，期望家庭学习者在身体与心理方面发展发生什么样的变化，为此需要分析确立家庭生活教育课程目标遵循的主要特点。家庭生活教育课程在推进家庭家庭成员学习的时候，主要要遵循一定的课程目标设计的原则与指导思想，即家庭生活教育课程强调与家庭生活实际情境一致，体现作为家庭生活教育课程的情境性、实践性与发展性原则，最终课程要发挥实现个体发展的特定的功能与作用，即帮助与指导个人或家庭改进他们家庭的关系，形成有效地处理更加复杂的家庭关系的经验，从而促进他们家庭发展能力，尽可能充分地认识他们创造自己文化生活的可能性，最终协助他们实现自我全面发展。

体现家庭生活教育课程目标的层次性特点

家庭生活教育课程旨在帮助家庭学习者更有效地保持其所有成员的心理健康，其目标是帮助家庭成员发展家庭人际关系技能，并学会怎样在他们的家庭中通过有效的相处来发展更丰富的人类关系，进一步激发个体发展的潜能，创造幸福美好的家庭生活，这是家庭生活教育的发展功能，也是家庭生活教育课程要实现的总目标。在该课程目标之下,还设有家庭生活教育不同主题与学习领域的子目标,它们是实现家庭生活教育课程目标的从属性具体目标内容,包括家庭关系、家庭子女教育、家庭性教育、婚姻生活教育、家庭生活资源管理教育等等内容要实现的具体目标,这些目标之间相互关联,互为补充。此外,在每一个独立的课程板块与学习领域,还可以有更细致的教学计划目标。在家庭生活教育实践中要注意凸显层次,但同时要加强彼此的整合,避免彼此孤立。

此外,家庭生活教育课程是通过促进家庭成员潜能的知识技能获得,在家庭生活实践中创造性地获得未来新的家庭生活经验与能力。这些课程目标体现在正式的学校教育课程体系与教学计划中,也包括在面向成人的家庭生活教育项目或实践方案之中。无论是学校正式的课程体系,还是实践项目方案,家庭生活教育课程目标还可以通过不同渠道实现:既可以是不定向的,即采取家庭问题治疗和预防的方案,也可以以发展与强化为定向,这些不同定向的课程目标体现了课程设计的层次性与相互衔接整合性的要求。

注重家庭生活教育课程目标的整体性特点

家庭生活教育无论其具体发展指向什么,最后都将归结到人的发展上来。近年来,全球化力量影响下的全球经济、科技、社会与文化的变革给现代教育带来重要的变化,其中最为突出的是教育要指向学习者的全人发展,它直接作用并反映在课程目标上,强调课程目标的设计要体现人的全面发展,注重课程目标的完整性。具体就是指课程要力求达到认知与情感、知识与智力、主动精神与社会责任的和谐统一。

家庭生活教育作为现代生活教育的重要一部分,实现人的全面发展,推进家庭生活与社会发展,是其最为崇高的理想。家庭生活教育需要体现现代教育促进全人发展的教育目的,在课程目标的确立与设计中,也要强化认知与情感、知识与能力以及社会责任及个体创造性精神的和谐统一。

美国专门研究家庭生活教育的阿库斯(Arcus,M.E.,1995)在关于婚姻与家庭生活的研究中指出,家庭生活教育包括若干个主题,每一个主题均应该包含"知识、情意与技能"的目标[①]。一般地,家庭生活教育课程目标具体可以由四部分组成:其一,家庭生活认知目标,即有关于家庭生活教育的基本概念、原理及规律,理解与思维能力的发展;其二,家庭生活技能,包括改善发展家庭生活各种人际关系的行为、习惯及交际能力等;其三,家庭生活情感价值,包括为强化家庭生活的责任与义务以及协调处理家庭与社区、社会关系的思想、观点与信念;其四,家庭生活问题的预防与治疗等实践应用能力,主要是面对特定家庭发展阶段的

---

① Arcus,M.E.(1995). Family Life Education. In Levinson,D.(Ed).Encyclopedia of Marriage and the Family. New York:Simon & Schuster Macmiillan.pp. 259 - 265.

家庭发展任务，应对家庭危机，推进家庭生活顺利转变与持续健康发展的能力。

突出家庭生活教育课程目标的阶段性特点

家庭发展理论重点强调了有关家庭生活教育的实践与家庭生命周期的每一阶段发展需要有关，即从儿童的生长和社会需要直至家长在家庭生活后期的作用。需要充分建立在家庭发展理论基础上，确立家庭生命周期不同阶段生活教育主题与家庭生活教育的具体目标与任务，实现帮助与支持家庭成员形成家庭生活发展能力与创造自己文化生活的可能性的重要发展目标。有研究者指出，需要注重处于不同发展阶段的五种支配性的教育课程：

其一，是与家庭计划、出生的控制和出生前的照料有关。在发展中国家，家庭计划常与文化计划结合成一体。其二，是注重对于教导成年人如何做家长的技巧。这包括家长在特别需要和无能为力时帮助他们的大量书籍。其三，关于帮助家长改变他们的经济状况。其四，由于社会身份的变化，如父亲照看孩子的人数增加或生活环境对孩子的影响，及对家庭结构变化的支持。所以，它是关于家长职责文化的研究。最后，是注重家长掌握有关孩子的营养和健康方面的问题，即有关孩子的教育与发展问题。[①]

家庭生活教育课程的主题

随着现代社会形态快速变迁，家庭的功能亦需随之改变以符合个体的需求。家庭生活教育的内涵从早期局限在家庭场域以及主要针对父母对于子女的教育，逐步拓展到与家庭子女教育联系更为广阔的家庭生活主题与领域。同时，家庭生活的教育的对象更扩大为"所有家庭成员"，提供其家庭生活知能的教育，由以预防与治疗家庭生活问题为导向的教育策略，业已转变到提升个人及家庭福祉的目的。这些都影响着家庭生活教育课程的内容主题与服务领域的选择。

基于教育目的的家庭生活教育主题

随着家庭生活教育由早期面向家庭生活问题的治疗与预防逐步发展到以家庭成员发展能力建设为主的实践不断丰富，人们逐步重新阐述对家庭生活教育的本质的认识，强调现代家庭生活教育的目标是促进家庭成员心理健康、发展家庭融洽和谐的人际关系与丰富发展个体创造性生活的能力。建立在如此科学合理又合乎现代社会发展道德价值基础上的家庭生活教育课程的主题，也需要与之相呼应与一致。费希尔和柯克霍夫（1981）提出的关于家庭生活教育内容的分

---

① M·E·布里林格、D·H·布伦戴奇：《成人的家庭生活教育》，载 Torsten Husen、T. Neville Postlethwaite、吴庆麟：《国际教育百科全书（第四卷 F-H）》，贵州教育出版社，1990 年，第 119 页。

类,就是从家庭生活教育的目的出发,以此作为一种方法来阐述家庭生活教育课程的各种类型与目标。他们认为关于家庭生活教育课程主题主要包括三方面的内容:

生活技能类教程注重于技能的获得与不充分技能的发展,如除了在家庭财物管理、家庭和婚姻富有方面的一些技能,还有育儿技能、人际关系技能、解决冲突、指导儿童技能;发展对重大生活主题的个人理解力,是生活主题教程的重点。这些教程有利于检验一些特定的角色,如父母身份(单亲抚养、青少年抚养、继续养育和祖父母身份)、作为配偶,其职业角色与计划等。它们也有利于促进对包括童年、青少年、成年和老年人的人生各阶段的认知理解;生活变迁教程,试图促进在重要生活变迁过程中的人们适应性。这些变迁包括婚姻调节、父母身份的冲击、离婚、再婚、成为继养家庭、退休和死亡。[①]

这种关于家庭生活教育课程内容的划分,基本上是按照两条基本路径,即一部分针对一些独特的家庭对象可能面临的家庭生活问题,开展早期预防与干预活动;另一部分是贯彻家庭生活教育的发展性目标,强调课程体现出对家庭成员赋权增能的意义。

家庭生态观指导下的家庭生活教育主题

依据生态系统理论,家庭的发展受到该系统外不同因素的综合作用与影响。为了取得生活教育的效果与目标,需要将与家庭生活密切相关的自然、人文与社会等生态环境纳入考虑的教育课程范围,因为这些外在环境将会很大程度影响家庭的功能与关系的发展。

以 Schvaneveldt & Young(1992)为代表的研究者强调家庭生活教育不应该仅仅限制在家庭内部关系的建设上面,他们指出健康、贫穷以及无家可归等社会环境背景影响着现代家庭生活,应该被纳入为家庭生活教育的重要议题[②]。与之相类似的理论分析,美国家庭关系协会在其专业书籍《2001:为未来家庭作准备》中,强调指出未来可能影响美国家庭生活的重要议题包括就业的稳定与安全、工作相关的政策与实务、家庭经济管理问题、影响家人关系的知识以及健康保健等主要内容[③]。这些意见与建议回应了家庭生态理论,强调促进家庭生活质量与福祉需要家庭资源与社会资源的有机整合,需要发挥社会政策与制度因素在促进家庭发展中的重要意义。

---

① 　L·哈里曼:《家庭生活教育》,载 Torsten Husen、T.Neville Postlethwaite、吴庆麟:《国际教育百科全书(第四卷 F-H)》,贵州教育出版社,1990 年,第 26 页。

② 　Schvaneveldt J D, Young M H.(1992).Strengthening Families: New Horizons in Family Life Education. Family Relations,41(4),385 - 389.

③ 　许美瑞:《家庭生活教育的本质》,《家庭生活教育》,师大书苑(台北),2001 年,第 21 - 22 页。

女性主义理论视阈下的家庭生活教育主题

前面第三章已经重点分析了女性主义理论下的家庭生活教育的认识与理解,强调了将女性主义思想观点融入家庭生活教育的重要意义。对于不同的女性主义流派,有关于家庭生活中的性别角色、家人角色、婚姻关系、家庭权力、女性母亲角色与孩子养育、家庭与工作关系的平衡等由现代社会文化所建构,需要在家庭生活教育中赋予女性新的自主选择权力,并希望通过社会制度与政策的干预,提升她们解决家庭生活问题的能力,提高其生活品质。

亚当斯(Adams,B.N,1988)研究发现由于女性主义运动的推动,家庭研究者更为关注家庭生活中女性与儿童相关的议题与问题,主要有家庭妇女及儿童虐待、妇女家务负担、离婚对女性的影响、家人关系、婚姻生活质量、家庭暴力、家庭性关系以及与家庭相关的新的生活方式的影响等[1]。

基于家庭生命周期的家庭生活教育主题

家庭生活教育的课程计划更加强调一种以需要为导向的学习,注重家庭生活周期过程中的每一个新阶段家庭发展面临的任务。旨在提升家庭生活福祉的家庭生活教育要面对的是家庭生命发展不同阶段的主题,以此为基础确立家庭生活教育课程主题内容。

1997 年美国家庭关系协会为了进一步提高家庭生活教育的专业化水平及地位,提出家庭生活教育的架构内涵,从课程内容的维度来提升家庭生活教育的专业化,并为专业的家庭生活教育资格者证书培训提供依据。其中,横轴参考了家庭生活史与家庭系统理论,将家庭生活历程分为四个生命历程阶段,包括儿童期、青少年期、成年期及中老年期;而纵轴包括社会中的家庭、家庭动力、人类成长与发展、人类的性、人际关系、家庭资源管理、亲职教育与指导、家庭法律与公共政策以及家庭伦理九大家庭生活课程领域与主题[2]。

社会中的家庭(Families in Society)

该主题主要是让学习者了解家庭与社会中其他机构间的关系,强调从社会生态系统理论角度看待家庭发展,它不是孤立与自我封闭的系统,而是与社会中其他存在,如与教育、政府、宗教、职业等息息相关并受其影响。具体课程知识内容有:不同家庭的结构与功能;不同文化传统下的家庭;家庭亲属关系与代际关

---

① Adams,B.N. (1988).Fifty Years of Family Research.Journal of Marriage and the Family.50,5 - 17.

② Bredehoft,D. J. (2001). The Framework for Life Span Family Life Education Revisited. Family Journal,9,134 - 140.

系;家庭与人口结构变迁等趋势;历史上家庭的发展演化等(见表4-1)①。

表4-1　社会中的家庭议题的主要课程内容

儿童	青少年	成人	老人
• 工作、金钱与家庭 • 支持个人、家庭的相关方案 • 家庭、邻里与社区的重要性 • 家庭与学校的合作 • 各个家庭不同的宗教信仰与实践	• 家庭与职场 • 经济与家庭的相互影响 • 于学校教育准备未来人生 • 学校系统的运作 • 终身教育 • 个人和家庭在社会中的责任 • 宗教和信仰对家庭的影响 • 支持有特殊需求及问题的家庭 • 家庭与科技的相互影响 • 人口议题及资源应用 • 社会中家庭的角色 • 支持网络(家庭、同伴、宗教机构、社区)	• 家庭参与子女教育 • 运用教育系统 • 宗教和信仰对家庭的影响 • 支持网络(家庭、同伴、宗教机构、社区) • 了解并获得社区支持服务 • 终身学习 • 人口议题及资源运用 • 科技与家庭的相互影响 • 经济波动及其对家庭的影响 • 家庭、工作、社会相互关系 • 在社区中个人和家庭的责任 • 家庭在社会中的角色	• 终身学习 • 支持教育系统 • 宗教和信仰对家庭的影响 • 支持网络(家庭、同伴、宗教机构、社区) • 了解并获得社区的支持服务 • 科技与家庭相互影响 • 经济波动对老年期家庭的影响 • 人口议题及资源:健康、照护、交通、住宅 • 社会议题:年龄的差别待遇、老人虐待、照护 • 家庭在社会中的角色

家庭动力(Internal Dynamics of Families)

　　该主题主要是让学习者了解自己日常生活在其中的家庭的优势(strengths)与弱点(weaknesses),同时熟悉家庭成员间互动的状况并识别其与家庭优势劣势之间的关系。这方面的具体课程知识内容主要包括家庭成员合作与冲突关系,尤其是夫妻与亲子之间沟通,家庭面临压力、危机及冲突等问题的处理能力

①　Roy,k.,& MacDermid,S.M.(2003).Families in Society. In D,J.Bredehoft,& M.J.Walcheski(Eds.).Family life education:Integrating theory and practice. Minnieapolis,MN:National Coucil on Family Relations.pp.59-67.

(见表 4 - 2)①。

表 4 - 2　家庭动力议题的主要课程内容

儿童	青少年	成人	老人
• 家庭中的个别成员 • 家庭成员的独特性及重要性 • 与家人相处 • 在家庭中表达情感 • 个人家庭史 • 多元家庭 • 家庭改变的冲击 • 家庭成员的责任权利与相互依赖 • 家庭规则 • 家庭是保护、指导、情感与支持的来源 • 家庭可能是愤怒与暴力的来源 • 家庭问题	• 在家庭中成长为成人 • 家庭组成的改变(出生、离婚、死亡) • 家庭情感的管理与表达 • 家庭内在变化与压力 • 与家庭成员及朋友互动 • 个人与家庭决策 • 家庭中的沟通 • 家庭成员之间的互动 • 家庭成员的不同需求与期待 • 家庭成员的责任、权力及相互依赖 • 外显与隐藏的家庭规则 • 代际关系 • 家庭背景的影响 • 家庭历史、传统与节庆 • 家是保护、引导、情感与支持的来源 • 家庭可能是愤怒与暴力的来源	• 家庭中个人的发展 • 个人及家庭的角色 • 家庭中的亲密关系 • 压力来源与处理 • 生活形态的选择 • 家庭成员需求与期望的变迁 • 生命全程的代际间关系 • 家庭成员的责任、权力及相互依赖 • 家庭变迁(结婚、出生、离婚、再婚、死亡) • 家庭历史、传统与庆典 • 影响婚姻与家庭关系的因素 • 情感的给予与获得 • 家庭中的权力与权威 • 家庭对其成员自我概念的影响 • 外显与潜在的家庭规则	• 家庭中个人的发展 • 老年人及家庭的角色 • 家庭成员需求与期望的改变 • 家庭变迁(结婚、出生、离婚、再婚、死亡) • 家庭成员的责权利及相互依赖 • 家庭中的亲密关系 • 家庭对其成员自我概念的影响 • 影响婚姻与家庭关系的因素 • 情感的提供与获得 • 家庭中权力与权威的改变 • 压力的来源与压力、疾病、残疾的处理 • 明显与潜在的家庭规则 • 家庭是保护、辅导、情感与支持的来源 • 生涯形态的发挥及退休、退休计划

① Walcheski，M. & Bredehoft，D. (2003).Internal Dynamics of families. In D，J.Bredehoft，& M.J. Walcheski（Eds.）. Family life education：Integrating theory and practice. Minnieapolis，MN：National Coucil on Family Relations.pp.68 - 74.

（续表）

儿童	青少年	成人	老人
	• 家庭差异：成员、经济水准、角色行为、价值	• 家庭是保护、辅导、爱和支持的来源 • 家庭差异（成员、经济水准、角色行为、价值） • 家庭可能是愤怒与暴力的来源 • 影响家庭互动形态的因素（伦理、种族、性别、社会、文化）	• 家庭历史、传统与庆典 • 生命全程中的代际间的发展 • 影响家庭互动形态的因素（伦理、种族、性别、社会、文化） • 家庭可能是愤怒与暴力的来源 • 家庭差异（成员、经济层面、角色、价值）

人类成长与发展（Human Growth and Development Over the Life Span）

该主题主要是让学习者了解个人在家庭中一生的发展，并通过对各个时期发展情况的了解，促进个人与家庭的运作。各发展阶段包括怀孕期、婴儿期、幼儿期、儿童期、青少年期、成人期、中老年期等。相关学习的课程知识内容包括生理的、心理的、情绪的、认知的、社会的、遗传的以及性格方面等（见表 4-3）[①]。

表4-3　人类成长与发展议题的主要课程内容

儿童	青少年	成人	老人
• 情感与社会的发展 • 个人健康维护（营养与个人卫生） • 个人的独特性	• 接受发展中的个别差异 • 个人健康维护（营养，运动与卫生） • 化学物质对健康和发展的影响	• 影响个人与发展差异的因素 • 发展的形态（生理、认知、情感、道德、人格、社会、性）	• 影响个人与发展差异的因素 • 发展的形态（生理、认知、情感、道德、人格、社会、性）

① Walcheski，M. & Bredehoft，D.（2003）.Internal Dynamics of families. In D，J.Bredehoft，& M.J. Walcheski（Eds.）. Family life education：Integrating theory and practice. Minnieapolis，MN：National Coucil on Family Relations.pp.68-74.

（续表）

儿童	青少年	成人	老人
• 个人发展的异同 • 了解特殊需求的人 • 对较自己年长的人的看法（青少年、成年人、老人） • 社会与环境对成长及发展的影响	• 发展的形态（生理、认知、情感、道德、人格、社会、性） • 各种发展的交互作用 • 生命全程的发展模式（从受孕到死亡） • 有关成年及老化的迷思与事实 • 发展的障碍 • 影响成长与发展的社会和环境因素	• 各种发展的交互作用 • 维护个人及家庭健康 • 促进自我及他人的发展 • 生命全程的发展模式（从受孕到死亡） • 老化的迷思与事实 • 对残障的调适 • 影响成长与发展的社会和环境因素	• 各种发展的交互作用 • 对残障的调适 • 生命全程的发展模式（从受孕到死亡） • 调适与因应老年的生理改变 • 维护个人及家庭健康 • 调适"失去"的沮丧 • 老化的迷思与事实 • 影响成长与发展的社会和环境因素

人类的性（Human Sexuality）

　　该主题主要是让学习者了解在生命全程中"性"在生理、心理、社会层面的发展规律，通过教育与学习拥有健康的性调适能力，重塑适宜的性知识、态度与行为。这方面的主要课程知识内容包括生殖生理、性的情绪与心理、性行为、与性有关的价值与决策、家庭生产计划、性反应的生理心理机制、性功能失调以及性对人际关系的影响等（见表4－4）[1]。

表4－4　人类的性议题的主要课程内容

儿童	青少年	成人	老人
• 生理和性的发展 • 保护身体隐私及预防性虐待	• 生理和性的发展 • 各类型发展的交互作用	• 负责任的性行为：榜样、结果与共同决策	• 人类性反应与老化 • 正常的性感觉及性反应

---

[1] Darling，C，A.，& Hollon，S.(2003).Human Sexuality. In D，J.Bredehoft，& M.J.Walcheski (Eds.). Family life education：Integrating theory and practice. Minnieapolis，MN：National Coucil on Family Relations.pp.44－58.

（续表）

儿童	青少年	成人	老人
• 个人的独特性 • 个人性发展的异同 • 人类生殖（产前发展、出生、青春期） • 对性的看法 • 社会与环境对性的影响	• 保护身体隐私及预防性虐待 • 沟通有关性的议题（个人价值观、信念、分享、决策） • 性行为的选择，结果及责任 • 预防性病的传染 • 生殖及怀孕计划 • 正常的性感觉及性反应 • 性行为的刻板印象与真实面 • 不同家庭及社会的性观念	• 正常的性感觉及性反应 • 沟通有关性的议题（个人价值观、信念、分享、决策） • 预防性病的传染 • 避孕、不孕、遗传 • 性暴力的预防 • 社会上各种不同的性观念	• 身体隐私及预防性虐待 • 沟通有关性的议题（个人价值观、信念、决策） • 老年期性教育 • 老年期的性表达与亲密行为 • 觉察性需求 • 不同社会对于性和老化的不同观念、思考与事实

人际关系（Interpersonal Relationships）

该主题主要是让学习者了解人际关系的发展与维持，包括人际沟通技巧、对亲密关系的表达，及以尊重、关怀等态度面对他人等。其具体课程知识内容包括：自我与他人，人际沟通技巧，亲密、爱情与浪漫，以关怀、尊重、真诚、负责的态度面对他人等（见表4-5）[①]。

表4-5　人际关系议题的主要课程内容

儿童	青少年	成人	老人
• 尊重自己和他人 • 建设性地与人分享感受 • 表达情绪 • 发展、维持与结束关系 • 建立自尊与自信	• 尊重自己和他人 • 改变及发展个人的想法、态度及价值观 • 面对成功与失败 • 为自己的行为负责	• 建立个人的自主性 • 建立个人及他人的自尊及自信 • 达到建设性的个人改变 • 有效的沟通	• 建立个人的自主性 • 建立个人及他人的自尊及自信 • 了解自我知觉对关系的影响力 • 建立亲密关系

---

① Olson, A., & Olson, D.H. (2003). Interpersonal Relations. In D, J. Bredehoft, & M.J. Walcheski (Eds.). Family life education: Integrating theory and practice. Minneapolis, MN: National Coucil on Family Relations. pp.92-100.

（续表）

儿童	青少年	成人	老人
• 确认与增进个人长处 • 与他人沟通 • 教导他人与他人学习 • 与人分享友谊、所有物及时间 • 行动时会考虑自己与他人 • 与他人共同处理问题	• 评估及发展个人能力与才能 • 沟通信息、想法与感受 • 管理及表达情绪 • 建立、维持与结束友谊 • 建立自己与他人的自尊与自信 • 评估人际关系的适合性 • 基于个人及他人的最大利益而行动 • 了解选择家庭生活形态的基础（价值、传统与宗教信仰） • 了解爱及承诺的多面性 • 影响择偶的因素（社会、文化、个人） • 探索婚姻的责任	• 管理与表达情绪 • 关系的发展、维持及结束 • 建立亲密关系 • 了解影响关系品质的因素 • 对关系负责及做承诺 • 评估关系的选择和替代方案 • 采取符合自己信念与他人最大利益的行动 • 了解自我知觉对关系的影响力 • 影响角色与人际关系的各种因素（伦理、种族、性别、社会、文化） • 亲密关系的种类 • 创造与维持个人家庭 • 应对婚姻关系的改变 • 危机处理	• 持续亲密关系 • 了解影响关系品质的因素 • 对关系负责及做承诺 • 评估关系的选择和替代方案 • 采取符合自己信念与他人最大利益的行动 • 婚姻关系的发展与改变 • 维持与家庭间的关系 • 有效的沟通 • 管理与表达情绪 • 因应危机与失落感 • 影响角色与人际关系的各种因素（伦理、种族、性别、社会、文化）

家庭资源管理（Family Resource Management）

该主题主要是让学习者了解个体与家庭对各类有形、无形资源的获取及分配管理，以实现每天生活的目标。各类资源包括时间、金钱、物质、精力、朋友、邻居、空间等。具体的课程知识内容包括诸如家庭目标、资源、计划、决策、实施等概念；不同家庭生命阶段与不同家庭结构中家庭资源管理的不同变化等（见表 4-6）[①]。

① Rettig，K.D. (2003).Family Resource Management. In D，J.Bredehoft，& M.J.Walcheski（Eds.）. Family life education：Integrating theory and practice. Minneapolis，MN：National Coucil on Family Relations.pp.101-109.

表 4 - 6 家庭资源管理议题的主要课程内容

儿童	青少年	成人	老人
• 个人物品的管理 • 协助家务 • 学习有关时间和作息的安排 • 学习做选择 • 金钱的赚取、花费与储蓄 • 了解空间和隐私 • 发展天赋和能力 • 选择与消费（食物、衣服与休闲） • 利用及保存人力和非人力的资源 • 影响的消费决定因素（价值、成本、传播、同伴）	• 规划工作、学习与休闲的时间 • 隐私权与独立性的协商 • 选择资源以符合个人需要（食物、衣服、休闲） • 运用个人资源 • 金钱的赚取、花费与储蓄 • 为决策负责 • 发展休闲兴趣 • 以价值为基础的决策 • 选择长期与短期目标 • 探讨生涯的选择 • 评估及改变个人及家庭资源 • 影响消费决定的因素（价值、成本、传播、同伴）	• 人类能源的消耗 • 发展个人资源 • 通过生涯选择发展个人资源 • 以价值为基础的决策 • 发展休闲兴趣 • 家庭成员对隐私与独立自主的不同需求 • 运用资源以满足家庭的基本需求（食物、衣物、居所） • 使用家庭资源的不同观点 • 建立长期与短期目标 • 财务计划 • 物质与非物质资源的消费及保存 • 平衡家庭角色与工作角色 • 影响消费决定的因素（价值、成本、媒体、同伴）	• 以价值为基础的决策 • 建立资源管理及分配的计划（遗嘱） • 运用个人资源 • 扩大休闲兴趣 • 维持退休生活模式的平衡 • 家庭成员对隐私与独立自主的不同需求 • 物质与非物质资源的消费及保存 • 运用资源以满足家庭的基本需求（食物、衣物、居所） • 家庭资源使用的不同观点 • 建立长期与短期目标 • 退休后经济资源的处理 • 影响消费的决策（价值、成本、媒体、同伴）

亲职教育与指导（Parent Education and Guidance）

该主题主要是让学习者了解父母的教育与引导，及其将如何对儿童与青少年产生影响。亲职教育是家庭生活教育中主要的内容，其目的是培养父母形成必要的教育观念。主要课程知识内容包括亲职是一个变化过程；父母的权力与责任;不同生命阶段父母的角色以及亲职角色的变化等(见表4-7)①。

表4-7　亲职教育议题的主要课程内容

儿童	青少年	成人	老人
• 儿童的安全 • 父母的责任 • 不同类型的照顾者 • 亲子异地而居 • 身为父母的回馈与需求 • 满足儿童各个发展时期的需求 • 不同亲职类型及行为 • 儿童的责任 • 协助亲职的资源(家庭、邻居、社区) • 家庭暴力、虐待与忽视的问题	• 亲子沟通 • 满足青少年各发展阶段的需求 • 子女个别差异的反应 • 为人父母的回馈及责任 • 了解婚姻角色和父母角色 • 影响是否要成为父母及何时成为父母的因素 • 子女养育 • 教导青少年生活技能(自理能力、安全性、做决定) • 家庭冲突与冲突解决 • 家庭暴力、虐待与忽视的问题 • 协助亲职的资源:家庭、邻居及社区 • 各种亲职类型:单亲、继亲、养亲、照顾残障儿童、年老父母 • 影响亲职类型的因素:伦理、种族、性别、社会、文化	• 影响是否要成为父母及何时成为父母的因素 • 准备生育和为人父母 • 子女自立后父母责任的改变 • 亲子沟通 • 子女养育、引导及亲职策略 • 随家庭生命周期调整亲子关系 • 父母沟通对养育子女的重要性 • 提供孩子安全的环境 • 教儿童生活技能(自理能力、做决定) • 亲职的酬劳与付出 • 各种亲职类型:单亲、继亲、养亲、照顾残障儿童、年老父母 • 协助亲职的资源:家庭、邻居及社区 • 家庭暴力、虐待与忽视的问题 • 影响亲职类型的因素:伦理、种族、性别、社会、文化	• 成功地调适与成年子女的关系 • 祖父母时期的责任和报酬,包括隔代养育和照顾孙子女的可能性 • 父母和祖父母就亲职教育的不同形态、价值观进行的沟通 • 祖父母与孙子女的沟通 • 协助亲职的资源:家庭、邻居及社区 • 家庭冲突和冲突解决 • 家庭暴力、虐待与忽视的问题 • 适应各种复杂的亲人关系:单亲、继亲、照顾残障儿童及成年子女对父母的回报

① Jacobson,A.L.(2003). Parent Education and Guidance. In D,J.Bredehoft,& M.J.Walcheski (Eds.).Family life education:Integrating theory and practice. Minnieapolis,MN:National Coucil on Family Relations.pp.110-116.

家庭法律与公共政策（Family Law and Public Policy）

这方面的主题是让学习者了解家庭的相关法律，以及法律对家庭的影响。在美国，家庭法律、条例等是家庭日常生活中重要的资源，关系着每一个家庭的权益。其教育涉及的课程知识内容包括相关家庭法律的发展；婚姻、离婚、家庭支持、子女监护权、儿童权益保障、家庭计划等法律内容（见表4-8）[①]。

表4-8　家庭法律与公共政策议题的主要课程内容

儿童	青少年	成人	老人
• 了解及尊重法律 • 法律与政策影响家庭 • 儿童合法的权利 • 公共政策影响家庭与小孩，包含税、公民权、社会安全、经济支持法及调节	• 尊重所有人的人权 • 了解影响家庭的法律与合理限定 • 个人及家庭在法律上的保障、权利及责任 • 婚姻相关的法令（结婚、离婚、家庭支持、监护权、孩子保护及权利、家庭计划） • 家庭冲突及法律对家庭成员的保障 • 家庭及司法系统 • 法律与政策对家庭的冲击 • 影响青少年的政策（税、公民权、社会安全、经济支持的法律）	• 通过教育、司法与法律传递价值 • 了解及关注法律与政策 • 了解和结婚、离婚、家庭支持、孩童监护、孩童保护、权力、家庭计划有关的法律 • 家庭冲突及法律对家庭成员的保障 • 公共政策对家庭的影响包括税、公民权利、社会安全、经济支持法、管理	• 通过教育、司法与法律传递价值 • 了解及关注法律与政策 • 保护所有人的人权 • 了解和结婚、离婚、家庭支持与保护、易受影响的个人权利、财产、遗嘱、财产计划与生存意愿相关的法律 • 家庭冲突及法律对家庭成员的保障 • 公共政策对家庭的影响包括税、公民权利、社会安全、经济支持法、管理

伦理（Ethics）

该主题领域目的是让学习者了解人类社会行为的特质与质量，并检验其伦

[①] Bogenschnider，K.（2003）. Family Law and Public Policy. In D，J.Bredehoft，& M.J.Walcheski（Eds.）.Family Life Education：Integrating Theory and Practice. Minnieapolis，MN：National Coucil on Family Relations.pp.117-124.

理道德问题与议题。随着社会多元价值被愈加宽容,家庭形态出现了多元化。为此,家庭生活教育需要让家庭个体形成多元价值认知,主要课程知识内容包括社会态度及价值的形成;理解并尊重多元价值及其选择的复杂性;系统客观评析价值与意识系统;了解价值选择的后果以及认识科技发展带来的新的伦理议题(见表4-9)[①]。

表4-9　家庭伦理议题的主要课程内容

儿童	青少年	成人	老人
• 为行动负责 • 自己与他人行动的后果 • 灵性的探索 • 尊重所有人 • 随着年龄增长的权利与责任 • 人权	• 发展个人道德规则 • 探索个人灵魂 • 自我及社会责任 • 责任与权利的相互关系 • 伦理原则为价值观的一种 • 伦理价值行为与社会行为的指针 • 伦理选择与决定的复杂与困难度 • 伦理对社会及科技变迁的启示	• 建立生命的伦理哲学 • 行动前先考虑个人和他人的信念 • 在个人信念中持续成长 • 个人自主与社会责任 • 责任与权利的相互关系 • 伦理原则为价值观的一种 • 伦理价值行为与社会行为的指针 • 伦理选择与决定的复杂与困难度 • 协助他人伦理观念与行为的形成 • 伦理对社会及科技变迁的启示	• 个人自主与社会责任 • 在个人信念中持续成长 • 行动前先考虑个人和他人的信念 • 责任与权利的相互关系 • 伦理原则为价值观的一种 • 伦理价值行为与社会行为的指针 • 伦理选择与决定的复杂与困难度:生命议题的品质、生命议题的结束 • 协助他人伦理观念与行为的形成 • 防止剥削 • 伦理对社会及科技变迁的启示

以上呈现的是关于美国家庭关系协会确立的评估从事家庭生活教育专业资格认证所需要掌握的家庭生活教育课程主要的主题与领域,比较全面地整合了当下全球范围家庭生活可能涉及的知识内容,日益成为指导家庭生活教育课程设计、制定与实施及评估的重要参考,进一步丰富了家庭生活教育的理论基础,

---

[①] Palm, G. (2003). Ethics. In D, J. Bredehoft, & M. J. Walcheski (Eds.). Family Life Education: Integrating Theory and Practice. Minnieapolis, MN: National Coucil on Family Relations. pp.125 - 130.

在家庭生活教育实践领域中具有重要的影响力。

跨文化视角下的家庭生活教育课程内容

19世纪末期始于美国的家庭生活教育运动经过百年发展已扩展至全世界，不同国家或地区已经有意识地结合本土实际情况，开展了范围、程度与效果多元的实践。通过比较发现，他们在设计哪些课程内容方面存在一些文化与历史传统的差异，但其中也反映了一些人类共同的家庭生活的相似需要。

20世纪60年代，美国家庭生活教育全国委员会（NCFLE）在阐述家庭生活教育内涵的时候，提及开展的主要课程内容包括人际关系，自我了解，人类成长与发展，婚姻与亲职的准备，儿童养育，青少年成人过程的社会化，作决策，性教育，人力与物资管理，个人、家庭与小区健康，家庭与小区间的互动与文化变迁的影响十二个方面[①]。

在美国，开展家庭生活教育课程的主题与领域在不同州具有不同的表述内容。譬如在美国俄亥俄州富兰克林郡的儿童服务中心，为父母发展的"家庭生活教育个别指导方案"中包括自尊、沟通、儿童养育、家政以及协助家人管理五个主要领域；在哥伦比亚特区家庭生活的课程，则包括性、亲职教养技能、婚姻中的责任、家庭沟通等主题；在马里兰州的家庭生活教育课程，主要包括对人际关系与家庭关系的了解、性教育、家庭计划、亲职教养技能等；在弗吉尼亚州，从幼儿园到中学各个年级的"家庭生活教育学习目标与课程内涵"中包括家庭生活与小区关系，较晚结婚后进行性活动的价值，有关人类性生活方面的事，生殖与避孕事宜，性相关疾病的病因、预防、效果，压力管理与抗拒同侪压力，培养正向自我概念，并尊重不同种族、宗教背景的人们，担任父母的技巧与相关能力，物资滥用议题，儿童虐待议题[②]。

在日本，文部省要求推广国家终身教育体系，其中有一项要求是开展与家庭及日常生活有关的事务，提及的课程内容主要包括医药卫生、生产、育儿、营养、烹饪、编织、缝纫、家政、儿童教育、汽车驾驶，这些课程更多地体现了家政知识与技能方面的内容。

在加拿大的曼尼托巴省，在各级学校健康教育课程中设计了"家庭生活教育"选修科目，确立的各主题包括：①五年级与七年级阶段：家庭的重要性、人类

---

① Arcus，M. E.，Schvaneveldt，J. D. & Moss J. J.（1993）. The Nature of Family Life Education. In Arcus，M. E.，Schvaneveldt，J. D. & Moss J. J.（Eds），Handbook of Family Life Education：Foundations of Family Life Education.v.1. USA：Sage Publications，Inc.

② Virginia State Dept. of Education，Richmond.（1988）. Family Life Education. Standards of Learning：Objectives for Virginia Public Schools.（ERIC：ED412142）

成长与发展、人际关系与责任、预防性虐待、促进正向生活方式的实行①;②九年级阶段:家庭的重要性、人类成长与发展、促进正向生活方式的实行、约会关系、怀孕与喝药、性攻击的预防、家庭问题等涉及两难的情境与议题②。

在澳大利亚,以政府资金支持的澳洲家庭研究协会(AIFS)为代表,推行与研究的家庭生活教育专业化课程主题与领域主要包括青少年儿童保健咨询与治疗、亲子关系、自杀预防、家庭暴力、伤痛与死亡、健康、原住民的课题、机会均等、协调与冲突的解决,等等③。

在新加坡,家庭生活教育主题与领域主要是迎合该社会与家庭发展现实需要,包括婚姻教育、亲职教育、家庭价值、老年教育及其他家庭生活教育课程项目。每一领域下面有丰富的内容,譬如婚姻教育就涵盖婚礼计划,婚前教育,夫妻关系发展、沟通、性,新的家庭角色与关系,家庭管理等。在亲职教育领域,包括怀孕调适、亲职预备、教养类型、教养的教材运用、儿童发展模式、共亲职、亲子沟通、价值观传递、子女管教、建立孩子的自信心、协助孩子处理压力、协助青少年子女处理同伴压力、与孩子建立亲密关系、父母教养情绪管理、平衡工作与家庭、理解婚前对孩子的影响、经营与成年子女的关系、经营祖孙关系等等④。其中反映了贯穿家庭生命周期的家庭生活教育内容的思想。

在中国台湾地区,立法规定各级学校推展家庭生活教育的课程项目与领域主要有家庭伦理、婚姻、生活知能、亲职教育以及对推展家庭教育人员的训练研习等内容。中国香港地区将婚前准备、为人父母之道、巩固家庭关系、加强家庭凝聚力作为家庭生活教育的主要要素。

通过以上关于家庭生活教育课程主题与领域的考察比较,可以发现家庭是当今社会重要的社会组织,其生活课程的主题涵盖多维度的内容,涉及家庭成员不同生命历程中的家庭生活内容,在个体发展与社会文化演进中具有重要的教育影响作用。

一方面,由于家庭生活教育课程的知识与技能内容往往更多地融汇了来自社会学、心理学、教育学、医学、遗传学、家庭经济学、护理、社会工作、宗教、法律、人类学、结婚和家庭治疗法等学科的内容,它们对家庭生活知识的丰富方面有所贡献。同时,这些学科的部分内容又处于不断变化的过程中。这不仅给促进家

---

① Manitoba Dept. of Education and Training,Winnipeg. (1990a). Family Life Education. Grade 5. An Optional Health Education Unit. (ERIC:ED343859).

② Manitoba Dept. of Education and Training,Winnipeg. (1990b). Family Life Education. Grade 7. An Optional Health Education Unit. (ERIC:ED343860).

③ 唐先梅:《澳洲的家庭生活教育》,载台湾师范大学、家庭教育研究与发展中心:《健康婚姻与家庭国际研讨会会议手册》,台湾师范大学,2004年,第341页。

④ 林如萍:《The Best Home for Families:新加坡的家庭生活教育》,载台湾师范大学、家庭教育研究与发展中心:《健康婚姻与家庭国际研讨会会议手册》,台湾师范大学,2004年,第310页。

庭生活教育实践的组织、发展定义的研究与理论研究等方面带来诸多困难,也给确立传递家庭生活教育课程知识内容带来许多的问题。

另一方面,家庭生活教育更多地折射出其所处的社会与历史脉络的文化差异。不同的历史文化与社会变革将孕育出色彩各异的不同的家庭生活教育实践图景内容,体现了不同的课程价值取向。譬如西方文化更加突出家庭关系互动、家庭社会问题及与性相关的教育课程,如性生理或两性关系、家庭暴力或儿童虐待等主题,偏重治疗取向。东方文化可能更加注重亲职教育、与老年父母相处、家庭伦理道德关系以及基本的家庭生活技能教育课程的培养与培训。在一些经济社会发展比较迟缓的后发国家或贫困地区,所谓的家庭生活教育更多的是计划生育的代名词,其实施的课程计划与内容是围绕妇女的怀孕、节育避孕与生殖健康等方面的知识教导的,指向国家或地区人口与经济发展的目标的实现。因此,在实际的家庭生活教育实践中,一定要基于国家历史文化传统及当前家庭生活现实需要,实事求是,因地制宜开展家庭生活教育的课程内容的设计与主题规划,更大程度上实现家庭生活教育促进家庭需要的目的。

家庭生活教育课程的实施

课程实施问题是研究一个课程方案的执行情况,具体而言是将编制好的课程计划付诸实践的过程,是实现预期的课程目的与实现预期教育结果的手段。对课程实施的研究重点是考察课程方案中所设计内容落实的途径与方法等,强调课程的具体执行的过程。作为兼具学校教育与社会教育性质的家庭生活教育课程的实施问题,在执行课程方案中规定的项目内容的时候,需要创造性地整合社会系统资源,灵活运用相应的教学方式与方法。

正式的家庭生活教育课程实施与形式

家庭生活教育从其形成开始就被赋予教导家庭生活知识技能,巩固家庭人际关系,增进家庭成员与家庭整体融洽,提高家庭生活质量的重要使命。一系列整体系统的家庭生活教育课程内容,成为实施家庭生活教育的最重要的方式,它们有效而系统的实施途径与形式主要是通过各级各类学校正式课程的设置,达到培养学生这方面的发展素质与能力而实现的。换言之,学校教育开设关乎家庭生活发展需要的一系列课程,是学校教育应有之义,这正如诺丁斯所言:

除了持家之外,我们绝大多数人要当父母,而这是为学校所忽视的另一项重要任务。如果一个人的家庭和父母比生活的任何其他方面都重要的话,那么,学校不教给学生有关养育子女的知识以便让更多孩子有一个美好的生活开端才是一件怪事情。今天,我们似乎都以为:学校应该帮助所有孩子通过充分学习以实现经济上的成功。那么，这就假定了他们能够为自己的孩子创造一个更美好的家庭。然而，我们并不清楚是否只要经济上的改变就能确保他们拥有一个更美好的家庭。[①]

从家庭生活教育课程进入学校体系的历史来看，一般说来，将家庭生活教育结合进学校教学大纲特别是低年级水平课程的过程是缓慢的，或者说不太常见。但在中学和大学的课程中，这种教育则较普遍[②]。近年来，随着家庭生活中一些问题日益凸显，许多国家或地方的学校开始关注家庭生活教育的重要性，中小学为学生提供婚姻和家庭问题上的越来越多的学习机会，开设一系列必修与选修校本课程。这种学校教育课程设置的实施在不同国家或地区中有不同的具体形式与要求。

在德国，正规家庭生活教育是通过现在的义务家庭教育大纲来实施的。这些课程的设置目标是为了使青少年儿童能够学会处理在家里和家庭生活中共存的问题，并发展有助于在家庭和社会中相互依存生活的行为和相互作用的方式。

在美国，联邦法律没有有关家庭生活的教育的立法。然而，州政府以及相关的多种多样的公共与私人基金都会为家庭生活教育提供资助，将其作为公立学校日常的家政教育的一部分。例如前面提及的美国弗吉尼亚州的从幼儿园到中学各个年级的家庭生活教育课程。更多的美国州地方中学开设"家庭和消费科学"课程，致力于向中学生教授性与亲密关系的基础知识，以及如何与家庭成员交流与解决家庭生活问题的一些技能。

在中国台湾地区的法律规定，台湾高级中学以下的学校需要实施至少四小时的家庭教育课程规划，其内容聚焦在家人关系、家庭生活管理、家庭共学三项与学生有密切关系的议题上。在中国香港地区的学校课程设置中，要求学前教育以及中小学教育课程的有关课题和科目及高中课程的核心科目通识教育，要重视推广促进和谐家庭关系的核心价值，例如责任、尊重、承担。学校通过各种方式，例如亲子活动，提供许多机会培养上述家庭价值，以便于辅助学校课程的实施。此外，还通过德育及公民教育课程，积极推广家庭价值与家庭生活等重要课程主题。

在大学阶段，家庭生活教育逐步成为一些高等院校开设的重要专业或学科，用以教导大学生关于家庭生活的知识、信息、技能与情感态度，旨在让这些青年为今后的家庭生活的挑战做好充分准备，以便能够创造性地建立自己的家庭。一些大学将人类发展与家庭生活的课程作为大学生通识课程，要求不同专业学生学习。有一些院校开设与家庭生活教育相关的专业，主要培养家庭生活教育

---

① ［美］内尔诺丁斯：《幸福与教育》，龙宝新译，教育科学出版社，2009 年，第 89－90 页。
② L·哈里曼：《家庭生活教育》，载 Torsten Husen、T.Neville Postlethwaite、吴庆麟：《国际教育百科全书（第四卷 F-H）》，贵州教育出版社，1990 年，第 27 页。

工作的专门人才,服务所在社区及更广泛的社会。在美国,目前有 50 个州超过 70 所大学已经获准开设家庭生活教育资格者项目,培养具有家庭生活教育资格的专业从业者①。此外,还有许多大学和学院为成人提供有学分和无学分的有关婚姻和家庭方面的继续教育课程等。

非正式的家庭生活教育课程实施形式

事实上,更多的政府机构与社会教育组织,倾向于将面向家庭生活开展的教育视为成人教育,将其归纳到非正式的教育体系中,因为在很多地方,人们认为家庭生活的教育更多地应该是面对家庭中的成人,尤其是父母,开展需要的家庭生活教育。大多数课程内容是对每个普通的成人家庭成员或将成为家庭成员的成人进行指导,他们中的大多数与其说是与家庭学习有关,不如说与学习家庭生活有关。从这个意义上来看,现代家庭生活教育的课程内容的实施及形式主要通过非正式的成人教育途径来实现。这些形式体现了成人教育具有的社会性、实践性、终身性与非正规的特点。一般地,为成人提供家庭生活教育的主要是公众媒介、宗教组织、社会组织、专业组织和大专院校等②。

首先,新闻媒介通过报纸、广播电视及现代网络通信技术,开设有关家庭生活的教育课程专题,出版相关图书杂志,建立特别的网站,在传播家庭生活知识、信息及技能,形成婚姻与家庭信念的价值观、思想与行为等方面日益发挥着重要的教育作用。

其次,政府机构通过公共力量,推进家庭生活教育课程的广泛实施。大多数国家成立了处理成人家庭生活教育的一些组织。它们是在对家庭有特殊兴趣的专业协会或对家庭的教育关系、家庭社会关系和家庭健康关系有领导作用的政府机构中产生的。例如,法国的家庭组织国际联合会、美国的家庭关系国家联合会、英国的家庭研究委员会、加拿大的家庭研究所等。还有一些国际组织,通过联合国教科文组织(UNESCO)、红十字国际委员会(ICRC)、经济合作与发展组织(OECD)和美洲一些地方的救济合作组织等机构,也深入参与到家庭生活教育课程计划设计与实施中来。

其三,以西方国家为代表,一些宗教组织在家庭生活教育工作中发挥了不可替代的作用。在西方国家,对结婚、家庭和宗教传统的信仰是一种包括能使整个家庭和病人度过整个人生的信念。这些宗教组织的计划,包括提供一系列课程、专业讨论会和家长教育、婚前准备、婚姻的美满、儿童发展、家庭健康和营养、性

---

① 夏岩:《美国家庭生活教育导论》,载史秋琴:《城市变迁与家庭教育》,上海文化出版社,2006 年,第 213 页。

② M·E·布里林格、D·H·布伦戴奇:《成人的家庭生活教育》,载 Torsten Husen、T. Neville Postlethwaite、吴庆麟:《国际教育百科全书(第四卷 F-H)》,贵州教育出版社,1990 年,第 118 页。

别、独立的家长觉悟、分居和离婚、家庭发展步骤、调和家庭，儿童和夫妻的不良习惯和家庭预算等多种的服务。其他一些民间组织也卷入到推展家庭生活教育课程的事情中，注重从课程和职业讨论会方面为成人提供与婚姻和家庭生活有关的问题讨论。

此外，一些高等院校也将家庭生活教育作为社会与成人教育内容。这些高校已经在婚姻和家庭问题上为学生提供越来越多的学习机会，大多数大学和学院为学生提供了有关婚姻和家庭方面的著名的和一般性的继续教育课程。在中国台湾地区，高校非常提倡开展家庭生活教育工作，成立了一系列家庭生活教育中心，如台湾师范大学、暨南国际大学、嘉义大学及一些社区大学。在小学和中学保持的成人学习更灵活地采取了诸如夜校、远程教育等形式，通过家长教师协会赞助的计划，和专门教师与教育顾问一起为家长提供建议，使其学习有关做家长的知识和有关家庭生活方面的知识技能。

家庭生活教育课程的教学方式方法

采取正规的学校教育形式，提供有序的系统的家庭生活教育学校课程，面向大学生及中小学学生开展未来家庭生活可能需要的知识、技能、信息以及理想与价值观，这是推进家庭生活教育的重要途径。在这种课程实施过程中，采用的教学方式方法在不断创新，与其他学科课程有所差异。

在明确了家庭生活教育知识体系及课程框架外，家庭生活教育课程实施的教学效果还依赖于家庭生活教育课程的教学方式的改革。针对传统的家庭教育学等课程内容，普遍应用的是讲授的方法。这种方式受制于旧的家庭教育课程知识体系。新的家庭生活教育课程着眼于未来家庭生活中方方面面的知识技能以及家庭关系与问题的批判性思考，旨在形成关于家庭角色的正确认知，学会创设和谐家庭关系的态度、价值与相关能力。因而应有其特定的教学方式方法：

为人父母之道并不需要灌输的方式教给学生。我们应该尽可能地避免灌输。……关于为人父母之道的教育也应有意留白——它为人们在关怀关系中的所学所思留出空间。[1]

因此，家庭生活教育课程实施中的教学方式要向现代新的创造性教学方式转变，反映在师生角色的转变上，是从注重"客观式"教学认识到更加注重"主观式"与"经验式"教学认识的转变，以便学生形成批判性地认识与获得家庭生活知识及情感的价值观。具体看来，由于课程设置的内容涉及传统家庭与非传统家庭的多样化形态，家庭性与人类发展、未来为人父母之道及家庭生活资源管理等丰富的内容，这样课程的教学形式与方法主要是采取教师教授、学生小组讨论、

---

[1]　［美］内尔·诺丁斯：《始于家庭：关怀与社会政策》，侯晶晶译，教育科学出版社，第301页。

家庭模拟训练、家庭个案研究、角色扮演、价值澄清法、课后制定自我阅读、班级故事分享、专家报告与演讲、视频录像教学、家庭实际访问等多元方式,激励学生的质疑、反省与批判分析能力,以此来建立对家庭性质的认知与对未来家庭生活相关内容的知识、智慧及能力的储备。学校的家庭生活教育课程的目标、知识与教学方式决定了课程的评价应是能力取向的,突出学生对于家庭交流、合作、家庭参与的诊断与指导的技能的理解与应用。同时也要注重学生对未来家庭生活的价值、情感与态度在学习过程中的变化的考查。

此外,更多的家庭生活教育课程是以项目介入的方式,面对特定家庭的特殊需要群体,这决定了这类课程实施的形式应该是因应家庭需要而有所变化。一个优秀而成功的家庭生活教育课程项目,除了有效设计外,实施的途径、形式与方法同样重要。比如针对父母如何与具有忧郁心理的儿童处理关系的教育上,可以采取讲故事的方法,分享彼此的成功与不成功的教育经历与家庭生活意义。

家庭生活教育课程项目的推广形式

随着社会公众对日益增多并形成广泛社会问题的家庭生活问题的关注度的加深,家庭生活教育在家庭特殊问题的处理与可能的家庭生活问题的预防方面的作用被不断加以重视。通过具有专业伦理与知识的家庭生活教育者的努力,设计与实施特殊的家庭生活教育课程项目,并使用特定的分析方法与研究工具,有效地解决与预防家庭生活中的问题,已经成为当前推展家庭生活教育课程并实现家庭生活教育的目的的主要形式。

首先,家庭生活教育项目的受众与对象更具有特殊指向。在美国,一系列关于家庭生活教育项目课程突出反映了目前美国家庭生活中的突出家庭结构与关系问题,主要聚焦在夫妇婚姻冲突与离婚、儿童受虐待、家庭酗酒与吸毒等方面。还有一些项目指向战争的军人家庭、在监狱服刑家庭以及一些处于贫困的城乡家庭等具有特殊需求的家庭生活需要。

其次,注重家庭生活教育项目的设计与评估。在专业的家庭生活教育者来看,一个成功的项目取决于项目的有效设计,因为只有强化的知识才更有可能被得到论证,同时参与者也才会更积极地融入活动中来。此外,还需要重视项目的评估,因为一个成功的项目必须通过以研究为基础的评估来说明其有效性[1]。一般评估方法采取的是对参与者的主观感受进行收集分析并采取前测与后测的实验方法,有些研究尝试分析家庭生活教育项目给家庭带来的行为的变化。近年来,关于家庭生活教育项目实施的效果评价更趋向于综合评价,即通过多种研究手段来揭示特殊教育课程项目给参与家庭带来的短期与长期的预期与非预期

① 夏岩:《美国家庭生活教育导论》,载史秋琴:《城市变迁与家庭教育》,上海文化出版社,2006年,第216页。

的结果。

再次，以课程项目或课程方案推展形式推进家庭生活教育课程，更加注重项目实施过程中的教学方法或范例的选择。由于家庭生活教育项目的特殊对象的不一样，决定了其目标及内容的差异，左右着采取的教育教学方法的不同。有研究提出从学科范式（paradigm）的层面来思考家庭生活教育课程方法问题：

> 所谓学科范式意味着这样一个基本的推定：人类的兴趣、需要、知识和行为——群体所共有的，特别是学术团体成员共有的行为——之间存在着相互联系。与现代社会哲学观点相连，将家庭生活教育分成了三种范例：工具的/技术的范例、解释的范例、批判的/解放的范例。[①]

在工具的/技术的范例中，项目的设计目的指向家庭生活问题的解决，为此传授具体的生活规范性技巧成为项目的主要内容，这方面具有代表性的例子有父母有效性训练，以及吸收行为主义模式的父母训练项目，如有效父母的系统训练（Systematic Training for Effective Parenting，STEP）课程等。所谓解释的范例，是指建立在这样的基本假设基础上，即人们的经验是独特的，如果某些行为发生变化，就必须从经验出发，认识和探索这些行为项目的重点就要放在探索并教会家庭成员如何表达他们自己的家庭生活经验上。第三种批判的/解放的范例，强调社会结构和流行的意识形态是怎样决定经验和行动的，这与巴西教育思想家保罗 · 弗莱雷（Paulo Freire）解放教育理论相类似，强调教育实践的革命热情与人文关怀，主张采取积极的"对话"，激发参与者的批判意识，以此来实现展示他们家庭生活问题与激发他们家庭生活潜能的目的。

最后，家庭生活教育的项目推广，要注意课程实施与介入的层次性。家庭生活教育学研究者杜赫提（Doherty，W.J.，1995）提出了"家庭涉入的层次"（the Levels of Family Involvement Model，LFI）模式，为推广实施家庭生活教育活动项目设计提供了有价值的参考，有助于理解家庭生活教育与家庭治疗概念的区别，以及家庭生活教育者的角色。该模式一共包括五个层次[②]。层次一：对家庭很少量的介入（minimal emphasis on families）。主要教育对象是父母而非家庭，因为法律或制度的因素才对家庭进行教育。层次二：信息与建议（information and advice）。提供家庭成员有关家庭生活、亲职、孩子发展的知识。在团体中，引导父母以合作方式自我坦露，能清楚沟通，提出问题及获得回馈。层次三：情感与支持（feelings and support）。提供同理心的倾听，引导坦露个人的故事与情感，创造一种开放和支持的团体气候，致力于合作的努力，及

---

① Morgaine，.C.A.（1992）.Alternative Paradigms for Helping Families Change Themselves.Family Relations 41(1)，9-11.

② Doherty，W.J.（1995）. Boundaries between Parent and Family Education and Family Therapy：The Levels of Family Involvement Model. Family Relations，44.353-358.

针对家庭的个别问题获得建议办法以解决问题。层次四：短暂但集中的介入（brief focused intervention）。此外包含层次二与三，并进而包括需求评估与有计划的努力，以协助父母克服亲职问题，推动更广泛的家庭互动计划。层次四针对的是特殊需要的家庭，如处在高风险情境的家庭。处理的不是一对一的亲子问题，而是多重互动的教养问题。虽然此层次并非治疗性的介入，但其教育人员仍需要有专业的训练。层次五：家庭治疗（family therapy）。为了有效推广家庭生活教育项目，在实施过程中进行教育介入，发挥家庭生活教育的前端预防性机制作用，依据家庭生活问题的严重程度对具体的教育活动有层次地介入，以便达到最大的教育效果。

第五章

发展型家庭生活教育实践的跨文化比较

　　一个问题的社会政策性质恰恰是,它不能根据从确定的目的出发的纯技术性考虑来解决,围绕规范性的价值标准可能并且必然有冲突,因为问题延伸到了一般的文化问题的范围。①

——[德]马克斯·韦伯

　　全球化对政策的影响被人们夸大了,政治的关键性动力仍然主要是本国的和地方性的。政策几乎在每一方面都在很大程度上取决于每一特殊情形下的历史、政治、传统和制度结构。②

——[加拿大]本杰明·列文

　　任何时代的社会政策发展都会反映特定社会政治、经济与文化的特征。20世纪世界不同国家或地区社会经济发展经历着剧烈的变革,针对急剧变化的社会现实带给家庭的冲击影响,西方发达国家开始重视以家庭为主导的社会政策的改革,更加强调家庭的责任,赋予家庭更多的支持或投资,以帮助它们更好地履行责任。由于家庭生活教育能够帮助家庭成员了解和预测家庭及社会生活中可能遇到的事件、问题,增加他们家庭生活的知识与技能,预防和减少家庭危机,达到增进家庭的幸福和谐的目的,因此很快形成了一股强劲的家庭生活教育运动风潮,并在北美、欧洲、大洋洲、非洲、东南亚等广泛区域加以本土化推广与实践。这些实践在不同国家或地区,内容、范畴与着重点不同,反映了它们在不同地理区域、特定国家文化与历史传统及社会经济发展的内在要求下的不同特征与模式。

　　由于全球化力量的推动,围绕社会政策与制度的跨国学习模式与不同领域的政策转移逐渐成为各级政府的普遍政策行为。跨越时空的政策的跨文化学

---

① [德]马克斯·韦伯:《社会科学方法论》,中国人民大学出版社,1999年,第7页。

② [加拿大]本杰明·列文:《教育改革——从启动到成果》,项贤明、洪成文译,教育科学出版社,2004年,中文版序言。

习,正日益成为全球范围下一种不可避免的公共政策形成与政策创新的普遍范式与主要途径①。对不同文化背景下的对象进行跨文化比较研究,研究不同文化背景体系下家庭生活教育的主要有益实践方面的差异与独特特征,发现不同文化背景下通过家庭生活教育来促进个体与家庭发展能力的社会运作方面的共性、差异和普遍性发展规律,将为构建中国家庭生活教育提供可资借鉴的参照。

美国:学术引领家庭生活教育专业化

在前面已经以美国家庭生活教育为代表,分析了家庭生活教育的概念内涵、历史发展以及主要范畴领域,已经表明了美国社会具有国际典范性意义的家庭生活教育实践特征。这里着重从专业化角度出发,分析美国的家庭生活教育实践与实务经验。

家庭变迁需要催生多学科知识繁荣

发端于美国的家庭生活教育运动实践,是与其一开始着眼于学术研究与专业化制度发展紧密相连的。这首先体现在早期家庭生活教育的知识来源于当时众多学科知识创新发展推动上。19世纪工业化下的美国社会经济与文化发展处于迅猛发展阶段,不可避免地给美国的家庭生活带来前所未有的各种冲击,家庭经历了多种多样的变迁,突出表现在与传统家庭不一样的多元家庭的形态及家庭结构的出现,一系列家庭生活问题与困难不断涌现。

当时的人们意识到这些家庭生活问题需要一定的专门知识、技能与信息的传递,家庭成员需要来自增进家庭婚姻关系、养育子女、保持家庭经济收入、促进家庭成员身体健康等方面的专门辅导与咨询,以便于提升家庭生活的品质。在这种社会需要的刺激下,一系列学科知识不断发展、丰富与壮大,包括家政、护理、早期儿童身心发展、健康教育、社会工作、社会学等。这些学科的不断成熟,为家庭生活教育专业化提供了学科与创新知识的重要基础。

随着社会继续不断快速变化,20世纪60年代后美国社会工业化与现代化不断给家庭生活带来新的压力与问题。美国民族与民权运动不断演化推进,与工业化相联系的个人自由主义思潮不断挑战传统家庭生活价值,未婚同居、年轻妈妈与离婚率成倍增长,家庭性问题日益成为焦点,单身人口众多,女性劳动力的持续增加,老龄化问题不同程度出现,家庭贫困与失业问题凸显。同时,美国女性主义运动的发展,关于女性主义的学术研究不断出现,女性在家庭中的角色问题引起社会广泛讨论。这些日益严峻的家庭生活问题不断演化为社会问题,

① 杨启光:《全球教育政策转移比较研究》,浙江大学出版社,2013年,第1页.

进一步激发不同学科推进涉及家庭问题的研究，大批关于家庭生活本质内涵的学术研究不断开展，一系列围绕特别的家庭生活教育专题的课程与项目得到开发、设计与实施，为家庭生活教育介入家庭私人领域开展家庭支持与援助提供了可靠的专业支持，其实践不断取得有效的成果，得到了美国社会普遍的认可。

家庭生活专业学术组织推进专业资格认证

在西方发达国家中，美国是较早开始家庭生活教育专业化的国家。这种专业化首先突出地体现在美国通过学会专业机构对于什么人具有家庭生活教育资格的培训、认证与评估之中。在推进家庭生活教育实践中，人们尤其关注"谁是家庭生活的教育者"这个问题，即需要对家庭生活教育者进行特殊的专门训练和资格认证。因为除了具有专业的教育课程项目及方案外，相关教育的师资专业化水平更为重要。

承担美国家庭生活教育专业化的专业机构主要以美国家庭关系协会及美国家庭与消费科学学会（American Association of Family and Consumer Science，AAFCS）为代表，是美国最有影响力的民间学术性团体，其建立的专业认证有相当高的社会认同与公信力[①]。美国国家家庭关系协会首先负责拟定家庭生活教育课程标准与指南，为符合特定学术和经验要求的个人与学校提供资格鉴定，并通过继续教育过程来获得家庭生活教师的专业证照，即家庭生活教育资格（CFLE），以此认证家庭生活教育师。任何申请该资格的人必须参加过至少十个方面的课程学习和两年的个人家庭工作经历。这些课程包括前面提及的家庭生活教育九大主题内容，外加家庭生活教育方法论课程。其次，为了使专业得到更大层面的认同，美国国家家庭关系协会通过发行学术期刊，主要有 *Journal of Marriage and Family* 和 *Family Relations*，出版专业书籍，提供专业讲座，举办学术会议等方式，来提升美国家庭生活教育的专业化。美国家庭与消费科学学会在发展专业化的主要方向上与之相近，具体方式上大致也包括了出版、赞助认证及通过年会、研讨会和会员互动等。

依托大学学术优势推广家庭生活教育服务

在美国有 50 个州超过 70 所大学已经获准参与家庭生活教育资格者项目。成千上万的家庭生活教育者资格已经授予那些积极提供服务的职业人员。家庭生活教育专业化还更多地表现在大学的家庭生活教育课程教学中。

第二次世界大战后，家庭生活教育已演变成一门学科并在美国各大学设置。如今，美国各州许多大学设有家庭生活教育课程，成为学校大学生课程的一部

---

① 周丽端、唐先梅：《家庭生活教育专业化之经验：以美国经验为例》，《家政教育学报》，2003 年第 5 期，第 1—22 页。

分,开设诸如"家庭和消费科学"等课程,教授学生性和亲密关系的基础知识,以及关于处理同龄人压力、交流和解决问题的生活技巧。在许多大学都要求各种专业的大学生学习人类发展与家庭的课程,系统教授学生关于人一生的家庭生活实践与理论的知识①。为了提升家庭生活教育课程的适切性和有效性,更加强调家庭生活教育课程内容应该反映学生实际的家庭生活情境并及时更新,教育者与学习者应通过平等的对话等教学方式,着重发展家庭自我省察与自我尊重的能力,以进一步提高家庭生活教育的适切性。

大学更主要的是面向不同服务对象推广不同的家庭生活教育项目内容。譬如,马里兰大学(Maryland University)推广的诸如饮食与营养教育、家庭财务管理、青少年父职探索、高危儿童青少年家庭方案等。这些面向家庭的推广服务体系作为美国社会服务体系中重要的一环,活动形式包括 E-learning、网络咨询、出版图书与刊物以及家庭探访等专门活动。

澳大利亚:政府主导拓展婚姻生活教育

在澳大利亚现代社会中,家庭依然扮演着社会重要的角色。由于其历史发展原因,澳大利亚家庭更具多元化与流动性特色②。从 20 世纪中叶起,澳大利亚为解决高离婚率与家庭生活质量下降等日益凸显的社会问题,积极开展了丰富多彩的婚姻生活教育计划,有力地协调与改善了家庭与社会的关系。为了有效提升家庭生活能力建设,加强家庭婚姻生活知识与技能的婚姻生活教育日益成为社会干预与支持家庭生活能力发展的主要策略。

澳大利亚家庭婚姻生活教育的社会背景

澳大利亚家庭婚姻生活教育的产生,是人口老年化的社会压力、女性婚姻自由平等权利受限、家庭结构改变与婚姻质量下降以及宗教组织文化影响等社会问题综合作用的结果。针对 20 世纪中叶婚姻家庭所面临的一系列社会问题,澳大利亚政府通过大力发展家庭婚姻生活教育,使家庭生活出现和谐与稳定的局面。

人口生育意愿的持续下降

根据联合国国际人口学会编著的《人口学词典》的定义,65 岁以上人口达到或超过人口总数的 7% 即称为"老年型"人口社会。20 世纪 40 年代初,澳大利亚

① 夏岩:《美国家庭生活教育导论》,载史秋琴:《城市变迁与家庭教育》,上海文化出版社,2006 年,第 216 页。
② 唐先梅:《澳洲的家庭生活教育》,载台湾师范大学、家庭教育研究与发展中心:《健康婚姻与家庭国际研讨会会议手册》,台湾师范大学,2004 年,第 332 页。

就已步入老年型国家行列①。澳大利亚统计局（Australian Bureau of Statistics，简称 ABS）资料显示，从 1990 年至 2010 年 65 岁及以上老年人占全国总人口百分比从 11.1%增加到 13.6%。与此同时，85 岁及以上老年人占总人口比重提高了 2 倍，即从 1990 年的 0.9%上升至 2010 年的 1.8%②。2011 年澳大利亚 85 岁及以上人口数量为 415 500 人，比 1991 年增加了 169%，人口老年化、高龄化导致家庭老年照顾和经济支持需求不断加大。另一方面，澳大利亚家庭人口生育意愿持续下降。现代澳大利亚家庭更多的将生育看作是实现家庭生活美满与夫妻关系和谐的调节方式，越来越多的夫妻对生儿育女表现冷漠，其对子女质量的重视超过对子女数量的强调。由于人口出生率下降与老年化持续上升引发不断增高的社会人口发展风险，澳大利亚政府更加关注家庭的婚姻生活教育培训与专业支持。

女性婚姻自由与平等权利受限

由于历史上澳大利亚女性在社会诸方面的不公平待遇、妇女家庭社会地位低下、婚姻自由受到限制以及对正当权利的渴求，导致战后澳大利亚妇女解放运动的兴起。其中影响最大的是 1981 年成立于悉尼的妇女参政同盟，反对澳大利亚男子酗酒成风给广大妇女带来生理、心理上的伤害，号召妇女参加禁酒运动来挽救婚姻家庭生活③。澳大利亚女权主义运动深入婚姻家庭生活各领域，从女权主义者的视角对性问题进行全面审视，社会各界更加关注女性身心的自主权、家庭施暴问题以及性骚扰等社会问题。随着澳大利亚经济发展速度加快，越来越多的女性群体得以进入社会公共事务领域崭露头角，大量女性社团的成立也使得女性摆脱对传统婚姻家庭观念的束缚。直至 20 世纪末，广大妇女通过自办报纸刊物抒发对传统家庭桎梏的不满，以及对美好家庭和幸福婚姻生活的憧憬，进一步促进澳大利亚女权主义运动的蓬勃发展。正是由于女权主义者的舆论宣传，使得开展婚姻生活教育的必要性日益被社会所认可。

家庭结构变化与婚姻生活质量下降

依照 1973 年英国的《婚姻诉讼程序法》而制定的 1975 年澳大利亚《家庭法》，就离婚标准采取"破裂主义"，允许无过错离婚，大量正式离婚取代以往死亡、分居和遗弃成为澳洲家庭破裂的首要原因，持续上涨的离婚率对澳大利亚家

---

① 左玉辉、邓艳、柏益尧：《人口——环境调控》，科学出版社，2008 年，第 61 页。
② Australian Bureau of Statistics. Population by Age and Sex, Australian States and Territories . Australian Bureau of Statistics.2010. http://www.abs.gov.au /Ausstats/abs.
③ Affrica Taylor：《澳大利亚的女权运动：重要的转变和事件》，《妇女研究论丛》，2007 年第 7 期，第 62 - 63 页。

庭结构产生深远影响,单亲家庭增多,家庭问题频仍[1]。据统计,澳大利亚人婚后的家庭很不稳定,46%的婚姻归于失败,其中9%在5年内解体、20%在10年内解体、35%在20年内解体。28%的男人和23%的女人选择独身,约占总人口的1/4。1991年澳洲单亲家庭只有17.9%,1996年上升至21.8%,核心式家庭下降至44.2%,目前,只有40.6%[2]。澳大利亚的家庭结构多种多样,有核心式家庭,也有几代同堂的家庭,还有亚洲人、意大利人、犹太人和穆斯林等移民家庭,单亲家庭和混合家庭、单身家庭、异性同居家庭、同性恋家庭。近年来,澳大利亚家庭暴力、孩子遭虐待与家庭成员被忽视、家庭关系紊乱、家庭功能式微、婚姻生活质量日益下降等问题频现。这一系列问题促使澳大利亚政府不得不开展婚姻生活教育以及采取相关政策措施以恢复家庭功能,提升婚姻生活品质。

复杂多元的社会宗教文化

澳大利亚是一个由多种族组成的移民国家,其中欧洲各国的白人移民及其后裔占95%,华人占2%,土著人占1.5%。全国三分之二的人口居住在城镇,其余的住在农村和偏远地区。作为典型的"民族拼盘"国家,澳大利亚从英国盎格鲁-撒克逊单一的民族演变成现今以英裔民族为主体、两百多个其他族裔共存的多元文化社会。所以,澳大利亚家庭的组成有着各自的文化和价值观念,各民族之间的通婚率较低。此外,多种宗教组织迅速发展,强大的社会文化影响力促使澳大利亚在家庭婚姻生活方面形成了不同的观念与制度,如统一会(Uniting Church)在全国会议上通过教规,允许同性恋结婚。相比较其他宗教,穆斯林和犹太教的家庭婚姻观较为保守,穆斯林的结婚率最高离婚率最低;犹太教由于长期集中于墨尔本和悉尼等富裕市郊,倾向晚婚晚育,保留着传统的家庭生活模式。20世纪50年代到90年代澳大利亚离婚率攀升的一个重要原因,在于多元文化背景下人们对个人自主性偏好的增加,以及获得个体自主选择能力的提升所致。因此,澳大利亚社会需要通过切合的婚姻生活教育,了解不同家庭特有的宗教信仰,关注不同家庭的文化境况,探讨宗教文化与家庭结构之间关系,寻找相关婚姻关系和家庭生活问题的解决途径,帮助求助者尽早摆脱家庭生活困境。

澳大利业家庭婚姻生活教育的发展阶段

婚姻家庭不仅起着调解两性关系,维护亲密关系、血缘关系的社会秩序作用,还是社会人口再生产的基本单位、重要的经济单位和教育单位,承载着多项社会职能。从20世纪中期起澳大利亚家庭大力发展婚姻生活教育项目,并颁布

---

[1] Stagner,Brian H,(2007). Relationships Dissolving:Many Paths in Our Evolving Understanding of Divorce PsycCRITIQUES,52(20),110-128.

[2] Australian Bureau of Statistics. Population by Age and Sex,Australian States and Territories . Australian Bureau of Statistics.2010. http://www.abs.gov.au/Ausstats/abs.

一系列相关法律法规,如 1958 年《婚姻法》、1959 年《婚姻诉讼法》、1965 年《抚养法》、1975 年《家庭法》以及 1989 年《儿童和青少年法》等①。如 1957 年澳大利亚的《家庭法》引入无过失离婚条例,同时规定离婚夫妻必须在 12 个月的分居期内提交材料证明"婚姻无法挽回"才可经法院批准离婚,在离婚缓冲期间夫妻可接受各种婚姻关系指导与家庭问题咨询服务,从而大大降低新婚夫妻因一时冲动而离婚的概率。经过半个多世纪的努力,逐渐形成完善的婚姻生活教育组织、整齐规范的培训流程以及日益多元的课程设计,澳大利亚家庭婚姻生活教育从最初的婚姻培训不断走向婚姻教育的制度化与专业化发展轨道。

萌芽期:20 世纪四五十年代教会发起婚前培训

与其他工业国家一样,经历了一场"婚姻革命"(marriage revolution),澳大利亚的婚姻状况在第二次世界大战后变得越来越复杂。年轻人在恋爱婚姻方面开始奉行一种新道德观,即男女只要不是故意伤害别人,可以同任何人发生性关系。在这种新的道德观念影响下,产生了一个流行的口号,即"婚姻是监狱"。于是,20 世纪 40 年代澳大利亚基督教青年工作者(youth christian worker,简称 YCW)组成的工会开展早期婚前培训计划。1958 年由基督教青年组织和联邦天主教女子协会在墨尔本等多个修道院举办了一系列讲座,主题包括在异教世界的基督教婚姻、男女心理、求婚、参与结婚仪式、亲子、宗教信仰和家庭重心、家务讨论、男女性生理、婚姻道德九大方面②。每次讲座大约有五六十对来自不同职业的夫妻参与,还会不定期邀请其他领域的专家学者进行演讲,一些教会组织主张通过建立基督教价值观来解决婚姻破裂危机。由 20 世纪五六十年代西班牙天主教发起的婚姻运动迅速蔓延至澳大利亚境内,从最初涉及为已婚夫妻提供教育机会,发展到后来从婚前到婚后开展一系列独特的婚姻生活教育计划,有力地推动了该时期澳大利亚家庭婚姻生活教育的形成与发展。

探索期:20 世纪六七十年代婚姻教育的制度化

20 世纪 60 年代婚姻教育由教会进行推广,一些公益的婚姻教育指导机构,如婚姻指导会议和家庭生活组织不断扩大婚姻教育指导内容。1973 年召开的墨尔本会议主要为未婚夫妻开展咨询服务,并由会议组成婚前教育机构。这是天主教婚姻教育协会(Catholic Society of Marriage Education,简称 CSME)的前身。1979 年,成立澳大利亚婚姻教育协会(Australian Association of Marriage Education,简称 AAME),该组织有关婚姻教育活动的经费主要来自

① 何勤华:《澳大利亚法律发达史》,法律出版社,2004 年,第 4-9 页。
② Peppard J.(2008). Culture Wars in South Australia: The Sex Education Debates. Australian Journal of Social Issues,43(3),499-516.

政府部门,并为许多早期培训机构提供专业人员支持①。第二届梵蒂冈理事会议对天主教的婚前培训计划产生重大影响,尤其是在墨尔本等地试行婚姻教育工作者的专业资格认证后,为更多社区教会提供了广泛的婚姻教育服务与咨询工作,这一举措有助于规范婚姻教育质量参差不齐的教学模式,并实施小班化教学创新了教学组织形式②。

发展期:20 世纪八九十年代婚姻教育的专业化

澳大利亚婚姻教育的强制性措施逐步增强,婚姻教育不再是一个辅助性领域,越来越多的教育工作者和夫妻关系协调人员参与其中,其专业化程度增强,在课程实施过程中夫妻拥有更多的话语权③。20 世纪 80 年代澳大利亚引入发端美国的促进夫妻之间沟通理解与学习项目(Facilitating Open Couple Communication,Understanding and Study,简称 FOCCUS)。在这项约有 500 人参与的活动中,大量专业教育工作者通过婚姻沟通技巧、人际关系冲突解决课程,为准备结婚的男女解决当前问题以及满足未来需要创造条件。在澳大利亚应用最广的是 20 世纪 90 年代引入美国的预防与关系提升计划(Prevention and Relationship Enhancement Program,简称 PREP),采用认知行为策略,重视亲密关系技巧训练,目的在于降低夫妻亲密关系中危险因素如沟通不良、关系紧张、冲突不断、问题层出,并提升保护因素如友谊、承诺、亲密、责任等④。对该项目组织实施成效进行长达四年跟踪研究发现,参与该项目的夫妻关系明显改善,夫妻交流技巧显著提升,更善于解决家庭困惑和婚姻冲突,亲密关系中的“支持与修正”能力更强,婚姻家庭生活更加稳定幸福⑤。以专业项目或系统计划的方式全面推进婚姻生活教育的专业化,使澳大利亚家庭的婚姻生活教育发展进入全新阶段。

拓展期:20 世纪 90 年代后婚姻教育的新构想

20 世纪 90 年代后,随着婚姻教育计划的逐步开展,其有效性获得普遍认可,社会各界学者、婚姻辅导员、教育从业者、家庭和社区服务人员参与到澳大利亚婚姻生活教育实践中,创新教育模式,拓展教学方式。1998 年澳大利亚联邦

---

① Kim H W, Michele S. (2005). Couple Relationship Education in Australia. Family Process, 44(2), 147-159.

② Ellinghaus, K. (2002). Margins of Acceptability: Class, Education, and Interracial Marriage in Australia and North America. Frontiers, 23(3), 55-75.

③ Jurkovic, I. (2015). Understanding Profiles of Couples Attending Community-based Couple Counseling and Relationship Education Services. Journal of Couple & Relationship Therapy, 14(1), 64-90.

④ Duncan S F, Goddard H W. (2005). Family Life Education: Principles and Practices for Effective Outreach. SAGE Publications, p. 317.

⑤ [美]雅各布森·杰曼:《夫妻心理治疗与辅导指南》,中国轻工业出版社,2001 年,第 212-230 页。

众议院常设委员会审查通过了一项有关婚姻教育的防御性战略,旨在加强家庭夫妻关系。委员会审查通过教育、咨询、调解、亲职以及其他服务项目资助家庭关系服务方案,联邦总检察长提议直接通过法院为澳大利亚家庭提供婚姻生活教育①。同年,家庭服务委员会新闻简报指出,婚姻生活教育是在个人和家庭发展中赋予夫妻权利和义务,以使他们更好地管理夫妻关系,进一步实现澳大利亚家庭的可持续发展,主要通过自我意识、理解关系、沟通技巧以及有效应用社会资源来支持婚姻生活的良性运转。

澳大利亚家庭研究所和天主教在 1999 年 9 月 9 日联合举办了一场圆桌会议,重点讨论如何参与评估婚姻教育项目的有效性。凯文·安德鲁斯(Kevin Andrews)与参会者一起讨论相关问题,并在文件中倡议发展一项"国家家庭政策",用于处理婚姻中所出现的复杂事务②。本次会议的出席者包括各界学者、婚姻辅导员、婚姻教育从业者、家庭和社区事务代表及其他研究人员。圆桌会议的目的主要是邀请婚姻教育从业人员和专家学者共同为澳大利亚家庭的婚姻生活教育构建未来发展框架。审查当前婚姻生活教育的发展状况,并对未来研究方案提出设想框架,其目的是为准备结婚的夫妻双方更好的建设美满幸福的婚姻生活做铺垫。2000 年由联邦政府在指定区域发起全国家庭发展战略,该项战略追求及时更新婚姻教育计划和增强家庭与社区联系两大目标。

此外,澳大利亚作为世界上互联网使用最频繁的国家之一,在有关婚姻问题的宣传报道和政策发布方面表现尤为突出,例如新万维网通过使用电子邮件讨论专区,为广大民众创设有关婚姻生活问题的网络论坛,其中婚姻与性教育专区旨在为相关人员提供网络讨论平台,探讨婚姻和性教育的话题,大大促进澳大利亚家庭婚姻生活教育的进一步拓展③。

澳大利亚推进婚姻生活教育经验的特点

20 世纪 80 年代后,澳大利亚的家庭婚姻生活教育从理论探讨走向实践摸索,覆盖范围由典型双亲家庭逐步向外拓展到教会、军队及监狱等特殊领域,并在婚姻生活实践中成果显著,其中政府的主导型作用不容忽视,主要表现为重视婚姻生活教育的社会价值,确保婚姻生活教育的法律地位,拓展婚姻生活教育的经费来源,丰富婚姻生活教育的课程内容。

重视婚姻生活教育的社会价值

广义上的婚姻生活教育泛指为保持健康的夫妻关系,提供必要的知识技能,

---

① Wolcott I.(1999). Strong Families and Satisfying Marriages,Family Matters,(53),21-30.
② Parker R.(1999). Research in Premarriage Education .Family Matters,(54),72-74.
③ Whithear, D.(1999). Web Update.Family Matters,(55),85.

有效预防婚姻危机，换句话说就是为提升家庭婚姻生活品质采取的一系列预防干预措施[①]，主要分为以下几种：①面对未婚的夫妻，指导他们如何解决家庭冲突、教育子女、管理财务和规划职业发展；②面对订婚的夫妻，开展婚前教育和关系技巧训练，明确责任、认同、理解、奉献等夫妻相处原则，预期婚前图景和风险因素，做出理性的婚姻决策；③面向已婚的夫妻，开设婚姻技巧训练与亲密关系提升课程，尽量维持和谐亲密的家庭生活；④面对出现危机的夫妻，提供及时的婚姻干预，以降低离婚风险。由于 20 世纪以来，离婚率的不断攀高以及由此导致的一系列社会问题，政府越来越重视澳大利亚家庭的婚姻生活教育在个体和社会发展中的重要作用。为了让更多的家庭接受婚姻生活教育，甚至在中学开设相关婚恋教育课程，发挥婚姻生活教育的多重功能，增强人们寻求幸福的能力和提升社会稳定的因素。在澳大利亚，幸福的家庭对个体与社会发展极为重要，尤其是对孩子的身心发展以及社会的稳定团结大有裨益，对离异后未成年子女抚养照顾问题的关注，也是促使澳大利亚政府推进婚姻生活教育的重要动因之一。

确保婚姻生活教育的法律地位

在长达半个多世纪的殖民统治期间，澳大利亚婚姻制度大多沿袭西方国家的立法经验和司法实践。在设定婚姻关系管辖范围时，澳大利亚联邦和各州拥有独立的法律体系，如 1900 年澳大利亚联邦宪法在第 51 条中仅授权联邦议会就结婚、离婚及相关事项进行立法，而对于其他诸如非婚同居及同性婚姻的规整则留待各州与地区来予以规定[②]。在认定婚姻关系法律效力时，澳大利亚政府通过《结婚法》和《事实伴侣关系法》予以规范，以分别立法的模式有效避免各州立法不统一导致的冲突。为了提升婚姻质量，减少个人和社会在离婚过程中的消耗，众议院法律委员会在 20 世纪 60 年代通过制定《澳大利亚联邦宪法》，规定国家政府对有关婚姻生活教育项目提供政策支持。在宪法精神鼓舞下，1961 年《婚姻法》明文规定政府部门以操作基础基金和有偿服务基金的形式为婚姻生活教育提供财政支持，并将婚姻生活教育界定为增进男女之间沟通交流技能以建立积极稳定的家庭关系而采取的预防性成人教育与培训计划[③]。从联邦法到各州法，从宪法到个别法，澳大利亚在婚姻生活教育方面业已形成体系完备、内容详尽、程序细致的法律体系，为有效推进婚姻生活教育奠定法律基础。

[①] Harris R，Others A. Love，Sex and Waterskiing.(1992)，Love，Sex and Waterskiing The Experience of Pre-Marriage Education in Australia，the UniversityPrinting and PublicationsUnit，pp.190 - 225.

[②] Bagarozzi，D. A.，& Bagarozzi，J. I.（1982）. A Theoretically Derived Model of Premarital Intervention：The Building of a Family System.Clinical Social Work Journal，10(1)，52 - 64.

[③] Moloney，L.，& Smyth，B.（2004）. Family Relationship Centers in Australia，Family Matters 2004，(69)，64 - 70.

拓展婚姻生活教育的经费来源

基于对婚姻生活教育价值和地位的认识，澳大利亚政府承担起发展婚姻生活教育的主要责任，主要表现在联邦政府积极发展与各组织机构的关系，增加地方政府与非政府组织对该项目的资金援助①。随着婚姻生活教育的不断发展，其服务对象的覆盖面不断扩大，除了国家和州政府资助部分外，社会组织或教会团体以及参与者分担部分经费开支，从而实现互利共赢、开源节流的目的。据澳大利亚《昆士兰邮报》报道，在家庭生活方面，从 2014 年 7 月 1 日起，澳大利亚政府每对夫妻可领取 200 澳元（约合人民币 1 080 元）的代金券，用于相关婚姻生活问题的咨询与调节。每年在澳大利亚约有 12 万对新婚夫妇结婚。但是，许多夫妻在孩子长大后会选择分道扬镳。澳大利亚联邦政府希望通过实施该计划来增进夫妻感情、避免家庭破裂，并为儿童成长创造良好家庭环境②。资金来源的多样化，不仅可以减轻政府的财政负担，而且有利于增强婚姻生活教育的可操作性，不断满足婚姻生活教育的市场化需求。

丰富婚姻生活教育的课程内容

婚姻生活教育主要是对处于热恋中的情侣、准备结婚的夫妻或者已经结婚的伴侣在婚前、婚中以及婚后为维持并改善亲密关系进行的知识技能训练③，目的是协助当事人挖掘潜藏在婚姻中的问题，有效解决婚姻危机，更好地维持两性亲密关系。澳大利亚家庭婚姻生活教育内容主要以家庭发展任务课程（family developmental tasks）为主（见表 5 - 1），这些婚姻生活教育课程的设计主要是建立在家庭发展课程和家庭干预理论的基础上，要求伴侣在新婚姻关系形成之前学习和掌握一系列的发展型任务。

这八大领域组成了家庭结构性发展任务，需要每对伴侣进行协商解决。课程多以小组干预形式展开，辅导主题涵盖面较广，主要包括角色分工、冲突调解、问题沟通等，通过增强积极互动、减少被动活动来增强夫妻关系④。据统计，每年澳大利亚约有三分之一的结婚对象参与各种形式的婚姻生活教育计划，主要以社区或独立团体为主，也有教会、基金会等福利机构参与，有力地保障了澳大利亚家庭婚姻生活教育的专业水平。

---

① Paoloni，S.，Mercuri，F.，Marinelli，M.，Zammit，U.，Neamtu，C.，& Dadarlat，D.（2005）. Research and Evaluation in Marriage and Relationship Education.Family Matters，(71)，32 - 35.

② Braver，S. L.，Salem，P.，Pearson，J.，& Delusé，S. R.（2005）. The Contentof Divorce Education Programs：Results of a Survey，Family Court Review1996，34(1)，41 - 59.

③ 叶高芳：《展望婚姻之旅》，四川大学出版社，2007 年，第 97 - 100 页。

④ Kim，H. W.，Markman，H. J.，Kling，G. H.，& Stanley，S. M.（2003）. Best Practice in Couple Relationship Education，Journal of Marital and Family Therapy2003，29(3)，385 - 406.

表 5 - 1　澳大利亚家庭婚姻生活教育发展任务的课程内容

主　题	内　容
家庭角色	根据传统的性别角色还是个人偏好进行家庭责任分工？
	家庭责任是分摊、交换还是转换？
	家庭中的轻、重活分别由谁来承担？
财政分配	谁来承担家庭的主要经济责任？
	谁来负责做预算？谁来监督预算？
性生活	婚外性关系是否可以接受？对于谁，在什么样的情况下可以接受？什么样的性行为方式是可以接受的，什么样的性行为方式是不能接受的？
亲戚关系	结婚以后，双方有多少时间可以拜访各自的父母或其他家庭成员？
	你期望对方有多少时间来拜访自己的父母？
	给父母打电话的频率是多少？
朋友	你或者你的伴侣是否有朋友、同事影响到你们作为伴侣的关系？
	你的伴侣是否会有些你不认可的朋友？
	如果有，在婚后你们如何来对待这些人？
休闲	每周计划有多少时间是夫妻单独相处时间？比如：谈话、散步、兜风……
	每周有多少时间是夫妻单独活动时间？比如参加一些娱乐活动、运动……
孩子	你们计划要小孩吗？想要多少个小孩？
	在达到计划的小孩数之后，采用什么样的避孕措施？
	如果你们不能生育，会采取什么样的替代方式？领养？
结束	终极问题：婚姻可以结束吗？
	在什么样的情况下会分居？什么样的情况下会离婚？
	在期望、权利、目标上是否可以订一个婚姻契约，在什么样的情况下它会被修改？

资料来源：Bagarozzi，D. A.，& Bagarozzi，J. I. (1982).A Theoretically Derived model of Premarital Intervention：the Building of a Family System. Clinical Social Work Journal (10)，52 - 64.

　　从澳大利亚家庭婚姻生活教育发展来看，一个突出的特点就是体现了政府在推进家庭生活教育中的责任与主导地位。其一，是以政府为主体设立专为家庭支持服务的机构部门。譬如家庭及社区服务部（The Department of Family and Community Services），下面设立家庭社区服务部门及儿童与青少年事务部，推出一系列服务及强化社区家庭生活的项目方案，主要针对家庭问题的早期预防与介入，以强化家庭健全的功能与扮演好亲职角色为主要目标。其二，政府强化与学术机构的合作，设立澳洲家庭研究协会（Australian Institute of Family Studies），研究与评估澳大利亚家庭问题及与个体、家庭和社区的影响。这些研究机构由政府提供研究经费，其研究结果经常作为政府政策的依据。其三，政府鼓励学校机构发挥支持家庭的专业作用，强化家庭生活教育相关的课程设置。大学强调服务家庭生活需要的意义。以推出的"积极父母教养课程"（Positive Parenting Program）最有影响力。该计划主要是为了增强父母知识技能及信心来增强孩子的发展、健康与社会竞争力，减少孩子受虐待、心理疾病及行为问题等①。

英国：依托"青年中心"促进青少年发展

自 2011 年 8 月起，英国多城市发生了多起以青少年为主体的暴力事件。在骚乱平息后，英国各界均开始反思青少年教育问题，并一致认为学校和家庭都应在青少年教育方面逐步加强道德与价值观教育，同时继续加强通过特殊的教育方案来协助、支持和满足家庭成员的发展需要的家庭生活教育传统，预防或减少家庭内外形成的问题。

其中，最为典型的实践案例是设立专项教育资金，建立完善、正规的家庭生活教育机构——"青年中心"，主要对青少年进行生活技能教育、性教育以及拓展青少年兴趣爱好培养等，在预防与减少青少年社会问题方面取得了良好的教育效果，家庭生活质量逐步得到改善与提高。

"青年中心"建立与发展的社会背景

英国完善正规的家庭生活教育机构"青年中心"的建立与发展，具有十分突出的社会发展因素的影响，主要反映在英国家庭趋于结构微型化与家庭关系不和谐等家庭变迁历史因素以及日益凸显的青少年社会问题与早孕现象上。这些因素推动英国政府积极在社区中建立"青年中心"服务机构，面向青少年开展一系列预防与治疗的家庭生活教育服务。

英国家庭结构与关系的变迁

英国青少年家庭与社会问题的产生是复杂的。从英国的家庭结构及家庭关系的历史变迁两方面分析，不难发现英国青少年家庭与社会问题的产生是在家庭变迁与转型的历史发展基础上逐渐形成的。从英国学者对英国早期的家庭结

---

① 唐先梅：《澳洲的家庭生活教育》，家庭生活教育方案——跨文化经验的分享与对谈研讨会论文，2004年，第 339 页。

构研究来看,一种是以斯通(Stone,J)为代表,主张英国家庭结构是逐渐缩小的,从开放的世袭家庭、有限的父权家庭再到封闭的核心家庭①。另一种是以拉斯莱特(Lasleft,F)为代表,主张英国家庭结构一直是以核心家庭占主要地位,家庭结构简单②。在对1574—1821年间100个教区的分析中,他得出英国住户的平均规模是4.75人③。由此看出,英国家庭结构普遍具有微型化特点,家庭人口数量少,人际互动简单。加之在英国经济的快速发展下,更多家庭父母走进社会就业,核心家庭结构中父母与孩子相处的时间不足,同时缺乏祖父母的隔代影响与教育。加之西方一直推崇的放养教育、自立教育等文化,这些都成为导致部分青少年家庭与社会问题产生的重要因素。到了20世纪70年代,西方家庭史开始重点关注家庭内部的情感问题与家庭亲子关系。关于英国家庭关系的研究,英国学者认为在早期的英国社会,家庭的组成大多是快速的,多以家庭策略配对,结婚成为繁衍后代与继承遗产的手段。加之当时的卫生条件较差,许多新生儿都未能健康生存,夭折现象多有发生,导致父母对此已冷漠,亲子关系变得更加冷淡。这些相关研究结果间接表明,英国家庭中的夫妻关系、亲子关系等种种不和谐因素,是经过长期发展形成的严峻历史问题。这些家庭历史变迁的因素是青少年社会与家庭问题形成与发展的主要诱因之一。

青少年社会问题日益凸显

英国青少年司法委员会2013年的调查研究分析显示,英国青少年平均逃学率为25%,而前两年得出的数据均只有21%。通过对不同年龄青少年的细分调查得出,年龄不同逃学率也不同。在12岁的青少年中12%有逃学经验。14~17岁的青少年中,逃学率有所提升,达到了37%。此外,该调查还显示,在青少年罪犯中有47%有过逃学经历。与之比较,逃学的青少年中,只有18%的人没有违法犯罪行为。另一项调查维度显示,约68%的青少年有喝酒行为,23%的青少年有吸烟体验。在2003年的数据中,青少年饮酒率只有42%,有吸烟行为者也只有20%。自2007年后,青少年中有吸毒经历的人数开始有明显上升趋势。其中有14%的受访青少年吸食过大麻,6%的青少年使用过注射器进行吸毒,另外有2%的青少年尝试过安非他命,这三项调查结果均比前两年提升了1.5%。英国学者莫里(Maury,W)在对犯罪与吸毒的关系研究中发现,被学校开除的青少年中五分之一都使用过A级毒品④。由上看出,政府与社会的积极

① Arcus,M. E. (1992). Family Life Education:Toward the 21st Century. Family Relations,41(4),390 - 393.

② Sharpe J A.(1987). Early Modern England:A Social History.London:Edward Arnold,pp.93 - 103.

③ Bredehoft D J. (2001). Bredehoft. The Framework for Life Span Family Life Education:Revisited and Revised.,9(2),134 - 139.

④ 英国青少年司法委员会[EB/OL],http://www.youth-justice-board.gov.uk/2015 - 09 - 10。

介入以缓解日益严峻的青少年社会问题成为当下最为紧迫的任务。

青少年早孕现象十分突出

英国社会中存在的青少年早孕问题日益凸显。从 1901 年起，英国的出生率一直处于较低的状态，并且似乎随着时间的推移更加明显。更重要的是，在低生育率的情况下，青少年生育率却意外增长。有数据表明，在 1860—1990 年间，22 岁以下青少年的生育率随着时间的推移不断增加。在英国青春期少女的生育率大约为 20%～30%[1]。正处于青春期的女孩非正常怀孕，对其身心健康会产生巨大的影响，她们会因此承受严重的医疗和社会后果，更有甚者会产生终生的阴影。此外，另一个数据也显示青春期女生怀孕年龄多发生在 17 岁以下。英国重要的政府智囊机构"公共政策研究学会"在 2013 年所做的一项研究报告中指出，20 世纪 50 年代的英国人第一次发生性行为的平均年龄为男生 19.5 岁，女生 20 岁；但到了 20 世纪末，首次性行为的平均年龄男女双方均降到了 17 岁。此时，如何通过强有力的官方教育机构介入，预防和治疗青少年性问题，使青少年能正确认识性与性健康，保护他们的生理与心理健康，日益成为英国社会需要解决的重要议题。

走向专业化的"青年中心"服务的主要特点

面对上述严峻问题，面向家庭生活的教育得到更大程度的重视。而"青年中心"就是英国进行家庭生活教育的主要场所。依托"青年中心"，英国家庭生活教育从一开始的没有组织的慈善性活动，发展为有意义的对青少年的教导，再逐步走向专业化。"青年中心"的建设是整个家庭生活教育政策中最核心的工程，家庭生活教育是否成功往往直接反映在"青年中心"服务机构的建设发展上。

早期作为单一的性教育的"青年中心"

最早"青年中心"的建立，完全是为了对青少年进行相关的性教育。19 世纪中期，青少年早孕问题频发，由于没有政府颁布的官方青少年性教育条款要求，英国许多慈善机构便对青少年开展了义务性教育。但由于受到资金、政策等多方面的限制，其收效甚微。为真正解决青少年的早孕问题，最终英国政府决定实行正规与系统的性教育。经过商议，将其归并进家庭生活教育的范畴，建立专门的"青年中心"服务机构，特别针对青少年进行性教育，旨在单纯解决青少年早孕问题，目的是通过对青少年的性教育，使其获得正确的性知识，引导青少年正确的性观念，及时预防及避免出现早孕等危害青少年身心健康的事件频发，使青少年能健康安全地完成中学阶段的学业。

---

[1] Haha Krausman Ben-Amos. (1989). Adolescence and Youth in Early Modern England.New Haven Yale，pp.25-40.

由上可知,这个阶段的"青年中心"是英国早期为了青少年性教育而建立的专有场所。其发展的成效显著,英国在 1980 年后青少年早孕率明显下降。由此,英国建立青年中心的数量也就逐渐增多,到后来以大的社区为单位,保证每个社区都建立有一个"青年中心",推动了英国以性教育为主的家庭生活教育运动向纵深发展。

不断走向专业化的"青年中心"及其特点

20 世纪末,随着英国社会时代的发展,单纯的性教育已经不足以完全解决青少年涌现的新的其他社会问题,比如酗酒、吸毒、家庭矛盾等成了新的挑战。这时的"青年中心"开始转型发展,逐步走向服务的多元化与专业化。但是,性教育仍作为其主要工作任务,并且以家庭为单位,针对社区所有居民开展有需要的家庭生活教育服务。在长期的建设与服务实践的发展过程中,"青年中心"认识到家庭作为一个整体,面对青少年问题时不能孤立地只针对青少年教导,父母也是教育的主要对象,避免亲子相处矛盾,营造良好家庭关系同样是教育的重点。由此,丰富而多元的家庭生活教育开始成为"青年中心"的主要内容。经过多年的发展,英国的"青年中心"服务机构专业化建设不断加强,主要呈现以下几个方面的特点。

1) 彰显"地方共同中心"的服务价值理念

这里主要以建立在 2013 年具有典型代表性的两个专业化的"青年中心"为例。一个是伦敦的"社区青年中心"。该中心的建造围绕着两个外部庭院,提供封闭和保护的空间,建筑物内有不同功能的区域,其中包括开放式厨房、音乐采编室和可以满足大群体共享的体育、舞蹈训练教室等。另一个是伯明翰的"灯塔青年中心",其建造结构更加人性化,包括人型会议室、计算机操作室、公共休闲区、咨询中心等。还配备许多更有针对性的教室,包括配备专业运动器材的体育馆、健身舞蹈工作室、专业录音棚等。这两个"青年中心"都配备着专业的家庭生活教育者,致力于将青少年的家庭生活教育与多功能的教育休闲娱乐进行有机融合,旨在服务所在社区的家庭,为其提供所需要的不同层次的教育,改善社区环境,提高家庭生活质量。可以看出,"青年中心"秉持以家庭为单位的终身学习目标,整合多方面教育资源,免费向社区居民开放,其专业化的服务体现出了一种教育哲学,即"教育是一个终身过程,社区中的每一个人(包括个体、企业、公共和私有部门)共同承担教育社区成员的责任,公民有权利有义务参加与确定社区的教育需要,并将需要的社区资源联系起来以改善他们的生活质量①。"所以,今天的"青年中心"在全英国得到了广泛的开展,是因为"青年中心"不仅是以教育

---

① Haslam C.(1979). Community Education at the British Open University. *Educational Broadcasting International*,12,36 - 38.

学习活动为重点,更重要的是能使社区内居民相处更加和睦与融洽。因此,有时"青年中心"也被称为"地方共同中心"①。

2) 拓展以家庭生活教育为核心的服务内容

随着社会现代化高速发展,许多复杂的家庭与社会问题开始出现,促使"青年中心"逐渐意识到家庭才是一个起教育作用的主要机构。在这个机构中可以发展社会关系、形成价值观与态度,并建立终身学习的心理倾向。此时,英国正规的家庭生活教育运动开始酝酿大的发展。"青年中心"便开始为整个社区家庭提供专业的家庭生活教育。家庭生活教育涉及众多学科,是一个广泛而无定形的领域。概言之,家庭生活教育是协助个人融入社会和培育个人成长的主要媒介,旨在推广和谐的家庭人际关系,强化与提升个人与家庭的幸福。此时的"青年中心"就承担了开展专业化家庭生活教育的重任,拓展教育内容,使其涵盖所有家庭成员的需要,其中包括家庭关系教育、亲职教育、家庭资源管理教育、伦理教育、家庭法律与公共政策教育等。

3) 创建灵活自由高效的服务方式方法

在英国的"青年中心"实施的许多青少年的教育,主要通过各种间接的教育方法,依靠特殊的渠道渗透到年轻人的家庭生活,以保证青少年的学习行为不是为单纯应付家庭生活教育而发生的。"青年中心"被用作一种针对人群更灵活的方式来达到更广泛的效果的机构,希望通过多方面配合,在教育过程中渗透影响到家长,传播健康和谐的亲子关系,达到期望的教育效果。其中更针对部分社区领袖和有影响力的公民开展相关教育,借此通过名人效应,积极传播正确家庭教育知识,达到事半功倍的效果。此外,"青年中心"还提供可接受在线咨询教育的网站,以及提供社区需要的服务,这些都将"青年中心"建成为一个有效、可行与永久性的社区教育场所。经过长期的专业化建设,英国社区的"青年中心"普遍得到当地居民的广泛支持,能够迅速召集到赞助商和私立社会组织志愿者,同工商界和学校开展广泛而灵活的合作。每个"青年中心"系统评估自身发展情况,充分发展可再生资源,聘用和培训足够的工作人员建立起一个高效的家庭生活教育系统。

基于"青年中心"的家庭生活教育服务的内容

青少年的性教育服务

由上探讨可知,"青年中心"最早就是青少年专业的性教育场所,因此在青少年性教育问题上有着很多教育经验。早期"青年中心"的性教育核心理念是"学

---

① Albert. D.K. Amedzro.(1996). Theory and Practice of Community Education. A Comparative Study of Nordic,British,Canadian and Ghanaian Experiments.Ghana University Press,pp.33-42.

生尊重自己"[1]，让孩子学习基础性知识，包括性交、月经、手淫、安全避孕措施、自我安全保护和基本法律知识等，使青少年在观察到自己青春期身体变化前有充分的了解，不至于惊慌失措或因好奇而偷尝禁果。同时，还积极采用独特的教学方法，如广受好评一直被保留至今的"瞳孔图纸分析教学"[2]，该教学方法是让男孩女孩分别画自己的身体构造，然后老师通过儿童青少年的图画进行教学。这样的教学方式既不会因为使用成人真实性器官图片引起反作用，又能很好地使孩子了解两性构造，教师可通过专业性教育使儿童缓慢了解关于性的信息，使儿童在青春期时克服突然面对身体变化而产生的不良生理或心理反应。随着时代发展，社会接受度逐步提高，"青年中心"的性教育更为专业化，如编订专业性教育课本，制作性教育动画短片等，有效促进了青少年性知识的获得。

从 1993 年起，英国为了全面覆盖青少年性教育，将性教育从生理课程中独立出来。2009 年起，更将性教育设为中小学必修课，向 5 岁以上学生讲授性知识[3]。然而英国全国防止虐待儿童协会（NSPCC）发布的一项最新调查显示，英国青少年观看色情片现象依旧严重[4]。学校的传统性教育收效甚微，英政府只得继续向家庭生活教育寻求帮助。目前，"青年中心"的性教育，采用的是较为流行的"同伴教育"[5]，利用同辈间的相互感染力，激发青少年的自我教育，抵御社会中的不良风气。这种新型教育方式打破了传统的教师直接教导的低效性，避免了教师和青少年的沟通障碍。由于教育者与被教育者均处于同等年龄，双方交流更加平等与便捷。这种"同伴教育"是在生物学、教育心理学、社会发展理论等多方面知识的基础上应运而生的。所开设的课程也更加趣味生动，包括交流对话、兴趣游戏、故事汇、知识问答等，另外结合多种新型多媒体技术和实体模具，灵活生动地实施青少年的性教育，使青少年安全、科学、自然地了解性知识，有效减少早孕及青春期性问题的发生。

青少年家庭问题的预防与治疗

英国专家最新调查研究显示，英国初中生中心理不健康比率约为 15%，高

① Corteen，K. M.（2007）．School's Fulfillment of Sex and Relationship Education Documentation：Three School-based Case Studies，Sex Education，6(6)，77 - 99.

② Maria Helena de Almeida Reis，& Duarte Gonçalo Rei Vilar.（2006）. Validity of A Scale to Measure Teachers' Attitudes towards Sex Education. Sex Education，6(2)，185 - 192.

③ Greene，M.（2006）.The Evaluation of Policies，Programs and Practices & In The Sage Handbook of Evaluation.London：Sage Publications.pp.88 - 96.

④ Walker，J.，Green，J.，& Tilford，S.（2003）. Walker，Green Tilford. An Evaluation of School Sex Education Team Training，Health Education Health Education，103(103)，320 - 329.

⑤ Wetton，N.，T. Williamsn.（1989）.A Way in：Five Key Areas of Health Education. London：Health Education Authority，pp.70 - 88.

中生约为 19%①。而青少年出现的心理问题通常与家庭问题有关②。青少年在青春期与父母交流沟通问题一直是家庭生活教育的重点。如不能及时发现青少年心理问题,给予正确的疏导,很可能会引起青少年吸毒,酗酒,暴力等严重后果。

针对这些家庭问题,"青年中心"从预防到治疗再到服务都有相对应的教育方案,并将教育对象延伸至家长,保证对整个家庭教育的完整性。对家庭问题的预防主要是定期举行一些有关家庭关系的讲座。值得注意的是,讲座是对父母和子女分开进行的,更具有针对性。而对于家庭问题的治疗主要是通过在家庭成员内部促进谅解、增进情感交流与相互关心的做法,使每个家庭成员了解家庭中病态情感结构,以纠正其共有的心理病态,改善家庭功能,产生治疗性的影响,达到家庭成员和睦相处。

青少年兴趣素质拓展教育服务

英国的"青年中心"在服务青少年家庭生活教育过程中,较为关注青少年的兴趣培养。在他们看来,培养青少年兴趣爱好是培养青少年对事物积极的认识倾向与情绪状态,是一种不可缺少的求知的内驱力③。从伦敦和伯明翰新建的"青年中心"构造,除了传统的教室外,新建了许多体育活动室、音乐教室与舞蹈教室等,也能看出"青年中心"对青少年兴趣爱好和身体素质的关注与重视。以提高青少年身体和心理素质为主要目的,兼具体能和实践的综合素质教育,激发了个人潜能,培养了艺术情趣,有效优化了青少年思想情操。同时,通过团体合作运动项目,提高青少年沟通交流能力,树立团队精神,增强合作意识,从而提高了青少年心理素质,这些实践都有效促进了家庭成员人际关系的和谐,提高了他们的心理健康水平。此外,除了对孩子的兴趣培养外,"青年中心"也正确引导与提升家长的观念,强调青少年的兴趣是孩子对自己的爱好和能力倾向的积极尝试,引导他们的兴趣趋于稳定并逐步发展。

"青年中心"家庭生活教育服务的成效及启示

根据英国国家统计局(The Office for National Statistics)的数据,2013 年4 月至 2014 年 3 月,165 000 名英国人参与的英国国民家庭生活幸福度大调查

---

① Broman,C. L.(2009). The Longitudinal Impact of Adolescent Drug Use on Socioeconomic Outcomes in Young Adulthood,Journal of Child & Adolescent Substance Abuse,18(18),131 - 143.
② Kelly,P.(2006). The Entrepreneurial Self and 'Youth at Risk':Exploring the Horizons of Identity in the twenty-first Century,Journal of Youth Studies,9(1),17 - 32.
③ Barnes,M.Alyssa.(2012). Open Arts,Open Minds,Open Doors:Including Children with Special Needs in Ministry,Christian Education Journal,9(3),81 - 100.

的数据显示,英国家庭生活幸福度呈正增长,较去年上涨 12%①。在众多调查维度中包括家庭关系和谐、青少年健康成长等。由此,英国家庭生活教育的成效不言而喻。通过青年中心实施的家庭生活教育,使青少年在早孕、暴力事件、家庭关系问题上都取得了积极的效果。这也切实凸显了家庭生活教育"促进家庭幸福"的核心理念②。通过青年中心的教育切实使家庭生活教育朝向提高家庭功能、巩固家庭关系,及预防家庭破裂的目标行进,提供了每位家庭成员在家庭生活中所必备的生活知识与能力,使家庭生活质量逐渐提升,促进了家庭和谐,维护了社会稳定。

新加坡:建立"伙伴关系"推进家庭生活教育

日趋国际化的新加坡不断强化家庭在社会发展中的地位,一直重视家庭取向的价值观教育。随着社会现代化与工业化的发展,自由主义与个人主义价值观开始挑战婚姻与家庭生活传统观念。近年来,新加坡政府结合民间团体及企业等组织,努力建立"伙伴关系",推进家庭、学校与社会之间的协作,不断推动新加坡家庭生活教育的发展。

新加坡社会、婚姻与家庭发展的背景

作为一个城市国家的新加坡,长期以来经济的快速发展得益于政府大力引进与学习西方的知识、技术和经验,采取了得当的社会发展政策。但是,随着全球化进程的加深以及西方文化的影响,传统的家庭价值观受到冲击,新加坡人民的婚姻及家庭生活也在不断改变。过去是先有孩子再来想怎么抚养,现在正好相反,迟婚、不婚、结婚后不生或者不愿意多生人群的比重越来越高,导致生育率不断降低,家庭结构亦从过去的大家庭转变为现在的核心家庭,家庭规模越来越小,给以家庭为国家核心机构的理念带来挑战。

新加坡政府一直重视提高生育率,也推出了多项鼓励生育的措施,强化资金援助策略,从 2001 年的每年 4 亿元,逐年增加到 16 亿元,同时增加"婴儿花红"(Baby Bonus)的补助数额③。但是,自 1990 年以来,生育率持续下跌。2004 年,新加坡婴儿出生率创下历史新低,并且 2015 年排名全球倒数第一。为了保持国

---

① 英国国家统计局,Statistics.https://www.gov.uk/government/statistics/2015-09-10.

② Arcus, M. E. (1995). Advances in Family Life Education: Past, Present, and Future, Family Relations, 44(4), 336-344.

③ MSF, Interview with the Minister: Money can't resolve the falling fertility rate problem.2012, https://app.msf.gov.sg/Press-Room/Interview-with-the-Minister-Money-cant-resolve-t,2015-12-20.

际竞争力，新加坡政府只能通过吸引外来移民解决劳动力不足问题。而漠视家庭倾向的出现对人们的婚姻也产生了不良影响。2003 年登记结婚的数量为21 282 例，比 1990 年下降了 10%。40～44 岁年龄段女性、男性群体单身的比重从 1990 年的 12%、11%上升到 14%、15%。1990—2003 年的离婚数量从2 178起增加到 4 188 起，离婚率增加到 8%，其中以 20～24 岁年龄阶段的年轻夫妻离婚率最高①。同时在已婚妇女就业率越来越高的新加坡，父母忽视育儿的问题也日益严重。

新加坡是一个多民族多文化国家，由华裔、马来族及印度族等民族构成，其中华裔比重更是超过 70%，因此深受中国传统儒家思想修身齐家文化的影响，十分重视家庭伦理与道德价值教育。针对以家庭为国家核心机构的理念面临挑战的社会现象，新加坡政府也一直强调家庭稳定对于社会的作用，大力宣传家庭的价值，强调家庭的意义。1992 年新加坡政府在《共同价值观白皮书》中正式把"家庭为根"确定为新加坡人应奉行的共同价值观之一。1993 年新加坡政府针对家庭问题特别制定并公布了"家庭价值观"，其内容为"亲爱关怀，互敬互重，孝顺尊长，忠诚承诺，和谐沟通"。

政府主导多方服务机构协调运作家庭生活教育

不论国家发展的快慢，家庭仍是社会的根本，是强大国家的基础，了解改变中的家庭，有助于政府及社区更好地辅助家庭发展。为了解决纷繁复杂的家庭问题，新加坡政府开始重视家庭的综合发展，大力提倡家庭生活教育，开展专门项目和计划，促进社会的安定与和睦。新加坡政府于 1986 年解散了家庭计划协会，开始建立以家庭发展为中心的组织机构。1998 年，新加坡教育部推出了"COMPASS 计划"（Community & Parents in Support of Schools），促进学校、家长与社区的合作，并强调家长在教育孩子方面的义务及承担起协助子女成为良好公民的责任。

2006 年新加坡正式成立了国家家庭委员会，后更名为"凝聚家庭理事会"（Families for Life），致力于解决家庭问题。2012 年新加坡将原有的社区发展、青年和体育部（Ministry of Community Development，Youth and Sports，MCYS）进行改组，专门成立了社会及家庭发展部，突出其在人际关系、家庭活动、家庭资源管理、家长教育以及老年人抚养等家庭问题预防方面的重要作用，由此确立了家庭政策的核心地位②。此外，新加坡还建立有"国家福利理事会"（National Council of Social Service，NCSS），"自愿性福利组织"（Voluntary

---

① MSF，State of the Family Reports. 2004，https://app. msf. gov. sg/Research-Room/Research-Statistics/State-of-the-Family-Reports，2016 - 03 - 20.

② 郑寰：《新加坡家庭政策的调适与创新》，《学习时报》，2016 年 2 月 18 日，第 A2 版。

Wel-fare Organization，VWOs），为社会处境不利者提供服务，并促进社会服务在策略上建立伙伴关系。

新加坡的家庭生活教育工作，主要由社会发展及体育部负责推动，由家庭生活教育社工推行，以"家庭服务中心"（FSC）为依托，通过 MCDS 与 NCSS 等组织机构提供资助，与 VWO 志愿机构合作经营，利用多元化的教育计划或方案来执行家庭生活教育的服务，在政策和组织上积极引导与推进家庭生活教育。

除了以"家庭服务中心"为主要协作机构外，政府还与企业合作推进家庭与工作平衡问题的支持服务计划。2000 年 10 月新加坡推动名为"家庭生活大使计划"（Family Life Ambssador，FLA），建立企业组织、学校及相关个人协同的组织团体，强化家庭管理知识技能，平衡工作与家庭之间的关系，增加工作效率与维持企业竞争力。社会发展与体育部（MCDS）代表政府发挥提供资源、宣传与监督、提供合作平台等作用，开展针对企业的单身教育、婚姻准备及强化、亲职教育与老年教育等内容的活动。此外，以学校为主要机构，由政府社会发展及体育部负责提供经费补助，通过家庭服务提供者合作推行面向父母、学校教职员工与学生的"学校家庭教育计划"（School Family Education，SFE），强化父母亲职教育技巧学习与训练，并协助学校教师增进父母家庭生活能力。

采取灵活多样形式强化家庭生活教育服务供给

新加坡家庭生活教育以家庭生命周期理论为指导，家庭所处的阶段不同，就有不同的发展任务及需求。此外，还通过在新年、国庆、情人节及儿童节等节日开办"家庭年"的活动向人们传达"爱与尊重"、"承诺"与"宽容"价值观，同时强调家庭成员不只是生活在同一个屋檐下的亲人，在打理自己家庭的同时，也要照顾其他亲友，才能打造一个包容和谐的社会①。

婚姻是家庭形成的前提条件，良好的夫妻关系是建立其他关系的基础。新加坡社会及家庭发展部经常对公众进行调查，推动人们对于生活重要的部分——称职的好伴侣的认同，促进社会关于夫妻关系问题的关注。随着新加坡不断改变的社会价值观、越来越高的工作压力而面临更多复杂的问题，婚姻和生育跨部门委员会着重加强新加坡公民的婚姻教育、生育教育和家庭观念教育，改变人们对离婚的草率态度。新加坡凝聚家庭理事会推出科学研究证明，有效的循证（evidence-based）式的婚姻预备课程通过预防式的家庭教育，可帮助年轻夫妇稳固婚姻。此外，政府对家庭在育儿过程中面临的挑战进行积极回应，推出"家庭为本！校园推广计划"，多所学校获得政府津贴，激励更多的家长参与活动。同时，部分中小学为家长推出了"正面育儿计划"（Positive Parenting

---

① 杨漾：本地首个"家庭年"——今年有更多活动促进家庭凝聚力，https://app.msf.gov.sg/Portals/ 2016-03-25。

Programme)和"培养良好行为育儿计划"(Signposts for Building Better Behaviour)两项教育活动,采取讲座、一对一辅导及小组培训等不同的方式传授实用的育儿方法。通过"家庭帮扶计划"以及社区关怀基金强化社区力量,为家庭提供儿童及老人照顾等服务,减轻了低收入家庭的养家负担。

随着家庭生活教育的普及,教育工作者的培训问题也提上了日程。社会及家庭发展部设立一笔300万元的基金,开办家长辅导员课程,为学生及家长提供多方面的帮助①,并且委任专家制定课程培训家庭教育工作者,让他们获得相关的培训和家庭提升,服务主题内容包括家庭生命周期不同阶段所面对的挑战以及亲子和婚姻关系等课题。同时,也鼓励父母积极向专家请教经验,让父母具备克服不同人生阶段挑战的技能。

家庭教育指导的进行需要借助一定的形式,既包括家长主动咨询、家访、实地考察等个别形式,也包括家长会、讲座、研讨会等集体形式。而为家长及相关人员提供的资料形式也比较多样,比如宣传册、海报、明信片以及网站链接等。同时充分利用学校和社会的教育资源、借助学校的一些公众活动进行宣传是比较便利的一个选择。学校的一些事件往往有较高的家长出席率,可以借助这样的时机与场合来进行宣传,比如在举办家长会及毕业典礼时。

总之,新加坡政府积极重视家庭生活之于国家与社会凝聚的重要意义,充分强化政府的责任,通过调动政府部门、服务提供方、社区学校及企事业单位等多方力量为家长、学生及学校等目标群体,建立合作伙伴关系,提供灵活多样的家庭教育服务,打造亲近家庭生活环境,不断促进新加坡家庭社会凝聚,致力于使民众拥有美满的幸福生活。长久来看,这必将有利于新加坡和谐家庭与文明社会的持续发展。

孟加拉国:依靠国际组织开展家庭生活教育

家庭生活教育在不同国家有不同服务人群,这将会形成不一样的实践经验。对于发展中国家或地区而言,家庭生活教育更多地显示其促进个体与家庭基本生活水平需要,增强家庭基本生活能力的主要作用。这里以孟加拉国开展的面向青少年的家庭生活教育实践为案例,思考如何结合国家经济与历史文化现实需要,实现支持家庭与改善家庭生活品质的目标这一重要课题。

孟加拉国国家人口与教育发展状况

孟加拉国位于南亚次大陆东部,地处恒河和布拉马普特拉河下游,常年温热

---

① 邓伟坚:300万设基金培训家长辅导员,2013,https://app.msf.gov.sg/Portals/2016-04-20。

多雨，自然灾害频繁。孟加拉国总人口 1.37 亿，平均每平方公里达 1 700 人，是世界人口密度最大的国家。该国人口增长率 141%，生育率 240%，婴儿的死亡率 4.5%，平均寿命为 64.5 岁。城市人口占总人口的 13.2%，农村中 70% 的人口没有土地，缺少住房。全国 40% 的人口生活水平处于贫困线以下，88% 的社会发展资金依靠外援。孟加拉国是世界上最穷困的国家之一，穷困人口约占全国总人口的 50%。全国有 58.5% 的人口是可用劳动力。孟加拉国的学制为小学 4 年、中学 7 年、大学 4 年。2002—2003 年，只有 16% 的城市人口受过一到五年级的教育，其中男性所占比例为 16%，女性为 14.5%。在农村，总人口的 32% 受过一到五年级的教育，男性所占比例为 17.1%，女性为 15%。目前，孟加拉国的识字率为 62.66%，其中男性为 65.94%，女性为 58.69%；成人识字率为 50.5%，其中女性占 40.8%[1]。

由上看出，作为世界上最贫困的国家之一，孟加拉国有 2000 万 5 岁以下儿童，其中 50% 左右处于营养不良且面临严重教育资源短缺。学前教育的缺乏，不仅不利于幼儿的身心发展，也间接导致了因入学准备不足，儿童进入小学后的高辍学率。30% 的青少年也无法接受正规教育，女性儿童身心健康更受到严重威胁[2]。孟加拉国为了打破因为缺乏教育而导致代代相承的贫困，为贫困地区幼儿提供良好的家庭健康护理和早期教育，20 世纪 80 年代起，政府组织、非政府组织等国际组织相继开始在孟加拉国开展主要面对青少年的家庭生活教育，以此作为推进弥补因为社会正规学校教育缺失所带来的社会经济不平等与缓解社会与家庭生活压力。其中，面向成人的扫盲识字教育与青年的家庭生活教育规模发展迅速，且逐渐引起了政府和社会的关注，取得了卓越的成效。

孟加拉国家庭生活教育发展的目标

面对国家人口与教育发展如此严峻的状况，孟加拉国政府给予扫盲和扫盲后继续教育以充分的重视和支持，国家加大了投入；尤为关键的是与众多非政府组织一起，借助国际组织的支援，开展许多项目，如非正规教育计划（Non-formal Education Program，NFE）、扫盲后继续教育项目（Popularize Literacy Continuing Education Program，PLCE）、技术援助项目（Technical Assistance Program，TA）、青少年家庭生活教育项目（Adolescent Family Life Education Program，AFLE）等。

其中，家庭生活教育项目的对象主要是成人与青少年。首先，孟加拉国成人

---

[1]　UNESCO（2008）. The Development and State of the Art of Adult Learning and Education Bangladesh National Report.

[2]　Khan, A. M. M. Z. K.（2005）. Continuing Education in Bangladesh：The Lessons of Experience，38，43 - 54.

的识字率为 50%，这就意味着父母当中有一半是文盲。他们在教育儿童时不可避免地带有自己文化的影响，对父母进行识字教育和家庭教育是降低文盲率的迫切要求，也是保证正规学校教育质量的重要方面。在人口统计学上，文盲率几乎是不加控制的生育、孕产妇、儿童死亡率偏高的代名词。因此，妇女识字率的提高对于人口控制以及儿童养育将有显著的影响。家庭生活教育项目的目标在于形成一个识字的家庭环境，尝试从家庭入手来改变家庭成员基本的受教育状况。其次，青少年在孟加拉国总人口中占比例约为 23%，与传统的家庭比较，他们的社会生活、价值观与顺利成长将对社会的健康和发展产生重大影响。保证青少年人口的良好发展，将青少年培养成作为家庭和社会的健康和负责任的成员，协助青少年特别是从童年到青年的过渡，成为该国社会发展面临的重要任务。

为此，青少年家庭生活教育计划的主要目的是建立一个完善的青少年家庭生活教育课程，通过美国国际开发署资助的非政府组织评价结果的基础，开发更适宜青少年使用的家庭生活教育课程。其要达成的基本目标是让青少年学习如何提高自我保护能力、改善与家庭成员的关系、建立健康的人际关系，在家庭生活中学会如何保障个人的权利和福祉的知识与技能。

面向青少年的家庭生活教育的具体实施计划

目前许多机构正在参与孟加拉国青少年家庭生活教育的运作程序。其中，以下四个具体项目计划在孟加拉国青少年家庭生活教育机构中起着最重要的作用：集成的非正规教育拓展计划（Integrated Non-Foram Education Program，INFEP）、自愿医保服务协会（Volunteer Health-insurance Service Society，VHSS）、孟加拉国人口与健康服务联盟（Bangladesh Population and Health Consortium，BPHC）、福特基金会（Ford Foundation Program，FF）[1]。

集成的非正规教育拓展计划

该组织的主要方案是通过非正规的教学系统，为不识字的成年人提供基本的识字服务。1993 年，INFEP 通过合并涉及青少年生活的一些关键问题，制定了新的课程，其目标是实现基本的识字，并将其应用在日常生活中，以获得未来职业选择时必要的知识和技能，获得改进生命质量所需的知识和技能。

最初，该集成的非正规教育项目开始于 1969 年的 thanas 组织，该组织为 11~14 岁的青少年提供持续两年的教育服务[2]。到目前为止，不同的课程已经

---

① Brian Maddox. （2008）. What Good is Literacy? Insights and Implications of the Capabilities Approach.Journal of Human Development，9（2），185 - 206.

② Bhola, H. S. （2009）. Reconstructing Literacy as an Innovation for Sustainable Development：A Policy Advocacy for Bangladesh. International Journal of Lifelong Education，28（3），371 - 382.

被用于实现家庭生活教育项目程序,主要针对青少年在面对社会、生活、心理和青春期身体变化等的关键问题时,如何正确对待展开。在教育过程中主要采用话题讨论教育法,话题与学生的年龄和接受能力保持一致,并插以精美的图片和故事描绘。讨论主题涵盖经济学、社会、国家和文化、青少年的行为、健康和环境、法律、权利和责任、工作和收入、耕作方法、容易取得收入的途径以及青少年与社会权利等。

自愿医保服务协会

这个组织主要是协调并帮助非政府组织实施与健康有关的活动。为了满足青少年需求,自愿医保协会和孟加拉国人口与健康服务联盟一起创建了一个新的名为"青少年家庭生活教育"的论坛。从 1991 年论坛成立以来一直由孟加拉国人口与健康服务联盟兼任其秘书处。秘书处的主要任务是拓展该项目至全国各地,并以不同的组织统筹 AFLE 相关的程序。各种组织积极参与 AFLE 论坛,其中包括孟加拉国农村发展委员会(Bangladesh Rural Association Committee,BRAC),孟加拉国妇女健康联盟(Bangladesh Petticoat Health Committee,BPHC),关注妇女计划生育委员会(Concerned Women for Family Planning,CWFP),家庭及儿童发展研究所(Family and Child Development Institution,FCDI),亚洲基金会(The Asian Foundation,TAF)等,再到后来,许多企业也加入了 AFLE 论坛的计划[①]。目前,该论坛有 61 个成员。

1992 年 6 月举行了第一次孟加拉国家庭生活教育研讨会,得到了 BPHC、亚洲基金会、儿童基金会的援助,并且 BPHC 提供了第一个财政拨款计划。此次研讨会的具体目标是根据青少年(9~19 岁)不同年龄测定,决定设置家庭生活教育课程。为了让有兴趣的志愿机构加入家庭生活教育程序,在 1994 年进行了 4 次区域会议和 1 次国家讨论会,区域会议分别在巴里萨尔、吉大港、杰索尔和拉杰沙希举行,国家会议是在达卡。研讨会的目标是研究目前的 AFLE 课程方案,通过政府和非政府组织协助。4 个区域会议提出的建议和其他国家的交流 AFLE 经验,提出了一种 AFLE 课程,并鼓励继续大范围的使用[②]。

在国家研讨会,小组讨论了四个问题:青少年计划生育方案计划、普及青少年家庭生活教育方案、为青少年家庭生活教育计划的实施提供援助方案、实施青少年家庭生活教育的方式限制方案。1994 年 10 月进行的一项名为"青少年家庭生活教育活动在孟加拉国"的调查在 VHSS 协助下进行。调查的主要目的是

① Alam,K. R. (2006). Ganokendra:An Innovative Model for Poverty Alleviation in Bangladesh. Review of Education,52(3-4),343-352.

② Shaikh S. Ahmed,(2004).Department of Finance and Banking,Study on Delivery Mechanismsof Cash Transfer Programsto thePoor in B angladesh,Draft Version for Comments andSuggestions,June 12.

识别目前正在 AFLE 的组织和鼓励下的现有课程方案集成。该方案课程是由 AFLE 论坛成员和 VHSS 共同努力开发的。目前，许多企业都在使用，除了他们自己的企业员工上这门课程外，许多人根据自己的计划需求和选择的不同也开始使用这门课。其中，青少年的家庭生活教育课程被分为两部分。第一部分是用来培训专业的家庭生活教育教员，使其具备专业家庭生活教育社会意识、生殖健康和人口环境知识，及初级卫生保健知识。这三个主题归结在十四个科目中完成。第二部分是正式的青少年家庭生活教育课程，又分为三个模块进行系统教育。

孟加拉国人口与健康服务联盟

人口与健康服务联盟主要是由中小型非政府组织给予财政援助，提供知识资助和技术援助，以及妇幼保健，计划生育方案等。该项目在 5 个非政府组织中发展，他们分别是 SBMSS-拉杰沙希，FDSR-达卡，CWFP-拉杰沙希，CWFP-Bhoirab 和 Narimaitry- 达卡。BPHC 通过跟踪调查记录少女的成长问题，主要目的是提高对青春期出现的心理和生理变化的认识，使少女意识到保持逐步增长的文化内涵的重要性，意识到怀孕的高风险及流产的后果。该组织认为需要制定一个课程项目，以便更好地实现上述课程目标。

福特基金会

该组织从 20 世纪 60 年代开始就一直提供财政和技术援助，协助孟加拉国不同领域的工作，为处于弱势的广大市民提供政治、法律和行政服务。此外，还通过志愿组织服务社会的活动，促进家庭生殖健康与家庭个体生活的发展。福特基金会以提供赠款组织实施孟加拉国 AFLE 计划。从成立之初 VHSS 就收到来自福特基金会的各种不同类型的援助，依靠这些援助推进了孟加拉国青少年家庭生活教育项目。

青少年家庭生活教育中的非政府组织

面对孟加拉国的发展实际，该国更需要的是对青少年儿童和成人的家庭生活教育。在看到政府机构通过家庭生活教育项目在成人识字率、教育青少年儿童身心健康、开展性教育预防艾滋病等方面都取得了成效后，孟加拉国非政府机构组织也开始在不同的时间、地点自行开展青少年家庭生活教育计划。

孟加拉国的非正规家庭生活教育主要由国内非政府组织和国际非政府组织兴办。1987 年，联合国儿童基金会在孟加拉国设立一系列附属卫星学校（Satellite Schools），其中就包括一个设立家庭生活教育培训班的项目，这标志着孟加拉国非正式的家庭生活教育的开始。此后，越来越多的非政府组织介入非正规家庭生活教育相关项目。现在已有数百个非政府组织在 100 000 多个村庄开展了非正规学前教育的项目。其中主要的国际非政府组织包括美国儿童救助会（American Children's Salvation Association，ACSA）、英国儿童救助会（Britain Children's Salvation Association，BCSA）、联合国儿童基金会（United Nations Children's Fund，UNCF）和孟加拉国计划生育协会（Family Planning Association of Bangladesh，FPAB）、计划生育服务和培训中心（Family Planning Service and Training Centers，FPSTC）、家庭发展服务和研究（Family Development Services and Research，FDSR）、城市健康推广项目（City Health Expand Program，CHEP）、孟加拉国国际中心腹泻病研究（International Center Diarrheal Disease Research，ICDDR）、贫困儿童教育计划（Education Program for Poor Children，UCEP）、孟加拉国中心大众教育科学（Center for Masses Education Science，CMES）、孟加拉国农村发展委员会（BRAC）、达卡委员会（Dhaka Aksaniya Mission，DAM）等。

　　国内的非政府组织主要有孟加拉国农村发展委员会、达卡委员会等①。由于政府没有把家庭生活教育纳入学校教育系统，没有具体经费预算和专管部门，也没有出台与学前教育相应的政策法规，因此非政府组织也承担着部分学校的家庭生活教育责任。以家庭生活教育培训班为例，此类教育组织附设于小学中，是孟加拉国家庭生活教育的主要类型，但政府却并没有提供专职教师，也没有相应的课程大纲、课程标准和教材，甚至没有专门的教师，由一些非政府组织如孟加拉国农村发展委员会、美国儿童救助会等监管，提供师资、开发相应的课程和教材实施家庭生活教育。

　　随着政府鼓励非政府组织参与家庭生活教育的普及，非政府机构组织的家庭生活教育活动发展速度逐步扩大，类型多样，能因地制宜的实施孟加拉国非正规家庭生活教育，发展规模越来越快。孟加拉国农村发展委员会自1997年参与非正规家庭生活教育以来，到2003年已经拥有7 500多个家庭生活教育中心，并计划扩展到16 000个。联合国儿童基金会在吉大港山区有2 200个社区工作者，每个工作人员要为20～25个家庭提供幼儿预防保健、青少年性教育、识字教育、家庭生活技能教育等方面的知识，并制定早期学习计划，该教育项目基本涉及了整个吉大港山区②。

　　非正规家庭生活教育的办学类型很多，主要类型有幼儿班、幼教中心、家庭学校、游戏小组、日托中心、学前班等。他们注重切合当地实际，充分利用当地资源。譬如在孟加拉国农村，3～5岁的小孩经常跟随他们的哥哥姐姐去小学上学，为了照顾这些幼儿，很多小学开设了附属的幼儿班，由那些没有上课的教师把这些小孩组织起来教授一些简单的童谣、字母或者数字。在人口分布较分散

① Reimers，F.，Silva，C. D.，& Trevino，E.（2006）. Where is Education in the Conditional Cash Transfers in Education.UNESCO Institute for Statistics，Montreal，Quebec.

② 单中惠：《外国素质教育政策研究》，山东教育出版社，2004年，第123页。

的贫困山区，非政府组织开办了大量家庭学校，招收当地 3~5 岁的幼儿，以童谣、游戏、字母和数字为主要教学内容，选择当地受过较好教育且有责任心的妇女做教师，并进行定期培训。在人口比较集中的地区则设置幼教中心，招收 3~6 岁的幼儿，有专门的教师、教学场所、课程和教材，不仅对幼儿进行早期教育，也对本地区的教师进行定期培训和督导，向家长进行营养和早期护理等早教知识的宣传和培训①。

从整体来看，参与非正规家庭生活教育的机构很多，地方政府、非政府组织、社会福利部门、伊斯兰教会、私人教育机构等都在其中。政府与非政府组织之间、国际非政府组织与国内的非政府组织之间十分注重交流合作。2004 年，由联合国儿童基金会发起，孟加拉国主要参与非正规家庭生活教育的组织共同构建了青少年儿童家庭生活发展联络网（Education Consolidation Net Work，ECDN），作为交流信息、分享经验和相互协作的平台，同时负责对不同组织开展的项目进行协调。孟加拉国政府在 2003 年颁布的《初等教育发展项目Ⅱ》中肯定了非政府组织的参与及其取得的成效，并予以鼓励和提倡，还计划在 2002—2015 年分三个阶段共投入 8.7 亿美元到有关青少年儿童发展的各个项目中，并准备逐渐实现家庭生活教育教材、教法、师资正规化。

孟加拉国家庭生活教育项目实施效果

国际组织对孟加拉国家庭生活教育项目的资助，受益者大约有 550 万是来自最贫困家庭的儿童青少年及其家庭。他们在孟加拉国所有农村地区（469 个地区）的家庭生活教育中心登记接受辅导。每年 7 月至 9 月的项目资助已惠及 608 000 名青少年儿童及近 601 000 个家庭，且受益男童与女童的比例基本相当。2003 年 3 月底，355 个救助志愿机构已经向 47 571 个家庭生活教育机构提交了资助登记信息。在接受帮助的 10 570 922 名青少年儿童中，4 180 274 名青少年儿童接受了完整的家庭生活教育课程，其比例近 40%②。经过长期的教育培训，在参加 AFLE 项目的青少年儿童中，青少年（6~12 岁）女生辍学率比男生辍学率低。就总的辍学率而言，女生辍学率低于男生，女性生理卫生安全知识基本得到普及。综合来看，孟加拉国的青少年家庭生活教育项目的资助目标已经全面完成。

---

① 张建莉：《孟加拉国农村基础教育阶段学生资助项目分析研究及对中国的启示》，《西北成人教育学报》，2007 年第 4 期，第 65-67 页。
② 李建忠：《教育公平：国外的探索与经验》，中国教育报，2006 年 11 月 26 日，第 6 版。

中国香港地区：完善服务体系预防家庭生活问题

由于经济、技术、环境与人口迁移等因素的变化及全球化的影响，当今家庭处在一个复杂多变，相互联系并不断发展的世界之中①。现代家庭正处于世界急剧变革时期，面临更大的挑战与风险。为了预防家庭问题，协助家庭健全功能的发挥，提升家庭成员发展能力，中国香港地区形成了较为完善的家庭生活教育服务组织实施体系。深入探讨当代香港家庭生活教育服务的发展及有益实践经验，对于促进家庭生活教育，提升家庭生活质量具有重要的研究意义。

香港地区家庭生活教育服务的历史与现实发展

20世纪初，香港家庭生活教育主要由民间机构组织为个体及家庭提供服务，服务主体较为单一，内容粗简，服务目标也具有临时性，缺乏长远规划与统筹。20世纪70年代以来，在社会急剧变革，家庭面临挑战与危机背景下，香港政府开始提供行政领导与支持，家庭生活教育服务开始走向服务专业化，功能多元化，致力于提升家庭成员生活质量与管理家庭的能力，增进个体及家庭生活幸福。

历史溯源

香港家庭生活教育的发端追溯至英国在港殖民统治时期，主要表现为由宗教团体提供服务的特点。1938年香港教会社会服务中心在香港建立工作点，主要为居民提供家庭服务。随后在英国资深社会工作者 Katherine Scott-Moncrieff 的协助下成为独立非官方的家庭服务机构，正式命名为香港家庭福利会，初期主要服务于有需要及受困扰的家庭，后期服务对象范围扩展至社区内的贫困户、破碎家庭及从集中营释放出来的人士等②。20世纪40年代，以美国路德会香港分会为代表的宗教团体相继成立，均以传福音与为家庭提供生活服务为主要目标。

20世纪50年代香港家庭生活教育服务开始逐步向社会弱势群体提供援助，承担起社会工作、教育与社区服务等综合多元功能。在继续延续以众多非官方宗教团体力量来推进香港家庭生活教育的发展之外，香港将家庭生活教育与中小学课程进行融合，培养家庭成员有效管理家庭的能力，普及家庭知识与技能，进一步提高家庭生活质量。学者 Lam 和 Smith(1980)在考察香港的报告中

---

① Stiglitz J. (2007). Making Globalization Work.New York：W.W.Norton，pp.10-11.
② 袁险峰：《香港的社会福利和流浪儿童救助机构》，《社会福利》，2002年第9期，第27-31页。

指出,香港当时正在实施三年制实验性的家庭生活教育大纲和生育教育大纲[1]。20 世纪 70 年代政府开始强化行政领导与支持,推进了家庭生活教育服务的强有力发展。1977 年香港社会福利署成立家庭生活教育筹备委员会,为家庭提供生活方面的教育服务。1979 年香港政府发表《进入八十年代的社会福利白皮书》进一步明确了政府与非政府机构服务供给中的职责:政府机构由社会福利署主要负责服务的整体规划、统筹和管理以及筹办全港性的家庭生活教育宣传运动,非政府机构由政府资助在地区层面提供家庭生活教育服务。

进入 21 世纪,香港政府关注家庭生活教育服务专业化发展,加强服务质量专业评估。为调查家庭生活服务供给状况,香港大学针对家庭服务进行检讨与评估,发表了《家庭服务检讨顾问研究报告》,提出整合家庭服务一站式理念,将家庭生活教育融入相关服务中以提供更为行之有效的服务。2005 年致力于提供家庭问题的预防、支持及教育补救一站式服务的综合家庭服务中心在香港全面推行,竭力为香港家庭提供综合多元与高质量的服务,推进家庭成员发展能力建设。

现实需求

随着香港现代化与国际化进程的推进,吸引了大量移民及外来务工人员来港生活。人口数量激增为香港提供众多劳动力的同时更带来了巨大社会压力,与家庭生活有关的一系列社会问题也随之出现,如家庭功能弱化、青少年犯罪、高离婚率、老龄化等。香港社会家庭功能日益式微,亟须提供家庭生活教育服务以恢复家庭现代功能。家庭生活教育已成为减缓社会变迁所引起的消极影响与减少家庭有关的社会问题的重要发展领域[2],是与香港社会现实需要相一致的。

首先,家庭变迁下家庭功能弱化。社会竞争激烈、个体受教育水平提高、女性劳动参与率提升等因素导致香港生育率逐年降低。社会变迁下的婚姻模式也发生着变化,如未婚比重的增加,初婚的推迟以及离婚率攀升在很大程度上影响了香港的家庭结构[3]。传统家庭结构下的家庭功能进一步弱化,已无法满足现代家庭需求,亟须现代家庭功能产生。1971 年香港家庭福利会首次倡导开展家庭生活教育服务,开展青少年及儿童照顾、长者及社区支持等工作,以协助家庭发挥功能。

其次,家庭青少年儿童发展质量问题凸显。香港青少年犯罪问题一直广受

---

[1] L·哈里曼:《家庭生活教育》,载 Torsten Husen、T.Neville Postlethwaite、吴庆麟:《国际教育百科全书(第四卷 F-H)》,贵州教育出版社,1990 年,第 28 页。

[2] Duncan S.F. & Goddard H.W. (2011). Family Life Education: Principles and Practices for Effective Outreach.SAGE publications, Inc.p.6.

[3] 王建平、涂肇庆:《香港地区家庭住户结构变迁的探究》,《中国人口科学》,2003 年第 4 期,第 52 - 59 页。

关注。据香港统计处数据显示，1976年青少年(指7～20岁)犯罪率占犯罪总数的近三成并呈逐年上升趋势，1993年达到最高值为34.1%[①]。这一现象引起社会及政府部门极大重视。1975年，香港中文大学研究中心发表《青少年罪案社会成因研究报告》指出，导致香港青少年暴力犯罪最主要因素是青少年辍学、不和谐的家庭状况及生活环境等[②]。社会福利署与非政府机构依据报告建议，为家长与青少年提供家庭生活教育，以教育途径向家庭成员传授家庭生活知识与技能，教育人们如何在家庭中有效相处，发展更丰富的人类关系[③]。

再次，家庭婚姻生活质量满意度下降。香港粗离婚率自1990年以来直线上升，到1998年为2.0‰，2008年已达到2.6‰，2013年年中粗离婚率已突破3.1‰[④]。粗离婚率居高不下问题迫使社会福利署开始注重家庭中的婚姻教育，为提升婚姻满意度专设"家庭生活教育活动街"，为公众开设婚前专业辅导课程，以提供婚前心理评估、个别辅导等方式为香港家庭提供婚姻问题辅导。

最后，老龄化问题受到社会广泛关注。世界卫生组织于2014年8月15日发布的《2013年世界卫生统计报告》指出香港人均寿命为82.8岁，世界第二，仅次于日本。在人均寿命延长和低生育率共同作用下导致人口老化问题持续恶化。香港人口中65岁以上长者所占比例逐年上升，2003年年中为11.8%，截至2013年年中升至14.2%，即在香港平均每100人约有14人是65岁以上的老人[⑤]。为了让老人"老有所属、老有所养、老有所为"，香港福利署特别成立了安老服务，为60岁及以上有需要的老人提供一系列支持活动，满足家庭老人需求，提高家庭生活质量与促进社会和谐稳定。

香港家庭生活教育服务的目标、内容与策略

为更好解决与家庭相关的系列社会问题与矛盾，进一步实现个体与家庭增能，提升家庭发展能力，香港家庭生活教育服务提供了针对家庭与个体的多维目标，为处于不同家庭生命周期阶段的家庭成员提供多样化服务内容与服务策略。

服务目标

社会分化加剧、社会流动加快等因素使家庭规模小型化、结构核心化、类型

① 香港政府统计处：《香港统计年刊》，香港统计出版社，1995年，第231页。
② Agnes NG et.al. (1974). Social Causes of Violent Crimes among Young Offenders in Hong Kong. Hong Kong: Social Research Centre，pp.14-24.
③ M·E·布里林格、D·H·布伦戴奇：《成人的家庭生活教育》，载 Torsten Husen、T.Neville Postlethwaite、吴庆麟：《国际教育百科全书(第四卷 F-H)》，贵州教育出版社，1990年，第30-31页.
④ 香港政府统计处：《香港统计年刊》，香港统计出版社，2014年，第4页。
⑤ 香港政府统计处：《香港统计年刊》，香港统计出版社，2014年，第4页。

多元化,因而家庭功能有弱化和外部化的趋势①。为此亟须香港政府等机构的积极干预,承担家庭与社会连通的重要桥梁作用,通过教育方式传播家庭生活知识与技能,帮助家庭及成员适应社会变迁,提高家庭生活质量。概言之,家庭生活教育服务目的在于联系内在力量和外部资源,为个人和家庭增能,呈现个人及其家庭的最大潜能②。

具体来看,香港社会福利署及其他非政府组织机构从家庭与个体的知识、情感与技能不同维度,阐释了家庭生活教育服务的三大目标。首先,协助家庭完成各发展阶段任务,应对家庭各方面的压力,促进家庭健康成长。家庭生命周期理论认为家庭在不同的生命周期阶段面临不同发展任务及内容,处理不当易出现不同程度的家庭危机。家庭生活教育目的之一在于协助每个家庭顺利度过不同发展阶段。其次,增进家庭成员间了解,培养和谐氛围,巩固家庭关系。随着社会竞争激烈,越来越多女性走出家门进入工作岗位,女性角色发生转变,双职家庭激增,家人间缺乏沟通,家庭关系脆弱化,通过家庭生活教育服务积极干预以巩固家庭关系。最后,向个体传递家庭相关的知识和技能,应对角色转变和生活需求,培养对家庭负责的正确态度,预防家庭破裂。从个体角度来看,家庭面临种种危机与家庭成员缺乏相关的知识与技能不无相关。

服务内容

家庭生活教育服务对象及内容随香港社会发展的不同阶段有所变动。20世纪后半叶,香港家庭生活环境恶劣,受资本主义思潮影响,绝对个人主义盛行,许多家庭支离破碎,面临解体危机,家庭生活质量总体下降,家庭生活教育试图为全港市民提供基本的照顾与供给。20世纪80年代,随着香港福利保障机制日渐完善及经济发展水平的提升,越来越多的家庭生活日益改善,服务对象集中于10～50岁的市民。20世纪90年代以来,高离婚率迫使家庭生活教育服务重心调整,将已婚夫妇纳入其中,帮助夫妻间更好地维持婚姻关系。目前,香港家庭生活教育以准婚人士、准父母、已婚夫妇、家长及青少年为主要服务对象,以家庭成员在认知、情感、态度、技能等向度为服务内容(见表5－2)。

表5－2　家庭生活教育服务对象及内容

主题	服务对象	主要内容
婚前准备	准婚人士	婚姻的意义和期望;婚前检查的重要性;新婚生活的适应;性与婚姻;夫妇沟通的技巧;处理冲突的技巧;家庭计划;财政管理;相处之道

---

① 田丰:《当代中国家庭生命周期》,社会科学文献出版社,2011年,第21页。
② 史秋琴:《城市变迁与家庭教育》,上海文化出版社,2006年,第212页。

（续表）

主题	服务对象	主要内容
产前准备	准父母	生育前夫妇的身心准备;怀孕期间夫妇的心理状况、情绪变化及适应;怀孕期间夫妇的关系;产妇抑郁症的处理方法;婴/幼儿成长过程的特征;父母角色
夫妻相处	已婚夫妻	夫妻的角色与责任;性与婚姻;增添生活情趣的方法;夫妻沟通的技巧;姻亲相处之道;处理冲突的技巧
管教子女	家长	了解子女的生理及心理发展;学习有效的管与教;亲子沟通的技巧;管教子女时父母的情绪与压力;处理孩子行为问题的技巧
青少年成长	青少年	自我认识的方法;与父母相处之道;青少年的角色与责任;处理情绪困扰的方法;面对压力的技巧;交友恋爱之道;了解青春期转变和适应

资料来源:香港社会福利署:家庭生活教育服务内容,https://flerc.swd.gov.hk/site/aboutInfo。

从表 5-2 中可以看出,凡是对家庭的整体发展和幸福有益的家庭生活事件,均被纳入到香港家庭生活教育的服务内容范畴,反映了香港家庭生活教育服务贯穿于家庭生命周期各个重要发展阶段,具有非常丰富的内容。

其中,面向家庭支持父母的青少年儿童的社会干预教育计划,是香港社会开展家庭生活教育的重要形式。家庭生活教育的重要目的不仅仅停留在单向的知识技能与信息的传递,还要及早发现家庭生活教育可能面临的突出问题进行早期干预。香港社会开展的一系列预防家庭中的儿童及青少年发展干预计划,主要是针对儿童及青少年不同年龄段,实施相应的项目方案(见表 5-3)。通过参与这些项目或方案,及早发现需要关注的对象进行治疗或干预,促使其健康成长和发展,尽可能减少给社会带来的负担与危害,促进家庭和谐与社会稳定。

表 5-3　针对儿童青少年实施的干预项目

实施时间（或实施对象）	项目名称	主要目标
0~3 岁	综合儿童健康及成长计划（Integrated Child Health and Development Program）	发展一套识别工具,有身体、心理或学习障碍、家境贫困的家庭需要及早分辨,提供支持
小学四年级	成长的天空（Understanding Adolescent Project）	利用已有识别工具,将成长上有潜伏危机的儿童识别出来,提供抗逆力培训

（续表）

实施时间 （或实施对象）	项目名称	主要目标
中学一年级	共创成长路（The P. A. T. H.S to Adulthood：A Youth Enhancement Scheme）	为中学生提供心理素质培育，并识别一些成长上有潜伏危机的少年，提供额外的培训或治疗服务
离校青少年	生涯规划（Career development）	为离校青少年在职业性向上作出测量，提供生涯规划培育
待业青少年	另类培训（alternative education）	识别待业青年是否有学习或心理障碍，在正规教育以外寻找另类的教育培训模式及提供与市场接轨的职业培训

资料来源:史秋琴、杨雄:《城市变迁与家庭教育》,上海文化出版社,2006年,第238-239页。

服务策略

　　香港家庭生活教育服务主要采用推广性和教育性策略。家庭生活教育与家庭治疗等领域最大差异在于其预防性与教育性。为预防家庭相关问题,需要向大众及早传播家庭生活教育信息。由于家庭生活教育在港推行不足四十年,与西方发达国家相比还处于迅速发展阶段,大众对其了解尚未深入。推广性策略主要采用大众传媒、电视节目等手段向公众宣传家庭生活教育,加强公众对家庭生活教育的关注度,提高公众兴趣。此外,香港家庭生活教育主要功能在于教育性,即帮助家庭及个人处理家庭发展阶段的问题。教育性策略主要以讲座、工作坊、训练课程、小组活动等形式,协助个人掌握与家庭相关的知识和技巧,处理家庭事务和问题。事实上,香港任何家庭生活教育服务机构均包含以上两种服务方式,只是在侧重点方面有所差异。如家庭生活教育资料中心倾向于提供推广性策略,向公众传播家庭生活教育信息;综合服务中心则更重视教育性策略,通过活动课程、项目等形式协助个人及家庭解决生活中的问题。

香港家庭生活教育服务发展的组织体系

　　1976年,香港政府接受香港中文大学研究中心关于《青少年罪案社会成因研究报告》的建议,在港全面推行家庭生活教育,作为预防青少年犯罪行为的一项措施。香港政府依据报告的建议,成立社会福利署和非政府机构沟通负责香港家庭生活教育工作,下面设立10个家庭生活教育主任来推及联络各区家庭生活教育工作。1979年香港政府发表了《进入八十年代的社会福利白皮书》,提出继续推进家庭生活教育服务计划,并申明政府和非政府机构在提供服务方面所担当的角色。白皮书确认了政府的政策,由政府资助非政府机构在地区层面提供家庭生活教育服务。

香港社会福利署在中央及地区层面积极规划家庭生活教育服务,其下属的家庭与儿童福利科负责家庭生活教育服务的整体规划、统筹和监察工作。家庭生活教育服务供给主要由非政府组织机构负责,家庭福利会、香港路德会、香港青年协会、香港小童群益会等机构组织下均设有家庭生活教育组。目前,香港已形成较为完善的家庭生活教育服务组织体系(见图 5-1)。社会福利署负责对非政府机构提供的家庭生活教育服务进行质量评估与监察工作,确保所提供的服务符合服务协议制定的标准,同时对其提供充足的资金支持与政策扶持。

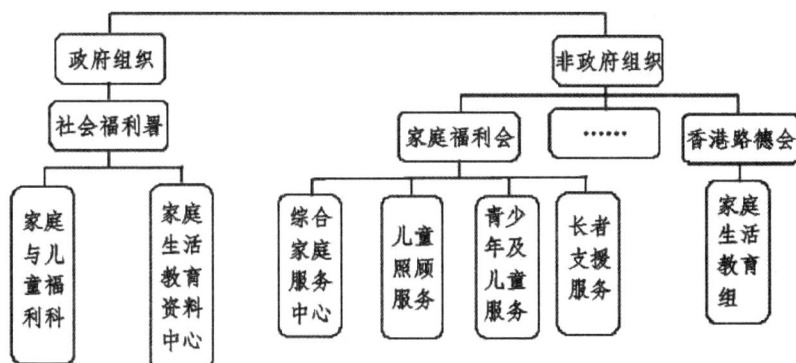

图 5-1　家庭生活教育服务运作体系(部分)

香港政府还成立家庭生活教育中央指导委员会来负责计划、发展和评估监察开展的家庭生活教育服务。此外还设立家庭生活教育资源发展工作小组与家庭及儿童福利服务协调委员会。随后成立家庭生活教育宣传运动委员会,负责筹办两年一度的全港性宣传运动,以唤起公众人士对家庭生活教育的重要性的关注,以及宣传有关的服务①。经过几十年的实践,香港已经形成了比较完善的家庭生活教育的组织体系与运作机制。

家庭生活教育资料中心

1979 年香港社会福利署成立家庭生活教育资料中心,向市民传递家庭生活相关知识与技能,提供可视化资源,形成较为完善的合作推广体系。该中心服务内容主要有:一是发展切合香港现实需求的家庭生活教育资料。由家庭生活教育资源发展工作小组负责开发,遵循"涓滴效应模式"(trickle-down model),由研究者创造家庭方面的科学知识,再将家庭知识以录像带、影像光盘、展览板、图

---

① 《香港家庭生活教育的发展》,http://flerc.swd.gov.hk/lm_io/lm5_fle_intro.asp? lang=1/2010-
07-20。

书等可视化产品的形式传递到公众之中,内容涵盖个人成长与发展、家庭角色与关系、人际沟通、性教育等。二是推广家庭生活教育。中心透过大众传媒、家庭生活教育小册子等宣传资料向公众推广家庭生活教育。三是为各区综合家庭服务中心、家庭生活教育组等主办机构提供相关课题教材资源与活动指导。

综合家庭服务中心

香港家庭福利会辖下的综合家庭服务中心基于"儿童为重、家庭为本、社区为基础"的理念,为有需要的家庭提供综合性专业化的家庭服务。为满足不同家庭需求,以家庭资源供给、支持小组及个案辅导等途径为不同家庭提供全方位、多层面的服务。

近年来,该中心推出一系列为满足不同年龄阶段人群需求的项目。项目开发主要采用 Tyler 模式,以结果为导向,强调主体行为的转变,具有较强可行性和操作性的特点。例如,为应对亲子关系冷漠、家长缺乏亲子沟通技巧问题,2012 年至 2014 年特推出为期两年的"家·TEEN·和谐"计划。该项目为 9～13 岁的学生家长提供服务,致力于提升家长个人能力,与孩子建立有效的亲子沟通。项目报告结果表明该计划有效提高了家庭和谐指数、快乐指数及家长对亲子关系的满意度[1]。为解决离异父母子女教养问题,2013 年该中心实施一项为期三年的"夹缝中的曙光'儿童为本'共享亲职先导"计划。"共享亲职"是指夫妻离婚或关系结束后,父母仍基于"儿童为本",即以子女的成长利益为大前提,保持平和理性的沟通,合作教养子女[2]。该项目期望推动社会人士对"儿童为本"亲职价值的关注与认同,协助离异父母建立以子女利益为依归的价值观与态度,以"伙伴合作"关系照顾和教养子女,让子女仍能得到父母的关怀和照顾,健康成长。为此家庭福利会策划并翻译了一本专为离异父母准备的《儿童为本——离异父母共享亲职手册》。该项目为离异父母教导子女提供了正确的方向,有效降低了青少年犯罪率。

家庭生活教育组

香港路德会、青年协会、小童群益会、基督教灵实协会等众多机构均设有家庭生活教育组。以香港路德会为例,该家庭生活教育组成立于 1993 年,本着基督徒互助互爱精神,为区内家庭提供服务,使市民意识到家庭生活的重要性,担当自身责任,创建和谐的家庭生活。路德会隶属下的家庭生活教育组具有宗教性和世俗性双重性质。一方面,在家庭生活教育活动中传递基督教福音,传颂《圣经》。另一方面,为加深个体对自身及家庭其他成员的了解,提高家庭生活幸

---

① 香港家庭福利会:《"爱·TEEN·和谐"计划研究报告》,香港家庭福利会出版社,2010 年,第 2 页。

② 家庭福利会:《夹缝中的曙光"儿童为本"共享亲职先导计划》,http://58.64.139.168:8080/b5_service.aspx? id=75 & show=1 & aaa=2.2015-01-20。

福感,防止家庭破裂,维系社会之安定,通过课程、讲座、研讨会、展览、工作坊等方式向公众灌输有关个人与家庭发展的正确知识、技巧和态度等。服务内容包括:个人的基本需要、不同角色与人际关系、性教育、家务处理及健康教育等①。

香港家庭生活教育服务发展的主要特点

香港政府机构组织和许多非政府机构组织通力合作,积极发展家庭生活教育,为个体及家庭生活提供了较为完善的服务,形成了符合香港社会现实需求的独特的服务体系。具体来看,香港家庭生活教育服务有如下特点。

服务内容广泛

学者阿库斯在基于生命周期理论的家庭生活教育框架中指出,由于家庭生命周期中的每个新阶段都会引发新的学习需求,家庭生活教育应根据个体成长的不同年龄阶段及不同年龄阶段所涵盖的七大主题内容来开展服务。香港的家庭生活教育基于家庭生命周期理论的同时立足于香港家庭及个体现实需求之上,服务囊括儿童、青少年及成人等各年龄阶段的人际关系、人类发展与性生活、亲子关系、家庭与生活、家庭资源管理等七大主题内容。

服务机构多元化

香港家庭生活教育服务主要由政府组织与非政府组织共同提供,二者分工明确,相互配合。非政府组织主要包括一些宗教慈善团体及非宗教组织,如香港明爱会、路德会、青年协会等。香港政府与非政府机构建立"伙伴关系",即以政府与非政府机构共同负责的模式提供家庭生活方面服务。在家庭生活教育服务供给上采取政府机构主导,非政府机构主体的方式,形成了由政府资助推动,非政府组织提供直接综合化服务的运作模式。众多组织围绕家庭整体状况,横跨家庭生命周期,提供灵活自如、专业化的家庭生活相关的课程、专题、讨论会和服务。该模式既克服了政府垄断带来的不足,也避免了非政府组织仅靠社会募捐而导致资金硬件设备等方面的空缺问题。

服务经费充足保障

经费是服务供给的基本保障之一,是切实发展服务的重要前提。香港家庭生活教育服务的经费充足,来源多样化,采用自筹与政府资助相结合的模式。近年来,社会福利署用于家庭生活教育方面的经费不断提升,其中家庭及儿童服务占福利支出的 21%,青少年服务占 15%,长者服务占 32%,随着老龄化加剧,长者服务经费有不断上升趋势②。非政府机构运作经费 80% 来源于政府资助,同

---

① 香港路德会:《家庭生活教育组服务内容》,http://www.hklssfle.org.hk/index.php? id=3.2015-01-20。

② Wong,H.(2004).The Changing Social Welfare,HongKong Social Welfare Publications,pp.3-4.

时依靠会员会费、社会爱心人士资助等途径募集资金确保机构的正常运作。如香港家庭福利会的服务经费主要由四部分组成：政府资助，香港公益金资助，香港赛马会资助及商业机构、服务社团、慈善基金及私人捐助。个人可通过网上、现金捐款，支票等方式向机构捐助。此外，众多志愿者的积极奉献与其他资金筹集活动也满足了家庭生活教育服务供给需求。

中国台湾地区：注重立法建设推进家庭生活教育

近年来，中国台湾地区面对社会转型期家庭问题突出的现实与家庭成员的实际需求，在全面检讨现行家庭生活教育供给与制度建设表现出的严重缺失和不足基础上，通过立法完善家庭生活教育内容，强化家庭生活教育的立法制度建设，有力地带动了台湾地区家庭生活教育的专业化发展。

台湾地区面临的家庭现实问题与发展需要

一方面，台湾地区的家庭观念变革催生了多元的家庭模式。在台湾多元文化的冲击下，家庭的价值观念也发生变化，家庭模式更加趋于多元化。其一，双薪家庭增多。由于台湾市场经济的发展以及女性地位的上升，愈来愈多的女性走出家庭、步入社会。据 2002 年的调查，在台湾 680 万户家庭中，每十对家庭中就有四对双薪家庭[①]。其二，单亲家庭增多。主要由于人们的性观念和婚姻观的改变，导致未婚同居现象增多、离婚率上升。单亲家庭中父母一方的角色缺失，整个家庭的功能都受到了一定的限制，面临着生活压力和情感短缺的双重困境。其三，隔代家庭增多。由于夫妻双方都需外出工作，很多家庭的孩子由老人代管。其四，涉外与跨国婚姻增多，具有多元文化背景的跨国或跨境家庭增加。此外，还存在特殊群体家庭结构，如再婚家庭、失独家庭、父母角色互换家庭、同性恋家庭等。由于不同家庭模式的特殊性，其面对的家庭问题也各不相同，如子女的教育、老人的赡养、涉外家庭夫妻的文化适应和家庭生活教育方式差异等，迫切需要政府和社会能够提供一定的服务与支持，解决各类家庭面临的家庭生活问题。

另一方面，台湾地区社会变迁导致家庭功能式微。首先，家庭的生育功能弱化。随着台湾地区经济的发展和激烈的社会竞争，人们生活节奏加快，家庭对子女的投资成本日益增多，人们的生育观念愈发淡薄。其次，家庭的养育功能弱化，主要表现在未婚妈妈弃养子女，子女履行赡养老人义务的削弱。少子化和人口老龄化是目前台湾面临的两个主要问题。

---

① 　林水木：《家庭教育法及其对学校教育之冲击》，《学校行政月刊》，2005 年 39 期，第 179 - 192 页。

在立法之前,台湾地区的政府已经意识到推进家庭生活教育的重要性。但是由于缺乏统一的规范与保障,各个地区人力与资源水平参差不齐,各地的家庭生活教育工作一直处于自由散乱的发展状态。具体表现在:一是缺乏系统的专业教育体系。早期台湾家庭生活教育主要是在社会、学校、农政领域,根据各领域不同的人才需求,设置不同的培训内容。后期针对不同时期的社会问题,提出了相应的家庭生活教育补充型措施。尽管家庭生活教育关注社会现象与家庭现实需要的趋势在逐渐增强,但家庭生活教育具体的教育对象、教育内容并没有明确,其受益面并不能惠及所有家庭,指导范围有限。二是缺失通畅的专业管理体系。过去家庭教育中心不受地方政府管辖,与相关机构也欠缺联系①,家庭教育中心的工作也不够规范化和专业化。台湾地区的教育主管部门较为重视家庭生活教育,而地方政府管理机构由于对家庭生活教育未形成通畅有效的执行通道,相应的职责也不够明确具体,这在一定程度上影响了家庭生活教育实务工作的有效开展。三是专业人员的专业认证欠缺规范。在《家庭教育法》颁布前,台湾家庭生活教育专业人员的资格认证主要经历了三次修订,但是这三次修订内容并无根本性改变,专业要求不高,并且对于非相关专业申请资格认定者的家庭生活教育工作经验也没有具体要求②。

基于《家庭教育法》推进家庭教育的主要内容

基于上述家庭变迁背景与现阶段家庭生活教育制度建设的现实需要,台湾地区通过立法确立了家庭生活教育的概念与内涵,强调家庭教育是增进家人关系与家庭功能的各种教育活动,范围主要包括亲职教育、子职教育、性别教育、婚姻教育、失亲教育、伦理教育、多元文化教育、家庭资源与管理教育以及其他家庭教育事项九个方面,通过立法,明确了家庭生活教育的定位和推展体系,有力推进了台湾地区的家庭生活教育专业化发展。

立法确立家庭生活教育的价值

首先,家庭生活教育是提升家庭生活质量的有效保障。《家庭教育法》的立法目的是"增进国民家庭生活知能,健全国民身心发展,营造幸福家庭,建立祥和社会"。社会祥和离不开家庭幸福,人们已经意识到家庭对于个人发展、社会进步的重要影响。无论是经济全球化进程的加快、知识经济和信息时代的冲击,还是体制变革、市场经济带来的外来文化激荡,这些新形势、新问题都直接或间接地影响了家庭生活质量。法律通过强制、监督的方式,可以提高人们对于家庭生活教育的重视程度,增进国民家庭生活知能,从而解决家庭引起的各种社会

---

① 　黄富顺:《家庭教育法的特色与挑战》,《师友月刊》,2003 年第 12 期,第 14 - 19 页。
② 　谢银沙:《台湾家庭生活教育专业化之回顾与评析》,《家政教育学报》,2005 年第 7 期,第 80 - 98 页。

问题。

其次,家庭生活教育是培养家庭生活教育专业人才的现实需要。家庭生活教育工作人员的专业水平,直接关系到家庭生活教育服务质量。由于早期台湾地区致力于发展经济和推动工业化进程,对于社会福利和家庭建设有所忽视。高校培养的家庭生活教育专业人才较少,从事家庭生活教育的工作人员的学科背景差异性较大,专业知识的掌握程度和实践能力的水平也参差不齐。立法为培养专业人才提供了基础保障和实现条件,以法定形式规范家庭生活教育工作人员的专业素质,确保专业人才培养质量①。

最后,家庭生活教育立法有利于建立系统的家庭生活教育施行体制。从顶层设计至基层运作,台湾地区的《家庭教育法》都有详细的规定:设立地区最高教育部门为最高管理机构,市、县(市)政府为其地方层面主管机关,设立家庭教育咨询委员会和家庭教育中心作为专业基层实践机构。此外,《家庭教育法》还对家庭生活教育的推展方式和经费保障等进行了规定,形成了自上而下的规范化施行体制,保障了家庭生活教育的有效实施。

立法丰富家庭生活教育课程体系

为了普及家庭生活教育专业知识,培养具有专业知识和专业能力的家庭生活教育专业人才,台湾地区的《家庭教育法》根据不同学段学习者的现实需要和学习能力,制定了相应的教育内容和培养目标。高中及以下学校以向学生普及家庭生活教育知识、向学生家长普及亲职教育知识以及对"问题"学生的及时"治疗"为目标;高校以培养社会需要的家庭生活教育专业人才为目标,设立家庭生活教育相关系所或家庭生活教育研究中心,根据家庭生活教育各个主题开设系统的家庭生活教育课程,培养具有专业知识和实践能力的家庭生活教育人才;各级政府主管部门也鼓励师资培育机构将家庭生活教育相关课程设为必修科目或通识教育课程,使未来教师具备必要的家庭生活教育知识储备。

立法确立专业资格证书认定制度

根据台湾教育管理部门颁发的《家庭教育专业人员资格遴聘及培训办法》,家庭教育专业人员是指经过家庭教育专业训练、具有家庭教育专业技能、从事增进家人关系与家庭功能各种教育活动的专业工作者。申请者需经过专业化的学习或实践,满足《家庭教育专业人员资格遴聘及培训办法》中五个条件之一,方有资格申请认定。为了确保人才质量,台湾教育管理部门严把入口质量关,对于申请者的家庭生活教育专业背景、专业实务工作经验都具有较高的要求。不但遴选家庭生活教育专业人员时具有高标准,对于新入职和在职家庭生活教育专业人员也要求具有相应的基层家庭教育中心职前训练和在职进修经历。通过资格

---

① 邱旭光:《台湾家庭教育专业人才培养及其启示》,《高教探索》,2013年第5期,第92-97页。

认定遴选出的家庭生活教育专业人员,被输送到家庭教育咨询委员会、直辖市和县级家庭教育中心、各级学校以及各级社会教育机构等行政管理单位和基层实践单位。如此通畅的家庭生活教育专业人才培养和就业通道,保障了家庭生活教育工作的专业性,提高了社会服务质量。

立法建立系统的家庭生活教育推广体系

在法律的规范与监督下,台湾地区的家庭生活教育实务工作从行政管理和基层实践两个方向,全面推进家庭生活教育服务专业化。在颁布《家庭教育法》后,台湾教育管理部门又相继推出《家庭教育法实施细则》《家庭教育专业人员资格遴聘及培训办法》及《高级中等以下学校提供家庭教育谘商或辅导办法》等相关政策,同时设立由学者专家、机关、团队代表组成的家庭教育咨询委员会,负责有关家庭生活教育政策及法规的修订、家庭生活教育推展策略、方案、计划、活动规划、课程教材研发以及对提高家庭生活教育服务的指导等。基层具体的实践工作主要由各市县家庭教育中心和各级学校、教育局、民间社会机构等负责,开展教学、咨询辅导与演讲座谈等类型多种主题活动。

全球家庭生活教育实践经验的中国意义

20 世纪 90 年代,全球化的迅猛发展,国际家庭生活教育的研究呈现跨文化差异与跨学科整合特点,在实践上过多地显示出多学科的应用发展特点,表现出多元文化下国家或地区在推进家庭生活教育制度建设的创新实践差异。除了前面具体探讨的一些国家或地区开展家庭生活教育主题与有益经验外,澳大利亚和挪威等国家推行了一系列婚姻与亲职教育,印度和南非及其他非洲国家关注家庭健康问题,比如预防艾滋病与性教育干预,马来西亚、印度尼西亚、伊朗、加拿大这些国家也开展了与家庭生活教育有关的学术性项目,还包括一些国际或地区组织也参与其中[①]。

概言之,家庭生活教育已经成为国际社会政策体系建设的共同选择。这些国家或地区在推进家庭生活教育过程中,在专业化、制度化与服务协同化方面积累了重要的有益经验。改革开放以来,中国大陆地区社会政策与福利制度深受全球化影响,需要应用社会政策比较方法,结合本土环境与实际需要积极借鉴与学习这些有益的做法,完善及推进家庭生活教育理论与实践的中国化研究。

其中最为重要的是要认识到家庭生活教育的重要性,需要建立与中国家庭相适应的家庭生活教育服务对象与主题框架内容。其次,要推进中国家庭生活

---

① C. Darling and K.Turkki.(2009). Global Family Concerns and the Role of Family Life Education: An Ecosystemic Analysis. Family Relations,58(1),14-24.

教育的专业化建设。由于跨文化差异与社会发展的不同，如何结合中国家庭生活与学校教育共同推进家庭生活教育，使之本土化，值得认真加以研究。最后，要构建出中国家庭生活教育特色，首先是发挥政府的公共责任，创新制度，积极通过建立相关家庭生活教育政策手段促进服务的专业化发展。

　　总之，面向所有家庭成员，建立涵盖家庭生活教育内容多元、广泛的终身学习化的中国家庭生活教育专业化服务体系，应该是预防和减少家庭危机，增进我国家庭生活幸福，提升家庭生活品质与促进未来社会发展的重要目标之一。全盘否定中国传统的家庭生活教育文化是不对的，但全盘照搬也是一种偏颇。因为历史文化传统毕竟是当时社会产物，不可能没有历史的局限性，应当批判地继承与创新，并借鉴其他国家和地区的经验努力使之本土化，融入中国的家庭生活教育文化。

第六章

发展型家庭生活教育服务范畴与项目

在过去的 10 年中,引起政策改变的理念和实践却有了明显的发展。干预变得更富有针对性,更着力于满足不同人群的特殊经济和社会需求。与此同时,发展规划者愈加清楚地认识到非常有必要将社会分析、社会政策系统性地融入发展政策设计和实施的主流中去。[①]

——安东尼·哈尔 & 詹姆斯·梅志里

家庭生活教育作为一项立足家庭生活发展的教育实践活动,旨在通过专业力量的干预与支持,增强家庭关系,改进家庭生活方式,丰富与提高个人和家庭生活质量。这也是当下社会发展背景下家庭对社会服务的发展性提出的紧迫诉求。由于家庭生活教育与家庭整个生命周期相联系,面对的是多元的复数家庭类型,需要满足受众目标的许多方面的真实需求[②],体现出家庭对社会服务的差异化需要。

因此,提供与发展型社会政策理念价值相一致,设计与实施一系列科学合理的家庭生活教育服务实践项目,面对家庭个体成员与整体发展需求,预防家庭问题的发生,增强家庭关系和谐稳定,提升家庭成员发展能力,就成为发展型家庭生活教育实践的重要载体。从国际范围考察涉及家庭生活教育主要范畴与领域的实践项目,有助于进一步明确家庭生活教育的本质及未来发展方向。

家庭生活教育项目概述

依据发展型社会政策理念,社会发展的宗旨是以发展为目标,增强社会福

---

① 安东尼·哈尔、詹姆斯·梅志里:《发展型社会政策》,社会科学文献出版社,2006 年,第 2 页。

② Arcus, M. E., Schvaneveldt, J. D., & Moss, J. J. (1993).The Nature of Family Life Education. In M. E. Arcus, ed., J. D. Schvaneveldt, ed., & J. J. Moss (Eds.), Handbook of Family Life Education: Foundations of Family Life Education. Newbury Park, CA: Sage. pp.1 - 25.

利,改变经济发展和社会发展之间不均衡的扭曲发展现象。发展型社会服务为应对风险社会和社会结构转型,将其重点放到了家庭服务项目的扩充和升级上,以期维护家庭稳定,实现社会整合。社会整合程度的提高能促进社会稳定,提高社会动员能力,从而促进经济稳定发展。家庭生活教育作为一项重要的发展型社会服务项目,其设计、实施与评估的过程,就是家庭个体与成员的家庭生活福利得以实现、需求得以满足、机会得到提供、能力得以增强的过程。

家庭生活教育项目是实现发展型社会政策与社会服务在价值理念和工具理性的统一方面最好的载体与途径。一方面,发展型家庭生活教育服务通过一系列项目,主要提供家庭生活中家庭日常生活知识技能、青少年儿童发展服务、家庭成员心理健康服务、夫妻婚姻关系调适以及家庭资源管理等服务,发挥咨询、预防和教育的服务功能,缓解家庭负担,融合家庭人际关系,增强社会参与和社会整合能力,维护社会稳定、促进社会融合;另一方面,发展型家庭生活教育服务通过丰富家庭生活教育政策项目,主要强化家庭成员自我潜能引导与释放的学习与自我教育功能,侧重通过家庭生活教育服务,从源头开始科学地开发家庭成员智力、道德与体质,以提升家庭人力资本质量为主要目标,体现教育唤醒人、生成人与发展人的本体功能。总之,发展型家庭生活教育服务项目的实践,努力实现方法的预防性、措施的主动性、投资的社会性、劳动市场的灵活性、社会投资的生产性,变消极因素为积极因素,尽量减少直接的经济资助,最大限度地实施人力资本投资[①]。

然而,由于家庭的多样性,要确立每一个家庭生活教育的实际需求与问题往往面临着很多的不确定性,这为从事家庭生活教育的专业工作者与相关实践者带来机遇与挑战。同时,面对独特家庭的特殊家庭生活教育需求开展符合其需要与实际问题的教育却是很有必要的。

国外相关研究者巴拉德(Ballard, S. M.)等人指出,一份建立在最佳实践基础上的好的家庭生活教育项目应该是由来自经验支持的教育内容以及有丰富经验和技能的家庭生活教育者开发设计的项目组合构成。项目设计、项目内容与家庭生活教育者这三个要素应该是相互关联与相互依存的关系,满足家庭中不同人口的特定文化环境与不同的家庭生活需求,以此来保障高品质的家庭生活教育计划的形成,这就构成了家庭生活教育的最佳的实践框架(见图 6-1)[②]。而对于家庭生活教育的具体项目的开发设计而言,其基本框架则可以包括项目内容(理论、研究、环境及实践部分)、项目的教学过程(教学的计划与呈现)以及

---

① 王磊、梁誉：《以服务促发展：发展型社会政策与社会服务的内在逻辑析论》,《理论导刊》,2016 年第 3 期,第 26—29 页。

② Ballard, S. M., & Taylor, A. C.（2012）. Family Life Education with Diverse Populations: Best Practices in Family Life Education, SAGE knowledge, p7.

项目实施过程与评估等①。

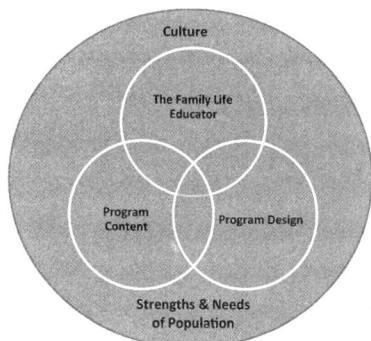

图 6 - 1　家庭生活教育最佳实践框架

　　因此，家庭生活教育工作者需要针对家庭中儿童、青少年、成人及家庭等不同的家庭生活教育对象，围绕家庭性教育、婚姻关系促进、亲职教育及特殊的家庭生活问题等教育主题与领域，发展设计相应的最佳的家庭生活教育项目与方案，在实际教育中有效地实施教育项目方案，并对项目实施效果进行评价，对家庭生活中不同需求进行预防性的介入，减少家庭功能衰微带来的家庭危机及压力，从而实现促进家庭生活质量与家庭幸福的最终目标。认真学习与借鉴全球范围形成重要成效、取得重要影响力的有关于家庭生活教育的实践项目与方案，对于深化家庭生活教育本质及目的功能的理论认识与推进当代家庭生活教育实效具有重要的参考意义。

性教育项目

家庭性教育概念

　　始于家庭的性别与性的教育，关系到青少年儿童正常的社会交往、恋爱、婚姻、家庭生活及其心理发展。性与性别教育最终的目的就是帮助他们养成健全的人格。从两性教育的广义层面来说，其所强调的是社会所建构的两性关系，并探讨造成两性差异与限制的各项因素，重新思考及反省社会所造成的不当两性差异，以期能达到真正两性的平等。

　　家庭生活教育关于家庭性教育的项目的主要目标是期望通过性别教育的过程，让全体家庭成员真正明白平等及尊重的理念，不论是男性、女性，他们是结婚

---

① Hughes，J. R（1994）. A Framework for Developing Family Life Education Programs. Family Relations，43(1)，74 - 80.

或是单身，他们的年龄为何，都应享有相同成功机会、平等的被对待及相互尊重。对于狭义的家庭性教育，主要是通过项目的运作，围绕包括两性生殖以及由此生理上的性别所衍生出的各种相关议题，主要偏重性行为的生理、心理、社会，以及生育、生殖、婚姻与家庭的两性互动等内容。

美国洛杉矶市基于权利的综合性性教育项目

20世纪90年代美国青少年在性心理与性行为等方面的问题相比别的年龄阶段而言更加复杂且多元，青少年性疾病感染和意外怀孕已经成为美国社会重要的公共健康问题。近年来，虽然美国青少年的怀孕率有所下降，但其仍然明显高于其他发达国家，性疾病感染比率在青少年和年轻的成年人人群中高居不下，由此引发的青少年健康问题及其带来的较高的检查和医疗费用，给美国财政造成很大负担等社会问题，使得青少年性教育问题成为美国学校、社区以及公众争论不休的重要主题。

几乎所有的美国人都认为采取某种形式的性教育措施是必要的。那么到底应该由谁负责对青少年进行性教育？这种教育应该在何时、何地以及以何种方式进行，才能够在最大程度上减少对青少年的伤害同时促进青少年健康成长？美国洛杉矶市实施的针对青少年的基于权利与综合性的青少年性教育创新实践，为回答这些问题和有效促进青少年性健康与社会凝聚提供了很好的实践范例。

洛杉矶市基于权利的综合性性教育实践的背景

1. 美国社会性教育模式出现新的变化

近年来，一些国际机构，如联合国人口基金会（United Nations Population Fund，简称 UNFPA）与联合国教科文组织（United Nations Educational，Science and Cultural Organization，简称 UNESCO），以及众多的综合性性教育研究者和实践者，积极呼吁把社会环境，特别是性别和权利纳入到综合性性教育模式之中[①]。2012年联合国经济和社会委员会（United Nations Economic and Social Council，简称 UNESC）在关于人口与发展决议中，呼吁各国政府对人类的性行为，性与生殖健康，人权和性别平等等方面提供"基于证据的综合性性教育"，使青少年能够以一种"积极的和负责任的方式"处理他们的性行为及其相关

---

① Nicole Haberland，Deborah Rogow.（2015）. Sexuality Education：Emerging Trends in Evidence and Practice. Journal of Adolescent Health，（56），15.

问题①。越来越多的组织机构开始将人权的价值观和原则纳入到新框架的综合性性教育中,这被称为基于权利的方法(Rights-Based Approach)。该方法以充分满足青少年的需求为目的,强调在性教育中应注重人权,提高性别平等和性健康的信念。

作为青少年性教育先行国家的美国,"它的性教育模式多彩纷呈,其中最具有代表性的是综合性性教育模式和唯禁欲性教育模式。"②这两种模式的目标都强调在改变青少年的行为的基础上,减少青少年意外怀孕和性传播疾病的风险。事实上,目前在美国实施的大部分性教育项目依然没有脱离基于恐惧的、单向信息传递的方法。近年来,美国社会关于性教育问题讨论越来越倾向于更广泛背景中的更为整全与综合的(comprehensive)方法,即超越通常较为有限专注于怀孕和疾病预防的性教育模式,基于积极的性健康教育方式,促进青少年发展。与国际社会倡导的最新性教育概念相一致,如何将基于权利和性别的综合性性教育模式进行有效整合贯通,赋予青少年权利,日益凸显出权利和性别的重要性,让青少年特别是女孩意识到他们是所处的人际关系中平等的一员,提升其能够保护自身健康及相关问题进行自我决策的能力,是美国开展针对青少年的有效的性教育需要考虑的重要内容。

2. 洛杉矶市性教育的现实发展状况

美国洛杉矶市拥有大量的移民,少数民族约占全市人口的一半,有众多移民社区,不同种族混杂使洛杉矶面临较为复杂的青少年性教育问题。有数据表明,在 1992 年洛杉矶市所在加利福尼亚州是美国青少年怀孕率最高的地方,每千名 15～19 岁的女孩中就有 157 名怀孕③。20 世纪 90 年代,洛杉矶市所在的加利福尼亚州开始提供艾滋病毒与艾滋病预防教育,并开始采用唯禁欲性教育模式防止性传播疾病与青少年意外怀孕,但其效果并不明显。1997 年该州开始逐步地从唯禁欲性教育模式转向综合性的性教育模式。2003 年州长格雷·戴维斯(Davis,G)签署了加利福尼亚州综合性健康和艾滋病预防教育法案,全面转向了综合性的性教育模式。现在洛杉矶市所在加利福尼亚州是唯一一个没有接受联邦政府的唯禁欲性教育模式资金的地方④。

① Nancy,F,Berglas & Francisca,Angulo-Olaiz & Petra,Jerman & Mona,Desai,& ,Norman,A,Constantine.(2014). Engaging Youth Perspectives on Sexual Rights and Gender Equality in Intimate Relationships as a Foundation for Rights-Based Sexuality Education. Sex Res Soc Policy, 2 (11), 288-298.
② 蒋凌燕:《当代美国青少年性教育的两大模式探析》,《比较教育研究》,2009 年第 7 期,第 53-57 页。
③ Boonstra HD. (2010). Winning campaign:California's Concerted Effort to Reduce its Teen Pregnancy Rate. Guttmacher Policy Review,13(2),18-24.
④ Boonstra HD. (2010). Winning campaign:California's Concerted Effort to Reduce its Teen Pregnancy Rate. Guttmacher Policy Review,13(2),18-24.

作为美国"计划生育"（Planned Parenthood）机构旗下的专管洛杉矶学区的性教育专业组织"洛杉矶计划生育"（Planned Parenthood of Los Angeles，简称PPLA）认为，青少年应该得到诚实的和以证据为基础的性信息的帮助，尊重他们亲密的关系，从而促进与保持他们自身的健康。长期以来，PPLA组织机构实施的综合性教育项目与美国的大多数综合性教育项目一样，一直强调信息的重要性，很少关注广泛的文化和社会环境对青少年的影响，而这恰恰是青少年做出性行为的相关决定的关键。

面对国际与美国综合性性教育变革的社会背景，急切需要创新出反映并适合洛杉矶市青少年性教育实际需求的广泛持续的青少年性教育实践新框架。在这样的背景下，洛杉矶市不断融合国际社会关于基于权利的性教育方法，有效整合综合性性教育模式。PPLA组织机构意识到性教育模式的重点应该是如何使性教育关注点由减少性行为不良健康后果的风险转到使青少年有信心在亲密关系中协商，从而保持他们自身的安全[①]。具体到性教育实施途径上，PPLA组织机构发现只局限于课堂上的性教育是不够的，应该对学生、家长和学校基于相同的课程方式，在更广文化和社会环境中进行干预，从而促进协同效应，增加学校与家庭之间进行有关性健康问题的会话的机会。因此，在综合性性教育模式的基础上，PPLA组织机构与本地的中学合作，开发了基于权利和性别的综合性中学性教育新项目，目标是改善洛杉矶市学校青少年特别是低收入的西班牙裔和非洲裔青少年的性与生殖健康，并进行一系列实践活动，来展示该项目如何以及为什么能够加强学校，教师和家长帮助青少年管理及享有他们负责任的性行为的能力。

基于权利的综合性性教育创新实践的理论基础

1. 生态系统理论

美国心理学家布朗芬布伦纳在《人类发展生态学》中提出了著名的人类发展生态系统理论，指出个人的发展与周围的环境，例如家庭、学校、社会、自然等因素之间相互作用，个人才能从中获得健康发展。社会生态理论模型指出了个人与文化规范，社会经济地位不平等，法律和体制因素，以及媒体之间的复杂关系[②]。青少年性行为的相关决定通常都是受到社会环境普遍影响的。洛杉矶开展的综合性的性教育创新项目以生态系统理论为基础和依据，强调在复杂的社会背景下思考如何对青少年进行性教育的发展问题是极其必要的。该创新项目

---

① Magaly Marques，Nicole Ressa. (2013). The Sexuality Education Initiative：a Programme Involving Teenagers，Schools，Parents and Sexual Health Services in Los Angeles，CA，USA. Clinical & Experimental Pharmacology & Physiology，7(2)，113－117.

② U，Bronfenbrenner. (1979). The Ecology of Human Development：Experiments by Nature and Design.London：Harvard University Press，p.1.

用这个社会生态系统模型,把同龄人、家庭、学校教师和社会网络等都纳入其中,加强青少年与各个部分之间的紧密联系,发挥协同作用,对青少年进行性教育,增强青少年的自我决策能力,进而影响和改变青少年的性行为。

2. 基于权利的性教育方法

2009 年人口理事会开发了名为"It's All One"的课程的指导方针及活动,成为基于权利的性教育方法思想的重要实践先驱。该方法指出,只有在青少年的性权利被理解和保障的情况下,青少年才能够以一种健康、安全的方式去探索与表达他们的性。基于权利的性教育方法将性行为、性别规范和性权利统一讨论,力求促进青少年性健康发展。一般地,基于权利的性教育方法包括四个要素:第一,坚持青少年拥有性的权利这一基本原则;第二,扩展了性教育的目标,使其超越传统的减少意外怀孕和性传播疾病的范畴;第三,课程的内容扩大到包括性别规范、性取向、性表达、快感、暴力、人际关系中的个人权利和责任等问题;第四,采用参与式教学策略,使青少年对自身的性及相关问题的选择进行批判性思维[①]。

基于权利的性教育方法为青少年在他们的性生活中做出积极、明智和负责任的选择提供准备。社会有责任为他们提供综合性的性健康教育指导,使青少年能够对性及相关问题进行自我决策的同时促进自身性健康。美国洛杉矶市开展的综合性的性教育创新项目强调把青少年的经验、观点和声音纳入其中,使人权的广泛概念向个人的人际关系层面转变。该举措强调青少年拥有不可剥夺的性权利,具有管理自身性权利的能力,使用参与式教学策略,赋予青少年权利,对自身的性及相关问题进行决策。该方法涉及的内容延伸至青少年面对影响他们的性关系的复杂背景问题时的批判性思维,包括性别规范、权力机制、文化规范、个人权利和责任的关系等。

基于权利的综合性性教育创新实践目标与内容框架

1. 基本目标

PPLA 组织机构的性教育新项目采用一个基于权利的框架,专注于人权、性别平等,获得医疗保健服务以及批判性思维,并强调更广泛的社会文化因素和个人的性决策之间的关系。通过 PPLA 组织机构实施,目标是减少青少年怀孕比率和减轻性传播疾病的风险,以及使学生具有管理他们性行为的能力。更具体地说,洛杉矶基于权利和性别的综合性的性教育创新项目是由认可青少年对性健康信息和服务的获得,自我决策等基本权利这一理念来引导的。它扩大了性

---

① Nancy, F, Berglas & Francisca, Angulo-Olaiz & Petra, Jerman & Mona, Desai, & , Norman, A, Constantine. (2014). Engaging Youth Perspectives on Sexual Rights and Gender Equality in Intimate Relationships as a Foundation for Rights-Based Sexuality Education. Sex Res Soc Policy, (11), 288 - 298.

教育的目标，使其超越疾病和怀孕预防的范畴，赋予青少年权力，希望结合性教育的课程内容在更广阔的社会环境中影响青少年。从更广阔的层面上来看，该举措的短期目的是要影响青少年的心理结果，即青少年的性和性别相关的知识、态度、沟通、自我效能感和行为意向，在此基础上长期目的是影响青少年的性行为。

2. 内容框架

洛杉矶市开发的基于性权利的综合性中学生性教育创新项目由课堂性教育课程、同伴倡导、家长教育以及获得临床性健康服务四个部分内容框架组成[①]。该项目的实施能够加强学校、教师、家长和社会帮助青少年有效地管理自身性及性行为的能力，并且使青少年能够意识到他们拥有卫生保健、教育、保障、尊严和隐私的权利。

1）课堂性教育课程

该项目主要通过开设系统的课堂性教育课程，通过专业的性教育工作者采取对话的教学方式，确认学生的疑虑并提供建议，引导学生对关键概念有更深的了解[②]。该项目课程主要面向九年级的学生，涵盖 12 节基于权利的课程内容，包括 12 项不同的教学主题内容（见表 6－1）[③]。

表 6－1　项目实施的课堂性教育 12 节课程主题

课　程	主　题
1. 引言	概述项目目标；介绍性别刻板印象；临床性健康服务的可用性
2. 社会和媒体信息	在大众媒体中的女性特质、男性特质以及性别形象；媒体对自身形象和性别暴力的影响
3. 性别和身份	性别角色和偏见；性别角色如何随时间而改变；严谨的性别角色如何影响人际关系
4. 人际关系	在性关系中的权利和责任；健康和不健康人际关系的迹象
5. 性行为	界定性和性行为；性是人的健康和正常生命的一部分；选择禁欲和推迟性行为的理由

---

① Magaly Marques，Nicole Ressa. (2013). The Sexuality Education Initiative：a Programme Involving Teenagers，Schools，Parents and Sexual Health Services in Los Angeles，CA，USA. Clinical & Experimental Pharmacology & Physiology，7 (2)，113－117.

② Magaly Marques，Nicole Ressa. (2013). The Sexuality Education Initiative：a Programme Involving Teenagers，Schools，Parents and Sexual Health Services in Los Angeles，CA，USA. Clinical & Experimental Pharmacology & Physiology，7(2)，113－117.

③ Norman A Constantine，Petra Jerman & Nancy F Berglas. (2015). Short-term Effects of a Rights-based Sexuality Education Curriculum for High-school Students：a Custer-randomized Trial. Bmc Public Health，15(1)，1－13.

（续表）

课　程	主　题
6. 性与生殖解剖	男性和女性的解剖结构；了解身体如何运作以及身体的形状、尺寸和肤色的正常差异
7. 怀孕	生物学概念与怀孕；怀孕的选择；成为或者不能成为父母的理由
8. 性病和安全性行为	性病是如何传播的；治愈和治疗性传播疾病之间的差异；安全性行为；避孕套示范
9. 艾滋病毒/艾滋病	艾滋病毒/艾滋病的传播、预防和检测；连续性行为的风险
10. 避孕	预防怀孕的常用方法；方法的有效性和安全性；性别规范如何影响对性的决定；合作伙伴的沟通
11. 性行为选择和强制	不想要与想要的性活动；承诺；说"不"的权利和有责任去询问；了解个人的性行为的底线；合作伙伴的沟通
12. 决策	做出关于性和人际关系的健康决定；性别刻板印象如何影响决策；确定未来的目标

　　该课程强调青少年性别角色与外界环境之间的关系,强调青少年的性权力,除了提供基本的性与生殖健康方面的内容外,该课程的实施强调参与性教学活动方式,如小组练习、课堂讨论与批判性思维活动。在课程教学中,经常基于真实生动的生活情境,采取欣赏电影让学生进行批判性思维的方式,反映描绘青少年面对亲密关系时的矛盾和困难的决策。该性教育课程尤其重视教师的参与,PPLA组织部门将安排教师扮演顾问者、咨询员的角色,协助性教育项目的编排和实施。此外,在每所学校有两位教师在课后利用教室为学生提供临床事件的健康服务。

　　2）同伴训练

　　同伴倡导训练活动旨在培养学生获得关于自身的性与生殖健康的信息资源。该活动首先从几个合作学校选定优秀学生作为同伴倡导者,在课后为他们提供强化培训和领导能力建设。同伴倡导者要参加一个30小时的密集型操作培训,包括角色扮演、经验交流与批判性的讨论。随后这些同伴倡导者将在校园里策划性健康认识活动,并宣传该活动在校园提供的医疗保健服务。PPLA组织机构的策略主要在于利用同伴倡导者帮助同龄人获得准确的性信息和性健康医疗保健服务。同伴的倡导者作为其他同龄人的性教育资源的提供者,有利于消除同龄人对性行为、怀孕与性传播疾病等的错误认识。

　　3）家长教育

　　青少年主要从父母那里获得关于性问题的信息与支持,因此家长对帮助青少年做出健康决策起着至关重要的作用。PPLA组织机构的家长教育活动旨在提供有价值的信息和工具,帮助家长与青少年进行良好沟通,把父母自身的价值观传达给青少年以解决少女怀孕、性传播疾病等问题,使青少年达到性健康的目的。PPLA组织机构的家长教育主要包括三部分:第一,关于性问题的会话。该部分主要是就人类的性问题、父母的价值观、怀孕预防等问题进行会话,引导青少年进行批判性思维,做出良好的决策;第二,女孩对话。在该部分中8~12岁的女孩与她们的母亲就青春期少女的发育问题进行互动交流;第三,做性健康的成年人。该部分主要是父母与医疗人员帮助青少年建立健康的人际关系与价值观。此外,家长志愿者在定期的家长聚会对有学生的家庭宣传家长教育课程。该课程的材料中包括家长指南,旨在提醒家长青少年正经历性成熟,他们有性权利,但仍然有很多东西需要学习。

4) 校园性健康服务

该项目的校园性健康服务是通过一个"没有围墙诊所"的模式进行的。PPLA组织该项举措使青少年更容易获得临床性健康服务,旨在增加成人与青少年之间的信任,有利于良好的性教育环境的形成。PPLA组织机构基于罗斯福中学的成功经验,与其他学校合作,在每个校区建立小型医疗服务机构,为学生们提供卫生保健服务,并且评估学生在课堂上获得性信息之后是否以及将如何有所作为。该举措使那些羞于或者不愿意去医疗中心的青少年,可以在校园里获得性健康服务。每个参与学校在课后要为学生举办医疗保健活动,并保证一年五次,PPLA组织机构的工作人员全年定时巡视,并提供保密和青年友好服务,例如怀孕和性病检测、咨询、处方避孕药和转诊等。除此之外,青少年还会被告知离他们所在的社区最近的计划生育诊所以及PPLA组织机构的免费热线电话和网站。

基于权利的综合性性教育创新实践的相关效果

随着基于权利的综合性性教育实践项目的持续推进,洛杉矶市及其所在加利福尼亚州的青少年性教育卓有成效。每千名15~19岁的青少年女性怀孕比率从1992年的157名下降到2005年的75名[①]。2012年,加利福尼亚州的青少年出生率低于全国平均水平,每千名青少年中仅有27名怀孕。由于其有效的工作,2013年联邦政府财政拨款178万美元给加利福尼亚州和地方教育机构,以帮助其实施具有示范性的性健康教育(Exemplary Sexual Health Education,简称ESHE),增加性健康服务(Sexual Health Services,简称SHS)的获得,并为学生和工作人员建立安全的支持环境(Safe and Supportive Environments,简称SSE)[②]。通过这一系列关于青少年性教育项目的干预与供给,进一步推进了该

① Boonstra HD.(2010). Winning campaign:California's Concerted Effort to Reduce its Teen Pregnancy Rate. Guttmacher Policy Review,13(2),18-24.

② SIECUS. Adolescent Sexual Health Promotion at a Glance.(2013FY)/2015-12-02. http://siecus.org/document//doc.

地区青少年性教育的发展。

由于其引人注目的实践成效,也引起了美国学术研究者的广泛关注。相关研究也参与其中,积极探讨该项目所取得的效果,以便更好促进其发展完善。学者 Berglas 等人对洛杉矶市西班牙裔和非洲裔社区、低收入家庭的 51 名青少年进行研究,主要考察青少年如何在他们的性关系中定义性权利和性别平等问题,确保青少年的意见被纳入洛杉矶综合性的中学性教育创新项目的发展中[1]。结果表明,同伴倡导者和学生对人权原则有一个基本的了解,认为它包括社会的正义,平等和自由等。但是同时,青少年对权利框架在他们的人际关系中的应用存在质疑,一方面,青少年意识到他们具有的权利可以帮助防止滥用。另一方面,青少年认为把这些权利付诸现实的复杂性关系中,会遇到许多挑战。研究者 Constantine 等人 2014 年在洛杉矶 10 所中学九年级选取了 1 750 名学生进行前后测集群随机实验,该实验的主要目的是确定新的基于权利的课程课堂教学的有效性[2]。每所学校的教室被随机分配接受以权利为基础的性教育课程或基础性教育(控制)课程。被试学生在线完成一项调查,两周内交付课程,并在同一年对其进行随访跟踪。结果表明,相比那些接受基础性教育课程的学生,接受以权利为基础的课程的学生,对性健康知识和性健康服务表现出更多的了解,对性关系中的权力持有更积极的态度,并且能够最大限度地与父母交流性与亲密关系等问题,在紧急情况下处理问题具有更高的自我效能感。

婚姻生活教育项目

婚姻生活教育概念

家庭生活教育所倡导的婚姻生活教育,其目的在于增进夫妻及家庭的稳定与满意,并改善夫妻及家庭关系的质量[3]。就实施的时间来看,婚姻教育应贯穿家庭生命周期,无论是新婚、子女出生后还是空巢家庭等各个阶段,透过婚姻教育提升人们经营婚姻生活的能力,协助其面对不同发展任务之挑战,调适夫妻间之互动关系。霍金斯(Hawkins,A.J.)等人指出的研究认为夫妻伴侣间的沟通

[1] Nancy, F, Berglas & Francisca, Angulo-Olaiz & Petra, Jerman & Mona, Desai, & , Norman, A, Constantine.(2014). Engaging Youth Perspectives on Sexual Rights and Gender Equality in Intimate Relationships as a Foundation for Rights-Based Sexuality Education. Sex Res Soc Policy, (11), 288 - 298.
[2] Norman A Constantine, Petra Jerman & Nancy F Berglas. (2015). Short-term Efects of a Rights-based Sexuality Education Curriculum for High-school Students: a Custer-randomized Trial. Bmc Public Health,15(1),1 - 13.
[3] David A.(1979).Marriage and Alternarive: Exploring Intimate Relationships. Marriage and Family Living, 41 (1), 204 - 205.

模式、态度与行为等关系要素是可以通过教育干预进行控制与改变的①。

日前，婚姻生活教育一方面主要以预防为取向，提供教育活动协助人们提升经营婚姻生活的能力。另一方面，婚姻辅导、婚姻咨询与婚姻治疗主要以问题为取向，旨在协助夫妻面对并解决婚姻问题。譬如在美国，联邦政府逐步增加拨款来支持婚姻生活教育促进创新项目，主要包括婚姻价值的公共宣传、婚姻教育、技巧与关系处理、风险社会中树立已婚夫妇榜样与角色规范、高中阶段开展婚姻价值观、关系技能与婚姻安排的教育、婚前教育、已婚者巩固婚姻与婚姻技能培训以及减少离婚的项目等②。

美国预防与关系增进项目

20 世纪 80 年代美国离婚率持续上升，婚姻问题成为各种专业背景家庭研究者共同关注的焦点，这其中包括重新强调和重视婚姻生活教育项目的发展。有关婚姻生活教育的文献研究从 1980 年以来逐渐丰富起来，婚姻生活教育辅导项目也呈现出多样化的发展趋势。"预防与关系增进"项目（Prevention and Relationship Enhancement Programme，PREP）是由 Howard Markman 等人在科罗拉多州的丹佛大学开发的，这是一个基于行为学派的团体项目，主要针对伴侣间的一些破坏性行为互动模式进行训练，是旨在帮助夫妻克服婚姻中的困难所开发的一个项目，利用独特的步骤和训练来教导夫妻，使之获得良好婚姻生活所需的技巧和态度。因为 PREP 项目的基础是建立在牢靠的研究以及它所采取的直接途径上，所以它受到各国夫妻、婚姻咨询领域的专业人士以及媒体的极大关注。

美国预防与关系增进项目实施的背景

1. 20 世纪下半叶美国家庭面临更多危机

从 20 世纪下半叶起，美国传统的家庭模式发生了重要的变革，改变了人们熟知的婚姻生活方式，强烈地震撼了美国家庭的观念和行为。典型的美国传统核心家庭表现为丈夫外出挣钱养家，妻子在家料理家务和照顾孩子。自 20 世纪 60 年代起，随着妇女广泛步入职场，传统的家庭结构和婚姻观念发生了巨大变化，离婚率大幅攀升，单亲家庭大量出现，两性亲密关系混乱，非婚同居和未婚生育增多，同性恋家庭出现等一系列新型的婚姻家庭模式严重冲击着美国传统的核心家庭，造成一系列的社会问题，使美国的家庭制度陷入严重的危机当中。

---

① Hawkins，A.J.，Blanchard，V.L.，Baldwin，S.A.，& Fawcett，E.B.（2008）.Does Marriage and Relationship Education Work? A Meta-analytic Study. Journal of Consulting & Clinical Psychology，76(5)，723-734.
② Struening，K.（2007）. Do Government Sponsored Marriage Promotion Policies Place Undue Pressure on Individual Rights? Policy Science，40(3)，259.

导致美国家庭危机的原因是多方面的,主要包括经济、政治、法律、社会意识形态等方面。二战后,美国工业化和城市化进程加快,促使大量妇女就业,其在婚姻观念和家庭地位方面发生了根本性改变[①];与此同时,社会机构组织大量接管家庭职能,教育、娱乐、消费等不再以家庭为单位,家庭功能的社会化趋势明显。在政治方面,20 世纪 60 年代以来的妇女解放运动、性解放运动以及争取同性恋家庭合法化运动等都深深地冲击着传统的婚姻家庭。在法律方面,"无过失离婚法"给美国婚姻、妇女和儿童带来诸多不良社会影响[②],一定程度上助长了美国的家庭危机。最后,青少年没有从学校和家庭获得良好的婚姻家庭教育,再加上大众传媒的消费性报道,使许多年轻人在婚姻生活中误入歧途[③],从而引发美国人的婚姻关系、两性关系出现严重紊乱,带来大量传统婚姻关系的分崩离析。

随后,严重的家庭危机逐渐引起美国各界人士的关注,如何看待和解决这些婚姻家庭问题,一些社会学家和教育学家建议采取教育的方式去应对危机所造成的诸多不良社会影响,美国政府和社会也重视采取积极有效的干预措施,拯救这场日益严重的婚姻家庭危机。

2. 美国婚姻生活教育的发展现实需要

由于种种原因,美国的家庭危机一直是困扰政府的社会难题。失业、贫困、疾病甚至对立、仇视、暴力、贩毒等严重社会问题,在单亲家庭中的发生比例,要远远高于传统双亲家庭。20 世纪 80 时代,美国政府和国会先出台了一系列促进"健康婚姻计划",以应对日益严重的婚姻家庭危机,防止贫困在代际之间恶性传递[④]。

早期美国联邦和国会的婚姻生活教育,主要项目包括对健康家庭政策进行全国性的公共宣传、在高中阶段开设关于婚姻家庭价值观的教育教学活动、为未婚先孕的父母提供婚育计划指导等。此外,作为婚姻生活教育的重要组成部分,部分高校拓展了关于婚姻家庭生活的教育课程,尤其是针对无固定伴侣、有固定伴侣以及即将进入婚姻殿堂的准夫妻等群体进行必要的婚前教育。这些婚姻生活教育对改善美国当时混乱的婚姻状态,以及预防家庭出现各种危机起到了一定的积极作用。

除此之外,很多州政府也积极投入大量经费援助贫困家庭,以促进婚姻生活教育项目的有效实施。例如弗吉尼亚州的公共服务中心,为未婚夫妻提供免费

---

① 魏章玲:《美国家庭模式和家庭社会学》,世界知识出版社,1990 年,第 139 - 140 页。
② 薛宁兰:《无过错离婚在美国的法律化进程》,《外国法译评》,1998 年第 4 期,第 80 - 87 页。
③ 约翰·德弗雷、大卫·H·奥尔森:《美国婚姻和家庭面临的挑战——社会科学家的对策》,《江苏社会科学》,2002 年第 5 期,第 66 - 72 页。
④ 徐枫:《上海家庭政策蓝皮书》,上海人民出版社,2014 年,第 47 页。

的婚前教育;亚利桑那州拨出专项资金为各个阶级的夫妻提供婚姻教育课程,并逐步将教育项目进行拓展,扩大受益人群;俄亥俄州立高中设置关于养育子女的技能以及婚姻生活的教育课程,并将其列为必修课程之中,学生只要取得一定学分才可顺利毕业。此外,密歇根州政府将援助项目重点放在低收入夫妻,并为其提供为期两个月的家庭教育课程,教授这些夫妻为人父母的基本知识和经营良好婚姻的基本技能等[①]。"预防与关系增进"项目就是在这样的社会背景下加以展开与实施的,具有扎实的实践氛围与环境。

美国预防与关系增进项目的理论基础

1. 婚姻危机理论

"预防与关系增进"项目致力于改善夫妻婚姻危机中关系状况,重建亲密关系。该项目的理论基础需要关照婚姻危机理论,为项目的设计与实施提供理论指导。一段时间以来,关于婚姻危机理论的研究重点主要集中在以社会学习理论为基础的研究领域。危机成功解决的前提是夫妻双方能通过积极有益的沟通交流方式,提升解决婚姻冲突问题的能力,而不是逃避责任或产生负面情绪。

最近该理论逐渐把焦点集中在认知介质的作用,如不同的宗教信仰、不切实际的期望、错误的归因方式等。大量的研究表明,行为方式和认知因素确实可以作为区分幸福与不幸福夫妻的重要因素[②]。但是,前提必须是参与研究的夫妻双方对婚姻关系发展的良好方向达成共识。在完成了大量的相关研究后看出,婚前伴侣之间的不良交流方式会为未来婚姻家庭生活埋下种种隐患。大多数处于婚姻危机中的夫妻采用回避型或抱怨性的沟通交流方式[③],这使得婚姻生活难免遭遇各种矛盾冲突。在对婚姻危机的讨论过程中,大多数男性在生理上和行为上的反应会随着时间的推移而降低,婚姻中的暴力和非暴力行为也会相应地减少。显然,还有许多其他的预示婚姻危机的因素,例如夫妻情感低落、酗酒、第三者问题、贫困、未婚同居、未婚先孕等。而且,夫妻双方的个人特质以及其他人口学变量并不是婚姻危机理论研究主要方面,所以一般不对它们进行过多人为干预。

2. 家庭生命周期理论

家庭生命周期是观察家庭发展和家庭随着时间而改变的框架,这种框架从生命周期发展理论演变而来,受规范事件与非规范事件的影响,婚姻生活发展贯

---

① Heath M. (2009). State of our UnionsMarriage Promotion and the Contested Power of Heterosexuality. Gender & Society,23(1),27 - 48.

② 张锦涛,方晓义:《夫妻对沟通模式感知差异与双方婚姻质量的关系》,《中国临床心理学杂志》,2011年第 3 期,第 328 - 330 页。

③ 邓林园、戴丽琼、方晓义:《夫妻价值观相似性、沟通模式与婚姻质量的关系》,《心理与行为研究》,2014年第 2 期,第 235 - 237 页。

穿生命周期的始终。在此理论指导下,预防与改善亲密关系,需要用发展的眼光看待夫妻关系与生活质量问题。随着家庭发展理论的应用,规范事件向着期望发展的方向过渡,例如:相识、订婚、结婚、生第一个孩子、孩子入学等。非规范事件是指一般情况下特殊的预想不到的事件,也能影响家庭婚姻生活发展,这些非规范事件主要包括失业、贫困、生病、离婚、生了有缺陷的孩子等。在家庭的发展过程中,非规范事件作为发展的转折点,能够改变下一个家庭发展周期的轨道。在这些时刻,孕育着新的需要,赋予新的角色。

家庭发展理论提出,在各个过渡阶段建立适应并形成影响,对于婚姻生活实践具有指导意义。在发展中干预进行得越早,长远效益产生的可能性就越大。对于夫妻关系而言,向婚姻的过渡,是在角色上以及对夫妻的需求上早期发生的最有意义的转变。假如一种和谐的夫妻在早期开始建立干预,这不仅可以提高早期关系阶段的满意度,而且需要社会来帮助夫妻获得更多的机会,以便在将来避免更强大的应激原。

在每个过渡阶段,夫妻必须在婚姻过渡阶段面对发展的需要,婚姻研究提出了 6 项与夫妻密切相关的发展任务:①发展建设性的关系,增加解决问题的技巧;②在总体上对婚姻及其关系发展持现实的、建设性的、和谐的态度和期望;③发展能够满足夫妻双方感情基础以及心理需要的行为影响方式;④把双方彼此看作快乐以及减少忧虑的基本源泉;⑤在夫妻关系中发展调节远与近、从属与独立相结合的建设性心理机制;⑥在夫妻关系中发展调节进度以及改变途径的建设性的心理机制[1]。家庭发展理论为夫妻早期进行预防性干预提供了框架,它同时也表明这种干预随着新的过渡期的出现而不断地贯穿于家庭发展的始终。

美国预防与关系增进项目的目标与内容

1. 实践目标

为了帮助夫妻维持与创造美满的婚姻生活,研究人员开发出 PREP 预防与关系增进项目来帮助夫妻消除认识上的偏差,通过一些特定的步骤和联系,学习建立良好夫妻关系所应采取的态度、技巧。这些技巧均以最新的婚姻研究领域为基础,在实证研究资料的基础上帮助夫妻消除发生婚姻危机的隐患,减少婚姻关系中的危险因素[2]。换言之,美国预防与关系增进项目的目标之一是预防和教育。另一个重要目标是帮助伴侣面对婚姻的关键发展任务,获得行动技能和

① Renick, M. J., Blumberg, S. L., & Markman, H. J. (1992). The Prevention and Relationship Enhancement Program (PREP): An Empirically Based Preventive Intervention Program for Couples. Family Relations, 41, 141－147.
② Claude A. Guldner. (1977) Marriage preparation and marriage enrichment: The preventive approach. Pastoral Psychology, 25(4), 248－259.

问题解决的策略，以便这些发展性的危机在婚姻中出现时，伴侣之间能从容地应对①。由 Howard Markman 和他的同事开发的 PREP 项目，其关注的焦点是大量的消极方面而不是积极方面导致关系破裂。因此，PREP 项目教授的相关技术处理核心问题有益于增进夫妻之间的亲密关系。

2. 主要内容

PREP 项目大致包括六大训练单元，每一单元包括一个 15～45 分钟的教程，并配合练习，使夫妻能够从中学习运用新的技巧或应用与他们关系相关的部分。PREP 项目的主要内容可以分为三大部分，即练习思想沟通和解决冲突、采纳稳固婚姻的态度和行为、长期扶植和增进夫妻关系。首先向参与者介绍一些有效地处理婚姻危机的技巧；其次集中关注那些成功夫妻们处理婚姻生活的方式；最后帮助参与者将婚姻建立在友善、娱乐、勤勉的生活基础上。以下对 PREP 项目六大单元进行简要的介绍。

1）第一单元

先向夫妻介绍教程的程序和结构，再了解从教程中学到什么以及课程是如何进行的，同时也了解教程运作的相关内容。再提供教程的研究基础，列举两性亲密关系的典型方式。此时让夫妻分别扮演"听与说"的角色，鼓励双方展开建设性的讨论。课程的其余部分用来实践，顾问对夫妻的进展提出意见。

2）第二单元

详细地描述具有破坏性或建设性的交流方式，夫妻学习彼此给予对方特殊的直接的反馈。同时，在特定的状况下讨论特殊的行为。在整个过程中，要不断地强调掌握良好的倾听技巧。这一单元主要鼓励夫妻更深入地观察了解他们自己的想法，无论他们公开地表达出来或是埋藏在内心深处，目的是明确那些可能对夫妻关系造成伤害的原因。

3）第三单元

重点讨论潜在的问题和期望，以及他们是如何直接地将交流过程和问题连接在一起的，从而使他们在相互关系中准确定位。在顾问的帮助下，使夫妻双方能够运用交流技巧发现深层次问题，并且共同面对它们。紧接着集中在维系关系和稳定关系时强调快乐的作用。最终，用一些方法帮助创造快乐，并布置一些达到这一目的的家庭作业。

4）第四单元

集中在问题的解决展示和实践解决问题的模式上，帮助他们更有效地协调双方的差异。这项练习允许夫妻全面的讨论，同时在整个阶段以及技巧的使用

---

① Markman HJ，Stanley SM，Jenkins NH，et al.（2006）. Preventive Educaticn：Distinctives and Directions. Journal of CognitivePsychotherapy，220(4)，411 - 434.

中,顾问提供反馈信息。对如何创造和维系亲密友好的关系提出一些建议,夫妻私下谈论一些彼此间的事情(例如工作、家庭、朋友、个人的理想、梦想等),帮助他们增进情感的亲密度。

5)第五单元

建立小组作为增进夫妻亲密关系的一种积极方式。讲座描述夫妻关系所承担的义务及其对关系的影响,向夫妻介绍影响他们关系的精神价值,提供一种灵活的方式,说明沟通和精神价值在交流中的重要性,旨在帮助夫妻双方意识到精神价值或信仰对夫妻关系的影响。

6)第六单元

夫妻通过他们身体的联系改善、维系和提高他们之间的关系。对关于肉体的接触以及性格缺陷进行基本的叙述。具体通过马斯特斯和约翰逊的"感觉集中训练"来完成:按摩身体无威胁的部位(例如手和脚),通过该方法改善夫妻之间的沟通技巧[①]。最后,面临的任务是如何把课程教授的内容让夫妻带回家去,鼓励夫妻以会谈的方式继续该训练。

美国预防与关系增进项目的效果评估

在美国国家科学基金会、美国国家心理健康学会和美国国家健康学会的支持下,美国丹佛大学心理学博士霍华德·马克曼(Howard Markman)教授和心理学博士斯科特·斯坦利(Scott Stanley)教授等从 1980 年起在丹佛大学展开了对婚姻预防与关系增进项目的效果的长期研究,主要形成了以下结论[②],有助于更好理解该家庭生活教育课程项目的实践前景及优势:

关系危机的夫妻与幸福的夫妻相比,在沟通思想和处理冲突能力上存在较大差距。这一发现为教导夫妻们更富建设性地处理问题提供了明晰的观点。

对 150 对夫妻进行了婚期、婚后长达 13 年的抽样跟踪研究,结果可以为夫妻预测出聚散离合的前景。由于这类预测能够震动某些夫妻,因而该研究是非常有益的。更多地了解婚姻所经历的失败过程,可以更清楚地认识到夫妻们应该注意什么。

预测婚姻的未来质量,并非取决于双方相爱的程度、性生活是否美满或经济上有无问题,而关键是在于他们处理矛盾分歧的方式。任何婚姻都免不了矛盾冲突,对夫妻而言,关键是要掌握处理他们的基本原则和有利战略。

对于夫妻们在婚前就学习些技巧和战略,是否对婚姻危机起到防患于未然的作用的研究结果表明,与其他夫妻相比,接受 PREP 培训的夫妻们在几年后关

---

① O'laery,K.D.,R.E.Heyman and A.E.Jongsma:《夫妻治疗指导计划》,张锦涛译,中国轻工业出版社,2005 年,第 8-10 页。

② Neil S.Jacobson,Alan S.Gurman:《夫妻心理治疗与辅导指南》,贾树华等译,中国轻工业出版社,2001 年,第 365 页。

系破裂、离婚率明显较低，婚姻更加美满。直至接受培训 8 年以后，PREP 夫妻在思想沟通方面较之他人仍能更胜一筹。另外，他们当中动武的情况也明显减少。

PREP 的最新研究表明，PREP 夫妻与"闪电订婚"的夫妻相比，能够更有效地沟通思想，并且将其满意水平不断推至更高。这项研究不仅为夫妻指出关键问题的重要性，更表明了为其提供解决问题的最有效技巧的必要性。

PREP 项目不仅局限于思想沟通、矛盾冲突方面，还关注于一些论题，如承诺与奉献、原谅、友谊、娱乐等。

经过二十多年的研究证实，婚姻预防与关系增进项目确实能使婚姻柳暗花明又一村。夫妻们可以从中学习到清楚、安全地开展沟通的听说技巧，还可以学会处理婚姻冲突的基本原则，从而达到增加婚姻中的娱乐、友善、承诺和亲密感。

亲职教育项目

亲职教育概念

在家庭生活教育中，为人父母之道占据主要地位。通过外在的力量对父母进行指导与支持，使其理解并承担父母职责是家庭生活教育实践活动中的重要组成部分。父母对于子女的成长有着重要影响，而家长们并非天生懂得如何喂养、教育孩子，只有通过学习和训练，才能成长为有效能的父母。亲职教育就是通过不同形式的教育活动，指引父母成为合格称职的家长，以促进儿童的身心健康和全面发展，这是家庭生活教育的重要内容之一。

依据家庭生命周期理论，家长的教育任务具有时间性，不同阶段教育的重点内容与目标是变化流动的，这对家长的教育能力提出了较高要求。随着第一个孩子的出生及成长，家庭逐渐进入扩展、稳定时期，父母的亲职生涯相继经历养育年幼孩子、养育成年孩子以及被孩子扶养三个阶段[1]。作为弱势群体的儿童对于照顾者有一个相当长的依赖期，需要健康、营养、保护以及早期学习等多方面的支持。早期经验既可以促进也可以阻碍儿童未来的发展，这取决于是否有机会获得相关的服务以及这些服务的质量[2]。因此，通过特别的亲职教育项目支援父母教育，是世界许多国家或地区普遍的服务实践方向与内容。

---

① 吴航：《家庭教育学基础》，华中师范大学出版社，2010 年，第 13 - 14 页。
② Hoa Phuong Tran.(2013).《促进幼儿的全面发展——亚太地区国家发展的迫切需要》，Asia-Pacific Regional Netwo-rk for Early Child，pp.1 - 2.

新加坡"学校家庭教育计划"与"学前儿童父母教育计划"

新加坡是华人人口占多数的国家,家族主义及家庭取向仍是十分重要的价值观,人们普遍倾向于将家庭视为一个紧密结合的群体①。因此,新加坡政府格外重视家庭的发展以及家庭核心价值观的培养,于 1991 年发表了《共同价值观白皮书》,提出了"家庭为根、社会为本"的价值观念,致力于构建和谐家庭。

随着新加坡社会的快速变迁,家庭规模及结构不断变化:生育率持续下降、核心家庭比例增加、离婚率上升、青少年父母数量增加以及人口迅速老龄化等。这些变化给社会的有序发展带来严峻挑战,同时也影响到家庭中儿童的发展。为了弘扬家庭价值观,提高家庭生活的质量,新加坡政府大力推行家庭生活教育,旨在保证家庭能够维持在一个健康、稳定、和谐的状态。通过调动各方面的资源推广优质的亲职教育计划和项目,是有效提高家长教育水平、解决纷繁复杂家庭问题的重要的途径和方法。以下以最具代表性的学校家庭教育计划(SFE)与学前儿童父母教育计划(Parent Education in Pre-school, PEPS)为例来介绍新加坡亲职教育的发展经验。

项目实施的背景

新加坡作为日趋现代化的国家,在经济建设中大力学习西方的科学技术和先进的管理思想,但同时个人主义价值观、贪图享乐等腐朽思想乘虚而入,对年轻人的价值观以及婚姻家庭生活的稳定产生不良影响,造成了严重的道德危机。据统计,新加坡离婚率由 1978 年的 4.4%增至 1985 年的 11%。在 1985 年,未婚少女堕胎数占合法堕胎总数的 5%②。并且随着物质条件的改善,繁荣与富庶的日子使一些人逐渐失去了勇于面对挑战、克服困难的精神,也失去了"一家人同舟共济"的家庭价值观③。因此,新加坡政府开始重视社会和家庭领域的发展,大力宣传道德教育,并在政策与组织上积极引导和推进家庭教育,实施一系列的家庭政策,为家长提供各种福利,促进婚姻与亲子方案的实施,鼓励家长进行亲情教育。

社区发展、青年和体育部(MCYS)以及家庭教育部(the Family Education Department, FED)通过学校向民众灌输积极的婚姻及家庭价值观,举办家庭生活教育项目,致力于创建一个鼓励、支持家庭的社会环境。2002 年,学校、家庭

---

① 吴明珏、张雅淳、黄迺毓:《澳洲与新加坡的家庭政策发展与家庭教育策略——经验与启示》,《人类发展与家庭学报》,2013 年第 15 期,第 1 - 24 页。

② 杜晓燕、宋希斌:《新加坡共同价值社会化路径及对我国核心价值观建设的启示》,2013,http://www.cssn.cn/2015 - 04 - 01。

③ MSF.Interview with the Minister: Money Can't Resolve the Falling Fertility Rate Problem. 2012, https://app.msf.gov.sg/2015 - 12 - 20.

服务中心、福利机构等多个部门在社会发展和体育部(MCDS)的支持下开展了600多个家庭生活教育项目,参加人数超过 200 000 人,比 2001 年增长了大约40 000 人,增幅超过 25%,并不断通过电视、广播、报纸等媒体进行宣传,引起社会民众的广泛关注及重视①。在这种社会背景下,"重亲情,享天伦"工委会(Family Matters! Singapore Committee,FM! S)于 2002 年发起了"学校家庭教育计划",选取了两所小学与两所中学作为试点运行。随后,MCYS 实施的"学前儿童家长教育计划"也于 2005 年 4 月开始实施。

项目的目标设置

　　SFE 计划与 PEPS 计划都是以学校为基础的家庭生活教育项目,通过提供一个整体的家庭生活学习模型,为父母、学生及学校的教师和职工提供服务,使父母掌握养育子女的技巧,促进良好的家庭成员关系,同时关注他们的婚姻关系与婚姻生活质量,最终目的是使家庭生活氛围更为和睦。参与到项目中的学校可以更好地践行"家校合作"的理念,并且通过向学生提供生活技能训练,提高他们的生活能力,树立积极的价值观,为个体以后的全面发展奠定基础②。

　　SFE 计划通过开展家庭生活教育课程,帮助父母陪伴子女从幼儿园到进入高等学府。PEPS 计划是 SFE 计划的延伸,主要目标是将育儿计划与资源传递给正在接受学前教育这一年龄阶段儿童的父母,他们大多是缺乏教育经验与方法、面对育儿问题常常无所适从的年轻父母。PEPS 计划以期通过以下这些预期成果提高家庭生活质量:鼓励这些年轻的父母参与到项目中,从中学到一些实际并且有效的教育技能,弥补初为父母经验不足的缺点,促进父母与孩子间的相互理解,构建良好的亲子关系;为儿童营造一个安全、舒适成长环境,激发他们对学习的热爱,形成对生活积极乐观向上的人生态度,并且培养他们的人际交往与沟通能力,以便将来能更好地适应社会生活;探寻家校合作的模式,防止家庭教育与学校教育的脱节,尽可能减小不良家庭对儿童的早期影响;为家长提供知识共享与经验交流的平台,同时也为家庭生活教育项目的实施与开展提供支持③。

　　同时,PEPS 计划开创了一种在非工作场合也能有效地向家长进行生活教育的新思路。在 PEPS 项目中,想要参与其中的学前儿童家长每年可以从一个项目主题内选择 20 个小时的育儿方案。方案主题范围广泛,既可以是与儿童相关的沟通管理问题,也可以是自己的婚姻保卫问题。同时参与形式多样,既包括

---

① MCDS.Family Matters! Singapore Annual Report 2001—2002,https://app.msf.gov.sg/2016 - 02 - 10.

② MCYS.A Guide to Family Lif Education in Singapore,http://www.aitong.moe.edu.sg/ 2016 - 04 - 08.

③ MCYS. (2012). Parent Education in Pre-school (PEPS) Guide on Set Up and Management. Family Education Department,p.2.

1.5～3小时的不等时间的谈话方式,也可以是半天亲身的体验旅行或各种主题的研讨会。

计划的推进

1. 计划的实施主体

SFE计划与PEPS计划属于家庭生活教育项目范畴,父母、学校员工以及学生群体从中获取相关的资源及服务,有利于和谐家庭与社会的构建。由于家庭生活教育项目实施范围较广,涉及的服务内容较多,因此需要多方力量的合作。

1）社区发展、青年与体育部

新加坡最重要的家庭生活教育服务提供者就是社区发展、青年与体育部(MCYS)。它的主要任务是按照国家政策指明家庭教育发展的战略方向、为项目提供经费支持,同时还要对全国的家庭教育、父母教育及学前教育的研究等工作进行宏观协调与监控,为学校及其他相关利益人提供物质材料,进行责任分配等①。而其他服务提供部门主要是负责提供优质的家庭生活教育方案,并且与学校一起计划、实施和监控保障项目的顺利发展。它们是MCYS与学校之间联系的桥梁,不仅需要准备与项目有关的资料、提供咨询方案满足学校的要求,还负责管理与监控学校的运行情况,向MCYS提交单据等证明材料。同时承担着向社会大众宣传、提高公众意识的责任②。

2）学校

学校是项目实施中的关键一环,主要任务包括:调动学生家长的积极性,鼓励其主动参与到项目中来;与有关部门保持合作,制定具体的项目计划并及时向父母传达;对参与会谈、实地考察及参加其他形式活动的情况进行记录;向参加育儿讲座的人员提供场地、设备及服务;向相关部门提供采购、资金使用等活动的文件证明,比如发票、收据等;在活动开始与结束后要分别分发与收集评估表格;另外还要负责记录活动过程,提交照片、出具活动报告等工作。除了要明确任务外,参与学校有关的工作人员,尤其是关键人员,如校长、副校长和教师等还必须认识到SFE以及PEPS项目是一种迎合父母及儿童需求的方案,是积极主动的、发展的和预防的方案,而不是一个补救措施。

3）父母支持团体

父母支持团体的形成是新加坡亲职教育项目的一个重要特点,为父母提供同伴交流与学习的机会,促使孩子在学校中所接受的教育和刺激在家庭内继续,有效避免家庭教育和机构教育的脱节,最大限度地保证家庭教育的有效性。同

① 霍利婷:《新加坡"学校家庭教育计划"》,《外国中小学教育》,2008年第7期,第57-60页。
② Ministry of Community Development, Youth and Sports (MCYS), http://www.singaporebudget. gov.sg/ 2016-03-20.

时还拓宽了家庭教育的内涵，家长不仅要提高育儿知识与技巧，学会与儿童交流沟通以建立良好的亲子关系，还要经营婚姻生活、做好财务管理规划以及平衡家庭与工作。截止到 2006 年，已有 94% 的学校拥有了家长支援小组（Parent Support Group）或家长教师协会（Parent Teacher Association），鼓励家长参与到孩子的教育中①。

2. 计划的流程

1）SFE 计划

SFE 计划符合终身学习的教育理念，是全方位的家庭学习计划。家庭生活教育所提供的内容视不同特点的家庭而定。但是，有些教育内容对于各个目标对象的家庭都十分重要。因此，必须包含在课程内。学校家庭教育计划分为对父母、学校教职员工以及学生开设的课程。向家长开设的课程主要包括了解亲职教育的必要性以及维护婚姻生活、教育子女、促进家庭发展等方面的内容。学校职员除了学习上述知识还要参加个人发展规划、平衡工作与生活以及单身者方案等方面的课程。学生参与的课程则主要是为以后的发展奠定基础，树立正确的价值观、提高自理能力以及掌握与人交往沟通的技巧，以便将来能更好地适应社会生活②。

SFE 具体的推广方式是由想举办家庭生活教育的学校通过 www.sfe.sg 网站向 MCYS 提交申请。如果被批准通过，学校可在前三年分别获得 2 万元、1.5 万元和 1 万元的补助资金开办相关的活动。同时学校要寻找服务提供者并督促他们开展一系列的工作，并聘请一位学校家庭教育协调者（SFE Coordinator）来负责协调管理，学校每年也可获得 1 万元的资金补助③。

2）PEPS 计划

PEPS 项目的实施有不同的活动形式，最主要的有以下三种：一是中心育儿讲座，借助学校场所，在校园内进行，家长可以从相关部门提供的超过 100 个参与计划的学校中选择感兴趣的参与其中，选择范围比较广泛。若要实施 PEPS 项目之外的计划则需要重新申请 MCYS 的批准。在这种方案中主要是育儿专家通过开办讲习班的形式向父母传授实用有效的技能，同时还提供家长与学校工作人员及儿童合作的机会。另外，学校可以收取一定的费用作为工本费来支付运营成本。二是实地考察，学校邀请父母参与在学校以外的场所中开展的教育项目，使父母在亲身体验过程中学习教育知识，还可以通过发放育儿补贴的方式来增强父母参与活动的动力。这种活动形式效果更为显著，参与者能够更快

① 霍利婷、黄河清：《学校、家庭、社会共同营造和谐教育——新加坡"教育合作伙伴"概念引介》，《外国教育研究》，2008 年第 12 期，第 73-75 页。

② 霍利婷：《新加坡"学校家庭教育计划"》，《外国中小学教育》，2008 年第 7 期，第 57-60 页。

③ School Family Education Appreciation Lunch 2012，https://app.msf.gov.sg/。

地领会到做父母的真谛与技巧。在实地考察之前或结束之后,学校可以开展一个教育谈话活动来交流或巩固在考察过程中的心得体会。实地考察的计划与实施需要有关部门批准审核的,学校负责实地考察计划的制定与实施,服务提供者提供咨询及器材,比如扬声器等。三是分区项目,旨在使亲子项目更接近目标群体,不仅会对参与其中的父母产生一定的影响,也会影响到社区中的其他未参加家庭教育计划的父母,可以更大限度地发挥影响力。在不同的地区,由服务提供者平均每年举办四次会谈,每一次谈话通常都会持续 3～4 小时,有 100 个或更多数量的参与者。服务供应商将为父母提供互动的方案,当父母向教育或婚姻专家学习相关知识与技能来经营家庭时,他们的子女就会从各种家庭生活教育方案与计划中受益[①]。

　　PEPS 项目期间是按照会计期间维度来进行划分的,即从每年的 4 月 1 日到次年的 3 月 31 日为一个周期。在即将进入每一会计年度之时,参与到家长教育计划中的学校便会被相关部门分配给相应的任务提供者。新加入项目的幼儿园及婴幼儿照看中心可以从 PEPS 的 Starter Kit、PEPS Postcards 等部门中获得所需的资源与材料。学校与服务提供者将一起合作、共同努力来开发出新的年度父母教育计划。一旦计划被批准落实,服务部门便会着手准备所需的材料,学校则主要负责宣传和后勤支持工作,并且在项目实施过程中向服务提供商提交必要的文件资料,比如报销单据等。双方将紧密合作以使能开展丰富的教育项目。学校实施儿童计划后每半年要提交一次项目报告,汇报项目的实施进度及情况,并且还要列出在学校课程教学中向学生所传授的积极的价值观[②]。

　　不同形式 PEPS 项目活动的流程基本相似,在财政年度开始前或者项目开始实施前 8 周进行分析,确立计划的大致方向。具体工作包括了解学校与家长的教育需求,并比较两者的差距和不同;为父母提供咨询性服务,帮他们明确自己的教育需求;在 PEPS 项目列单中选择合适的计划与活动,并且初步建立会谈时间表;对不包括在项目中的计划要送交 MCYS 进行审核后提供项目所需的资源与材料,比如笔记本、幻灯片等。随着项目的初步确定,之后主要是做好进一步分析计划、协调好部门的工作并且对项目进行宣传。比较常见的宣传材料有小册子、传单、横幅、网站、电子邮件等。大力的宣传活动对于提高项目参与率、提高民众的意识是非常重要的,学校可以利用一些宣传平台向目标群体进行推广,主要有以下几种:①PEPS 宣传册、海报、贴纸、明信片。这些产品基本是由 MCYS 提供,展示在公众区域及学校场所内,是一种低成本且高度有效的宣传方式;②学校网站链接,借助网络手段进行宣传,比如 www.peps.sg 网站等;③

---

① School Family Education Appreciation Lunch 2012,https://app.msf.gov.sg/ 2012.

② MCYS.(2012). Parent Education in Pre-school(PEPS)Guide on Set Up and Management.Family Education Department,p.2.

使用公告板、通信表等激发家长参与家庭生活教育活动的意识与兴趣；④口头的推荐，鼓励家长及教师积极向其他父母宣传参加项目的益处；⑤借助学校的一些公众活动进行宣传。学校的一些事件往往有较高的家长出席率，可以借助这样的时机与场合来进行宣传，比如在举办家长会及毕业典礼时①。

在项目开始前一周要着手安排活动流程，确认出席者名单，液晶投影仪、屏幕与笔记本、白板及记号笔等物品要到位，有时还会为参加者提供小点心、饮品等，同时要准备好所需的记录文件与评价表格等。活动当天时首先要引导家长就座，然后向他们分发讲座讲义和评估表格，这有利于提高听讲的效果。而且还要负责拍照，以便更好地记录活动的场景。在项目结束后再将评价表格收回，要保证回收率不得低于 50%。此外，项目结束并不意味着活动的结束。项目结束一周内，要向服务部门提交所需文件，项目之外的计划实施所持有的的批准证明、活动的考勤表、所拍摄的照片、回收的表格、花费的收据与发票、项目资料、宣传资料的备份，以及反馈的意见等。

计划的实施成效

2002 年 SFE 计划启动时仅以新加坡的四所学校作为试点。随后人们逐渐认识到通过学校进行家庭生活教育是一个优秀的渠道，学校家庭教育计划被家长及学校接受并得到推广，在第二年，参与计划的中小学就提升至 18 所。截止到 2012 年，新加坡参与 SFE 计划的总人数达到了 200 万，约四分之三的学校加入了 SFE 计划，总数达 257 所，其中包括两所特殊学校。这意味着大多数父母可以从他们孩子所处的学校获得家庭生活教育服务。经历过 SFE 方案的家长、学生、学校员工和校长深刻体会到其有效性，据 2009 年对 7 000 多名参与计划人员的调查，90% 的家长和学校员工对 SFE 计划的实施感到满意，60% 的父母承认与家庭成员的交流增多。许多家长从中受益后会将该项目推荐给其他家长，自发地宣传，鼓励周围其他人参与。在 257 所学校中，已有 169 所学校达到或超过了 100 个小时课程的家庭教育目标，而且 SFE 协调员的数量也增加到了150 名，他们在为促进项目的规划、实施、协调发展不断努力。PEPS 计划首次实施是在 2005 年 4 月，也标志着 SFE 计划延伸到学前教育阶段，共有 40 所婴幼儿看护中心加入；同年，幼儿园也参与到项目中；截至 2012 年 2 月，全国共有 535所学校加入该项目，总共超过 20 万的父母与儿童从中受益②。

SFE 计划与 PEPS 计划体现了新加坡政府对家庭生活教育的重视，通过调动政府部门、服务提供方、学校以及社区等多方力量为家长、学生及学校等目标

① MCYS. (2012). Parent Education in Pre-school（PEPS）Guide on Set Up and Management.Family Education Department，p.2.
② SFE Appreciation Lunch 2012 Speech，http://app.msf.gov.sg/2016 - 04 - 08.

群体提供灵活多样的教育服务，促进良好家庭氛围的形成，提高家庭成员的幸福指数，必将有利于和谐家庭与和谐社会的构建。

美国"父母即教师"项目

20世纪以来，美国等西方社会的急剧变化使家庭系统面临巨大的压力并引发家庭的一系列社会问题，致使他们相继开展增加家庭教育的知识与技能，预防和减少家庭危机的系列研究实践。以美国密苏里州为代表的"父母即教师"（Parents As Teachers）项目，关注孩子在校园的表现与家长的参与的互动关系，通过丰富的项目研究实践来提高家长的教育水平，促进家长参与到孩子发展中去。美国各州普遍实践的"父母即教师"项目的评估表明，参加该项目的家长在育儿技巧、参与的程度与质量方面有显著提升；孩子在认知与入学适应能力等方面也有明显提高，尤其是对贫穷家庭的孩子和非白人家庭的孩子影响更大。

美国"父母即教师"项目提出的背景及发展

1. 美国家庭的现代变革引发系列社会问题

首先，美国工业化和都市化的快速发展，给家庭变革以重要而深远的影响。美国经济快速增长对劳动力需求与日俱增，女权主义运动蓬勃开展，妇女参加工作的人数不断增加、就业率日益提高（1975年，6岁以下儿童的母亲只有40%外出工作，1988年约60%，1995年上升到64%）[1]，这就减少了母亲对孩子的教育家机会，不仅影响儿童的学习，而且还会对其一生产生影响，促使美国政府和社会各界更加重视家庭教育，呼吁父母尽可能多地参与到孩子的教育中来。

其次，美国家庭结构的变化。20世纪50年代以来，美国家庭结构发生了重要变革，单亲家庭、未婚同居家庭、混合家庭的数量在不断上升，离婚率也大幅度上升。在美国，每四个儿童中就有一个生活在单亲家庭中。同时美国未成年少女怀孕率很高，每年大约有50万未成年少女分娩[2]。和成年母亲相比，这些未成年少女往往高中就辍学，靠政府救济生活，而且也没有什么育儿技巧，她们的孩子在学校中的表现也不好，更容易受到虐待。美国有成千上万的儿童面临着各种家庭环境不利因素的影响，致使他们成年后很难适应社会。

最后，贫困儿童数量增多。在美国，很多儿童生活在极端贫困中，而且相对于白人和亚洲儿童来说，西班牙裔和黑人儿童更有可能生活在贫困中[3]。他们只有靠社会救济才能度日，医疗保健根本得不到保障。对于这些生活在贫困中

---

① 李生兰：《比较学前教育》，华东师范大学出版社，2008年，第17页。

② Aireitton, Shelly, Klotiz, Jack, Roberson and Thelma. Parents as Teachers：Advancing Parent Involvement in a Child's Education，http://www.parentsasteachers.org/2011-02-20.

③ Wagner, Spiker, Lin. The Effectiveness of the Parents as Teachers Program with Low-income Parents and Children，http://www.parentsasteachers.org/2011-02-20.

的儿童而言,他们在刚进入幼儿园时就和同龄儿童表现出明显的差距,而且这个差距还会进一步扩大。有研究发现,这些贫困儿童更容易旷课、辍学,另外还会出现行为不良或过失行为①。如何对这些处于文化不利中的家庭提供帮助是美国社会必须认真对待的社会现实问题。

2. "向贫穷开战"及早期"开端计划"的实施

1963 年,美国参议员迈克尔·哈林顿(M.Harrington)在《另一个美国:美国的贫穷》中指出,美国有四分之一的人生活在贫困线以下,其中有 300 万人生活在极度的贫困线下。这些人中大部分是黑人、印第安人和爱斯基摩人。他们的子女完全得不到适当的早期教育,以至于不会讲完整的句子,不会握笔,有的连自己的名字都不知道。这些孩子入小学后很难适应学习环境的要求。因此,为了缓和这种矛盾,约翰逊总统提出"向贫穷开战",提出应首先解决贫困线以下不足 6 岁儿童的教育问题。在这种背景下,1965 年国会通过《经济机会法》,在幼儿教育中发起"开端教育"(Head start),为贫困家庭儿童实施补偿教育。此项先行教育计划包括五个方面:一是为学前儿童看病治牙;二是开展社会服务和家庭教育;三是加强对志愿服务人员的培训与使用;四是为儿童的心理发展提供服务;五是为儿童入小学做好准备②。在国家政策计划的指导下,如何让家长在孩子发展中承担起积极作用成为重要的现实任务。把家长参与家长教育作为改革实践的重要内容,以此提高孩子的入学准备水平和以后学校成功机会,催生了美国地方的一系列早期干预项目的研究实践。

3. 美国"父母即教师"项目的建立与发展

"父母即教师"这一概念产生于 20 世纪 70 年代的美国密苏里州,对该项目建立影响最大的人是温特·米尔德丽德(W.Mildred)。半个多世纪以来,她一直致力于美国的教育改革。1972—1984 年,她在密苏里小学和中学教育部担任部长,期间开始建立"父母即教师"项目的模型。在当时,密苏里州的教育工作者注意到,刚进入幼儿园的孩子的表现与家长的参与程度有很大关系。他们还注意到家庭参与对儿童的读、写等能力有重要影响③。基于这样的发现,密苏里州早期教育工作者提议建立一个项目,即面向所有的家庭,帮助家长们意识到他们在孩子发展中所扮演的角色,从而帮助孩子为以后的学习和生活做好准备,为所有的孩子提供进入社会的公平竞争的机会。

在密苏里小学和中学教育部以及丹佛基金会的资金支持下,1981 年美国密苏里州首次设立了"父母即教师"试点项目,主要服务于那些初为父母的人。

---

① Anderson. Schull, Pegorraro.An Assessment of a Home-visiting Intervention on Rural, Low-income Children's School Readiness, http://hdl.handle.net/2006/2011 - 02 - 20.

② 单中惠、刘传德:《外国幼儿教育史》,上海教育出版社,2006 年,第 203 - 204 页。

③ Parents as Teachers, http://www.parentsasteachers.org/2011 - 02 - 20.

1984 年开始,该项目不再仅仅服务于第一次做父母的人,而是服务于所有幼儿的家长。"父母即教师"项目实行几年以后,人们看到了它带来的一系列好处和成本效益,所以在 1985 年密苏里州政府提供资金在密苏里州的所有学区都推行了该项目。自 1981 年实施以来,该项目已经服务全美超过 5 万个家庭和美国以外的国家。为了确保"父母即教师"项目更为有效地运行,1984 年在密苏里州设立了国家家长教师中心(Parents as Teachers National Center),并且还开设了国家家长教师中心网站。1985 年以来,"父母即教师"项目已推广至全美 50 个州。各个州都设有本州岛的"父母即教师"项目及其项目网站。家长们可以通过这些网站申请加入该项目,得到有关育儿方面的信息,还可以通过网站进行捐款、提出建议等。

　　该项目的实施在美国以及其他国家或地区影响深远。自 20 世纪 80 年代该项目在美国实施以来,已经逐步扩展到美国以外的国家。"父母即教师"项目先后得到了美国总统里根和布什、各个州政府以及很多教育机构的褒奖。随后美国联邦政府颁布的《美国 2000 年教育目标》,提出了面向 21 世纪的 6 条"美国教育标准"。其中第一项是所有美国儿童都要做好入学准备;所有的残疾儿童和处境不利的儿童都能受到高质量的与其发展相适应的幼儿教育,以便为入学做好准备;要使家长成为儿童的首任老师。为此,必须开展家长教育;要使儿童都能够得到足够的营养和医护,以便在入学时有健康的身体和大脑①。需要指出的是,"父母即教师"项目除主要在公立学校推展以外,也能很好地融入其他的早期教育项目中,譬如很多的心理健康机构、社会服务机构、改正机构都认为它能够防止和减少虐待和忽视儿童的现象;西方社会的教堂则用它来提高人们的生活质量;一些用人单位也认为它在减少雇员压力和提高雇员生活质量方面有巨大的潜力。因此,这意味着家庭的父母和孩子在参加学校的项目的同时,也可以参加其他的早教项目,使该项目得到更大范畴的延伸。

美国"父母即教师"项目的目标与基本内容

1. "父母即教师"项目运作的目标

　　"父母即教师"项目是一个非营利性的组织,是　个用来在儿童生命的初始阶段建立最好的家校合作伙伴关系且支持家长扮演其孩子的启蒙教师角色的项目。"父母即教师"项目认为儿童生命的最初几年对于孩子以后的发展是非常关键的,它为孩子以后的学习和生活打下基础,所以家长应该成为孩子的第一任并且是最重要的老师。它认为不管是什么种族、家庭经济状况如何,所有的学龄前儿童和他们的家庭理应享有平等的机会,而且他们的文化传统也应被理解和尊重。"父母即教师"项目坚信所有的孩子通过学习、发展和成长都可以充分发展

①　史静寰、周采:《学前比较教育》,辽宁师范大学出版社,2002 年,第 100－101 页。

他们的潜能。它主要有以下几个目标：①丰富家长们在早期育儿方面的知识，提高育儿技巧。②提供检查及早发现儿童发展滞后问题和健康问题。③防止忽视和虐待儿童。④使儿童做好入学准备，增加学校成功的机会。⑤建立真正的家庭—学校—社区合作关系①。

2. "父母即教师"项目的日常工作

"父母即教师"项目具有自己运作的模式，以区别于其他项目，主要包括四个方面的工作内容、活动形式与基本要求②。具体有：①课程编制。"父母即教师"项目的课程编制都是以最新的研究为基础，简单且易学，会根据家庭的不同提供不同的课程，使其适用于每个家庭和孩子，以帮助家长扮演好自己的角色，使孩子能够健康发展，做好入学准备。②专家培训。主要是对一些"父母即教师"项目的子项目和家长教育者（parent educators）提供实用性强、能够亲力亲为的培训，从而使他们能够更好地为他们所服务的家庭提供帮助。培训主要分为面授和远程两种形式。③宣传。"父母即教师"项目主要是通过和其他组织、专家进行合作，在家长和孩子所在的社区进行宣传，让上到国家下到地方的决策者们意识到家庭参与和早期干预在儿童早期发展以及以后的教育中所起的重要作用。另外，在理论和实践的基础上，他们还制订了相关的政策，主要是让人们意识到帮助孩子增强学校适应的重要性。④高标准。"父母即教师"项目认为实证研究和好的服务质量是他们不断前进的动力。所以他们的研究都是以事实为基础，目的就是为了给教育者们提供最有效的帮助。希望以此来积极地影响他们的孩子。

3. 家长教育者提供的专业服务内容

家访。这是"父母即教师"项目最基本的服务。通常是由一名训练合格的家长教育者定期进行家访。所有的家长教育者都是经过专门培训的，必须有一段实习期，都拥有本科以上学历，而且拥有所在州颁发的"父母即教师"项目证书。在家访的过程中，家长教育者会以一种简单、客观的方式向父母提供最适合各个年龄阶段儿童发展所需要的课程，这些课程涉及儿童认知、动作、社会情感、语言四个领域。为确保家访顺利开展，家长教育者必须有扎实的教育心理学、教育哲学、社会学和人口学、人文科学方面的知识，有良好的口头表达能力、书写能力和交际能力，从而和家长、孩子建立良好的关系，帮助家长们学着观察自己的孩子。在家访结束后，一些额外的资源能够很好地补充"父母即教师"项目课程，这些资源包括书本、有关育儿的影像资料或者视频、宣传册。家访一般是一个月一次。

---

① Albritton，Klotz，Roberson.(2004).The Effects of Participating in a Parents as Teachers Program on Parental Involvement in the Learning Process at School and Home.E-Journal of Teaching and Learning in Diverse Settings，(1)，188 - 120.

② Parents as Teachers，http://www.parentsasteachers.org/2011 - 02 - 20.

也有的州是 6 个星期一次。一次 45 分钟到 60 分钟。不过从 2011 年开始,"父母即教师"项目规定家访的数量必须提高到每年 10~12 次,而对处于危机中的家庭的家访数量则提高到每年 20~24 次[①]。

小组会议。主要由家长教育者发起,一般一个月举行一次。家长教育者提供关于育儿技巧、亲子互动、儿童发展和社区资源等方面的信息,目的是让社区的家长们交流育儿经验、讨论他们遇到的困难以及关注时下流行的一些话题,从而丰富家长们的相关知识。

定期检查。由家长教育者发起一年一次的检查,其目的是让家长知道自己孩子的健康状况、听力、视力、解决问题的能力、感知能力以及社会性和情感的发展状况。在此基础上和同龄的孩子做比较,找出他们的孩子在发展方面存在的缺陷。

资源网。家长教育者帮助家长和社区资源紧密地联系起来。这些社区资源包括社区活动、健康与心理专家、社会服务组织、发展智障儿童的早期干预等。各个州所提供的资源是各不相同的。像密苏里州所提供的资源网主要有一个资源中心,在资源中心有一个游戏室,这里有书籍、玩具、杂志、磁带等。在这里,玩具都是分类的。主要是为了锻炼孩子的抓握能力、手眼协调能力、感知运动能力、儿童想象力等。家长们还可以借阅这里的书籍,育儿磁带等[②]。

美国"父母即教师"项目研究的效果评估

为了使"父母即教师"项目更有说服力,吸引更多的家庭加入,每年国家家长教师中心都会发表年度总结报告,各个州的学者就会对各自州的"父母即教师"项目进行评估,许多学者的评估结果都表明它对家长和孩子产生了积极的影响。主要表现在以下两个方面。

1."父母即教师"项目对父母产生的影响

首先,家长的育儿技巧的提升,能够更好地组织他们的家庭环境。研究认为家长参加"父母即教师"项目时间的长短对育儿技巧有显著的影响。研究发现,参加"父母即教师"项目的家长在物理刺激对儿童发展的重要性的认识、学科知识、有关儿童发展发面的知识这几方面得分明显较高。也有研究表明曾经接受过"父母即教师"项目提供的有关神经系统方面课程的家长,在育儿知识(一般发展和神经学知识)、育儿行为、育儿态度方面有很大的进步。大多数参加"父母即教师"项目的家长认为它是很有效的,他们可以更为有效地和孩子交流,更能了

[①] Parents as Teachers National Center：2011 Essential Requirements for Affiliates，http://www.parentsasteachers.org/2011－02－20.

[②] Parents as Teachers，http://www.parentsasteachers.org/2011－02－20.

解孩子的发展状况、更愿意花较多的时间陪孩子①。在朱迪·普芬南施蒂尔(J. Pfannenstiel)等人所进行的一项实验中，他们把年龄较大的母亲作为控制组，把年轻的母亲作为实验组。结果显示，参加"父母即教师"项目的年轻母亲在学科知识方面有很大提高，而且她们更可能被认为在抚养孩子的最初几年是很幸福的。实验组的年轻母亲会更努力地大声朗读一些东西给孩子听，从而使自己更好地融入孩子的日常生活中，而且会以一种更恰当的方式组织家庭环境。总之，和那些年长的母亲相比，"父母即教师"项目对年轻的父母的行为有更为积极的影响。而这反过来又会对他们的孩子产生积极的影响②。很多网站的随机实验也显示，对于那些参加"父母即教师"项目的低收入家庭，家长更可能大声地朗读一些书给孩子听、给孩子讲故事、唱儿歌、和孩子一起唱歌。大多数参加"父母即教师"项目的家长们经常会带孩子到图书馆，以此培养孩子的阅读习惯，还会让孩子一周写几次东西，一个月给孩子好几次买书的机会③。

其次，家长更积极地加入到孩子的学校教育中。参加该项目的家庭在学校里的参与度很高，大多数家长会参与学校的特殊活动，会每月做学校或班级的志愿者，会参加"父母即教师"项目的会议，而且平均每年有四次会通过电话和孩子的老师交流④。参加"父母即教师"项目的家长能够主动地和老师联系，更为积极加入到学校教育中，会主动要求举行家长联谊会，而没有参加"父母即教师"项目的家长则很少会要求这么做。参加"父母即教师"项目的家长参加家长会的次数也多，更愿意协助和学校作业有关的家庭活动。

最后，家长忽视和虐待儿童的比例减少。研究者在城市社区进行了一个随机实验，它主要是为了测试"父母即教师"项目是否会阻止或是减少低收入家庭中虐待儿童的现象。结果显示，与那些既没受过"父母即教师"项目服务又没接受过其他的服务的年轻家长相比，曾经接受过"父母即教师"项目服务的家长很少会虐待儿童⑤。

2."父母即教师"项目对孩子产生的影响

第一，参加"父母即教师"项目的孩子更健康。与同龄孩子相比，那些参加

---

① Deanna，Gomby. Home Visitation in 2005：Outcomes for Children and Parents. www.ced.org/ 2011-02-20.

② Neuman，Celano.（2001）.Access to print in Low-income and Middle-income Communities：An Ecological Study of Four Neighborhoods.Reading Research Quarterly，36（1），8-26.

③ Wagner，Clayton.（1999）.The Parents as Teachers Program：Results from Two Demonstrations in Home Visiting：Recent Program Evaluations.The Future of Children，（9），91-115.

④ Glascoe，Leew.（2010）.Parenting Behaviors，Perceptions and Psychosocial Risk：Impacts on Young Children's Development.Pediatrics，125，313-319.

⑤ Pfannenstiel，Zigler.（2007）.Prekindergarten Experiences，School Readiness and Early Elementary Achievement. Unpublished report prepared for Parents as Teachers National Center.

"父母即教师"项目的三岁的孩子有更强的免疫力,并且被认为不太可能会受伤。参加"父母即教师"项目的孩子能够更早被发现各个方面发展的问题。在最近的一个方案中,"父母即教师"项目大约对20多万个孩子进行了普查。检查结果显示,3万多孩子有发展滞后问题,将近5 000个孩子的视力有问题,将近7 000个孩子的听力有问题,4 000多个孩子在社会性和情感发展方面有问题[1]。

第二,"父母即教师"项目能够提高孩子的入学准备状况。爱德华·齐格勒(E.Zigler)等人所做的一项研究指出,"父母即教师"项目在提高父母养育技巧的同时,提高了儿童的入学准备状况。此外,幼儿园准备状况是孩子在三年级表现好坏的一个重要指标[2]。美国学者特里莎·奥克(T.Ockey)在对美国新墨西哥州的三所小学所做的"父母即教师"项目和孩子读写能力以及入学准备的关系研究中指出,"父母即教师"项目能够提高孩子的读写能力和入学准备状况[3]。

第三,参加"父母即教师"项目的孩子综合素质更高。比起那些没有参加"父母即教师"项目也没有进幼儿园的孩子,参加"父母即教师"项目的孩子在语言、问题解决、认知和社会性发展方面更优秀。在美国俄亥俄州的克里夫兰市进行的一项随机控制实验中发现,已经参加"父母即教师"项目两年的3岁孩子的家庭有更高的掌控能力。他们在解决适度的具有挑战性的问题时具有更高的坚持性,而且比起那些参加其他儿童早期干预项目的家庭,他们更可能独立地解决问题。他们还发现,参加"父母即教师"项目的孩子在社会技能方面的得分要明显高于控制组的孩子。在同一个实验中,研究者还发现那些参加"父母即教师"项目的低收入家庭中的2岁孩子在认知发展方面的得分明显高于控制组[4]。

第四,对贫穷家庭和非白人的孩子影响很大。那些加入"父母即教师"项目和幼儿园时间很长("父母即教师"项目两年多,幼儿园一年多)的贫穷孩子,他们和富裕家庭的孩子在幼儿园入学时的差距减小,并且这种差距在三年级的时候变得更小[5]。在朱迪·普芬南施蒂尔(J.Pfannenstiel)和爱德华·齐格勒的学校入学评估中,他们对密苏里的5 721个幼儿园孩子进行了入学评估,这一评估

---

[1]　Zigler,Pfannenstiel,Seitz.(2008).The Parents as Teachers Program and School Success:A Replication and Extension.Journal of Primary Prevention,29,103-120.

[2]　Zigler,Pfannenstiel,Seitz.(2008).The Parents as Teachers Program and School Success:A Replication and Extension.Journal of Primary Prevention,29,103-120.

[3]　Ockey,T.L.(2008).The Parents as Teachers Program and Kindergarten Literacy Readiness. Department of Counseling Psychology and Special Education Brigham Young University,(8), 15-18.

[4]　Monica,Sweet,Mark,Appelbaum.(2004).Is Home Visiting an Effective Strategy? A Meta-Analytic Review of Home Visiting Programs for Families With Young Children.Child Development,75,1435-1456.

[5]　Drazen,Haust.Lasting Academic Gains from an Early Home Visitation Program,http://www. parentsasteachers.org/2011-02-20.

结果更加强有力支持了以前的研究结果:比起那些没有做任何入学准备的孩子，同时参加"父母即教师"项目和幼儿园的孩子的得分明显要高。而且在密苏里评估项目(Missouri Assessment Program)中,有关交往艺术方面评估的得分也高。该项目是一个以教育成果及绩效为核心的教育质量评价与监控体系,它被密苏里州所有的公立学校所采用。它主要是对 3—8 年级孩子的交往艺术和数学、5—8 年级孩子的科学进行测试,设立该项目的主要目的有:①增强孩子知识和技能的获得;②监控密苏里教育体系;③提高学生和他们家庭的教育期望;④支持教和学的过程。这一项中得分也明显提高①。在一项对西班牙裔父母的调查中发现,参加"父母即教师"项目的西班牙裔孩子会缩小他们同白人孩子的差距②。

3."父母即教师"项目的研究发展趋向

一方面,"父母即教师"项目的评估将采用更严密的实验方法。以前的评估都是用准试验的方法,样本都很小,评估指标也不一样,结果导致很多学者的评估结果存在分歧。像朱迪·普芬南施蒂尔和爱德华·齐格勒等人所进行的研究显示"父母即教师"项目对儿童和家长有积极的影响。但是其他的学者在对"父母即教师"项目进行评估时却认为"父母即教师"项目对孩子和家长影响很小。还有就是"父母即教师"项目的评估对象大多数是白人,它是否对其他少数民族起同样的作用还有待于实验证实。

另一方面,"父母即教师"项目将加大对低收入家庭、少数民族家庭及处于危机中的家庭的帮助。"父母即教师"项目领导小组和董事会正在进行一个为期3 年的战略性计划。该计划把"父母即教师"项目定位于一个有价值的合作者。这个计划主要是为了支持那些低收入家庭、少数民族的家庭以及处于危急中的家庭。2002 年 1 月 8 日,布什签署了一个名为《不让一个孩子落伍》的教育改革法案。这项法案号称是对 1965 年美国实施的《中小学教育法案》的最彻底的一次改革。它规定要全面提高美国公立中小学的教学质量,从 2004 年开始,全国所有三到八年级学生每年必须接受各州政府的阅读和数学统考。所有学校必须在 12 年内使阅读与数学达标的学生达到 100%。各校必须缩短穷人与富人,白人与少数民族学生的分数差距。所以从 2011 年开始,"父母即教师"项目将会加强对这些特殊家庭的帮助,为他们提供更多的服务,以缩小他们与其他家庭的差距③。

① Drazen，Haust. Raising Reading Readiness in Low-income Children by Parent Education，http://www.parentsasteachers.org/2011 - 02 - 20.
② The Parents as Teachers Program：Its Impact on School Readiness and Later School Achievement，http://www.parentsasteachers.org/2007.
③ Weiss，H. B. (1993). Home Visits：Necessary But Not Sufficient. The Future of Children，(3)，113 - 128.

家庭青少年教育服务项目

青少年教育服务概念

　　家庭生活教育中的青少年教育主要是基于家庭的,以青少年为教育对象,促进其身心健康成长,最终促进家庭幸福生活的教育模式。青少年教育的目的在于帮助处于叛逆期的青少年顺利、健康成长,最终培养其健全人格。同时青少年的健康发展直接关系到家庭生活的福祉。青少年教育服务也为家庭中的父母提供子女教育方面的建议指导,以达到促进家庭幸福生活之目的。

中国香港地区离异父母共享亲职先导项目

　　在个体社会观念转变,女性意识崛起,生存压力加大等因素共同作用下,中国香港地区粗离婚率不断上升,高离婚率带来一系列社会问题,尤其是青少年教育问题日益突出。这一现象引起社会及政府部门极大重视。为此,香港家庭福利会开始为家长与青少年提供家庭生活教育项目,以教育途径向家庭成员传授家庭生活知识与技能,协助家庭成员处理好婚姻关系,为青少年儿童发展创造良好的成长环境和条件。

项目背景

　　随着香港现代化与国际化进程的推进,与家庭生活有关的一系列社会问题也随之出现,如家庭结构变化、高离婚率、青少年犯罪、老龄化等。据香港司法机构资料显示:自 2006 年起,本港离婚宗数一直维持约 1.6 万至 1.9 万,2012 年更突破 2.1 万宗的水平[①]。离婚率居高不下问题迫使香港政府及非政府组织机构(NGO)开始注重家庭中的婚姻教育,以香港家庭福利会为代表的非政府组织还开展了一系列针对离婚父母的教育与辅导以及减缓子女受伤害程度的项目。

　　相关研究表明,若父母能在离异后继续合作,共同照料子女,那么对其子女的伤害可减至最低。但若父母继续敌对与仇视,子女便会活在愤怒、自责或惶恐的情绪中。随着离婚率不断上升,离异家庭子女教养问题变得更加棘手。离婚事件本身给其子女带来了身心伤害,如何避免夫妻离异之后对子女带来的二次伤害显得尤为紧迫。

　　基于以上现实因素,夹缝中的曙光“儿童为本”共享亲职先导计划(A Beam of Hope—Pilot Project on "Child-focused" Parenting Coordination and Co-

---

① 赖黄雪咏:《夹缝中的曙光——协助离异家庭建立“儿童为本”亲职模式的远景与挑战》,香港家庭福利会,2013 年,第 9 – 10 页。

parenting Services for Divorced Families)期望进一步加强社会人士"儿童为本"的价值理念,教育离异父母学会处理与子女之间的关系,让子女健康成长。简言之,"儿童为本"的价值理念在于减少离婚等冲突问题对子女的身心伤害,尽量规避对子女的长期负面影响。

项目目标

本计划的服务对象是离异或分居父母,服务目标在于协助离异父母建立以"儿童为本"的共享亲职模式,维持"伙伴关系"教养子女,即使原有家庭解体仍能够让子女享父母恩。主要要达到以下三点具体目标:第一,协助离婚家庭将夫妻的恩怨与父母的合作角色分开。教会离异父母处理子女问题的方法,进而提升离婚父母解决子女问题能力;第二,重建新的家庭角色和家庭关系。经过调解员的离婚调解服务,离异夫妻可以重建关系,合作管养子女,以减轻子女在离异家庭中的挫折和创伤,有助家庭平稳过渡;第三,推行"共同父母责任模式"。"共同父母责任模式"指的是父母即使离婚后,双方仍有责任参与关乎子女的重要决定。该模式主要强调教养子女为父母"责任"而非父母"权利"[1]。

主要做法

香港家庭福利会为有需要的离异父母提供"一站式"综合化服务,确保离异家庭子女健康快乐成长。这个计划除了帮助离异夫妻,还为律师、社区工作者、心理学家等提供训练课程,提高专业人士对"儿童为本"的了解和重视,推动社会各界建立正确的观念。具体包括以下四个具体措施[2]:

1. 设立家长咨询热线及发放家长自助手册

家庭福利会专为需要解决子女教育问题的离婚人士设立咨询热线,由专业社工人员进行指导,帮助离异父母学会处理技巧以更好地协调好双方关系促进子女健康成长。

此外,香港家庭福利会还策划并翻译了《儿童为本——离异父母共享亲职手册》(Cooperative Parenting and Divorce: A Parent Guide to Effective Co-parenting),该书是家庭福利会"共享亲职先导计划"的重要组成部分,以指点离异夫妻如何以"儿童为本"相处为目标。该书也是香港第一本以"儿童为本"的理念来协助离异父母为子女建立两个快乐家庭的实用性手册。该书详述父母离异对子女造成的影响,同时提供八大步骤及大量实用性练习,手册中的八大步骤有助于离异家长通过自学方式有效协调家庭成员关系,具体包括:"爱的承诺""让

---

[1]　香港家庭福利会:《夹缝中的曙光"儿童为本"共享亲职先导计划》,http://www.hkfws.org.hk/ 2016 - 02 - 20。

[2]　香港家庭福利会:《夹缝中的曙光"儿童为本"共享亲职先导计划》,http://www.hkfws.org.hk/ 2016 - 02 - 20。

子女爱爸也爱妈""改变未来角色""选择我的前路""管理愤怒情绪""控制冲突""共商协议"以及"永远是父母"八个方面。

2. 开展"共享亲职"家长教育活动

1)"共享亲职"指导服务

主要由受过专业培训的亲职指导员,以个别教授或小组形式指导有需要的离异父母,建立及实践"儿童为本"的亲职模式,给予子女健康的成长空间,具体包括:①冲突处理技巧;②关系重建训练;③家长共同协作及管教技巧;④相聚及探访技巧;⑤和解协调技巧。

2)"共享亲职"父母亲职协调工作坊

这里以2014年10—12月活动为例,香港家庭福利会特开设工作坊以互动分享和讨论的形式(见表6-2),深入带动父母学习双赢的亲职教养模式,以给子女健康的成长空间。该工作坊系列讲座主要针对子女就读小学的家长,由专业亲职辅导人员授课,教导家长处理冲突及和解技巧。

表6-2　"共享亲职"父母亲职协调工作坊

日期	时间	内容	对象	地点	负责人
2014.11.5—1.26逢周三,共四节	上午9:30—11:30	1."儿童为本"的亲职模式;2.家长冲突处理;3.和解协调技巧	子女就读小学的家长	明爱屯门综合家庭服务中心	刘嘉敏及李慧敏(亲职辅导员)
2014.11.5—1.26逢周三,共四节	下午2:30—4:30			社会福利署鲗鱼涌综合家庭服务中心	
2014.11.7—1.28逢周三,共四节	上午9:30—11:30			社会福利署东将重澳综合家庭服务中心	
2014.12.22—2.31逢周一、三,共四节	下午2:30—4:30			社会福利署南屯门综合家庭服务中心	

资料来源:香港家庭福利会:夹缝中的曙光"儿童为本"共享亲职先导计划,http://www.hkfws.org.hk/b5_new_project_detail.aspx? id=55 & aaa=3.2016-02-20。

3)"共享亲职"外展父母教室

透过社区教育宣传街进行推广,提升社会人士对"儿童为本"亲职模式的认同,建立"共享亲职"的理念与模式(见表6-3)。这里的推广性策略主要采用大众传媒、节目等手段向公众宣传"儿童为本"亲职模式的信念,加强公众对其关注度,让社区中的离异家庭,尤其是不愿主动寻求帮助的离异父母能够得到专业人员的指导与服务。

表 6 - 3   "共享亲职"外展父母课程

日期	时间	内容	对象	地点	负责人
2014.10	上午 10:30— 下午 5:00	1. 共享亲职咨询分享； 2. 游戏摊位/离异家庭服务咨询	社区人士	天水围区	陈月霞及李慧敏（亲职辅导员）
2014.11	下午 3:30—5:00			屯门区	
2014.12	下午 3:30—5:00			元朗区	

资料来源：香港家庭福利会：夹缝中的曙光"儿童为本"共享亲职先导计划，http://www.hkfws.org.hk/b5_new_project_detail.aspx？id＝55＆aaa＝3.2016 - 02 - 20。

4）"共享亲职"家长教育讲座

透过系列家长教育的讲座在社会上建立"共享亲职"的理念与模式。活动地点主要在综合服务中心举行。香港家庭福利会辖下的综合家庭服务中心基于"儿童为重、家庭为本、社区为基础"的理念，为满足不同家庭需求，以家庭资源供给、支持小组及个案辅导等途径为不同家庭提供全方位、多层面的服务。

5）"共享亲职"父母分享聚会

父母在教养子女上常会出现分歧，影响子女的情绪及成长。透过每月不同主题的分享聚会，由亲职辅导员带领父母在实践层面上学习"以儿童为本"的亲职协调技巧，为子女缔造一个健康的成长空间。活动对象是凡对亲职模式感兴趣的父母均可参加，其主题是"与愤怒共处""我看见了爸妈冲突"以及"爸妈争宠"三个方面。

3. 开展家庭及亲职辅导与治疗项目

1）"共享亲职"离异父母亲职工作坊

共享亲职辅导服务以离异父母为服务对象，帮助他们学习相关的亲职技巧与知识，共同制定亲职计划，同意合作照顾子女，同时协助子女适应父母离异后的生活，维持正面心理发展和成长（见表 6 - 4）。

表 6 - 4   "共享亲职"离异父母亲职工作坊

日期	时间	内容	对象	地点	负责人
2014.11.11—12.11（逢周四，共四节）	上午 10:00—中午 12:00	1. 儿童为本的亲职模式； 2. 儿童成长的需要；3. 订立合宜的儿童照顾计划； 4. 有效的生活调适方法、冲突处理及和解技巧	离异父母	社会福利署慈云山综合家庭服务中心	李慧敏及刘嘉敏（亲职辅导员）

资料来源：香港家庭福利会：夹缝中的曙光"儿童为本"共享亲职先导计划，http://www.hkfws.org.hk/b5_new_project_detail.aspx？id＝55＆aaa＝3.2016 - 02 - 20。

2）"共享亲职"离异父母亲职协调进修证书课程

除了为离异父母开设专门的课程之外，还为合格的人员颁布相应的资格证书，该举措极大地激励了离异父母的参与热情，同时有助于家庭生活教育的专业化发展。此外，为了帮助经济困难的边缘家庭得到专业亲职人员的辅导与教育，经济困难的家庭可获得半费资助，这有助于困难家庭的婚姻问题的解决，防止被边缘化。

4. 义工工作培训及志愿项目

社区服务需要掌握比较全面的社会科学知识和社会工作的理论和技巧，需要通过分析社会现象和了解人的需要，并在社会政策、服务、管理等方面展开工作。香港社区服务得以全面展开并具有较高的水平，与其拥有一支勤奋耕耘、默默奉献的社工队伍密不可分[1]。众多志愿者经过专业化的婚姻教育培训，获得家庭生活教育的资格认证，一方面促进了家庭生活教育的专业化发展；另一方面也为离异父母共享亲职先导计划提供了人员方面的支持。基于以上原因，家庭福利会特招募有爱心的志愿者及义工，希望通过专业化的培训使他们能够胜任亲职辅导员的工作，为更多的家庭提供优质服务，让更多离异家庭的子女健康成长。

服务效果

迄今为止，该计划已经开展了两年，共八期。自2013年10月至2015年10月，每三个月一期。这八期分别针对不同主题围绕"儿童为本"离异父母共享亲职模式开展活动，取得了重要的服务效果。

第一，减少离异父母诉讼费用及时间。参与该计划的众多离异父母均表示该计划服务减少了双方进行上诉的诉讼费用和时间，更重要的是减少了因离婚给子女带来的二次伤害，能够同子女建立温馨和谐的亲子关系；第二，扩展"家庭"概念，强化"家庭"的结构。目前普遍接受的"家庭"概念是以"亲属"概念为基石的，而"亲属"关系又是以婚姻和血缘关系为纽带的[2]。换言之，当婚姻关系结束时一个家庭便会自然解体。该计划服务倡导"两个家庭"理念，扩大了家庭传统理念。第三，有效协助下一代预防、减少各种问题。许多离异父母处理不好离婚对其子女的关系问题会对子女产生直接影响，主要表现为增加子女压力，很多研究已表明离婚事件与子女的学业水平具有高度相关性；减少他们的快乐程度，很多子女因父母离婚出现抑郁、社交恐惧等问题；失去安全感和信任感，由于离异子女往往生活在缺乏安全感和信任感的家庭环境，久而久之会产生怀疑和恐

---

[1]　江超庸：《香港社区服务的特点与启示》，《探求》，2002年第6期，第70-76页。
[2]　曾培芳、王冀：《议"家庭"概念的重构——兼论家庭法学体系的完善》，《南京社会科学》，2008年第11期，第89-91页。

惧的心理。因此,协力帮助下一代将来的成长,包括家庭及婚姻关系的计划,可以达到减少离婚对下一代子女的消极影响的目的,让下一代青年树立正确的恋爱观与婚姻观。这在某种意义上可以间接降低香港家庭离婚率,促进家庭社会和谐。

项目经验与评价

夹缝中的曙光:"儿童为本"离异父母共享亲职先导计划自2013年10月开展至今,服务了上千对离异父母、社区人士,成功地唤起了社会对"儿童为本"亲职模式的关注与认同,获得了香港公益金等社会福利组织机构的资金资助和人员支持。其成功之处主要表现为以下几方面的特点:

1. 服务的理念框架

该项目以"儿童为本"为价值基本取向,提倡利益父母能够以儿童的最大利益为基本出发点共同协商,以合作伙伴关系共促子女健康成长。该项目强调以儿童的福祉为中心,通过协商辅导等途径向离异父母传播共享亲职理念,劝导离异父母继续承担自身责任与父母角色,有效协助离异家庭解决好子女生活学习等问题。

2. 服务主题分明

香港家庭福利会制定该项目的服务对象不仅仅是离异父母,还包括分居尚未离婚的父母以及社会人士,并针对不同的服务对象提供不同的服务主题。

离异父母是最亟须援助的,也是最主要的服务对象。机构开展的大部分活动也都主要针对此类人群,如"共享亲职"指导服务、离异父母亲职协调工作坊等计划,并由专门的离异父母治疗小组对离异父母进行干预,教会他们进行有效的沟通,共同帮助子女健康成长。

分居父母是处于离婚边缘的群体,也需要及时的辅导。该类人群虽然还没有离婚,但由于双方缺乏沟通技巧,缺乏以儿童为本的理念而有较高的离婚动机与倾向。为此,家庭福利会特开设家长讲座,父母亲职协调工作坊等活动,共同维护家庭完整,创设和谐的家庭。

此外,该计划还特别针对社区人士开展一系列讲座,以推广儿童为本的亲职教育理念,未雨绸缪,防患于未然。一方面,通过游戏,分享故事等方式向社区所有人士介绍有关该计划的重要实践意义与价值,便于计划的推广并得到广大群体的支持。另一方面,这类活动的定期开设能够从源头解决高离婚率问题,帮助有困惑的社区人士解答有关婚姻,及离婚对子女带来的严重负面影响等问题。同时,也尤其需要社区人士能够积极加入志愿者行列,而志愿者通过专业化培训加入到计划中可为更多的离异家庭带来援助。

3. 定期推出丰富多样的活动

该项目自开展以来已成功举办七期,第八期正在如火如荼地开展,每隔三个月便定期在各区的综合服务中心等机构推出一张宣传活动海报并鼓励公众积极参与,尤其是离异父母。活动类型既包括讲座、工作坊、课程,也包括离异父母分享会、游戏等环节,让参与者在轻松愉快的氛围中畅所欲言并由专业的亲职辅导员进行及时辅导与解答。

除了针对特定需求的群体开展多种多样的活动之外,还定期培训亲职同行者义工,促进其专业化发展以帮助参与者更高效地解决家庭问题。同时,为达到一定要求的离异父母颁发相应的资格证书,以鼓励离异父母更好地履行其父母职责与角色。

本项目最大缺憾在于缺乏对离异子女的充分的教育和辅导。面对父母离异,很多孩子会感到困惑与无助。相关机构应该通过专业化的辅导为孩子疏导情绪,根据孩子年龄以游戏辅导或面谈的形式,协助孩子处理自己的情绪,建立安全感和自信心,使孩子学会处理因父母离异所带来的负面影响。还可以成立儿童辅导小组,以小组形式协助孩子学会认识自我,学会如何与非同住父母相处之道,培养孩子的抗逆力,正确面对家庭变迁。

另外,该项目是由非政府机构同民间基金会资助的有限期的特别服务,而不是政府福利规划的常规服务。资金来源的不稳定性无形中造成了服务的不便利性。通过一系列服务可以看出,服务团队仅有四名亲职辅导员及一位认可亲职辅导员其五位专业人员,他们要服务全港的离异家庭,人手紧张。因而,服务的质量和数量有待论证。希望政府能够提供更多资源,使这项服务可以成为长期的常规性服务项目。

家庭生活教育综合服务项目

家庭生活教育综合服务概念

随着现代化与城市化的发展,现代家庭出现了一系列与社会发展相背离的社会问题,如现代家庭的小型化、多元化发展以及女性就业率的提高等引发的家庭育儿支持能力下降,由于疏于管教而导致的青少年犯罪,以及发生在家庭生活中的家庭暴力问题及老龄化社会家庭老人生活健康服务等诸多复杂事务。

为了强化家庭的稳定,发挥家庭的功能,许多国家或地区政府从政策制度层面,推行家庭生活教育综合服务,开展了一系列家庭支持的项目干预,努力为青少年儿童、妇女及老人等家庭弱势成员的健康成长与家庭和谐发展创造更有利的环境。在推进家庭生活综合服务进程中,致力于发挥社区在家庭生活教育中的支持与帮扶作用,通过提供各种家庭教育学习机会,推进了家庭教育的开发与普及,提高了国家家庭生活教育的活力,有力地预防了家庭问题的发生并推进了家庭生活的和谐发展。

中国香港反家庭暴力教育干预项目

家庭既是社会结构的基本单位和细胞，更是人们生活的主要场所。和谐幸福的家庭可以促进社会进步，国家繁荣发展。然而，家庭暴力犹如毒瘤隐藏于众多家庭之中，家庭暴力既伤及受害者及家庭成员，更阻碍家庭社会功能的发挥。家庭暴力已成为现代家庭走向解体的重要原因所在。世界卫生组织将暴力定义为蓄意地运用身体的力量或权力，对自身、他人、群体或社会进行威胁或伤害，造成或极有可能造成损伤、死亡、精神伤害、发育障碍或权益的剥夺[1]。家庭暴力就主体而言主要有三类：子女暴力、婚姻暴力及其他家庭成员间的暴力。家庭暴力因其普遍性与严重性、隐蔽性与复杂性等特点，为个体、家庭及社会带来了严重负面影响。家庭暴力是一个需要社会共同协作的多范畴问题。

近年来，香港地区家庭暴力个案不断攀升。根据香港社会福利处的数据，香港虐待配偶个案由 1999 年的 1 679 宗，大幅飙升至 2007 年的 6 404 宗[2]。事实上，社会福利处公布的数字不过是冰山一角，很多人持有"家丑不可外扬"的传统思想，将家庭暴力看作是禁忌，隐秘于日常生活之中，这也是导致暴力在家庭中生生不息的重要原因。为此，香港政府及社会服务机构从预防、保护、救助等途径，积极宣传家庭和谐的重要性。家庭福利会致力于建设"零暴力"社会，提供有关防范家庭暴力方面的支持与援助。在社会福利署的资助下，于 2008 年开展"和平计划"——施暴者辅导先导计划；在"心连心慈善基金"的支持下，自 2012年 6 月开始在家庭暴力高发地区定期举办"心连心·齐踏暴"和谐家庭行动。

项目背景

随着香港人口的增长，社会经济的快速发展，香港家庭结构发生重大转变。近十年来，香港的家庭暴力事件大幅增长，社会福利署数据显示：虐待儿童个案从 2004 年的 587 起升至 2014 年的 856 起，增加了 46%，虐待配偶个案由 2004年的 3 371 起增加至 2014 年的 3 917 起，增幅 16%（见表 6 - 5）。香港社会服务联会评量社会发展指数显示，由于家庭暴力的频繁发生，2000 年香港社会在"家庭团结"方面的分类指数呈负增长（-74），2001 年下滑至-124[3]。由此可见，家庭暴力已成为影响香港社会和谐发展的重要阻碍力。因此，香港政府及社会机构组织开始日益关注香港家庭暴力问题，在政府极力强化打击家庭暴力政策的同时，香港非政府组织机构间通力合作，在一定程度上缓解了家庭暴力问题的严

[1] 世界卫生组织：《暴力的定义》，http：www.who.int/topics/violence/2009 - 01 - 02。
[2] 香港政府统计处：《香港统计年刊》，香港统计出版社，2007 年，第 4 页。
[3] 陈雯：《家庭暴力研究：回顾与前瞻》，《学习与实践》，2008 年第 8 期，第 136 - 143 页。

重态势。

表 6-5 2004—2014 年家庭暴力事件

年份	2004	2005	2006	2007	2008	2009	2010	2011	2012	2013	2014
虐待儿童 个案数	587	714	774	866	828	941	1 001	888	901	963	856
虐待配偶 个案数	3 371	3 598	4 424	6 404	6 843	4 807	3 163	3 174	2 734	3 836	3 917

资料来源:香港社会福利署中央资料系统,http:www.swd.gov.hk/vs/sc/stat.html。

2003 年香港社会福利署委托香港大学研究虐待儿童及配偶问题。2005 年的《虐儿及虐偶研究》数据显示,6%被访成人表示在过去 12 个月内,曾对儿童使用严重/非常严重的身体虐待行为,估计全港约 7 万名儿童被虐;约 10%的夫妇在过去一年出现虐偶行为,保守估计约有 16 万对夫妇,约四成虐待子女者同时有被配偶虐待或虐待配偶问题[1]。但这些数据只是冰山一角,隐藏的家庭暴力状况远远超乎想象。

相关研究表明,家庭暴力悲剧的发生不是一蹴而就的,是一个经历不同阶段逐渐形成的过程。家庭暴力的循环历程主要包括压力期、争执期、虐待暴力期与蜜月期[2]。家庭暴力的发生是经历四个不同时期的长期过程。随着家庭暴力次数的增加,除了虐待暴力期,其他三个时期均会缩短至消失。香港家庭福利会为有效预防家庭暴力及阻止家庭暴力的再次发生,尽早介入有危机家庭及识别暴力家庭显得尤为重要。为此,该机构实施系列针对施暴者及受害者的防止家庭暴力的项目计划。

工作目标

主要通过街展和工作坊等活动,提升及加强和谐家庭的重要性,推广家庭零暴力的意识。同时为有需要的妇女、儿童,提供治疗小组,降低家暴给他们带来的负面影响。此外,综合家庭服务中心也为家暴施虐者提供专业辅导,最终达到自觉终止暴力行为之目的。综合家庭服务中心的社会工作者针对不同服务对象、服务地区来开展具体目标,主要从以下三个层面来制定具体目标[3]:

第一,对家庭暴力的预防。该项目通过在不同社区开展街展等活动来宣传"零暴力"理念,从根源上阻止家庭暴力的发生。通过开展预防家庭暴力推广活

---

① 梅伟强:《香港之家庭暴力》,《亚洲家庭暴力与性侵害》,2009 年第 2 期,第 73—82 页。

② 香港教育局课程发展处科技教育组及香港教育城:《健康和社会关怀议题——家庭暴力主题册》,http://edblog.hkedcity.net/te_hmsc/。

③ 香港家庭福利会:《反对家庭暴力系列项目》,http:// www.h kfws.o rg.hk/ 2016-02-24。

动,宣扬家庭两性间的相互尊重,转变人们所持有的错误观念,进而达到对家庭暴力的预防之目的。

第二,对家庭暴力受害人的保护。综合家庭服务中心为家庭暴力受害者提供庇护场所,并安排专业人员为其进行专业化的心理辅导,同时鼓励"过来人"间的互助,保护受害者尤其是女性和儿童受害者,免受二次伤害。

第三,对家庭施暴者的帮助。由专业人员为施害者提供服务,以互动小组的方式探讨男性在家庭中的角色和地位,帮助其控制情绪,学会表达情感的技巧方法,树立正确的两性平等观念。

主要案例

近年来,香港政府及社福机构大力宣传家庭和谐的重要性,令社会大众对于家庭暴力的认识加深。2008年8月至2011年7月,家庭福利会大力开展针对家庭施暴者的救援计划:"和平计划"——施暴者辅导先导计划及"心连心·齐踏暴"和谐家庭行动。

1. 和平计划——施虐者辅导先导计划

1) 服务主体与服务目标

该计划服务对象主要是家庭暴力的施虐者,特别是申请服务一年前对伴侣做出暴力行为人士。该计划在于向施虐者提供辅导计划,教导其愤怒管理和冲突解决技巧,转变施虐者的错误观念,通过对家暴施虐者的教育与心理疏解有效终止社区家庭中的暴力行为。服务目标具体包括:①终止配偶虐待行为;②引导参加者为暴力行为负责,及以非暴力方式与配偶相处;③加强社区对配偶暴力的关注,及累计处理配偶虐待的临床知识,并建立本地化施虐者小组治疗蓝本[1]。

2) 服务内容与服务形式

服务内容涉及广泛,主要包括:一是每月例会;二是为期12周的和平小组,主要由治疗师队伍为施暴者给予认知行为模式的转变及叙事治疗;三是教育性活动,通过宣传、推广等活动形式加强地区对终止配偶虐待的关注,教导服务对象使用和平手法与伴侣相处;四是相关研究,主要由临床心理学家及研究员组成研究队伍,进行研究设计,针对参加者进行评估。具体包括组前评估、小组期间评估和组后评估三个阶段。对家庭暴力施虐者的心理相关研究,为进一步改善施虐者的行为方式提供理论指导。

服务形式主要包括两类,一是一般服务,具体包括治疗小组、互助小组分享会及教育活动;二是施虐者治疗计划,包括小组、个人及混合性模式。施虐者治疗计划主要从个体、人际关系、社区、社会四个社会生态学理论的不同层面开展阻止施虐者的停止施暴行为的活动。

---

① 香港家庭福利会:《和平计划——施虐者辅导先导计划》,http://www.hkfws.org.hk/2016-01-20。

2. "心连心·齐踏暴"计划

1) 服务主体

该计划的服务对象主要是三类群体：家庭中曾经历家庭暴力的妇女及儿童；社区前线工作员，通过专业化培训来提高他们的识别家庭暴力的能力；公众人士，通过街展宣传等活动推广家庭和谐理念，提高公众抵制家庭暴力的意识。

2) 服务形式

第一层介入：通过公众及儿童工作坊、流动街展、咨询热线及调解训练，鼓励不同的地区人士识别受暴力影响的家庭，并进一步发展和谐家庭网络。主要包括以下内容[①]：第一，提升对家庭暴力的关注训练。即通过工作坊，让教师、教会团体、地区人士认识家庭暴力的影响，减低家庭暴力发生的机会；第二，流动街展。通过街展及游戏，接触不同的家庭，希望及早识别及协助有需要的家庭及妇女；第三，公众教育活动。通过工作坊，提升妇女及公众人士对家庭暴力的认识，并鼓励他们遇到暴力时能及早求助，降低暴力发生的可能性；第四，儿童教育活动。以工作坊及游戏的形式，提升小孩子对家庭暴力的认识，鼓励他们遇到暴力时能及早求助，并协助他们掌握自我保护的方法；第五，家庭调解训练。通过个案分享、角色扮演、游戏等活动让妇女及公众人士学习使用调解技巧去处理冲突。

第二层介入：通过妇女及儿童治疗小组、互助小组及家庭日常经营，让参加者提升自我保护的能力。在家庭暴力的高危区——观塘及葵青，训练不同地区人士及早识别暴力和危机家庭，协助有需要的妇女和家庭得到适当的帮助；计划并提供不同小组及活动给予有需要的父母及儿童，与地区人士携手推广和谐家庭的重要性。该计划的主题主要包括：提升对家庭暴力的关注训练，包括妇女及儿童和平小组、妇女互助小组以及和平家庭日常经营等，具体内容见表6-6。

表6-6　"心连心·齐踏暴"计划活动

主题	对象	内容	形式	节数	地点	费用
妇女和平小组	正在面对或有机会面对家庭暴力的妇女	处理暴力衍生的负面情绪、提升自尊及自我保护能力	个案讨论、分享、练习、游戏	6节	家庭福利会中心	全免
儿童和平小组	就读小学及曾目睹暴力或受到暴力对待的儿童	处理暴力衍生的负面情绪、提升自尊、沟通及自我保护能力	游戏、练习、分享	6节		

① 香港家庭福利会：《心连心·齐踏暴计划》，http://www.hkfws.org.hk/ 2016-01-25。

（续表）

主题	对象	内容	形式	节数	地点	费用
妇女互助小组	曾参加妇女和平小组的参加者	重整自我价值、提升自尊、与其他妇女建立互助网络	游戏、主题分享	6节	家庭福利会中心	全免
和平家庭日常经营	曾出席有关活动的参加者	分享活动中的收获，巩固他们对反暴力及建立和谐家庭的信念；并促进亲子关系。	游戏、主题分享	6节		

资料来源：香港家庭福利会："心连心·齐踏暴"计划，http://www.hkfws.org.hk/b5_new_project_detail.aspx？id＝55＆aaa＝1。

服务的效果

由家庭福利会综合家庭服务中心实施的系列反家庭暴力的服务计划取得了较为理想的服务效果。如"心连心·齐踏暴"计划向公众推广的"零暴力"信息深入人心，并协助高危暴力家庭或已发生家庭暴力的妇女及曾目睹暴力或受到暴力对待的儿童走出创伤，而"和平计划"则通过教育活动，由专业人员向施虐者灌输使用和平方法处理冲突的重要性。

该系列计划主要以预防及各种介入方式进行反家庭暴力计划。自2008年至今实施的系列反家庭暴力计划有效缓解了香港家庭暴力问题，更多的暴力受害者得到及时救助，避免家庭悲剧的发生，许多家庭施暴者开始自我反省，并学会控制自我情绪，学会以和平手段处理夫妻双方间、亲子间的冲突与矛盾。

香港综合家庭服务中心年度报告显示，系列反家庭暴力计划成功减少了家庭暴力对妇女、儿童的影响，使得社区参与者以实际行动对抗虐待，提升信心，向"零暴力"社区迈进一大步。相关数据表明：参与反家庭暴力的家庭成员对该计划服务的满意度为98.9%[1]。

讨论与建议

香港家庭福利会自2008年开展系列反家庭暴力计划以来，得到了社会公众的大力支持，向公众传播了"零暴力"信息，使更多的危机家庭转危为安，防止了家庭暴力悲剧的发生；也使很多隐匿的暴力家庭得到专业人员的辅导，有效降低了家庭暴力对受害者的负面影响。该系列计划的成功开展得益于以下几点：一

---

[1]　综合家庭服务中心：《综合家庭服务中心2013—2014年年度报告》，综合家庭服务中心出版社（香港），2014年，第11页。

是以多元化手法,针对家庭暴力问题,提供以家庭为本的预防及治疗性服务,推广和谐及健康的家庭关系。针对不同服务对象采取不同的服务内容及服务形式。二是通过辅导及危机介入,主动接触及关怀有需要的家庭。由于家庭暴力问题的特殊性,很多受害者不愿举报其受害行为,这就需要专业人员主动介入,及早发现危机家庭进行干预,防止家庭暴力恶化。三是通过社会教育,使公众人士改变对家庭暴力的错误观念,提高公众处理家庭暴力的正确知识和技巧。

但是,家庭福利会开展的反家庭暴力计划仍存在一定不足。首先,对暴力家庭中的儿童关注较少。事实上,那些经历过家庭暴力的儿童极有可能成为以后的家庭施暴者。多加关注受虐儿童能够有效降低其将来成为施暴者的可能性。其次,服务对象尚未将老人纳入其中。虐待老人是家庭暴力之一,却较少受到关注。由于受虐老人的生活要完全依赖施虐者等因素使得很多老人不愿举报自己被虐待,这大大加大了社会福利组织早日发现暴力家庭的难度。如今老年人数目攀升,香港日益进入老龄化社会,如何解决虐待老人问题亟需社会政府及机构采取措施。最后,该计划缺乏长期性规划。由于反家庭暴力系列计划是由非政府组织所提供的阶段性服务,无法确保计划的长期实施,专业人员紧缺问题也亟需解决。随着社会压力增大,如何更有效地预防家庭暴力需要政府予以重视。

中国台湾夜光天使点灯专案项目

在全球化、工业化和城市化进程中,各个国家和地区都经历了重要的社会变迁,由社会转型带来的一系列问题应运而生。多元文化冲击下,家庭结构和家庭模式发生了巨大变化,单亲家庭、失亲家庭、隔代教养家庭以及残疾家庭等弱势群体家庭在数量上也呈现出一定的上升趋势。我们把单亲家庭、失亲家庭、隔代教养家庭等家庭情况特殊,亟需外界关怀的家庭称之为弱势家庭。这些弱势家庭整体上表现出文化程度低、照顾家庭精力少、教育子女能力有限的特征[①]。因此如何平衡家庭生活和子女教育,成为弱势家庭普遍面临的难题。

多年来,中国台湾地区在弱势家庭儿童的课后照顾服务工作方面经过不断地探索与实践,形成了一定的先进经验。2008 年台湾教育行政部门颁布的《夜光天使点灯专案计划》,主要针对晚上六点以后家中没有人照顾的弱势家庭儿童进行课后照顾与辅导,其相关经验值得思考与借鉴。

项目背景

家庭发生的一系列变化致使家长对子女的照顾与教育的时间、方式等方面也发生了改变。政府为了促进教育公平,维护与支持弱势家庭的发展,帮助弱势

---

① 　杨启光、朱纯洁:《论我国儿童课后照顾与教育服务的需求及政府责任》,《教育理论与实践》,2014 年第 34 期,第 25 - 29 页。

家庭平衡工作与家庭发展的关系,关心弱势家庭儿童的成长,制定了一系列政策制度,设计举办了相关活动,力使弱势家庭儿童获得更为均等的教育机会。

1. 弱势家庭数量上升,儿童课后照顾成为迫切需要

随着经济的发展和工业化进程的不断推进,台湾地区社会在转型过程中家庭随之发生了剧烈的变化。家庭结构和家庭模式在多元文化的冲击下也呈现出多元趋势,弱势家庭群体的数量也出现了一定程度上的增长,具体表现在:①双薪家庭增多。由于台湾市场经济的发展,以及女性社会地位的提升,愈来愈多的女性走出家庭步入社会工作岗位。据 2002 年对台湾家庭的调查显示,在全台680 万户家庭中,每十对家庭中就有四对双薪家庭[①]。②单亲家庭数量较多。2006 年调查显示,台闽地区单亲家庭户数已超过 64 万户,创下历年来的最高纪录,2008 年这个数字虽降低为 59 万户,但单亲家庭儿童的教养问题一直是亟须解决的难题[②]。③隔代教养家庭增多。由于双薪家庭的增多,夫妻双方都需外出工作,很多家庭的孩子则交由家中的长辈代管。

这些家庭模式的增多导致的首要问题就是子女的课后照顾问题。双薪家庭的父母由于工作繁忙,照顾孩子的时间和精力十分有限,甚至一部分家长在孩子放学后还在忙于工作,没有家长的监护,儿童的安全保障和学业辅导成为问题。对于单亲家庭,由于父母一方或双方角色的缺失,加上家庭面临的经济、情感等各方面的短缺,致使家长对于子女的照顾和教育"心有余而力不足",甚至一些家庭里的成年人没有精力思虑子女的生活与学习。隔代教养家庭中,祖辈的教育方式普遍存在"重养轻教""重快乐轻管束"的问题,由于祖辈的教育观念相对传统,对孩子的教育以经验为主,教育理念和方式方法与社会发展存在一定的"脱节",在一定程度上制约了孙辈的成长与发展。总的来说,这些弱势家庭的儿童普遍面临着父母监护时间短、教育水平有限和教育资源短缺的问题。部分弱势家庭已失去提供照顾、教养与教育的功能,延长学校教育辅导时间,由学校实施课后教育与照顾,是一种协助弱势家庭学生发展的重要选择。

2. 提供弱势家庭儿童课后照顾,促进教育机会均等

为了维护儿童合法的受教育权益,政府通过颁布相关法律条例和实施政策计划,致力于保障每个孩子都能平等拥有受教育的机会。台湾《教育基本法》第四条也规定:"人民无分性别、年龄、能力、地域、族群、宗教信仰、政治理念、社经地位及其他条件,接受教育的机会一律平等。对于原住民、身心障碍者及其他弱势族群的教育,应考虑其自主性及特殊性,依法予以特别保障,并扶助其发展。"

---

① 林水木:《家庭教育法及其对学校教育之冲击》,《学校行政》,2005 年第 39 期,第 179 页。
② 林志成、欧怡珍:《夜光天使点灯计划实施现状之研究》,《学校行政月刊》,2010 年第 67 期,第 122 - 149 页。

台湾教育白皮书中提及要"重视机会均等的公平教育"①。《儿童及少年福利法》第九条第三项规定"教育主管机关主管儿童及少年教育,以及其经费补助、特殊教育、幼儿教育、儿童及少年就学、家庭教育、社会教育、儿童课后照顾服务等相关事宜。"②可以看出,政府十分重视教育公平发展,保障弱势群体的合法受教育权益,特别是儿童的受教育权利。

在法律基础之上,台湾教育行政部门陆续研订颁布了一系列扶助支持弱势家庭儿童课后补救教学方案。协助学校增强必要设施,办理相关教育活动,充实教育内涵,从实质上提高学生受教育的均等机会,努力实现教育平等。如 1996 年颁布《推动教育优先区计划》,2006 年的《携手计划课后扶助方案》和《偏乡地区中小学网路课业辅导服务》。2008 年的《夜光天使点灯计划》就是在这样的背景下设计与实施的。通过颁布实施这些方案,尽力满足孩子的发展需求,减少弱势家庭父母由于工作、能力有限等原因造成的对孩子照顾与教育上的差距,帮助父母平衡家庭生计与子女教育的关系。

3. 切实保障儿童安全,避免儿童安全与犯罪隐患

台湾还存在儿童独居的现象,调查显示,家长由于忙于生计而无暇照顾孩子和家庭缺乏照顾资源,是造成儿童独居现象的两大主要原因。据台湾儿盟推算,截至 2007 年,全台约有 2 万名儿童独居,并且有超过 16 万的儿童三餐必须自己打理。这些儿童大致可以分为两类:一类是未与家长同住,而是和其他兄弟姐妹生活在一起;还有一类儿童虽与家长同住,但是生活起居须自理,并且经常独处家中甚至独自过夜③。儿童独居存在饮食安全、作息紊乱、社交混杂、逃课旷课等隐患,并且由于儿童自身年纪小,自我约束力不强,加之家长照顾、教育和监护的缺位,一定程度上会导致儿童身心与行为偏差。实际上,儿童独居现象背后是社会转型过程中,由家庭变迁导致的家庭生活教育缺失问题,致使儿童成为转型与变迁的无辜牺牲者。为弱势家庭群体或独居儿童开展课后照顾,从政府的层面进行危机干预,使弱势家庭的家长能够安心工作,缩小弱势家庭儿童、独居儿童与同龄人发展的差距,对于减少儿童课后隐患具有十分重要的现实意义。

工作目标与内容框架

1. 工作目标

构思与推动《夜光天使点灯》方案的初衷是为新贫、近贫和低收入家庭儿童

---

① 高台嬿、沈彦君:《夜光天使亮不亮? 夜光天使点灯专案计划之起源、目的与省思》,《家庭教育双月刊》,2011 年第 29 期,第 66 - 71 页。

② 林志成、欧怡珍:《夜光天使点灯计划实施现状之研究》,《学校行政月刊》,2010 年第 67 期,第 122 - 149 页。

③ 林志成、欧怡珍:《夜光天使点灯计划实施现状之研究》,《学校行政月刊》,2010 年第 67 期,第 122 - 149 页。

提供课后照顾与服务，预防这些经济弱势、资源处境弱势的儿童可能因为累积性需求被剥夺所导致的各种不良影响，避免这些弱势儿童进一步陷入孤独、忧郁、中辍、犯罪等恶性循环中。实际上，具有这种课后照顾与教育需求的儿童不止贫困家庭儿童，一些双薪家庭和隔代教养家庭同样存在课后教育的缺失和安全隐患。为了让处于相对弱势的孩子能够享有与一般孩子一样的学习机会与环境，强化弱势儿童的教育辅导，利用学校教室、图书馆等空间足够的场所办理据点，以经学校辅导会议认定并符合低收入家庭或单亲、失亲、隔代教养、家庭情况特殊亟需关怀的小学阶段的弱势家庭儿童作为优先服务对象，免费为其提供在晚课后安全、充满爱与关怀的教育环境，并提供晚餐，希望弱势家庭儿童能够获得妥善的教育照顾。通过实施此延续性的课后辅导方案，试图弥补弱势家庭儿童由于家庭功能失调的缺口而导致课业学习的不足，并结合家庭生活教育，将亲职教育、子职教育纳入，形成一个完整的课后教育方案。另外，让孩子在安全的学习环境中获得妥善的晚间照顾，也能使家长无后顾之忧，安心地工作。

2. 内容框架

1）遴聘和培训教辅工作人员

遴聘工作主要由各承办单位负责，由于该计划设计的课后活动内容较为丰富，涉及学校文化课、家庭生活教育、课外活动等多方面内容，因此对于教师的专业水平具有一定的要求。聘请的教辅工作人员需符合下列条件之一：正式教师；具备教师资格证的储备教师；具有家庭生活教育专业人员资格者；家庭生活教育中心志工、退休人员；经县市政府认定属于偏远乡镇地区就地选择学校的志工妈妈；公私立大专院校在校学生。每个班级除了固定的讲师外，还要配备至少一位临时工作人员协助相关照护工作。同时为了提升该计划服务的专业水平，台湾教育部门颁布了《〈夜光天使点灯专案〉各据点人力专业知能成长研习营实施计划》，召集全台各据点的教辅人员，参与研习营课程培训和经验交流活动，增进各据点人力的专业技能，为孩子们营造一个安全、妥善的教育照顾环境。开设一些研习营的培训课程（见表 6－7），以家庭生活教育和儿童心理、游戏、阅读等儿童课外生活课程为主，同时对弱势家庭给予密切关注，体现了对弱势家庭发展的重视和人文关怀。

表 6－7   各据点人力专业知能成长研习营实施计划研习课程

主题内容	讲师（单位）
儿童心理发展与行为改变	郭静晃教授（2009 年夜光天使点灯专案计划督导团团长）
业务执行说明	教育行政部门
亲子、亲职教育	台湾师范大学人类发展与教育学系

（续表）

主题内容	讲师（单位）
特殊教育教学实务问题	台北教育大学特殊教育学系
实务经验分享：课堂运作突发问题与因应处理	成耀民（基督教会）
弱势家庭与家庭生活教育	台湾师范大学人类发展与教育学系
儿童阅读	毛毛虫儿童哲学基金会
创意教材·游艺学习	张世宗教授（台北教育大学玩具与游戏设计研究所所长）
弱势家庭之福利需求	王顺民教授（文化大学社会福利学系暨研究所）
事故伤害防治——学童安全防护及危机处理（含简易急救法研习）	苏珍雕 小队长 台北市消防局永吉救护分队

资料来源：《〈夜光天使点灯专案〉各据点人力专业知能成长研习营实施计划》，http://www.docin.com/p-840297106.html。

2）设计安排多元课程

与社会上的辅导机构比起来，学校设置的夜光班教辅工作人员相对较为专业，学科背景各不相同，设置的课程呈现多元化。大部分据点开设的课程主要分为课程补习、才艺学习和课外活动三个方面，课程补习主要是针对白天在课堂上学习内容的辅导，才艺学习包括管乐、合唱、陶笛、陶土制作等内容，课外活动包括绘本欣赏、影片欣赏、说故事、口述历史、棋弈等多种内容。课业辅导为弱势家庭儿童的课后学习提供了监督、提高成绩的机会，有利于弱势家庭儿童学业进步，增强学习自信心。才艺课程和其他活动的开设，为原本处于教育劣势的弱势家庭儿童提供了接触各种才艺或参加活动的时间，丰富了他们的课外生活，开拓了学生视野。

3）保障学生安全

夜光班学生的安全问题也是学校重点考虑的问题之一，夜光班每天结束的时间大约在晚上8点至9点，故需要安排人员专门负责学生的人身安全。负责学生安全主要是学校和家长（社会人士）两个群体，学校主要由校长或行政主管担任，负责学校周边环境的安全以及紧急事项；学生家长、学校家长会会长、村长、各民间团体理事长等社会热心人士成立夜光天使点灯照护辅导小组，协助办理各据点学生安全的照护及相关辅助咨询等事项。学生每天以家长接送为主，若有特殊情况需与家长协商，确保学生人身安全。

4）督导与考核

自上而下形成督导系统，成立"夜光天使点灯专案督导团"，在试办的县（市）

政府成立推动及督导小组，再至基层的学校和社区等开办夜光班。督导团宏观评估方案的办理效益。地方县（市）政府考核、督导并访视各据点，指定专门人员处理行政业务，并提供必要的协助与咨询。根据各据点实施活动的现实情况，给予优良成效评估，并予以适当奖励。通过督导团的考核结果和评审意见，不断提升夜光班的服务质量。

项目的实施效果

1. 弱势家庭学生积极响应

《夜光天使点灯专案计划》对弱势群体的关怀初衷得到了社会各界的积极响应与认可。2008 年该方案颁布初期，台湾在新竹县、南投县、云林县、嘉义县、高雄县、屏东县、台东县、花莲县及基隆市等 9 县市共评选出 96 个试验点。方案自试办以来，各地区反应极为强烈，报名参与该方案的学生人数逐渐增多。2008 年 9 月开始，设置 236 个据点（270 个班），服务学生数增加至 3 922 人；2009 年预算增至一亿两千万元（台币），设立 354 个据点（436 个班），服务学生人数达 7 631 人[①]。

2. 弱势家庭学生学习成就提升

社会上课外辅导机构以牟利为首要出发点，因此教育辅导水平参差不齐。与社会上课外辅导机构不同的是，夜光班的任课教师大多数都是学校里的教师或行政人员，故在指导学生学业辅导方面具有一定的专业优势和保障。夜光班的学生需要经过严格的资格审核，所以班级规模不大。在课业辅导方面，教师根据学生的实际水平因材施教。特别是学习困难的学生，在教师的指导下能够完成家庭作业，端正学习态度，成绩也有了提升。对于学习成绩较好的学生，也能够丰富其课后生活，开阔视野。根据研究者们的调查结果，台湾教育行政部门的访视员与县市承办人在评估后表示推动夜光天使点灯计划能有效协助弱势学生学习，学校据点的教育功能高于民间据点[②]。

3. 点灯指引将迷途的孩子引入正途

夜光天使点灯计划，可以引导步入歧途的孩子矫正不良习惯，规范学习。同时教师和同学的陪伴，使孩子们获得了安全感。与教师和同伴的沟通、学习和玩耍，健全了孩子们的心理，改善了他们的人际关系。夜光天使不但点亮了孩子们学习之路的明灯，更重要的是点亮了孩子们心灵之灯。夜光班免费为学生提供晚餐，保证了学生最基本的生理需求，在教师和同伴的陪同下又获得了安全和归属感，这在一定程度上健全了这些弱势家庭孩子的心理素质，并且让他们开始喜

---

① 林志成、欧怡珍：《夜光天使点灯计划实施现状之研究》，《学校行政月刊》，2010 年第 67 期，第 122 - 149 页。

② 林志成、欧怡珍：《夜光天使点灯计划实施现状之研究》，《学校行政月刊》，2010 年第 67 期，第 122 - 149 页。

欢校园生活,关注自己的学习。虽然由学校教师来代理家长监督孩子的课后生活,效果不及家长亲力亲为。但是,对于弱势家庭而言,家长本身已经无暇或者没有能力顾及家庭和孩子,由学校来代理具有一定的实效性。

4. 弥补家庭课后照顾的不足

学校作为与家庭接触最密切的系统之一,通过教育的方式可为学生和家长普及家庭生活教育知识,增强、改善或丰富他们的家庭生活经验,改善家庭生活质量,减少家庭危机,从而增强家庭功能。以台南县为例,当地家庭教育中心也参与了该方案的实施,所以开设的课程还包括了亲职教育课程和活动。免费为家长提供亲职教育辅导,使家长明确自己为人父母应尽的责任和义务[①]。从另外一个角度讲,夜光班提供的课后照顾为家长们减轻了负担,为孩子提供了安全健康的、充满活力的课后环境,使一些原本缺少关爱的孩子找到了归属,弥补了家庭无法满足学生照顾需求和学习需求的不足。

瑞士老年痴呆患者家庭生活教育服务项目

全球老龄化观察指数(Global AgeWatch Index)每年基于老年居民的社会与经济福利状况,对各个国家做出排名。该组织对全球96个国家和地区的老年人收入、医疗状况等进行了数据分析,使用了包括盖洛普、世卫组织、世界银行和国际劳工组织等提供的数据。2015年数据显示,世界上每秒钟就有2人达到60岁,老年痴呆患者也逐步上升。老龄化、老年痴呆患者的家庭生活状况是全球社会急需关注的问题。在2015年的96个国家排名中,瑞士的总体分数名列榜首[②]。瑞士的养老保障体系是全球公认最现代化,最完善的养老保障体系之一。

老年事业发展总是与经济社会发展相同步的。瑞士现代化水平较高,建立了比较完善的政府主导和社会参与相结合的养老服务体系。而对于瑞士非营利性养老服务机构而言,政府、社会组织、投资公司三者是"你中有我、我中有你"的相伴相生关系[③]。机构建设由投资公司出资,部分服务项目由政府资助或购买,经营者是聘请的职业家庭生活教育工作者。在城市各个社区均建立社区健康护理服务中心,开展家庭生活教育项目,主要发展家居养老和家居护理相结合的家庭生活教育项目。为社区老年人提供营养和医疗护理、心理咨询、转介等各种服务。

---

① 涂信忠、陈俪洁:《从家庭复原力与家庭生态系统观点探讨夜光天使点灯计划专案——以台南县为例》,《家庭教育》,2013年第31期,第44—57页。

② Dan, L. W., Saito, H., Plank, L. D., Jamieson, G. G., Jagannath, P., & Hwang, T. L., et al. (2006). Postsurgical infectionsare reduced with specialized nutrition support. World Journal of Surgery, 30(8), 1592–1604.

③ 陈敏、徐晓筑:《家庭干预对居家老年痴呆患者生存质量的影响》,《西南军医》,2013年第3期,第553—554页。

瑞士老年痴呆家庭生活教育(SGZ)服务背景

近年来，老年痴呆症的发病率逐年提高。随着瑞士近24%的人口年龄超过60岁，该国在提升老年人的能力与健康、改善老年生活环境等方面，制订了一系列家庭生活教育政策与项目。瑞士首都伯尔尼(Bern)郊外的红十字会培训中心，是"携手迈向未来"(Gemeinsam in die Zukunft)家庭生活教育项目的培训地点，该项目由伯尔尼州的几座城市于2014年发起，参与城市除了伯尔尼外，还有比尔(Biel)与朗根塔尔(Langenthal)①。该项目的目标是要帮助老年痴呆患者及家庭成员了解营养、精神健康、社保、退休等各个话题的官方信息，并告知他们所能获得的政府家庭生活教育项目提供的相关服务。

瑞士老年痴呆养老护理通过多年家庭生活教育项目的支持，普遍采用先进的欧洲基金质量家庭管理模式(European Fund Quality Family Management，EFQFM)，针对老年人的个性差异和不同需求，提供合适的护理设施和护理方式，通过评估、实施、再评估来保证优质的服务质量。在服务项目中，"以人为本"的理念渗透到了家庭生活服务的各个领域，特别是在老年人精神慰藉方面，尤其注重在服务设计上贴合老年人的心理健康护理。其中，一些家庭生活辅导中心实行"一站式养老"教育指导，配有一定比例的专业心理咨询人员，通过对每个老人的状况进行评估，为他们设计个性化的心理护理方案，对家庭成员提供24小时不间断的心理咨询和家庭护理知识服务。

家庭生活服务中心还经常组织各类文化娱乐活动，帮助老年人排解孤独，使家庭成员更加融洽。在服务方式上也充分考虑老年人的情感需要，推出"结伴生活"方案②，将有相同背景或兴趣的老人搭配在一起，鼓励他们在休闲时间一起参加活动，帮助老年人较快地适应新的团体。另外，在服务内容上体现对老年人的精神关爱。例如比肯希尔社区为老年痴呆患者提供周到的生活援助服务，94岁的老年痴呆患者就在社区找了一位愿意陪同他散步、天天打电话聊天的志愿者，还能不断收到志愿者寄来的节日礼物③。

家庭老年痴呆教育主要服务内容

在家庭生活教育项目的支持下，社区中心对老年痴呆疾病的诊断、认识和接

---

① 王湘、邓瑞姣：《老年痴呆患者护理模式的国内外比较及其启示》，《解放军护理杂志》，2006年第1期，第44-46页。

② Yada，H.，Abe，H.，Lu，X.，Wakizaki，Y.，Omori，H.，& Matsuo，H.，et al. (2014). Job-related Stress in Psychiatric Nurses in Japan Caring for Elderly Patients with Dementia. Environmental Health & Preventive Medicine，19(6)，436-443.

③ Steffens，D. C.，Mcquoid，D. R.，& Potter，G. G. (2014). Amnestic Mild Cognitive Impairment and Incident Dementia and Alzheimer's Disease in Geriatric Depression. International Psychogeriatrics，26(12)，1-8.

受都加强了健康教育和宣传力度,这对早期老年痴呆患者实施辅助治疗起到了非常重要的作用。在社区中,对已经确诊的老年痴呆患者进行健康教育时,首先是尊重患者,对其发生的一些精神症状和性格变化要理解宽容,投入爱心和耐心。以家庭为单位,对家庭成员进行培训与教育,使其家庭成员理解病发原因、生活现状,及护理模式,使老年痴呆患者融入家庭,缓解病情。

1. 健康教育形式应因人施教

在教育项目中,主张家庭成员采取个性化相处方式对待老年人。在周末时间,患者在家庭成员的陪同下集中至社区护理机构,采取听讲座和观看录像方式进行健康教育,然后进行互动讨论,患者间相互学习,家属之间相互交流,形成一个良好的学习教育环境;健康教育资料包括图谱、处方、手册等,及时记录患者接受教育治疗的方式、效果等,资料均以予以留存,可以不断回顾病情发展情况,分析病情是否有好的趋势,对错误或不易接受的家庭护理方式,温故而知新,改变策略,达到更好的效果;社区家庭服务中心也采用电话随访方式,尤其是在人力资源不足,无法实现上门服务的情况下,护理人员根据患者资料进行跟踪随访,阶段性指导,对保持和督促患者健康行为习惯很有益处。通过分析家庭相处情况,提出指导意见,保证老年患者在家庭中的健康生活。

2. 加强功能锻炼和自理能力锻炼

社区老年家庭生活教育服务中心主张对于早期老年痴呆症患者,应加强肢体和智能的康复训练和自理能力锻炼。因此,中心安排了许多科学的锻炼项目和方式,让老年患者与家庭成员共同完成。在学习的同时更加促进家庭气氛的和谐。鼓励老年人多参加社会活动,参加社会交往,保持良好的心情,减缓精神衰退,鼓励老人身体力行,力所能及做家务、读书、看报、分享视频或聚会等。通过多种形式的体育锻炼,达到家庭生活的健康发展。

3. 加强对家庭照顾者的健康教育

痴呆症患者大部分时间需在家中接受照顾,这样势必要求家庭照顾者掌握一定的专业护理知识。由于大多数家庭照顾者并不是专业的护理人员,缺乏这方面的专业护理知识,需要专业的医护人员给他们提供相应的护理指导,因此教育中心组织专业人员定期对老年痴呆家庭成员进行专业照顾指导。

1) 对痴呆患者家属实施心理健康教育

大多数的老年痴呆患者与家人同住,由家属负责对患者的看护和照顾。老年痴呆症病程平均为 5～10 年,有的超过 15 年,甚至更长[①]。随着病情的加重,患者会让照顾者越来越难以理解。如果在心理上、情感上厌烦、排斥痴呆老人,在行为上就可能虐待或遗弃痴呆老人。家属是患者的主要照顾者,同时也是患

---

① 　吴敏玲、何永莲、洪荣梅:《加强家属健康教育对老年痴呆患者生活质量的影响》,《齐齐哈尔医学院报》,2006 年第 4 期,第 508–509 页。

者最亲密的人，家属首先应体谅、同情、关爱患者，通过日常的关心和接触，让患者产生信任，这样会使照顾工作变得比较容易些。家属的爱心、耐心以及心理的承受力将直接影响痴呆症患者的生活质量及病情的发展。因此，对老年痴呆症患者家属进行心理健康教育具有重要意义。

2）为痴呆患者家属提供情感支持

社区老年家庭生活教育服务中心主张关心痴呆患者的家属及其照顾者，家庭中出现此类患者使家属承受极大的压力，在面对许多困难、压力时，尽量理解他们的担心及抱怨，鼓励他们表达自己的看法和情绪。服务中心工作人员也多与照顾者进行沟通，对他们提出的问题要给予耐心的解答，并给照顾者讲解老年痴呆疾病的相关知识及其发展规律，多宣传护理成功的病例，以增强他们的信心。有老年痴呆症患者的家庭，要做好长期护理的思想准备。家庭成员要教育照顾者爱护、尊重患者，并与患者建立信赖关系，为患者的康复而共同努力。

3）使照顾者保持良好的身心健康状态

当感到身心疲倦难以支撑时，服务中心会鼓励家庭成员登录瑞士阿尔茨海默病协会网，与众多照顾者一起交流照顾过程中遇到的难题，调节情绪，保持良好的心态。对痴呆患者家属实施护理技术指导。老年痴呆患者记忆力逐渐下降、日常生活能力逐渐减退、行为异常等是照顾者负担的主要来源。日常生活中，应注重安全教育。患有 AD 的老人，感觉迟钝，行动不便，不知冷暖。对中、重度痴呆患者不要让其单独外出，以防走失或迷路，外出时应有专人看护，同时将制作有病人姓名、详细住址、联系电话的"爱心卡片"挂于其胸前，以防走失时便于联系。如此使照顾者在专业指导下，减轻压力，在面对家庭严重患病者时也能语速缓慢，态度和蔼，最终用真诚赢得患者的配合、信任与支持。

第七章

当代中国家庭生活教育的发展状况

> 各种各样的制度和习惯,亦即人们做事的方法和工具……是透过长期的试错演化而逐渐形成的,且构成了我们所承袭的文明(inherited civilization)……一个理想的社会,在很大程度上将永远是一个与传统紧密相连并受传统制约的社会①。
>
> ——弗里得利希·冯·哈耶克

改革开放以来的中国社会正在经历重要的社会转型与变迁,由此引起了家庭的重要变化。传统的以家庭为中心的教育对象、方式与内容已不能满足思想日益多元化的家庭成员新的需求。中国以家庭为对象的教育在逐步扩大,教育的场域也逐步从家庭内部走向社会,教育的内容也不断拓展到关于家庭生活的诸多方面与层面,政府与社会开始不断通过政策调整将公共力量融入传统私领域的家庭生活。

尽管如此,长期以来中国形成与发展的"修身、齐家、治国、平天下"理念影响深远,注重家庭文化与子女教养是中国社会坚实的基础传统,"家庭是中国社会最有价值的资产"②。因此,建立发展型社会服务的家庭生活教育的教育思想、课程体系以及提供切合的项目制度与政策,在中国有着丰厚的本土制度与习惯资源。为此,需要了解改革开放以来现代中国家庭生活教育的发展历程,明晰中国家庭生活教育多年的探索历史、实践经验与现实需求,以此为基础,为分析建构具有中国特色的发展型家庭生活教育制度指明方向。

中国现代家庭生活教育发展历史回顾

追溯我国家庭生活教育的发展史,可以发现在相当长的一段时间里,家庭教

---

① 弗里得利希·冯·哈耶克:《自由秩序原理》(上),邓正来译,三联书店,1997年,第71页。
② 张秀兰、徐月宾:《建构中国的发展型家庭政策》,《中国社会科学》,2003年第6期,第84—96页。

育曾是培养人的主要方式。随着经济的发展和社会变革,频发的社会问题使人们开始把问题原因追根至家庭,发现在人的社会化过程中,家庭扮演着举足轻重的作用。另一方面,在学习化社会,学校对满足人们学习需求产生了一定的局限性,终身教育成为社会发展的趋势,中国的家庭生活教育逐渐开始从自然走向自觉,从私人领域溢向公共领域,逐步受到个体、社会与国家的重视。

现代家庭生活教育的起步

在中国几千年的教育文明发展时期,家庭生活教育始终是中华文化的重要内容与有机组成部分,积累了丰富多元的关于齐家之道、为人父母及教育子女等方面传统家庭生活教育特色与经验,在促进中国古代社会家庭稳定与家族发达方面发挥着重要作用。近现代以来,随着社会急剧变化,家庭生活教育开始了科学化与制度化发展,对传统家庭生活教育的观念与思想进行了巨大改造,家庭生活开始关注家庭成员的民主与发展问题。20世纪40年代民国时期的教育部颁发了《推行家庭教育办法》,要求各级教育行政机关督导各级学校、社会教育机关等相关单位,积极推行家庭生活教育,并提出举办家庭生活教育的形式、时间安排、考核、经费来源等具体要求。此条例是中国家庭生活教育发展史上第一次由政府主管部门制定、颁布专门的家庭教育法规①。值得一提的是,民国时期的家庭生活教育的对象已经是面向家庭所有成员,而不仅仅是家庭中的未成年子女(晚辈)。教育内容也涉及家庭技术指导、家庭教育问题研究、家庭指导人员训练、育婴指导、家庭医药卫生指导和家庭生活副业指导等方面,相比如今强调以未成年子女教育为主的家庭教育内容和形式更加丰富。这段时间的一些变化,可以看作是中国社会现代家庭生活教育的起步发展。

家庭生活教育的初步发展时期

新中国成立以来相当长一段时期,我国家庭生活教育还是局限在狭义的家庭教育范畴,全社会开始关注家庭子女的社会发展,强调家长对子女社会化的教导与熏陶,使他们具备社会主义现代化建设需要的素质与能力,社会主义家庭生活教育形态开始逐步得到确立。进入到20世纪80年代,这个时期的家庭教育得到了国家与政府的重视,强调开展家庭教育是每个成年人的义务,一系列西方先进的重视未成年人的教育保护思想开始影响我国。社会开始举办一些家长学校,譬如"父母必读"及"母范学堂"家庭生活教育学习机构,创办了不同家庭教育相关研究机构、报刊及电视广播专栏,为提高父母教育能力提供了可靠的支持。此后,一系列非政府的群众社团,诸如中国儿童发展中心和各省市的科学育儿实

---

① 赵忠心谈家庭教育:《民国年间的〈推行家庭教育办法〉》, http://mt. sohu. com/20160502/ n447217343.shtml。

验基地等家庭生活教育专业研究和服务机构相继成立。从 1980 年至 1990 年这一时期,有关家庭生活教育的专业机构陆续成立,标志着我国家庭生活教育的萌芽与发展。同时儿童工作部家教处、中国儿童发展中心等机构的成立,充分体现了儿童在我国家庭生活教育中的重要地位。

家庭生活教育逐步走向完善阶段

进入 1990 年代以后,中国社会改革步入新的发展阶段,家庭的关系与结构诸要素变化不可避免。愈来愈多的社会问题都与家庭的和谐稳定相联系。增强与改善家庭成员应对社会变化的家庭发展能力,有效恢复家庭功能与提升家庭生活质量,逐渐成为社会发展与家庭稳定的最为现实的需要。在这种背景下,中国家庭生活教育在服务体系完善、法律制度建设健全和家庭生活教育者队伍发展与理论研究等方面取得了比较大的发展。

服务体系完善

20 世纪 70 年代起,为了有效控制人口增长,中国开始实行计划生育政策。家庭计划与优生优育成为我国家庭生活教育的主要内容之一,妇女和儿童成为家庭生活教育的主要对象。1989 年成立中华全国家庭教育学会,负责开展家庭生活教育的理论研究、学术交流和宣传普及、咨询培训两大任务。与此同时国家还成立了三优(优生、优育、优教)指导委员会,在全国 22 个市、县推行优生、优育、优教工作实验,使家庭教育在全国和地方有了统一的内容。1990 年成立了妇女儿童工作协调委员会,领导妇联推动全国家庭生活教育相关事宜。1989 年6 月各地已建立 13 万所各类家长学校,到 1998 年已经拥有 32 万余所的家长学校[①]。

法律制度逐步健全

除了设立家庭生活教育机构,中国陆续颁布了有关家庭生活教育的政策和法律,使家庭生活教育开展和落实工作有法可依,同时对于家庭生活教育的指导对象和对不同阶层家庭的关怀都有较为详细和具体的规定。1992 年首部儿童发展行动计划《中国儿童发展规划纲要(2001—2010)》要求提高家庭教育质量,到 20 世纪末使 90% 儿童(十四岁以下)的家长不同程度地掌握保育、教育儿童的知识。1995 年国务院颁布《中国妇女发展纲要(1995—2000)》,提倡夫妻共同抚育子女,并利用多种形式向父母传播正确教育子女的知识与经验,使妇女整体素质得到明显改善。1996 年两部委制定《全国家庭教育工作"九五"计划》,要求家长掌握一定的、正确的教子观念和方法,这是我国家庭生活教育工作部门首次制定专门的家庭生活教育工作计划。2010 年,我国出台首份家庭教育指导性文

---

① 赵忠心:《大陆地区家庭教育的发展状况》,《成人教育》,1998 年第 44 期,第 37 - 41 页。

件《全国家庭教育指导大纲》，对家庭生活教育对象、指导内容等做出明确的规定。2012 年，《关于指导推进家庭教育的五年规划（2011—2015 年）》指出，在进一步推进家庭生活教育社会化的同时，更重视家庭生活教育的法制化，强调制定完善家庭生活教育相关法律政策制度。2015 年，教育部颁布《教育部关于加强家庭教育工作的指导意见》，进一步提出要明确家长在家庭教育中的主体责任，提升家庭教育水平；充分发挥学校在家庭教育中的重要作用，强化学校家庭教育工作指导，丰富学校指导服务内容，加快推进建设学校的家长委员会，同时配合妇联、关工委等相关组织，办好家长学校；加快形成家庭教育社会支持网络，完善家庭教育工作保障措施。2016 年全国妇联、教育部等 9 部门颁布了《关于指导推进家庭教育的五年规划（2016—2020 年）》，全面提出了"十三五"时期中国家庭教育工作创新发展的要求、任务、组织保障等内容。

家庭生活教育者队伍得到大发展

家庭生活教育者是开展家庭生活教育的中坚力量。随着家庭生活教育的开展和实施，家庭生活教育者队伍建设也成为今年来家庭生活教育发展的重点。从"九五"到"十二五"规划，对于家庭生活教育者人员队伍构成、业务培训和指导及专业设置都进行了规定[①]，从最基本的队伍组成，到注重对家庭生活教育者的业务培训，到"十二五"规定加强家庭生活教育骨干系统化培训，推进家庭生活教育岗位职业培训试点，探索建立家庭生活教育从业人员职业资格认证制度。此外，培养家庭生活教育专业人才也已成为今后家庭生活教育的工作重点。"十五"计划提出有条件的师范院校可以开设家庭生活教育课程，"十二五"规划要求师范学院和有条件的高校、研究结构设置家庭生活教育专业或课程，培养一批家庭生活教育专业毕业生，在理论研究和实践操作两方面提高我国家庭生活教育的服务质量。

同时，这个时期围绕家庭教育的理论研究也进入到深入发展阶段，主要围绕构建中国特色家庭教育学学科体系问题，借助社会学、心理学、文化学、人类学、伦理学等学科知识，推进家庭教育学科体系建设，大批指导家庭生活教育的书籍出版发行，围绕社会转型时期与家庭教育相关的社会问题成为研究课题受到积极关注，诸如独生子女家庭教育、单亲家庭子女教育、父母在教育子女过程中的角色扮演以及家庭如何引导青少年形成正确的价值观念与行为等等[②]。这些课题研究引领社会关注家庭生活教育问题，同时也进一步推动了家庭教育学科深入发展。

---

① 吕慧、缪建东：《改革开放以来我国家庭教育的法制化进程》，《南京师范大学学报（社会科学版）》，2015 年第 2 期，第 80 - 88 页。

② 邹强：《中国当代家庭教育变迁研究》，天津大学出版社，2011 年，第 124 - 125 页。

中国家庭生活教育主要领域发展概况

前面分析了全球家庭生活教育主要围绕的主题与课程项目服务领域。由于中国社会经济与历史文化以及家庭生活现实,中国的家庭生活教育主要围绕亲职教育与家长教育指导服务开展。随着社会转型与社会改革的推进,关于婚姻生活教育、家庭生活健康教育、老年家庭生活教育等日益丰富与发展起来,使中国家庭生活教育内容体系日趋多元与多样,有力地提升了家庭生活质量。

重点加强亲职教育指导体系建设

中国的亲职教育,更多以"家庭教育指导"或"家长教育"等概念形式出现,强调通过政府及社会中其他组织机构对家长的家庭教育进行指导、培训与扶持,改善家长教育行为,提高家庭教育的质量。经过多年的建设,中国家庭教育指导服务体系基本形成,在管理体制、以家长学校为主体的多类型服务主体及专业队伍等方面有了一定的基础,形成了一些地方创新实践经验。

以婴幼儿早期启蒙教育为切入点,对家长进行专业的早教指导,并通过亲子沙龙、增进亲子感情的多元体验活动,不断激发孩子的潜能。上海闵行区打造了独具特色的"智慧早教品牌",通过开展"0～3 岁婴幼儿家长及看护人员免费培训"项目,为 0～3 岁婴幼儿家庭提供免费专业早教指导。宁波市成立了浙江省首家"胎儿大学",聘请育婴专家为准妈妈提供全程共四次的专业指导,传授科学胎教、婴儿抚触操等知识,以指导准妈妈健康孕育下一代。建立"优生优育优教指导中心",出台定期向社会公开的免费授课制度,面向新婚夫妇、怀孕夫妇和 0～3 岁婴幼儿抚养人,普及有关知识,增强他们在提高人口素质、预防出生人口缺陷、科学育儿、人口早期教育方面的意识和能力,目标人群的受教育面达 80%以上[①]。

家长学校是国内目前开展亲职教育的常规渠道。据中国妇联 2004 年统计,目前全国共创办此类学校 32 万多所[②],然而这一数字相比于中国家长的庞大群体则显得微不足道。更重要的是,其中一些家长学校的活动频率不高,实践效果微小。东北师范大学儿童发展研究中心的调研发现,由中小学举办的家长教育活动次数是平均每年 1.58 次,由社区举办的家长教育活动次数是平均每年 0.43

---

① 唐灿、张建:《家庭问题与政府责任:促进家庭发展的国内外比较研究》,社会科学文献出版社,2013年,第 155－162 页。

② 蒋月娥:《未成年人的全面健康发展是落实科学发展观的要求》,《中国妇运》,2004 年第 6 期,第 6－8 页。

次，由其他机构(企事业单位或商业机构)举办的家长教育活动次数是平均每年0.6次[1]。由这组数字可以看出，中小学仍是开办家长学校的主体，而社区、企事业单位、商业机构等举办的家长教育活动都还十分薄弱。

随着国家经济水平的提高，家庭生活质量也随之提高，越来越多的家长开始关注子女的家庭教育，对于亲职教育的需求也愈来愈高。中国"九五"开始的连续四个《儿童发展规划》中都明确提出了亲职教育目标，并强调了"家庭教育指导率"这一硬性指标[2]。与此同时，亲职教育逐渐呈现多元化趋势，人们开始关注不同类型家庭的亲职教育的不同需求，向台湾地区学习，以此确立不同形态家庭的亲职教育的不同重点(见表7-1)，使其更具有针对性与有效性。

表7-1　不同家庭形态实施亲职教育的重点

家庭形态	亲职教育重点
单亲家庭	(1)办理成长团体及联谊团体，强化社会支持团体 (2)办理单亲子女亲自活动，以丰富单亲家庭子女成长经验 (3)注意不作二度伤害或贴标签 (4)采用多元的活动方式
隔代教养家庭	(1)协助祖父母认识及帮助妥善安排家庭生活，维持良好的健康生活 (2)协助隔代教养家庭建立良好的沟通渠道 (3)协助祖父母充实自己，减少祖孙间的隔阂 (4)协助祖父母对自己的责任有正确的认识 (5)协助祖父母认识及了解孩子的发展阶段与生理行为课程 (6)协助祖父母舒解教养责任压力 (7)让祖父母对教养工作有经验分享并给予支持
重组家庭	(1)适时地支持继父母亲，提供重新建立良好关系的方法 (2)教导父母认识孩子的身心发展阶段 (3)设计多样亲子活动 (4)避免贴标签并保留家长隐私
雇用外劳照顾子女家庭	(1)了解每个家庭雇用外籍女佣的状况 (2)请家长以身作则 (3)请家长认清自己的角色 (4)运用多元的亲职沟通渠道：如定期的电话联络、每天书写联络簿等

① 盖笑松、王海英：《我国亲职教育的发展状况与推进策略》，《东北师范大学学报(哲社版)》，2006年第6期，第154-158页。
② 徐枫：《上海家庭政策蓝皮书》，上海人民出版社，2014年，第105页。

（续表）

家庭形态	亲职教育重点
有身心障碍 子女家庭	（1）认识家庭功能与成员责任，面对事实及调适方法 （2）增进对孩子特殊需求的了解 （3）设计能支持家长情绪，舒解压力的活动 （4）解说相关法规，引介社会资源 （5）积极督促家长参与孩子个别化教育计划 （6）时间须长期持续，不断追踪评估并调整方法 （7）结合社会资源，才能真正解决身心障碍儿童及家庭问题

资料来源：郭静晃：《亲职教育之内容分析与网络建立》，《社区发展季刊》，2006 年，第 39 - 52 页。

此外，中国还加强了对家庭的儿童与青少年教育的支持服务。在应试教育背景下，中国家庭最重视的是家庭中青少年的教育。各个地区都将儿童与青少年作为家庭生活教育的重要对象。目前，社会对儿童与青少年的教育的支持服务主要是两类：一是文化课程和才艺学习。以增进文化基础知识和培养青少年的才艺技能为目标，开展系列培训。如江苏省妇女儿童活动中心开展的系列英语文学、美术书法、器乐声乐、语言表演、舞蹈表演等培训。上海团市委、市文明办、市教委等单位连续三年联合主办"爱心暑托班"，招募少数青年教师作为志愿者轮流担任暑托班的班主任，再由团市委招募大学生和高中生志愿者。同时，各区还依靠独特的社会资源，开展其他特色课程：如由社区非遗传承人教授面塑等手工艺，由东华大学提供公益的财商课程、由长宁区体育局提供青少年高尔夫体验课程等。二是亲子活动。以主题活动的形式，邀请父母陪同青少年儿童一起参与的系列教育活动。如广州联合街家庭综合服务中心举办的"我能解决！"亲子绘本小组活动，以及在世界读书日江苏省家庭教育指导服务中心主办的"沐浴书香，快乐成长"亲子绘本阅读活动，通过亲子共读绘本，提高孩子的阅读兴趣，帮助孩子养成良好的阅读习惯，同时培养孩子与人交往的能力。

积极加强家庭婚姻生活教育服务

婚姻生活教育指针对夫妻双方婚前与婚后需求提供的专业性指导，增进夫妻间的婚姻生活质量与幸福。宁波市的人口计生委为提升婚姻教育的服务质量，组建了婚育文明讲师团、婚育咨询师队伍、生殖健康咨询师队伍和青春健康教育师资队伍四支服务队伍。在"婚育咨询师"队伍建设基础上，采用职业化建设和志愿者服务相结合的方式，组建"家庭幸福咨询师"队伍，发挥了增进健康、化解危机、预防冲突、提供服务与促进发展的作用。家庭婚育咨询师的目标是为新婚夫妇"保驾护航"。2006 年以来，宁波计生委建立了一支由人口计生工作专职人员与具有一定医学背景、热心公益事业又会做群众工作的志愿者结合的家庭婚育咨询师队伍。他们经过人口计生部门系统化培训后持证上岗,在医疗资源丰富的老城区,每对新婚夫妇可以通过人口计生局为自己配备一名婚育咨询师。在结对签约之日起至产后避孕措施落实止,新婚夫妇可以享受全程的家庭婚育保健咨询指导服务。通过婚育咨询师的结对指导,帮助其掌握孕育知识①。

丰富老年家庭生活教育的内容与形式

在中国传统家庭文化中,始终将老年人的生活教育作为家庭生活教育的重要内容。尤其在当代,推进面向老年人的生活教育与支持服务,是实现积极老龄化,提高老年人口的生活质量的重要途径。

建立面对中国老人的老年大学成为教育的主要组织机构。这类成人性质的学校主要开设形式多样、寓教于乐与应用性强的课程。如江苏省妇女儿童活动中心的老年大学开设的课程包括琴棋书画、养生保健、花卉栽培、舞蹈、文学、摄影、体育等②。此外,一些"非正规"老年家庭生活教育形式主要依托社区关怀、大众传媒以及老年人自发组织的围绕家庭生活发展的教育活动。通过与家庭生活密切联系的主题教育与学习,老年人的兴趣得到激发,潜力得到开发,知识结构得到更新与完善。同时,老年人在与同龄人之间的互动学习中,走出封闭的内心世界,摆脱孤独感与空虚感困扰,消除对死亡的困惑与恐惧,提高了主观幸福感。

以中国家庭老人为对象的教育与学习的推展,除了最基本的对老人的家庭生活的日常照料外,家庭老年生活教育更加强调的是通过教育活动提升老年人的生活掌控能力、变化适应能力和社会参与能力,促进"老有所养""老有所医",实现"老有所为"和"老有所乐",最终保障老年人与家庭、社区和社会的和谐发展③。此外,面对家庭生活需要,社会广泛开展了针对老年人的居家养老服务教育与社会支持活动,譬如医疗保健、法律维权、体育健身、精神慰藉、紧急救援、日间照料、社区中介服务以及慈善救助服务等④

目前从全国来看,家庭老年生活教育的发展存在东西部地区不平衡、城市与农村发展不平衡等问题。同时,参与者身份也不平衡,接受老年教育的主要是城镇中退休的老年人,而农村中的老年人接受教育机会少,再加上生活质量低、生活压力大、文化素质不高,所以参加学习的欲望也不强烈。开展的居家养老服务

---

① 冯凌、唐钧:《中国家庭综合服务的现状与发展》,载唐灿、张建:《家庭问题与政府责任:促进家庭发展的国内外比较研究》,社会科学文献出版社,2013年,第161-162页。
② 江苏省妇女儿童活动中心:《老年大学》,http://www.jschild.com.cn/2016-07-14。
③ 王英、谭琳:《赋权增能:中国老年教育的发展与反思》,《人口学刊》,2011年第1期,第32-41页。
④ 唐灿、张建:《家庭问题与政府责任:促进家庭发展的国内外比较研究》,社会科学文献出版社,2013年,第152页。

内容主要涵盖健康咨询、法律咨询、文化教育和活动、健身康复等。这些教育服务主要以补充老年人生活需求为主,从家庭能力发展和老年人发展自我角度出发,提升老年人的家庭幸福水平为目的的教育还需要重点加强制度建设与政策供给。

强化家庭健康生活教育服务

首先,表现为家庭青少年性健康教育支持与服务。长期以来,受传统文化的影响,中国家长对家庭中青少年的性教育并不十分开放,加之学校实施的性教育也并未全面开展,中国对青少年的性教育仍旧有待提升。2011 年全国妇联儿童工作部开展的《全国未成年人家庭教育状况抽样调查报告》显示,在回答"碰到性骚扰该怎么办"的问题时,有 54.0% 的家长回答没讲过,29.5% 的家长回答讲过一点。关于"青春期生理变化怎么应对"的问题,41.6% 的家长回答没讲过,39.5% 的家长回答讲过一点①。近年来,人们对于性教育的意识逐渐提升,各地也纷纷开展有关青少年性与生殖健康教育。宁波市通过实施"青春阳光"行动,帮助青少年解决性与生殖健康问题。截至 2012 年,宁波市共有青春健康项目志愿者 905 人,组织授课 3 561 场,8 万余青少年受益。除此之外,各县(市)、区人口和计划生育服务中心和部分学校开设了"青春阳光室",通过面对面或热线电话咨询、网上交流、紧急援助等方式,增强青少年对于性和生殖健康的了解②。

其次,针对中老年人的健康问题,各地区也开展了独具特色的健康教育活动。由于长期实行的计划生育政策,各地主要开展相关的妇女健康活动。宁波市市区和各下辖区为进入更年期的妇女提供生理、心理卫生教育和更年期保健服务,为育龄期的妇女及时提出调整或终止避孕措施的建议。同时,宁波市各地区还利用人口计生服务和计生协会建立"魅力夕阳"养生会所,利用辖区医疗资源,组建了一支老年人心理、生理健康干预志愿者队伍,不定期为老年人开展疾病预防、饮食营养、养生健体等保健知识的宣传服务,同时还举办群艺、群体活动,展示老年人魅力风采,增强他们的生活信心③。江苏省妇女儿童活动中心定期举办养生公益讲座,普及保健知识,关爱老年人身心体检,服务老年人。广州地区家庭综合服务中心开展预防疾病的健康教育培训活动,旨在通过培训,增强人们的防御能力和自我锻炼能力。

---

① 全国妇女儿童工作部:《全国家庭教育调查报告》,社会科学文献出版社,2011 年第 14 页。

② 唐灿、张建:《家庭问题与政府责任:促进家庭发展的国内外比较研究》,社会科学文献出版社,2013 年,第 161 页。

③ 冯凌、唐钧:《中国家庭综合服务的现状与发展》,载唐灿、张建:《家庭问题与政府责任:促进家庭发展的国内外比较研究》,社会科学文献出版社,2013 年,第 162 页。

中国家庭生活教育服务发展的实践经验

家庭生活教育主要是提供个体与家庭经营婚姻与家庭生活所需的知识技能，以便达到强化与提升个体与家庭福祉的功能。为此，依靠家庭研究者及实践工作者与政府一起，积极推行家庭生活教育服务，支持与协助中国家庭应对社会转型带来的家庭变化与问题，成为一个时期以来中国社会发展重要的内容。其中，一些地方充分发挥基层创新实践精神，积累了可供总结与借鉴的地方实践经验，从侧面反映了当代中国家庭生活教育服务的基本现状与制度建设情况。

设立"家庭综合服务中心"开展生活教育服务

以广州为典型代表，通过政府购买社会服务的方式，在街道设立服务平台，由民办社会工作服务机构承接运营，根据区域服务需求实际情况，以家庭、青少年、长者等重点群体的服务为核心，科学设置服务项目，面向全体社区居民提供专业、综合与优质的社会家庭生活服务。

由于广州地理位置上接近香港，具有制度和政策学习的天然便利。在 2011 年 10 月，广州市正式出台了《加快街道家庭综合服务中心建设的实施办法》，办法中的规定与香港的"家庭综合服务中心"的构建如出一辙。根据香港社会福利署与各个机构所签订的《津贴与服务协议》，综合家庭服务中心被定义为"专注于支持及巩固家庭以社区为基础的综合服务中心，其独特之处在于采用专业知识与技巧处理区内家庭的社会及情绪需要，而预防及支持服务与家庭补救服务则同样重要。这是一项崭新的家庭服务模式，旨在为特定地域的个人和家庭提供全面、整合和'一站式'的服务，以满足他们各式各样的需要"①。

探索"第三部门模式"的社区家庭生活教育服务

通过由非政府、非营利、合法的社会正式组织形成的第三部门，具有正规性、独立性、非营利性、志愿性和公共利益性的特征，在推行社会公共服务方面逐步得到大的发展。上海浦东新区结合浦东地域特点，注重发挥已有社区组织，特别是社区学校的优势，把载体放在社区，按照"政府主导、中介组织、民间操办"的模式，系统构建政府、中介组织和服务实体三个层次的社区家庭生活教育服务网络，逐步形成一个政府指导下的第三部门服务体系。这方面主要形成了以下四个方面的有益实践经验：

---

① 香港社会福利署及香港大学社会工作及社会行政学系顾问团：《建构有效家庭服务：综合家庭服务中心模式实施情况检讨》，http://wenku.baidu.com/view/d6ac27f59e314332396893e5.html? re = view/2016 - 02 - 11。

体制创新,建立和完善社区家庭生活教育的网络,创设有利于社区家庭生活教育组织发展的外部环境。以街道为试点,成立家庭教育研究中心或家庭教育工作委员会,由中心负责社区内部各种社会力量和资源的整合工作;政府为以项目为龙头的运作模式提供经费支持,并从上至下建立家庭生活教育中心人员绩效考核及福利制度,落实基层服务工作。

积极调动民间力量,发挥多元主体的积极性。组织社区已经存在的第三部门力量,共同搭建一个改进社区家庭生活教育的平台。开发和利用各种资源,借鉴企业的管理方式,提高组织的运行效率。完善第三部门的治理结构和责任机制,建立第三方的监督与评估机制,在以项目的形式将有关家教推广招标给社区第三部门组织后,积极邀请研究院所的家庭专业研究机构对其实施效果进行最终评测。加强能力建设,提高第三部门解决社会问题和满足社区家庭生活教育需求的能力。

转变观念,改指导为服务。改变单一的指导模式,逐步发展出能和自由流动资源竞争的专业化服务模式。

加大培训力度,建立培训机制,重视社区家庭教育队伍的人力资源建设。通过聘请专家提供专业资源,编写教材,定期培训各街道(社区)中心的家教指导人员,提高他们的方案设计及评估能力[1]。

建设社区与高校联盟的家庭生活教育指导者队伍

上海市长风新村社区利用与华东师范大学共处同一辖区的优势,一直积极摸索社区与高校联盟的家庭生活教育模式,主要围绕这几方面进行了有益实践:①建设专业化队伍。为了提升社区家庭生活教育服务的专业化,长风社区力争将社区内已集中的志愿服务专业资源与辖区高校的专业资源进一步整合。华东师范大学为社区工作站工作人员的专业化进修提供平台,同时华东师范大学的师生积极参与到社区咨询站的实体运转:教师担任顾问,学生承担志愿者。同时华东师大的师生也积极对咨询站的工作运行现状开展调研,从实践和理论研究两个方面实现社区高校专业资源的自然整合。②多措并举完善队伍建设。挖掘人才,摸清整个人才资源库的基本情况,做到"四清":总人数清,年龄文化结构清,专业特长清,公益服务态度清。基于团队成员共同的文化追求,团队成员通过各种方式扩大队伍成员。③不断发挥志愿者的专业作用。开展多种形式、多途径的家庭生活教育活动,充分发挥志愿者的作用。同时社区内部也以定期研讨、外部培训与研讨会论文交流等多渠道提高队伍自身素质。利用高校的研究能力和人才专业化的优势,社区家庭生活教育组织积极探索与高校联盟,高校为

---

[1]　史秋琴、杨雄:《城市变迁与家庭教育》,上海文化出版社,2006年,第186－188页。

社区提供专业的师资和志愿者，社区为高校提供实践基地，同时高校和社区共同参与课题研究，互帮互促[①]。

建立家庭生命全程的家庭生活教育服务体系

上海市通过购买第三部门的服务，由家政公司为家庭提供服务，主要涉及烹饪、养老、居家助残、社区服务、病患服务、社区保洁、公司保洁、母婴护理、健康咨询、接送孩子、学生晚托等。这一类服务根据家庭的特点主要是购买式而非免费的，只能满足经济水平较好的家庭，并不能覆盖那些贫困的有服务需求的家庭，呈现出较浓的功利色彩。宁波市人口计生委将促进家庭建设和家庭发展作为工作的着力点，"关注本市全人口，贯穿生命全过程，突出家庭单元"成为计生工作创新的一个原则。宁波市计生委推出"彩虹人生，幸福家庭"的工作项目，以彩虹的七种色彩，分别代表人生的七个不同时期。赤、橙、黄、绿、青、蓝、紫分别代表着人生的幼儿期、青春期、新婚期、孕前期、育儿期、中年期、老年期，每一时期都提供相应的服务。根据不同时期人们的不同需要，提供不同的生殖保健、家庭健康、家庭计划服务，从而提高人的全面发展能力，促进家庭幸福和谐。"彩虹人生"主要体现各具特色的服务内容和手段，"幸福家庭"体现创新提升的服务内涵和宗旨；"彩虹人生"侧重于服务广度，"幸福家庭"侧重于服务深度[②]。这一类服务的服务对象面对的是家庭中所有成员，或者说是贯穿一个人的一生，关注家庭成员的整个生命过程，对家庭的密切关注度高，有利于整个家庭发展能力的提升。

基于"互联网＋"思维的家庭生活教育服务创新

随着"互联网＋"时代的到来，中国部分地区也开始进行了将"互联网＋"思维应用到家庭生活教育的有效尝试。应用"互联网＋"思维，用线上线下融合的思想促进家庭生活的养老服务，逐步发展成为中国不同地区的创新实践做法。以"智慧社区"为依托，利用互联网、物联网技术，注重线上和线下的双向互动与虚实交融，完善基层养老信息服务平台，构建覆盖城乡社区的养老服务信息化网络，将成为信息化环境下今后中国家庭生活教育服务发展新的突破点。

为了让辖区家长做高效能的父母，方便父母及时掌握必要的家庭生活教育技能，贵州省观山湖区碧海社区成立了"中小学家庭教育指导"微信群，以"微信讲堂"的模式，请教育专家在微信群内授课，满足辖区家长对于家庭生活教育的

① 史秋琴、杨雄：《城市变迁与家庭教育》，上海文化出版社，2006 年，第 192 - 194 页。
② 冯凌、唐钧：《中国家庭综合服务的现状与发展》，载唐灿、张建：《家庭问题与政府责任：促进家庭发展的国内外比较研究》，社会科学文献出版社，2013 年，第 149 - 150 页。

需求①。广州南村镇家庭综合服务中心为充分利用"互联网＋"时代的便捷,组织镇里的老年人开展两个月的"手机互联网＋"培训班②,让老年人学会使用手机微信等网上交流方式,以及上网挂号预约、网购车票等便捷的生活应用。

整体而言,目前中国各个地区均开展了各具区域特色的家庭生活教育服务,并且受益人群越来越多,取得了一定的成效。但同时也存在诸如家庭生活教育服务对象以儿童青少年、妇女、老人等弱势群体为主,并不能覆盖所有年龄段的有需求的居民;各地区开展的一些家庭生活教育主要以城市家庭为主,对农村地区、外来务工家庭的照顾与教育十分有限;开展的家庭生活教育主题具有一定的局限性,发展并不平衡。针对家庭性教育、婚姻生活教育指导、家庭伦理道德及有关家庭法律政策教育等,是今后一个时期努力的重点。在有关家庭生活教育的管理体制、管理模式、资金投入、专业的家庭生活教育人才培养体系等方面需要加强制度创新变革。而其中关于专业设置与专业人才培养问题最为紧迫。专业指导人员的缺位,严重制约了中国家庭生活教育的发展。

当代中国家庭生活教育服务的现实需求

基于全球家庭生活教育的理论研究与实践进展,立足社会转型时期中国家庭生活的现实变化与需要,需要实证研究中国语境下家庭生活教育的现实发展状况,了解中国不同家庭对于通过教育来服务与促进家庭成员生活质量的价值认知、分析当下中国家庭对家庭生活教育现实主题内容需求表现以及社会与政府家庭生活教育服务供给支持状况。希望通过实证调查,了解当代中国家庭生活教育需求的基本状况,为在此基础上提出旨在增强家庭成员发展能力与促进中国家庭生活教育制度发展的思考与建议提供参考。

调查数据来源

研究数据来源于本课题组自编的《中国城乡家庭生活教育发展状况的调查问卷》。根据国际家庭生活教育的相关文献,初步设计访谈提纲,对城乡居民进行开放式与半结构式访谈;通过对访谈资料的整理和分析,结合所查阅的文献,初步确定城乡家庭生活教育调查问卷的维度和具体项目;最后,通过试测,对问卷进行修改,完成问卷编制。整体调查采用对江南大学在校本科生与研究生随机抽样,针对其家庭发放问卷,共调查了来自中国涵盖东中西部地理区域20个省、直辖市与自治区城乡的600户家庭,调查反映了多元家庭结构类型,家庭经

---

① 贵州居民建立"家庭教育指导"微信群,http://www.haomahaoba.com/news/dongtai/2016 - 05 - 13/1163.html。

② "锦绣香江长者会——手机互联网＋"培训班,http://gzsg.gzmz.gov.cn/2016 - 02 - 15。

济状况层次也有较好的代表性(见表 7-2)。同时,代表家庭参与调查的家庭成员(即受访人)在性别、年龄、学历以及婚姻状况等人口学特征方面也具有较好的层次(见表 7-3)。本次研究剔除了调查中不符合条件的样本,一共对 492 个样本进行了统计分析。

表 7-2 调查研究受访家庭的基本特征(n=492)

	变量	百分比(%)
家庭地理区域	东部	52.4
	中部	34.4
	西部	16.2
家庭结构	完整家庭	89.4
	单亲家庭	5.1
	重组家庭	3.5
	隔代家庭	2
家庭经济状况(月收入)	3 500 元以下	27.6
	3 500~6 500 元	36.8
	6 500 元以上	35.6

表 7-3 调查研究家庭受访人的人口特征(n=492)

项目	变量	人数	百分比(%)
性别	男	170	34.6
	女	322	65.4
学历	初中及以下	120	24.4
	高中/中专/大专	119	24.2
	大学本科	187	38.0
	硕士及以上	66	13.4
婚姻状况	未婚	233	47.4
	已婚	234	47.6
	离婚	16	3.2
	再婚	9	1.8
年龄	20~30 岁	174	35.3
	31~40 岁	155	31.5
	41~50 岁	119	24.2
	51~60 岁	28	5.7
	61 岁以上	16	3.3

测量指标

研究中所用的调查问卷内容主要采纳了美国家庭关系协会提出的基于家庭生命周期、儿童、青少年、成人与老人每个时期关注的九个方面的主题框架,主要包括:社会中的家庭、家庭互动、人类发展、人类的性、人际关系、家庭资源管理、亲职教育、家庭法律与公共政策以及伦理[①]。同时基于中国社会家庭变迁现实与文化传统,对其主题内容进行了必要处理,形成了围绕社会转型期中国城乡家庭生活教育发展状况的 27 个问题,测量指标整体上包括三个部分内容:家庭生活教育的地位与价值、家庭生活教育的不同主题内容需求以及家庭生活教育服务的社会支持。

家庭生活教育的地位与价值维度,主要从"社会中的家庭生活教育"这一更为广泛的社会环境下切入,就如何看待家庭在社会发展及个体发展中的地位,如何理解教育与家庭生活质量的关系以及对于自己目前关注的家庭问题与家庭生活教育主题等指标展开。在家庭生活教育的不同主题内容方面,主要从社会转型期中国家庭主要面对的家庭人际关系调适、家庭婚姻生活教育、亲职教育、家庭性教育、家庭资源管理教育等指标来了解中国家庭生活教育关注与需求特点。在家庭生活教育社会支持维度,主要从社会宏观政策视角,调查中国社会及政府对于家庭生活教育的专业支持与服务供给水平。

分析方法

问卷数据采用 SPSS13.0 进行处理分析。为了检验问卷数据是否适合做因素分析,对数据进行了 bartlett 球形检验,检验值为 684.081,$p=0.000$,说明各项目间有共享因素的可能性。此外,样本适当性度量值 *KMO* 为 0.709,该数值大于 0.60,表明数据样本适宜作因素分析。对问卷的 13 个单项选择题进行结构效度检验,对因素分析结果进行最大正交旋转,同时结合碎石图,共抽取中国家庭对家庭生活教育需求、家庭生活质量水平、当前中国家庭生活教育服务供给状况 3 个公因子,其累积方差贡献率达 46.149%。在数据处理与分析上,根据研究需要主要选择了描述性统计与相关分析相结合的分析方法。

调查的主要研究结果

社会生活中家庭与家庭生活教育的地位

1. 家庭在社会发展与个人成长过程中的作用

家庭是人类社会关系中最核心的利益共同体,这点在调查中得到反映。

---

① M. E.Arcus,(1987). A Framework for Life-Span Family Life Education,Family Relations,36(1),5-10.

93.7%的家庭受访者认为家庭在社会发展与个人成长过程中占据重要地位。调查显示，58.7%的调查对象认为自己目前的家庭生活质量与幸福水平具有"非常高"或"较高"相关，39.6%的调查对象选择"一般"，1.6%的调查对象选择"差"。

　　经过改革开放与现代化建设，中国城乡家庭生活质量得到了显著改善，但明显存在地理区域与城乡差异。从统计结果发现，个体看待家庭在社会发展与个人成长过程中的地位上与个体的学历、婚姻状况间具有显著性相关（$p \leqslant .001$），学历越高越重视家庭在社会发展及其个人成长中的地位价值，在最高分为 4 分的记分标准下，调查对象的受教育水平与家庭生活质量显著性相关（$p = .021$）。在未婚者、已婚者、离婚及再婚者中，认为家庭的地位"十分重要"分别占70.9%、60.3%、44.4%，认为"重要"分别占 25.9%、31.2%、22.2%。在社会生活中教育与家庭生活质量之间的关系的认识上，88.8%的调查对象认为教育与家庭生活质量有着十分重要的关系。在改善与提升家庭生活质量方面，受教育水平既是衡量家庭生活水平的重要指标之一，又是影响家庭生活质量的主要因素与途径。因此，家庭及家庭生活质量对于中国社会发展与个体成长具有重要意义，合适的学习参与和教育支持，是强化家庭功能与促进家庭幸福的重要力量。

　　2. 家庭生活教育价值的主观认识

　　关于家庭及家庭成员对家庭生活教育的认知的调查中，为调查对象预先提供了"家庭生活教育"名词概念的解释与题干的引导，强调主要是为家庭及家庭成员提供知识、信息、技术、经验或资源的专门性教育实践活动。调查对象对家庭生活教育"很有兴趣"或"比较有兴趣"的占 73.4%，"没有兴趣"的占 17.3%，"说不清楚"的占 9.3%，这表明了公众对家庭生活教育的了解总体上具有重要关切与期待。

　　调查对象对于家庭生活教育所具有的价值期待的认识，按选项的比例最高的前三项依次为：提升家庭生活质量（21.1%）、建立和谐的家庭人际关系（18.2%）、促进个人身心的健康发展（15.4%）（见表 7 - 4）。相反，丰富个人家庭生活经验、预防与治疗家庭问题所具有的作用却排在后面。

表 7 - 4　被调查者对家庭生活教育的价值的认识

选　　项	计　数	百分比（%）
丰富个人家庭生活经验	251	14.1
提升家庭的生活质量	378	21.1
促进个人身心的健康发展	275	15.4
建立和谐的家庭人际关系	326	18.2
预防家庭问题的发生	217	12.1
加强家庭成员个人素质与能力	241	13.5
治疗家庭问题	87	4.9
没有什么作用	13	0.7

研究发现,由于调查对象对家庭生活教育的了解不足,他们对于家庭生活教育的价值认识主要以积极的建构与美好理想期望为主,对于促进个体身心健康发展与提升家庭生活质量的终极价值最为看重。对于家庭生活教育的现实家庭问题的预防与治疗功能认识不足,这也反映了在中国家庭生活教育尚未形成专业化的运行模式的现实下,未能切实有效发挥其具体而实际的家庭生活教育过程性功能的发展现状。

中国家庭生活教育主题与内容的需求

1. 家庭生活问题与家庭生活教育关注主题的总体概况

本调查研究主要通过一系列与中国家庭生活实际面向相关的家庭问题来确认调查对象最为侧重与现实需要的家庭生活教育的主题内容。在 18 个公众关注的问题中,中国家庭最关注的五个家庭问题分别是家庭人际关系(14.6%)、为人父母及子女教养之道(11.0%)、婚姻稳定性(10.0%)、家庭规划(9.2%)和家庭身心健康(8.8%)。关注最少的问题是吸毒(1.2%)、酗酒(1.1%)与同居(0.6%)(见表 7-5)。相应地,调查对象关注的家庭生活教育的 13 个主题内容上,最关注的内容是心理健康教育(11.4%)、安全教育(11.3%)与亲子教育(11.2%),关注最少的是家庭相关法律法规教育,其次是公民教育(见表 7-6)。

表 7-5　调查研究受访人关注的家庭问题

家庭问题	计数	百分比(%)
家庭人际关系	358	14.6
家庭暴力	108	4.4
失业	118	4.8
人口老龄化	106	4.3
家庭文化差异	131	5.3
家庭规划	227	9.2
婚姻稳定性	245	10.0
儿童照顾	216	8.8
为人父母及子女教养之道	269	11.0
性别平等	147	6.0
家庭贫困	67	2.7
同居	14	0.6
青少年早孕	34	1.4
吸毒	29	1.2
家庭资源管理	104	4.2
酗酒	27	1.1
家庭身心健康	215	8.8
法律法规对家庭的支持	40	1.6

表 7 - 6　调查研究受访人关注的家庭生活教育内容

家庭生活教育内容	计数	百分比(%)
家庭性教育	215	7.7
父母(亲职)教育	255	9.2
婚姻生活教育	217	7.8
家庭资源管理教育	141	5.1
亲子教育	310	11.2
环境生态教育	108	3.9
公民教育	117	4.2
身体健康教育	288	10.3
安全教育	313	11.3
心理健康教育	316	11.4
文化专业学习	169	6.1
家庭生活知识与技能	243	8.8
家庭相关法律法规教育	84	3.0

2. 家庭生活教育主题的具体表现

1）家庭成员的互动关系

作为家庭生活教育内容之一的"家庭互动"，强调家庭成员在了解家庭的优势、弱点及与家庭成员的互动状况方面具备的知识与能力。在中国城乡家庭内部，家庭成员彼此之间较为了解。21.3%的调查对象表示很了解自己的家庭及家庭成员的优势与不足。基本了解的比例占 66.1%，认为"不了解"或"说不清楚"的占 12.6%。随着中国城市化与社会信息化发展，城乡家庭面临更多社会压力与风险，家庭成员之间的人际、信息与心理沟通、互动与关系调适问题显得尤为突出与重要，需要家庭生活教育提高与之密切相关的教育支持，以正确处理家庭中复杂的人际关系。

2）家庭生命周期不同阶段的教育

家庭生活涵盖家庭成员从婴幼儿、儿童、少年、成人至老年人等不同生命阶段对象，涉及家庭生命周期包括子女新婚、婚育、孩子出生照顾、接受制度化教育学习、离婚等重要家庭事件，需要家庭生命周期不同阶段包括社会性、情绪、生理、认知、人格与道德等内容的教育。调查表明，中国城乡家庭在家庭个体生命全程的发展过程中较为关注的是青少年时期(31.2%)、儿童期(24.3%)与婴幼儿时期(14.6%)的家庭生活教育,对于家庭中老年人阶段的生活教育关注最少(4.7%)。从西方家庭生活教育实践与中国社会发展来看,日益重视将个体与家庭生命周期联系起来,需要"以人为本",关注处于家庭生命周期不同阶段与家庭生活中的每一个人的家庭生活教育。

3) 家庭婚姻生活教育

在本次随机抽查家庭中,5%的受访者具有离婚与再婚经历,83.9%的调查对象对于自己或其他家庭成员的夫妻亲密关系与婚姻质量总体评价为"很满意"或"比较满意",14.8%表示"不太满意",1.2%表示"很不满意",侧面反映了中国逐步增高的离婚率现实。其中,大部分调查对象能够处理好家庭内部的夫妻关系,婚姻质量较高。但是还有16%的调查对象的家庭婚姻关系面临调整。数据分析结果表明,家庭成员的亲密关系对于专门的婚姻生活教育需求与学历、年龄阶段、家庭月均收入不存在显著相关,而与个体的婚姻状况与家庭结构均存在显著性相关($p=.000$)。随着现代化与城市化发展,家庭价值观念多元、婚姻家庭生活的自主化与个体化趋势逐步增强,家庭结构日益多元,家庭婚姻生活将面临更多挑战,对于婚姻生活方面的专业教育与服务需求将会日益强烈。

4) 亲职教育

中国日常家庭生活中父母与子女关系始终是家庭生活教育中最为重要的内容。调查对象在处理父母与子女关系上最大的困难在于"亲子沟通技巧的缺乏"(41.3%),其次是"教育理念与知识的不足"(33.9%),"夫妻关系的处理"作为影响亲子关系的因素占了12.7%。同时,不同教育水平的家庭成员所面临的亲职教育的困难也各具特点,初中及以下学历者最大的困难在于"教育理念与知识不足",而高中及以上学历者均在于"亲子间沟通技巧缺乏"。家庭不同年龄阶段的成员面临的困难也存在差异,20~30岁与51~60岁的人群主要困难是技巧的缺乏,31~40岁与41~50岁的人群主要是教育理念与知识的不足,而61岁以上的人大多数人觉得没有困难。调查表明,许多家庭普遍面临处理亲子关系、履行亲职教育的必要知识与技能缺乏的困境,他们认为很有必要接受或参加相关的家长教育培训与亲子关系的学习教育。

5) 家庭性教育

在家庭性教育的地位问题上,46.5%的调查对象认为性、性知识与性心理在家庭生活中占据"十分重要"或"重要"的地位,37.2%的调查对象选择"一般",16.3%的调查对象认为"没什么关系"。调查结果表明,该调查问题与被调查对象的性别、年龄与学历方面不存在显着性相关,却与个体的婚姻状况以及家庭居住条件存在显著性相关($p<.05$)。

目前,中国家庭开展性教育的途径主要以父母教育为主(28.4%),18.0%的人通过网络媒体的方式,有17.3%的人表示从未有关相关的教育(见图7-1)。

家庭性教育实施的途径与调查对象的学历水平密切相关，初中及以下受教育水平者表示从未接受相关性教育居多，高中/中专/大专者表示从相关书籍自学居多，而大学本科学历者主要从学校等专门机构获得相关教育，硕士及硕士以上学历者更多地从网络媒体中获取。可以看出，在处于社会转型时期与多元文化背景下的中国，家庭生活对于"性""性别"等问题日益关注，家庭性教育的专门性服务支持的紧迫性也更加明显。

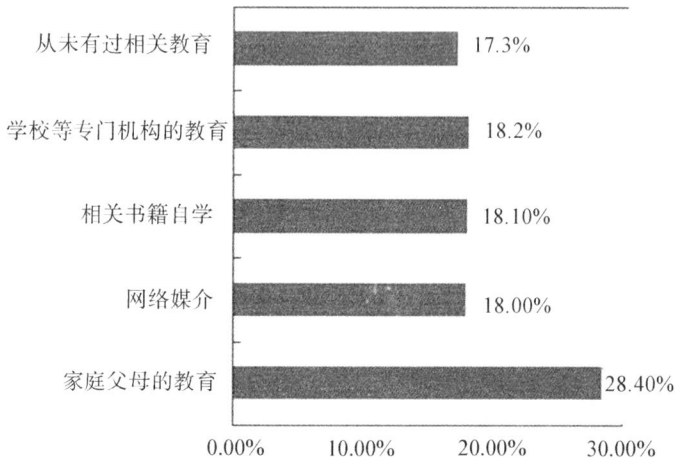

从未有过相关教育　　17.3%
学校等专门机构的教育　　18.2%
相关书籍自学　　18.10%
网络媒介　　18.00%
家庭父母的教育　　28.40%

0.00%　10.00%　20.00%　30.00%

图 7 - 1　被调查者家庭性教育实施的主要途径

6）家庭资源管理教育

家庭资源管理教育的目的主要在于协助每个家庭运用最可能的一切资源发挥家庭的最大功能。调查显示，64.5%的调查对象表示"很需要"或"需要"专业的教育支持以提升家庭资源管理效率，21.3%表示"不需要"，14.2%表示"不清楚"。调查结果分析表明，家庭资源管理的需求状况与调查对象的年龄阶段呈显著性相关（$p = .004$）。在调查对象关注的家庭资源管理内容方面，排前三位的分别是金钱（72.7%）、时间（69.1%）、朋友（52.8%），需求最低的是对邻居管理方面的需求（见图 7 - 2）。目前中国家庭对于家庭资源管理教育需求主要以物质内容为主，对于心理或精神层面的内容管理需求相对较低。

7）家庭伦理教育

社会转型时期，中国家庭伦理文化开始进入从传统向现代转型的重要阶段，了解家庭及人类价值、伦理道德的多样性及形成相关问题与议题的知识与技能具有重要意义。调查显示，42.7%的调查对象遭遇过家庭成员间的道德、伦理与文化价值观的冲突或矛盾，其解决的方式最多为"冷处理"（28.6%），其次依次为"寻求相关书籍提高自己"（25.6%），"任其自然发展"（22.9%），"寻求学校与社区等专门机构的帮助"（11.8%），"从未想过"（11.1%）。可以看出，目前中国家

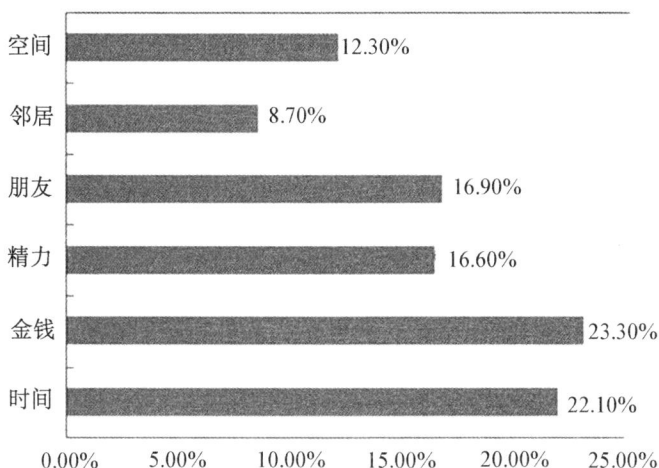

图 7‑2 被调查者家庭资源管理教育需求的主要内容

庭解决家庭伦理问题方式多处于被动状态,亟需给予家庭生活教育的专业指导与服务。

家庭生活教育服务的内容需求及社会支持

1. 家庭生活教育服务内容的需求

家庭受访者对于来自外在的家庭生活教育相关的社会支持与专业服务的知识与技能支持的需求内容,按选项的比例从高到低排序为:为人父母、亲子关系处理知识与技能(21.6%),心理调适与心理健康辅导知识(17.9%),夫妻沟通交流知识与技能(14.4%),自身提高的业余爱好知识(14.4%),家庭经济投资与消费知识(12.7%),中老年健康生活知识(11.2%),网络、数码等现代新技术(7.7%)。概括起来,中国家庭对家庭生活教育服务需求与家庭生活教育主题需要一致,当下中国家庭对亲职教育、心理健康教育以及婚姻教育等方面的家庭生活教育服务支持的需求最为迫切。

2. 家庭生活教育服务获得的途径

调查数据表明,家庭受访者对获得家庭相关的教育知识与技能的主要方式或途径按选项的比例从高到低排序为:书籍/报刊/网络/电视等自学方式(39.5%)、向父母与亲友请教(25.2%)、向专业人士请教(11.8%)、学校教育机构培训(11.6%)、社区培训(6.3%)、其他社会教育培训机构(5.6%)。家庭生活教育相关的支持服务途径与被调查者性别、所在地区、婚姻状况、家庭结构等方面不存在显著性差异。

17.5%的调查对象表示其所住的社区或就读的学校有家长或家庭生活教育指导机构,其余 82.5% 的调查对象表示"没有"或"不清楚"。2.8%的调查对象表示经常参加家长学校或家庭生活教育指导公共机构的活动，23.0%的调查对象表示"偶尔参加"，其余74.1%的调查对象表示"几乎不参加"或"从不参加"。对于是否有必要在大中小学设置有关家庭生活的课程，87.8%的调查对象表示"很有必要"或"比较有必要"，4.1%的调查对象表示"没有必要"，8.1%的调查对象表示"说不清楚"。

调查结果表明，目前中国对于家庭生活教育的支持，主要以公众自学为主，缺少专业人员或组织的支持，同时学校和社区作为公众接受教育和家庭社会化的重要组织，专业化的家庭生活教育的服务与支持相对匮乏。公众参与家庭生活教育相关活动的积极性不高，对学校开展家庭生活教育寄予较高的期望。同时，目前中国社区服务职责不明确，运营体系不规范，社区对于家庭生活教育的服务与支持十分有限。

3. 政府需要提供的家庭生活教育公共服务内容

通过调查，受访人认为最需要各级政府提供的家庭生活教育的公共服务是家庭生活的图书/报刊资料，其次是家庭生活的广播与电视节目的供给以及未成年人社区教育、文化娱乐中心的建设（见表7-7）。

表7-7 被调查者认为政府需要提供的家庭生活教育服务内容

选项	计数	百分比（%）
专门的家长成人学校	191	8.2
家庭生活的图书/报刊资料	288	12.3
家庭生活的广播与电视节目	274	11.7
家庭生活的教育网站	234	10.0
家庭生活的手机/声讯服务	124	5.3
专门的新婚学校/婚姻辅导班	123	5.3
胎教机构	151	6.5
未成年人社区教育、文化娱乐中心	243	10.4
亲子教育培训中心	217	9.3
家庭健康保健与心理辅导中心	222	9.5
设立家庭生活教育政府基金促进计划	139	6.0
政府制定以家庭生活教育为视角的社会协同政策	126	5.4

调查发现，中国家庭主要希望政府部门丰富家庭生活教育的学习路径，对于建设专业的培训中心或机构需求较低，这在一定程度上反映出中国各级政府在家庭生活教育领域的缺位，家庭生活教育的发展存在较大空间。

当代中国家庭生活教育未来发展重点

在人口和社会转型的现实背景下,中国家庭经历了不断的建构和重构,然而政策和制度相对于社会变迁的滞后性,致使家庭面临诸多严峻问题。如何在新的社会形势下增强家庭的发展能力,有效推进家庭生活教育发展,需要在前面的历史发展、实践经验与现实需要的分析与调查的基础上,借鉴国际发展趋势,结合中国家庭变迁现实与制度建设环境,确立面向未来的可能发展内容与路径。

一个拥有幸福家庭生活质量的社会,是中国未来发展的重要基础。加强中国城乡家庭发展能力建设、支持家庭现代化发展与增强家庭生活功能,建设美好、幸福与安定的家庭生活,是每一个中国家庭成员与社会的普遍共识。本书进行的调查分析显示了认识家庭生活教育对于预防家庭问题与提升家庭生活质量具有重要功能,确立适应中国家庭社会需要的专业化的家庭生活教育内容体系,完善为应对社会转型时期风险社会的中国家庭提供的制度供给,具有重要的现实意义。

重新认识中国家庭生活教育的概念内涵

在前面关于家庭生活教育的理论部分,已经简单分析了不同文化历史背景下对家庭生活教育概念的多元理解。在中国,尤其是中国大陆目前更为普遍地使用着"家庭教育"术语。相对地,对于"家庭生活教育"概念基本上很少被提及与使用。

从中国早期的"上所施,下所效也"、"养子使作善也"的传统教育的界定与文化规定看来,中国崇尚与实践的"家庭教育"就是指父母或者家庭中年长的一代对后一代的培养教育,是更为狭义范围的家庭教育概念,因为它强调教育的场域在家庭之中,以亲子关系为中心,主要以父母为教育者,未成年子女为教育对象,以子女社会化与个性化发展为主要教育内容的这样一种教育形态。

此外,一些关于家庭教育的研究还从更为广义的层面,对家庭教育进行拓展,指出家庭教育应当是家庭成员之间的相互实施的一种教育,即家长对子女、子女对家长、双亲之间、子女与子女之间、子女与祖辈之间,这种概念强调更为广泛的"教育"概念在家庭环境里面的一种延伸,即凡是影响或增进人的发展的实践活动都属于教育。尽管这种概念的分析,跳出了亲子教育的狭隘范畴,但由于过于广泛而无形,难以把握以至于实际效果也受到影响。

随着中国社会政治、经济与文化现代化进程的推进,家庭的结构、关系与功能被强大的社会变革力量推进,家庭教育自身的目标、内容、需要与功能也在不断发生变化,原来的"家庭教育"的概念不断被社会现代化所冲刷,需要在新的社会发展时期进行重构。事实上，家庭教育学作为一门学科本身也在经历着学科革命与变化。正如有研究者针对上海家庭教育发展实际指出的那样，在不断提高的经济文化水平的促进下，沿海地区的家庭教育发展，越来越多地表现出现代性和变迁性。为此，当代中国的家庭教育概念需要适应迅猛社会变革，向着家庭生活教育概念迅速转变，作为私领域的家庭教育需要在公共力量的推动下不断改造与拓宽自己的范畴、目标与任务，积极发挥学科与理论指导实践的重要功能。

首先，从家庭教育到家庭生活教育，突破了传统的在家中的教育空间形态，形成了以主题为导向的教育内容转换。传统上，家庭教育以场域作区分，强调家庭教育是在家庭中的教育，即父母对子女的单向教育，一直以来将其与学校教育、社会教育作为三种教育空间形态。由于社会全球化、现代化及城市化发展，让现代家庭生活面临来自不同领域与主题的家庭压力与问题，而这些家庭生活的问题的教育内容由早期注重子女伦理道德教化到现在功利化的应试教育也在不断发生变化，家庭教育的物理空间及活动领域早已与广阔的社会及学校紧密联系。正如前面提及的那样，家庭生态理论强调的家庭成员的教育发展关乎着与此联系的宏观、中观及微观系统的重重影响。有研究以上海为例，指出近年来上海家庭教育已经从功利型的知识教育或学历教育逐步过渡，媒介教育、理财教育、心理健康教育与婚姻教育成为现代家庭教育的新内容。在2000年发布的《21世纪初上海家庭教育发展预测研究》课题中，提出作为家庭教育质量衡量指标主要包括家庭德行质量、家庭智能质量、家庭审美质量以及亲职教育和亲子教育质量等家庭教育指导水平，反映出目前中国关于家庭教育的内涵趋于完善与丰富。由于日益显现的家庭生活各方面的问题，要求家庭教育的内容与主题不仅仅是未成年子女的教育或者家长教育问题，需要不断转换到以多样化的家庭生活教育主题为区别导向上来。

其次，从家庭教育到家庭生活教育，强调了贯穿家庭生命周期的教育时间跨度，体现了终身教育在家庭生活中的应用实践。正如多次提及的中国传统家庭教育主要面向的是未成年子女在家庭中受教育问题，与此相联系的学校教育也集中服务于这一成长发展阶段的教育对象，这是工业化时期一次性教育的现实要求。随着全球网络通信技术发展，尤其是在对个体生命全程身心发展价值的研究推进以及家庭生命周期理论的指导下，中国的家庭教育不可能再只关心家庭中一部分人的发展问题，它应该是家庭生活环境中所有家庭成员在不同发展阶段接受教育与支持的实践活动，这正是倡导的家庭生活教育最突出的与家庭生命周期相关的特点的体现，包括家庭中儿童、青少年与成人及老人的教育，以满足不同家庭成员在不同阶段与发展任务时期的需要与需求。同样以上海为例，家庭教育投资量不断上升，投资对象从子女逐步扩大到其他家庭成员，表现为各种婚姻辅导班、成人教育职业生涯培训、社区老年学校与兴趣特长学习①。因此,如何通过恰当的教育活动方案供给与社会投资,让当代中国每一个家庭成员获得能力发展,共同经营与建设家庭生活,增强家庭生活福祉,促进社会和谐,是目前社会建设的重要内容。

最后,从家庭教育到家庭生活教育,显示了社会公共力量对家庭生活的干预,拓宽了家庭教育功能的转换。长期以来,家庭生活及其教育问题,历来是家庭内部事务,属于家庭成员自然关系支配的私人领域,家庭教育的能力、水平及质量都是家庭或家族自身发展的事情,政府与社会不会或者很少涉及并干预。20世纪60年代,带有世界普遍性的家庭衰落并引发众多的社会问题,引起了国际的普遍关注,一些欧美国家开始普遍研究、制定与支持和扶植家庭的公共政策。这种变化反映在家庭教育的变化上,就是中国也开始认识到一个家庭内部尤其是家长的教育水平、能力与质量关系着国家的繁荣与社会稳定发展,一系列有关家庭教育指导服务的研究机构、政府社区组织机构与相关法律法规不断建立与颁布实施,一系列有关家庭生活发展能力建设的社会政策也不断得到关注、研究与推出。家庭生活教育正是通过社会及政府等专业化力量为家庭成员发展提供支持与服务的一种公共力量,反映了家庭生活教育增进家庭成员发展能力与促进家庭幸福的重要功能,这显然突破了过去狭义的家庭教育概念,强调家庭生活教育治疗与发展兼具的功能特点,反映了社会时代发展对家庭教育概念的解构与重塑。

全面认识社会转型时期中国家庭生活教育的意义

在前面导论中,我们提及关怀伦理学家内尔·诺丁斯教授的观点,她认为一个充满关爱的社会,必须时常以及敢于干预公民作为私人领域的家庭生活。对于中国未来家庭生活教育可能的发展问题,所要的认识是要确立教育在公共家庭政策中的定位,即中国现代化家庭究竟是私人领域还是公共的领域? 因为这是进一步确立发展型家庭生活教育制度地位,发挥教育服务与干预家庭生活功能的逻辑起点。

国外社会学家涂尔干很早就意识到家庭越来越多地面临"私人化"与"公开化"两种趋势的关系悖论。在他看来,国家是家庭生活中的一个重要因素,在不断管控私人生活以便在特定条件下使其正常运转,"家庭这道围墙已经有了突破口,社会试图借此窥探和潜入家庭,来适时维护孩子的权益。"②经过近代家庭现代化,西方社会更多地国家与社会各种机构,如卫生工作者、医生、心理学家、社会工作者等,都开始进入家庭生活,以支持家庭并维系其功能的发挥。国内研究

①　史秋琴:《城市变迁与家庭教育——上海家庭教育报告书》,上海文化出版社,2006年,第47页。

②　[法]富朗索瓦·德·桑格利:《当代家庭社会学》,天津人民出版社,2012年,第5页。

者吴小英针对中国社会文化现实,指出中国传统文化中形成的家族主义与国家主义联袂形成的"家国同构"一直是中国社会治理的基本特色。只不过在市场经济转型时期,家庭的角色与地位被"挤兑"与"掩蔽"在国家的需求及发展视野中。换言之,家庭私领域与公共领域的界限是由国家治理的需要确定的[①],这与涂尔干的思想是一致的。为此,在当下中国家庭变迁关键期深刻地受到了国家与社会改革的影响的背景下,对于促进社会凝聚与发展的家庭以专业支持与服务介入,确立以促进家庭发展能力与增强家庭生活品质为目标的家庭生活教育服务制度,是现代国家、家庭与个体自主关系发生重要变化下的必然发展选择。

从中华民族长期生产生活发展历史文明进程来看,重视家庭与亲情一直是中华民族繁衍与社会发展的重要传统。"家国同构"的超稳定形态,反映在教育领域就是一直重视家庭生活的教育,强调家庭伦理道德、子女养育与齐家生活技能等主要家庭教育内容。这种注重家庭、注重家教与弘扬家风的家庭生活建设,需要我们今天结合时代新的社会现实需要继续继承、发扬与创新。以提高家庭发展能力为主要目标的家庭生活教育,不是随意地放大对家庭生活事务的干预[②],需要正确对待家庭作为个体自主化的私领域与公共领域之间的有限界限,在肯定家庭存在对个体发展功能优势,尊重家庭自身生活需要的基础上,提供专业的教育干预与支持,协助家庭增强家庭活力与创造力。

当今全球社会的急剧变化日益传导并促使中国家庭面临深刻变化,家庭压力与日俱增,家庭生活教育面临新的挑战。为此,家庭的发展迫切需要外在力量介入对家庭的支持或投资,预防或减少家庭内外形成的问题。在调查分析中发现,处于社会转型时期的中国城乡不同的家庭普遍认为家庭及家庭生活教育在社会发展与个体成长中具有重要地位。中国家庭面临诸多多元的家庭问题困扰,对于家庭生活教育在预防家庭问题与提升家庭生活质量方面具有明显的急切期待与现实需要。同时,研究也发现当下中国家庭对于家庭生活教育的了解与理解还很不够,政府在其中的主导、保障与监督评估等责任发挥得不够明显,家庭生活教育服务的专业支持供给与迫切的现实需要还很不一致。

与家庭社会变革现实相呼应的是,日常生活世界和生活教育正日益成为当代教育学界关注的理论焦点之一。作为每个人生活其中的现实而具体的生命中的首要的家庭日常生活世界,应该成为中国当下教育理论研究关注的重要内容,需要重构其面向家庭生活、建设家庭生活、为了家庭生活幸福服务的教育价值。因此,以优先投资于人的发展型家庭生活教育理念为基础,把更多公共资源配置到家庭成员的健康、知识、技能和道德等素质领域中,确立推进中国家庭生活教

---

① 吴小英:《中国公共政策中的家庭定位及其未来走向》,载于金一虹、史丽娜主编:《中国家庭变迁和国际视野下的家庭公共政策研究》,南京师范大学出版社,2014年,第4-5页。

② 吴帆、李建民:《家庭发展能力建设的政策路径分析》,《人口研究》,2012年第7期,第37-44页。

育运动具有重要现实意义。同时发挥教育促进家庭人力资本功能,将贯穿家庭生命全程的终身化的家庭生活教育纳入到国家社会终身教育体系中,这对于学习型社会建设同样具有重要的现实实践意义。

确立中国家庭生活教育未来主要着力点

改革开放以来的中国正经历着重要的人口与家庭的双重变迁①,美好、幸福与安定的家庭生活,是每一个中国家庭成员的最大愿望与终极追求。中国家庭生活随着社会需求而不断调整变化,强调一种作为社会建构的家庭生活概念的内涵,深刻反映出中国社会变革中家庭生活对教育积极促进家庭个体发展与提升家庭发展能力的迫切要求与现实诉求。实施系统的面向家庭生活的教育,是推进当代中国家庭生活发展能力建设的重要途径,其发挥的特殊作用主要表现在以下几方面。

传递现代多元家庭生活知识与技能

在现代化力量的推动下,中国家庭生活承载的价值与功能模式意义,由于家庭性质、结构组合、社会变革时期以文化背景不同而呈现差异。尽管如此,当代中国家庭功能不同程度涵盖诸如家庭生产劳动、子女教养、性生理需要、家庭生活消费、家庭休闲娱乐与照顾养老等基本内容。人们逐渐意识到这些家庭生活功能的实现与能力建设是一个需要教育发挥广泛作用的范畴。家庭生活需要教导、训练与引领才能提升品质,家庭生活需要通过家庭成员接受教育才能达成家庭生活的幸福。要真正享受与发挥家庭的幸福功能,就要家庭中的每一个人都具有持家、为人父母、婚前准备与巩固家庭人际关系等知识与技能,这是家庭中个体获得来自家庭幸福的重要基础。

随着中国经济与文化发展,家庭生活水平日益改善,多元的家庭生活功能成为日常需要。家庭不仅意味着社会物质生产和精神生产的消费,还意味着富有价值、更富有文明而积极的物质生产和精神生产的再生产,譬如家庭网络信息素养、家庭资源管理、家庭休闲、家庭消费投资、家庭营养保健及心理健康等与家庭生活质量密切相关的生活知识与技能的传递、学习与教化成为家庭成员的必需。这些新的变化与需要,不可能再由父母等家庭成员依靠传统经验教导,逐步需要专业化的有资格的机构系统进行教育与培训。通过专门化与系统性的家庭生活教育,传递符合现代家庭生活价值的婚姻生活、经济管理、休闲娱乐、心理健康及子女成长教育等方面的重要知识与技能,将成为现代家庭生活教育新的成长点。要求教育走出传统的家长对子女教育的狭义教育范畴,引领传统中国家庭生活中注重功利性的主智主义教育向富有生活气息的现代家庭生活教育转变,这无

---

① 胡湛、彭希哲:《家庭变迁背景下的中国家庭政策》,《人口研究》,2012年第2期,第3-10页。

疑是服务个体生活世界的教育本质的一种原点回归。

调适后现代日常家庭生活关系

　　依据后现代家庭理论来考察更为复杂的中国家庭生活变迁,发现当代中国家庭生活出现更为多元与复杂的情势,呈现传统家庭生活与现代家庭生活相互融合与补充的特点,具体表现为工业化、城市化与人口老龄化合力交织带来的家庭结构与家庭关系的多维叠加。一方面,近年来我国家庭离婚率逐年升高,城市同居家庭或非婚家庭、同性恋家庭、双城家庭、群居家庭、现代偶婚家庭等家庭形式增多,而农村家庭生活模式则以隔代家庭、空巢家庭、流动家庭、留守儿童等为主①。另一方面,家庭生活中不同成员之间家庭代际亲情关系、权力关系、教育关系、经济关系以及横向趋于平等的夫妻关系等变得越来越错综复杂,尤其突出体现在父母与未成年子女教育、由于人口政策导致的家庭的亲属网络缩小以及由于代际权力关系变化导致的老年人与子女关系调适难度加大,直接或间接影响到家庭的生活质量与家庭成员生活幸福感。家庭文化价值、家庭生活发展能力与家庭生活质量在市场经济制度建立、特定政治因素、区域社会亚文化等多维度因素的影响下面临重要挑战。

　　步入经济快速发展时期的中国家庭,也逐渐显露以个体更加追求独立自主的家庭生活方式为主要特点的"后家庭时代"面貌,家庭生活中人际关系的处理更多关涉的是家庭内部关系与情感议题,更多聚焦在家庭个体成员生活的时空②,尽管它们更多属于私领域问题,但其对国家社会公共领域的社会价值、政策或制度及社会发展等都会带来重要影响,国家权力仍然深刻地影响着人们的私人生活空间。如何平衡与协调个人对家庭的责任与义务,正确处理日益多元复杂的家庭关系,传承与承担中国传统的家庭责任,不仅是摆在家庭个体成员面前重要的教育课题,也需要外在国家社会公共力量的系统介入,帮助家庭形成具有中国社会价值的家庭生活规范与价值体系,强化个体承担的家庭责任感,平衡两性角色,调试家庭伦理关系。因此,以家庭关系与家庭伦理为主要内容的家庭生活教育的系统支持,就成为当代中国教育面临的重要任务。

培养家庭成员终身学习能力

　　家庭生命周期理论强调家庭生活作为一个连续与动态的存在,表现为家庭生活的过程性与不可分割性,体现了家庭生活的整体性与阶段性相统一的特点。

① 张金荣、杨茜:《"后家庭时代的家庭"理论的中国适用性研究》,《社会科学辑刊》,2014年第3期,第27-32页。
② 沈奕斐:《个体家庭iFamily:中国城市现代化进程中的个体、家庭与国家》,三联书店,2013年,第32页。

不同家庭生活历程是由发生在家庭生活不同阶段大事件构成[1]。家庭生活的质量与效率，是以在家庭生活中个体从依赖成人抚养的儿童时期到组建不同形式的成人生活所走过的家庭生活道路的不同阶段家庭生活历程形成的发展能力为基础的。

近年来，中国家庭生活发展周期反映了当代中国社会改革发展内容，折射出中国社会变革的整体过程[2]。当下中国家庭生活涵盖了家庭成员从婴幼儿、儿童、少年、成人至老年人等不同的生命阶段，涉及家庭生命周期包括子女新婚、婚育、孩子出生照顾、接受制度化教育学习、离婚等重要家庭事件，他们为此都将面临不同内容的学习需要，需要外部知识与智力服务支持，以顺利推进家庭生活进程。帮助家庭成员完成在个人生命周期不同阶段的主要任务和目标，需要"以人为本"，关注处于家庭生命周期阶段的不同个体与家庭生活中的每一个人，通过详细探讨个人家庭生活历程所遭遇的每一个大事件以及不同发展转换阶段的家庭生活知识体系内容，建立适应家庭成员每一个生命成长阶段接受学习与培训的终身学习机构，强化学校、社区以及企业等多元培训培养机构专业化水平，使家庭成员能够在不同家庭生命阶段都享有参与婴幼儿照顾服务、青少年校外教育辅导、夫妻成人教育培训、社区老年学校教育等机会，培育家庭成员具备相关阶段的家庭生活知识与家庭生活技能，努力强化他们化解与突破家庭生活赋予的不同方向的机会和资源约束来创建幸福生活的能力，是建立具有中国特色的终身学习型家庭生活教育制度的重要目标及内容。以中国家庭生活内部变化与社会环境为背景，科学分析中国家庭生活生命周期每一阶段大事件，坚持家庭生活教育与个人及家庭的生命周期有关的原则，明确每个阶段家庭生活需求与任务开发课程，强化每个家庭发展阶段家庭成员角色与要求，开展切合实际的家庭生活的教学，形成家庭成员应对家庭生活问题的学习能力，是优化中国现代家庭生活质量的重要基础，也是当代教育大有可为的地方。

尽早预防现代家庭日常生活问题

在诺丁斯看来，"幸福离家庭更近些"[3]。个体一生的幸福首先来自于作为私人领域的家庭生活，提高生活幸福指数，需要有效防范家庭问题的形成。西方家庭生活教育运动的肇始与兴起，主要在于回应对社会转型变革带来的家庭无法解决形成的社会问题的关切。这方面，西方社会实践主要从巩固婚姻关系与增强家庭观念开始，突出婚前教育、亲子抚育等知识技能的辅导支持[4]。一些研

① 唐·埃德加、海伦·格莱泽:《家庭与亲密关系:家庭生活历程与私生活的再建》,《国际社会科学杂志》,1995 年第 1 期,第 133 - 156 页。
② 田丰:《当代中国家庭生命周期》,社会科学文献出版社,2011 年,第 55 页。
③ Noddings, N.(2003).Happiness and Education.Cambridge: Cambridge University Press.p.30.
④ 张秀兰、徐月宾:《建构中国的发展型家庭政策》,《中国社会科学》,2003 年第 6 期,第 84 - 96 页。

究也指出,通过日益成熟的应用发展科学的专业化知识介入,将会为儿童青少年、成人及其家庭提供更多促进他们积极发展的有效资源①,如果他们拥有的积极资源越多,越可能进行积极健康发展,且越不可能出现问题行为。由美国兰德公司(Rand Corporation)发表的《幼儿时期介入:行之有效回报可期》也指出,尽早预防家庭问题,将有效减少相关人员受到的伤害及社会付出的代价。因此,通过发挥系统性的教育促进人力资本含量的积极作用,将可能尽早预防家庭生活问题的出现。

随着中国信息化、工业化与城市化的发展,家庭应有的功能缺失,难以恢复与行使;家庭人力资本含量低,应对社会转型与家庭变迁的风险能力不足;家庭与工作生活矛盾调适难度加大,社会对家庭生活的支持服务缺失,一系列家庭贫困、失业、青少年犯罪、家庭暴力及精神疾病及独生子女家庭、单亲家庭、农村流动人口家庭等特殊家庭结构形成的社会与教育问题,带给家庭新的压力及危机,致使家庭抵御风险能力降低,家庭生活幸福感降低。近年来,中国对于家庭生活功能的理解与认识逐步与国际社会相统一,从而直接影响到中国社会家庭生活实践活动的形式与内容,使家庭生活世界在社会转型过程中不断表现出从基本的生存价值到凸现发展型功能转变的特征。其中,最为关键的一点,需要发挥公共与市场相结合的多层次多体系的终身教育的作用,提供包括家庭生活技能培训、婚前教育、父母角色及亲子关系技能培训等家庭生活教育服务,普及家庭科学教育与训练②,实行"预防先于治疗"的原则,而不是等待家庭社会问题出现以后的应急性与事后的修补及治疗,以便科学有效阻止由于家庭个体缺乏家庭生活知识与技能及其应急能力而导致的对家庭生活幸福的破坏,减少家庭问题行为的产生与发展,这将使中国所有家庭,而非有问题的家庭受惠于家庭生活教育。

总之,中国美好的家庭生活的建设,必须以家庭生活能力发展为视角,将教育纳入到改善与提高中国家庭生活质量中来,需要各级政府承担规划、领导与组织的重要角色,协调社会组织、学校教育机构及其他社会部门力量,强化家庭生活教育的理论研究与制度供给设计,这将是今后很长一个时期建立中国特色的终身教育体系与学习型社会的重要目标与内容。

积极推进中国化的家庭生活教育的理论研究

自 20 世纪 70 年代以来国际范围家庭生活教育的系统性研究不断增多,家

---

① 张文新、陈光辉、林崇德:《应用发展科学——一门研究人与社会发展的新兴学科》,《心理科学进展》,2009 年第 2 期,第 251 - 260 页。
② 徐安琪、张亮、刘汶蓉、包雷萍:《风险社会的家庭压力和社会支持》,上海社会科学院出版社,2007 年,第 171 页。

庭生活教育成为一门日渐专业化与实践取向的学科。从最初关注弱势群体家庭到一般家庭问题预防与干预,家庭生活教育总体上具备了专业化的六大标准:理论体系、专业组织、人才培育、专业认证、专业伦理及社群认可①。不管是发达国家还是发展中国家,家庭生活教育都已经在一定的研究基础上开展,并朝着对个人和家庭发展以及对人类的整个生命周期中各种关系的更加整体性的研究方向前进②。总体而言,西方国家的家庭生活教育已发展成为较为成熟的学科体系,亲职教育、婚姻教育、性教育与家庭资源管理教育成为主要的研究内容领域。

　　家庭生活教育作为一门学术性与专业性领域,长期以来并没有引起中国理论研究的高度重视。尽管在实践领域,中国已开办家长学校及各类婚姻家庭咨询等教育、培训及治疗。但因其理论体系研究缺乏,由官方或半官方机构承担的家庭生活教育服务规范化与专业化不完备③,社会教育工作者的知识结构缺乏专业性,辅导内容陈旧、空泛,制度供给运作难以有效满足家庭需求。从本次调查中可以看出,中国家庭关注的家庭生活问题与教育服务的主题内容反映出与西方话语体系不尽一致。如何合理借鉴西方研究成果与实践经验,开展适合中国社会发展与家庭生活现实需要的家庭生活教育内容实践体系,以求发挥出家庭生活教育的效能,需要系统深入的中国化理论研究。

核心把握中国发展型家庭生活教育的制度建设

　　依据家庭生态系统理论,家庭作为社会巨系统的次级系统,受到来自广阔社会生态系统的影响,尤其表现在社会发展历史、经济环境及文化规范与习俗上。这些因素更多地以制度方式作用于家庭生活。为此,恢复与增强家庭功能,推进家庭生活品质建设,首先要考虑的是如何从制度介入来改善家庭生活外在社会生态环境,同时直接推动与家庭发展能力相关联的社会政策、人文关怀与支持服务制度供给。其中,政府需要在制度建设中发挥更主要的作用。

　　2010 年国务院关于鼓励支持发展家庭服务业政策的规定,标志着中国家庭政策与家庭福利制度的转型,但缺乏系统的以家庭为基本单位的家庭政策。有研究者指出,更为深层次原因是国家制度法规中的家庭缺位④,政府缺位和社区碎片化是形成家庭福利需求与福利供给失衡的主要制度问题⑤。本次调查中也反映出政府、社区及学校提供的家庭生活教育的服务支持缺失,学校教育与儿童

① 谢银沙:《台湾家庭生活教育专业化之回顾与评析》,《家政教育学报》,2005 年第 7 期,第 80 - 98 页。

② Torsten Husen、T.Neville Postlethwaite、吴庆麟:《国际教育百科全书(第四卷 F-H)》,贵州教育出版社 ,1990 年,第 33 页。

③ 张文霞、朱冬亮:《家庭社会工作》,社会科学文献出版社,2005 年,第 87 页。

④ 吴小英:《公共政策中的家庭定位》,《学术研究》,2012 年第 9 期,第 50 - 55 页。

⑤ 张秀兰、方黎明、王文君:《城市家庭福利需求压力和社区福利供给体系建设》,《南京社会科学》,2010 年第 2 期,第 46 - 51 页。

青少年的家庭生活教育需要完全脱离,需要将家庭生活教育服务与指导作为一项社会公共产品并且由政府公共提供,将家庭生活的教育和训练制度化①。

随着全球化及科技革命的加速,各国普遍把私领域的家庭变成公共社会议题,发挥教育促进家庭人力资本功能,将其视为公共服务的一种力量参与社会治理方式的变革。因而,从制度层面变革家庭与政府、学校及工作单位等社会组织关系,是建立中国特色的家庭生活教育的重要现实路径选择。具体的思路可以依据埃莉诺·奥斯特罗姆(Ostrom,E)的制度多层次理论框架,探讨推进中国特色家庭生活教育三部分的制度创新体系建设:一是确立家庭生活教育的宪政基础,分析适应中国家庭生活现实要求的家庭生活教育的服务理念、伦理价值与基本原则等相关正式制度与非正式制度内容;二是家庭生活教育的基本制度安排,设计家庭生活教育培训制度的专业化、供给模式的多元化、组织制度的社会化等问题;三是家庭生活教育的基本运行策略,侧重推进家庭生活教育的普及化与信息化、评估体系的优质化以及保障机制的地方化与国际化等运作策略。这些内容将在下一章进行具体论述。

---

① 徐安琪:《应将家庭生活教育和训练制度化》,《中国妇女报》,2012 年 3 月 20 日,第 B01 版。

第八章

中国发展型家庭生活教育的制度创新

政府是社会福利制度中最重要的部分这一点并没有改变。政府仍然是社会福利支出中最大的资金渠道,是家庭政策的战略、框架和标准的制定者,是家庭服务机构的服务质量的监控者和评估者。[①]

——唐灿

从以国家为中心的社会服务运作方式,向一种更为多元化的体系的转变已经开始。未来政策的形成就需要将这种多元主义制度化。[②]

——安东尼·哈尔、詹姆斯·梅志里

家庭生活教育作为一项学术性与专业性兼具的教育,旨在通过专门的教育项目充实与教导个体与家庭生活所需的知识、信息与技能,提升家庭成员在家庭生活中的发展能力。家庭本身是制度的产物。为了真正实现家庭生活教育的服务与发展功能,更为关键的是需要构建与中国家庭生活实际相适应的家庭生活教育制度。

改革开放以来,我国在实践领域,已经逐步推进针对个体与家庭生活发展的家长学校及各类婚姻家庭咨询等教育、指导、培训及治疗的家庭生活教育服务,在服务制度体系建设方面做出了一些努力。随着当代中国深刻变革的社会发展与家庭剧烈变动的实际,需要创新家庭生活教育服务体系建设,加强服务与支持家庭生活能力发展的家庭生活教育制度的有效供给,以便达到积极促进家庭建设与提高个体生存质量与家庭生活幸福的目的。

本章结合当下中国家庭生活教育实际发展状况,重点分析建立发展型家庭生活教育制度的基本制度安排,分析家庭生活教育制度的专业化、供给模式的多元化、组织制度的社会化等问题。同时分析推进家庭生活教育基本运行的策略,

① 唐灿、张建:《家庭问题与政府责任:促进家庭发展的国内外比较研究》,社会科学文献出版社,2013年,第13页。
② 安东尼·哈尔、詹姆斯·梅志里:《发展型社会政策》,社会科学文献出版社,2006年,第318页。

侧重分析家庭生活教育的普及化与信息化、评估体系的优质化以及保障机制的运作策略。

中国发展型家庭生活教育制度的理论基础

适应国际社会发展趋势与中国家庭变迁现实，需要建立家庭生活教育服务与发展型家庭政策融合的新的制度，增强个体与家庭应对社会变化带来的家庭问题的能力，提升家庭生活品质与促进社会文明进步。构建面向未来的中国发展型家庭生活教育制度，需要有一系列理论支持，它们将为推进制度供给提供坚实的理论基础。

社会质量理论

"社会治理"概念从 20 世纪 50 年代处于边缘，逐步变成今天热门话题，显示出社会日益追寻一个美好社会的建设方略。这种社会治理其实质是寻求高品质的社会生活质量，需要在制度安排以及具体策略方面进行精心设计。作为现代社会重要依托的家庭，其成员的生活品质与幸福状态是社会质量重要组成部分，也是社会治理需要关注的重要对象。

社会质量理论提出的社会背景

世界步入 20 世纪 90 年代，经济全球化发展步伐日益加快，以新自由主义主导的经济全球化给欧洲福利体制带来压力，整个欧洲社会开始了福利制度方面的社会改革，主要观点倾向于减少国家福利供给，其直接的目的是为了避免由于国家福利膨胀而导致的国家过度福利财政负担。该社会政策的实行在提高国家社会经济效率的同时，也引起了一些国家内部的社会分化，主要表现在社会排斥率与贫困率的上升[①]，社会经济发展与社会发展及公民权利保护开始失去平衡，社会公正与社会凝聚成为欧洲社会治理需要重新思考面对的重要主题。

在这个时期，欧洲一批来自社会学、经济学、政治学、社会政策学、社会福利、公共行政和法学领域的学者认为欧洲现有社会改革模式隐藏着巨大的危险。1997 年他们在荷兰阿姆斯特丹会议上共同签署发表了《欧洲社会质量阿姆斯特丹宣言》，标志着欧洲社会质量理论的形成。该宣言提出既要让欧洲社会在经济上取得成功，也要通过提高社会公正水平使欧洲成为每个欧洲人都能实现个人潜能的社会。不难看出，该理论具有多重目的与效果。一方面，它积极协调欧洲社会政策与经济政策；另一方面，以此来回应当时欧洲一体化进程背景下寻求统一的欧洲社会发展愿景的政治需求。社会质量理论就是建立在这样的思想基础

---

① 张剑、赵宝爱：《社会福利思想》，山东人民出版社，2011 年，第 148 页。

上被提出并加以完善的,在促进新的社会政策变革与欧洲一体化等方面发挥了重要的指导作用,受到国际范围广泛的关注。

社会质量理论的主要内容

在概念上,欧洲的知识生产者是这样进行界定的:"社会质量是指人们能够在多大程度上参与其共同体的社会与经济生活,并且这种生活能够提升其福祉和潜能。"[①]在这里,可以看出社会质量的概念紧紧扭住人的发展这个核心要素,即社会发展是人的主体性特征,需要人与社会体系之间的互动水平与能力。而人的这种自我实现与幸福生活的把握是社会体系所赋予的规范、制度以及社会经济条件的物质等因素综合作用的过程。

社会质量理论体系着重从四个方面来描述一个社会的社会质量状况。首先,社会质量理论分析衡量社会物质条件的社会经济保障状况。它使人们可以获取用来提升个人作为社会人进行互动所需的物质资源与环境资源。对于该因素,社会质量理论更愿意使用"人类安全"用语来描述社会经济保障对于人的发展与生活质量的重要性意义,具体包括物质收入安全、雇佣及劳动力市场安全、住房市场与生活安全、食品与环境安全等。其实质是社会政府必须保障人们获得的关于收入、教育、健康、社会服务、环境、公共卫生以及生命等所需要的物质资源。其次,社会质量理论强调社会整合与社会排斥的社会包容状况。这是从社会制度规范与社会体系来讨论社会结构与社会阶层问题。一个具有良好的社会质量的社会,人们可以获得更多与更为公正公平的制度与社会关系的支持,更少的排斥比例。尤其是对于那些弱势群体,都应该有相应的完善的公共社会服务支持网络。其三,社会质量理论按社会价值规范强调社会的凝聚与团结。社会质量理论尤其看重一定社会所秉持的核心价值观。在他们看来,以社会的团结为基础的集体认同是衡量一个社会整体性的重要特征。换言之,社会的凝聚团结更多关注的是人们对社会的信任、规范和价值观以及社会网络和认同等内容。最后,社会质量理论突出个体获取参与社会的行动能力的社会赋权因素。为了促进个体在合适的社会结构与体系中能充分释放自己的潜能而所给予的权能,具体包括个体在知识、技能、经验等方面具有的潜能以及实现这些潜能的机会。

社会质量理论研究范式的重要特点是它系统地看待社会发展的方法论。它要求对社会发展目标关注的时候,要将物质条件与社会体系运作进行合并综合考虑。其次,为了促进社会质量进步,社会质量理论更多指向社会政策的制定上,要发挥政府的政策促进社会发展的工具性作用[②]。最后,社会质量理论更为

---

① 张海东:《社会质量研究:理论、方法与经验》,社会科学文献出版社,2011年,第240页。
② 张海东:《社会质量研究:理论、方法与经验》,社会科学文献出版社,2011年,第244页。

强调的是生活在变化发展的社会进程中的行动者的互动参与,包括社区、群体与家庭。由此需要重点考察与研究这些衡量社会质量的综合因素如何来作用与影响到具体的行动者。其中,作为社会组织的细胞——家庭及其家庭成员,他们的家庭生活的幸福与福祉是衡量社会质量的重要对象与建设内容。基于构成社会质量的三方面因素框架,从社会政策与制度安排层面推进家庭生活教育制度创新设计,对于提升家庭成员福祉与潜能,并以此增强社会凝聚具有重要指导意义。

需要强调的是,社会质量理论具有突出的欧洲色彩与特点。正如欧盟委员会主席普罗迪所指出的那样,"质量传递的是卓越感,具有欧洲社会模式的特点……将社会问题置于质量概念的核心位置,提倡一种超越生产、经济增长、就业及社会保护的方式,可以让每个公民在集体认同的形成过程中发挥主要的作用。"经过现实实践的发展,社会质量理论在 21 世纪的欧洲面临诸多挑战的情况下,似乎并没有达到其建构者们预想的政策效果[1]。

社会质量理论与家庭生活教育

社会质量理论指导下的社会政策,愈加强调以促进社会和谐为发展导向,具体反映在三方面。一是提高人们的生活水平;二是增强民众社会凝聚与认同;三是增强吸引民众参与公共社会生活能力。推进以增强家庭生活品质为目的的家庭生活教育制度建设,正是加强这三方面建设的重要途径与实践内容。

总的来看,社会质量理论模型更加突出社会的运行基础、社会赋权以及社会参与等因素的意义,强调集体认同与自我实现的统一。这种强调社会性的社会质量理论,强调"发展公民参与和决定日常生活进程的能力",反映到政策选择上则要摈弃过去以问题为导向的社会管理方式,提倡保障均等权利。家庭生活教育作为一项重要的社会服务,需要积极借鉴社会质量理论思想与分析框架,着力构建提高家庭生活质量的社会政策体系,以教育来提升家庭成员发展能力,赋权增能,让其自信地参与到社会建设中,以此作为提升中国民众对于社会建设与发展的共识形成集体认同的重要方式。

在致力于推动社会质量理论的实际应用过程中,需要创新具有中国特色的发展型家庭生活教育制度。要明确在将欧洲社会质量理论应用到中国情境之中,需要深刻省察对中国家庭生活问题的解释力以及认识到中国和欧洲在政治制度背景、经济发展水平和社会福利模式等方面存在的诸多实质性差异的限制的现实,将过去以补偿弱势家庭与治疗家庭生活问题为导向的政策不断转向以促进社会发展与提升社会集体认同的发展家庭生活质量为导向的政策制定目标,努力发展结合中国自身的发展愿景和具体国情的以社会质量为主旨指导下

---

[1]　杨桂凤:《社会质量——一种集体认同的可能》,《中国社会科学报》,2016 年 2 月 24 日,第 6 版。

的家庭生活教育制度。

发展型社会政策理论

社会政策的基本内涵

　　随着西方国家社会进入到工业化与城市化大发展时期,现代社会在变革主题下不断衍生出一系列复杂的社会问题,它们将影响社会正常运转与社会成员的共同生活,阻滞社会功能的良好释放。当社会问题出现以后,相应的国家或地方政府将遵循一种特定社会价值观念,通过一系列科学合理的公共或社会自身干预社会问题以服务公民生计的实践行为,改善公民生活质量,这样形成的一切制度化的设置就是现代社会政策。

　　作为一种解决社会问题的机制,社会政策用来干预社会生活与公民的公共事务活动的实践也不断经历发展变化。在西方福利国家建立之前,社会主要关注与救助那些"能力低下者",工业革命以后,政府作为主要的责任者开始重视诸如疾病、贫困、不平等以及社会分配不公等社会问题。目前,社会政策涉及的主要领域有社会救助政策、就业政策、卫生政策、教育政策、住房政策、老年保障政策等。

　　家庭作为这些社会政策的重要行动者与主体对象,由于工业化及城市化导致传统家庭不断处于社会风险之中,一系列人口与家庭问题日益成为影响社会稳定持续发展的主要社会问题,使得家庭政策在其中扮演着重要的角色与功能,是现代各国政府政治中心的主要议题之一。实行解决家庭生活问题的科学合理的制度设置,具有重要的政策功能。第一,它通过政府干预形式提供关于家庭生活的服务,可以有效改善家庭关系,提高家庭成员发展能力,抑制家庭生活问题外溢为社会问题;第二,它通过制度设计来支持与服务家庭,治疗一些有关于家庭生活的问题,更大程度恢复家庭正常功能,从而确保社会秩序正常运行;第三,通过实行诸如家庭生活教育服务等社会政策与制度的供给,可以增加家庭的人力资本含量,为家庭生活持续健康发展提供重要力量支持。

发展型社会政策的形成与主要内容

　　20世纪80年代以来,国际范围对于"发展"的理解更加深化,愈加重视将社会维度纳入到发展政策之中,逐步摈弃单一强调的经济增长指标,使得政策在解决社会问题与促进人们生活质量方面显得愈发重要。

　　美国学者安东尼·哈尔(Hall,A)与詹姆斯·梅志里(Midgley,J)(2006)分析了传统上作为福利服务的社会政策以及作为安全网的社会政策类型,在对这两种社会政策类型进行的批判基础上,提出了第三种视角,即社会政策应该是有关人民生活和生计的一切计划及其相关措施。最后,他们认为现在的社会政策不断得到扩展,已经形成了一种"整全性"的社会政策,它是国家主义、企业化思路及平民主义范式的融合①,包括缓解贫困、社会保障、社会包容以及促进人权等多维度宏大的政策目标。他们指出,这种以发展为导向的社会政策框架是政府最恰当的干预方式,能够满足不同群体的不同要求。

来自印度的发展经济学家阿玛蒂亚·森在研究生活质量与幸福问题中从一种新的角度诠释了对发展的理解。他认为社会发展的目的在于"以自由看待发展",而人的发展自由是一个人在不同的生活中做出选择的自由,需要提升其能够实现的各种功能的组合的能力,他的能力大小反映个人在这些组合中进行选择的自由度②。一种旨在修复经济增长与发展理性之间裂痕的发展型社会政策开始引起关注,并被冠上各种不一样的名称,如"福利的第三条道路""积极的福利观""市场友好型社会政策""生产主义社会政策"等③。

20世纪90年代以来,为应对日益沉重的社会福利开支和与之比翼齐飞的高失业率,欧洲国家陆续推行了一系列被称为"积极型"的社会政策,它的含义是指政府和社会组织为全面提升公民的社会参与能力、意愿和机会,而以社会投资和积极干预的方式建构和实施的社会政策类型。"积极型"的主要特点表现为三个方面:①在政策目标上,更加侧重全面提升社会成员抵御风险的能力,而非单纯强调帮助个体抵御局部和个别的风险;②在政策功能上,更加侧重社会投资、社会资本和个人责任,而非单纯强调政策的社会再分配功能;③在政策策略上,更加侧重社会成员的参与义务,而非单纯强调社会对个体的保护、保障和补偿④。这种积极型社会政策与发展型政策实际是一体的社会政策,共同强调将政策再分配从满足基本需要转向创造合理的社会关系的社会结构转变。

家庭生活教育制度与发展型家庭政策

发展型社会政策的核心理念是注重对人力资本的投资,强调社会政策与经济政策的相互促进与联系,提倡"可持续生计"与社区建设和社会资本的积累。在行动目标上,发展型社会政策以减少贫困、社会保护、增强生存能力以及对抗社会排斥为目的。在执行途径方面,倡导准市场模式和福利多元主义,强调国家、市场、社区等多元力量的参与权利与义务的平衡⑤。它要求现在尽快采取一种更加积极的政策态度来面对人的价值,积极调动个体参与社会的能力与积极性,让更多人从中获益。

---

① 安东尼·哈尔、詹姆斯·梅志里:《发展型社会政策》,社会科学文献出版社,2006年,第51页。
② [印]阿玛蒂亚·森:《能力与福祉》,载阿玛蒂亚·森、玛莎·努斯鲍姆主编《生活质量》,社会科学文献出版社,1992年,第36-37页。
③ 张新文:《发展型社会政策与我国农村扶贫》,广西师范大学出版社,2011年,第31-32页。
④ 胡位钧:《社会政策的"积极"转型:OECD的经验及其启示》,《复旦学报(社会科学版)》,2010年第5期,第99-106页。
⑤ 张新文:《发展型社会政策与我国农村扶贫》,广西师范大学出版社,2011年,第35页。

以增强家庭关系,凝聚家庭发展活力,提高家庭人力资本含量与促进家庭生活福祉为目标的家庭生活教育制度,以教育来提升家庭成员从事家庭生活的能力,从而获取更大的发展自由,这是发展型家庭政策的重要内容,全面体现了以人的发展为根本目的的社会政策理念。发展型社会政策与家庭生活教育服务可以很好地实现结合,能够实现价值理念和工具理性的统一。发展型社会政策嵌入到家庭生活教育服务中,有其合理的内生逻辑和外生逻辑,以此达到服务家庭生活需要与推进家庭发展能力的目的,从而实现社会福祉,提升社会治理能力,提高人力资本质量,促进社会发展的最终社会治理目标。

终身教育与学习化社会理论

当代教育思想与观念中,最具代表性和冲击力、影响力的是终身教育和学习化社会两大理念。以建设人力资源强国为目标的中国社会发展,需要建立适应当代社会变革需要的学习化社会,培养贯穿个体生命全程的终身性国民教育体系。家庭,作为该体系中的起始阶段,其教育的对象、场域以及内容的变化,已经从狭隘的家庭教育延展到家庭生活教育范畴。建立发展型的家庭生活教育体系与制度,是推进终身教育与建设学习化社会的重要内容。

终身教育思想的主要内涵

随着 20 世纪科学技术的发展,人类步入到了一个快速变化的社会生态中,层出不穷的生活问题与发展需求不断改变人们对教育的作用与形式的认识。与此同时,闲暇时间的增多与网络通信技术的发展,也改变了人们对待生活的方式与态度。人们逐步认识到需要在生命的每一个阶段不断地接受教育和学习,才能适应现代社会与个体发展的新的现象与问题。作为 一种重要的教育思想,终身教育是 20 世纪 60 年代在联合国教科文组织推动下逐步形成、发展与系统实践应用的,其内涵也在不断丰富完善。

早期的终身教育概念,主要应用于成人教育与职业教育的实践。1919 年英国成人教育家耶克斯利(Yeaxlee,B)参与成人教育委员会发布的《1919 年成人教育报告》(*1919 Report on Adult Education*)的撰写,指出成人教育是一种"永久的国民需要","应当是普遍的和终身的"[①]。后来开始涉及整个教育活动中提升个体多方面个性的教育,正如终身教育思想主要提出者联合国教科文组织继续教育局的保尔·朗格朗(Lengrand,P)所言,终身教育变成了由一切形式、一切表达方式和一切阶段的教学行动构成的一个循环往复的关系时所使用的工具和表达方法[②]。发展到今天,终身教育成为与传统的制度化教育不一样的新的

①　达肯沃尔德·梅里安:《成人教育——实践的基础》,教育科学出版社,1986 年,第 18 页。
②　保尔·朗格朗:《终身教育引论》,周南照、陈树清译,中国对外翻译出版公司,1985 年,第 22 页。

教育类型,带来不仅是教育制度的变革,也是一种新的现代教育观念的变化,它强调人的生存是一个永无止境的完善过程与学习过程,教育需要贯穿人的生命历程,跨域学校围墙,与个体的家庭及社会相联系。

学习化社会思想内容及制度实践

20世纪后半期,国际社会变革在许多领域以前所未有的速度与规模展开,尤其是信息科技进步带来的个体存在与发展价值问题以及对教育培养什么样的人才提出新的挑战。1968年美国的永恒主义教育哲学流派代表人物赫钦斯首次提出了"学习化社会"概念。在他看来,在未来的社会中,教育不再是培养人力,不再是为经济发展培养所需的人才,而是将人性的发展和完善作为教育的目的,使人成为一个人①。在他的设计中,未来的社会是以学习达成及人格的形成为目的的学习化社会,其实现主要依靠建立在终身教育基础上的学习化社会制度的建设,依托社会政府改革教育制度与体系,与家庭、学校、社会及企业等组织机构协同推进。

家庭生活教育制度与学习化社会

改革开放以来,中国社会发展以经济建设为中心,大力依靠科技与教育现代化发展,推进数以千万计的人力资本与综合素质的全面提高。这其中包括了从学前教育、基础教育到高等教育整个健全的教育体系所作出的重大贡献。中国教育事业发展逐步从"人口大国"步入到"人力资源强国"的健康发展道路上。

进入21世纪,倡导全民教育与终身教育成为世界教育发展的原则与目标。为此,建立适合中国发展实际的现代国民教育体系,确立民主、平等与公平的原则,使每一个国民都能享受到良好的教育机会,特别关注成人生活需要与处境不利的弱势群体的人力资本开发与受教育问题,尊重每个人的个性发展需要,实现"人人享有基本的教育服务"目标,中国的教育发展必须向大众型全民教育转变,构建起适应中国社会经济发展的终身教育体系。加快建设学习型社会,是未来中国教育现代化的重要任务②。

在推进学习化社会制度建设中,首要任务应该是家庭组织的制度改造,面对家庭生命历程不同阶段发展任务,它承担着家庭成员的社会化主要任务。从这个意义上来看,家庭应该也是一种学习型组织,通过实施恰当科学合理的受教育与学习活动,培养新的思维方式,营造丰富的学习环境,帮助家庭成员彼此共同解决家庭生活中面临的问题与难题,激发家庭成员面向家庭生活的学习潜能。家庭生活教育正是终身教育思想基础下构建学习型社会与家庭的重要内容与形式。通过面向家庭全体成员,贯穿家庭生活多元化主题领域的教育与训导,将其

---

①　林钧:《国外学习化社会理论与实践研究》,中国经济出版社,2013年,第71页。
②　冯增俊、张运红、王振权、杨启光:《教育现代化论》,广东高等教育出版社,2014年,第298页。

与学校教育体系、成人继续教育与社会教育体系加以有机整合,使之成为整个教育体系的重要组成部分。

另外,从中国教育体系与制度建设这个意义上看,推进面向家庭生活的系统的教育政策,提高家庭作为人的社会化与个性化所应该承担的重要环境与教育力量,将其作为学校教育与社会教育体系的重要补充,是建立适应中国特色的终身化的国民教育体系的必然要求。为此,发展型的家庭生活教育制度,需要从终身教育体系与学习化社会的层面来推进与设计。

中国发展型家庭生活教育的基本制度

近年来,随着西方发展型社会政策在中国的转移与学习,相关的家庭政策的理论研究普遍强调政府需要强化其对家庭私领域的干预,"无论是欧美各国,还是与我们的家庭文化传统高度相似的东亚各国或地区,其家庭政策都在偏离'不干预'模式,国家都在家庭福利供给中扮演了更为积极的角色。"①有研究认为,中国需要将家庭教育指导作为一项社会公共产品并且由政府公共提供,及时地将家庭生活的教育和训练制度化,推进首先需要政府的重视和投资,同时还需要调动社会组织和有关部门共同参与②。

在推进家庭生活教育服务家庭发展过程中,家庭生活教育、指导与训练等事务的制度化显得尤为关键与重要,其突出的表现是首先需要政府的重视与投资,强化政府的公共责任,这主要涉及各级政府在家庭生活教育这一项服务事务中应该做的事情,具体表现为家庭生活教育服务的目标的确立、相关法律法规的建设以及涉及如何实施等方面的制度内容。结合国际领域关于家庭生活教育制度化的优秀实践经验,同时考察中国家庭生活教育发展实际水平,这里主要从政府应该优先考虑的关于家庭生活教育法制化、专业化及社会化制度建设入手。

完善法律法规制度,确立家庭生活教育的重要地位

随着科技革命的发展,教育逐步在社会发展与人们生活中扮演日益重要的角色,教育无疑将发挥引领和主导社会发展的作用。通过教育性社会政策投资,合理发挥教育促进家庭人力资本的功能,以公共教育政策的方式进入家庭领域,将其视为一种公共服务力量与社会治理方式的变革路径,这是符合社会发展规律的。世界各国的经验中最为重要的实践经验是从政策法律制度方面入手,从根本上重视家庭在教育发展与政策领域中不可或缺的作用,扩充原来狭义的家

① 唐灿、张建:《家庭问题与政府责任:促进家庭发展的国内外比较研究》,社会科学文献出版社,2013年,第9页。
② 徐安琪:《应将家庭生活教育和训练制度化》,《中国妇女报》,2012年3月20日,第B01版。

庭教育内涵,以法律制度的形式确立政府与社会其他组织机构的权利与义务,高度重视支持与服务家庭生活教育需要,发挥教育服务家庭美好生活的本质功能,真正有效促进家庭幸福与提高国民整体人力资本含量。

近年来,中国各级政府已经开始重视面向家庭生活的教育的一些法规制度的建设,陆续出台了一系列国家性质的指导意见、发展规划与指导条例等。教育部也指出《家庭教育法》正在起草制定过程中。同时,上海、重庆、深圳等一些地区开展了地方性家庭教育立法的先行实践①,也显示出有关家庭生活教育的法律建设正在逐步完善与推进。也有相关研究认为,从中国社会经济运行及目前开展家庭教育指导服务工作情况看,推进立法建设具有其制度基础、财政基础及实践基础②。但是,家庭生活教育不仅仅是面向家长的家庭教育服务指导,它涉及更为广泛的家庭生活主题与家庭生命周期的不同发展任务,涉及更为多元的参与服务的部门与机构。因此,如何从更为广义的家庭生活教育内涵出发,以增强家庭生活中全体成员的家庭发展能力建设与促进家庭福祉为主要目标,规范家庭生活教育内部学习与外部干预的关系,细化出政府公共力量介入家庭生活教育原则、手段与形式,都是需要从法律法规制度建设层面进行顶层规划与设计的。

积极推进家庭生活教育的专门立法

发展型家庭生活教育制度有效功能的释放,需要各级政府完善相关法律法规。结合家庭生活教育的性质与内容来看,相关的法律法规的内容主要围绕两个方面。一方面是从立法的层面给家庭生活教育的性质、功能、目的与内容进行界定,并确立家庭生活教育的法律地位,明确家庭生活教育面向的是所有家庭对象及家庭生活的广泛内容,强化提升家庭生活教育专业化制度的规划与设计;另一方面,围绕家庭生活教育服务规范,从法律制度上明晰推展家庭生活教育服务体系的多元主体与相关职能部门的责权利,合理确立各级政府的权限与任务要求,并对家庭生活教育的行政管理和基层实践服务体系进行专门的规范,提高政府相关部门对家庭生活教育服务实践的有效性,使家庭生活教育真正发挥教育服务家庭生活、惠及民生与激发家庭成员个人潜能与增进家庭幸福的独特价值。

以面向所有家庭的家庭生活教育为基本内容的立法,要突出提高个体家庭处理家庭关系与增强家庭幸福的价值与宗旨,可以单独立法。也可以与其他家庭法律协调起来,形成面向全体国民的具有普惠性的家庭政策法律,使家庭生活教育作为其中一项重要组成内容,同时,还需要有其他与家庭有关的支持性法律

---

① 中国儿童中心:《我国家庭教育指导服务体系建构与推进策略研究》,中国人民大学出版社,2016 年,第 111 页。

② 中国儿童中心:《我国家庭教育指导服务体系建构与推进策略研究》,中国人民大学出版社,2016 年,第 109 页。

作为支持与保障,形成关怀与支持家庭,提高家庭发展能力的一套法律体系。这方面可以学习参考韩国的法律制度建设。该国于 2005 年颁布《健康家庭基本法》,明确了促进家庭健康发展的基本计划、具体任务、组织、专业人员、资金运作等内容。此后,还陆续推出《低生育高龄社会基本法》《单亲父母家庭支持法》《关于营造家庭友好社会环境法》《多元文化家庭支持法》《照顾孩子支持法》等①,从家庭的形成、解体、经济抚养支持、养育子女支持、家庭照顾支持及关系增进强化等多方面对家庭生活强化法律保障,确立家庭生活教育在其中的地位与重要性。

突出亲职教育与婚姻教育法律制度

中国家庭生活教育的主要着力点应该在亲职教育与婚姻生活的教育上,以重点改善亲子与夫妻之间的家庭关系为重点。需要在专门的家庭生活教育立法中配套这方面的政策法律制度,细化与落实家长教育与夫妻亲密关系的培育,预防家庭生活问题的形成,通过科学的教育干预应对与治疗由于家庭关系处理能力不足导致的家庭生活问题,增加家庭成员处理家庭关系的能力,提高家庭生活幸福满意程度。

1. 亲职教育制度

围绕促进青少年儿童发展的教育法律法规,着眼于关心与保护未成年子女健康成长的要求,需要专门推进针对提升家长教育孩子知能,促进家长高质量履行父母职责的亲职教育法律法规,具体规范家庭亲子关系的教育,密切家庭与学校关系,指导建立完善的家长教育服务体系,推进亲职教育指导的社会化与市场化统一的新模式的建立。有关于亲职教育的法律制度建设以及支持亲职教育的其他相关社会政策,应该成为中国推进家庭生活教育的重点内容与领域。

具体来看,重点确立以亲职教育指导为核心的家庭教育立法。首先,从教育立法层面确立父母教育子女的权利与义务。通过制度规范父母科学教育子女的责任义务,合理确定父母在教育子女父母享有的亲权、监护权利与教育权之间的关系。其次,要加强针对目前中国父母对子女教育中的教育观念与行为进行科学指导与支持的制度供给,立法更加注重父母教育指导的体制机制制度建设。最后,要处理与亲职教育相关的其他法律制度配套保障建设。

近年来,关于父母养育与教育逐渐成为国际范围家庭政策议程中占据主导地位的领域,政府确定其对父母教育及其对子女的教育的社会投资与有效的政策支持。有研究专门针对 OECD 代表性国家关于支持亲职教育的政策及其对儿童发展影响的效果进行了研究,指出这些国家实施的服务家庭的支持性政策作为主要的财政支持,主要包括免税(tax benefits)、现金转移(cash transfer)、

---

① 中国儿童中心:《我国家庭教育指导服务体系建构与推进策略研究》,中国人民大学出版社,2016 年,第 35 - 36 页。

产假(maternity and parental leave)、儿童早期教育津贴(subsidies for early childhood education)以及健康照顾(health care)等政策工具①。这些政策的共同出发点是将亲职教育视为国家干预的公共需求,是与教育之外的社会福利制度与政策相联系的,以便于发挥公共政策间的协力,达到共同改善亲职教育环境的目的。这也是今后一个时期中国家庭福利政策需要加强改革的内容。

2. 婚姻生活教育制度

首先,立法确立我国婚姻生活教育的地位。在当前中国涉及教育的法律体系中,没有对婚姻生活教育进行专门立法,致使婚姻生活教育性质无法在法律层面得以确立,更没有明确的法律制度保证婚姻生活教育的实施,不利于婚姻生活教育的可持续发展。针对婚姻生活教育的制度建设,国务院在《中国妇女发展纲要(2011—2020 年)》首次将"开展基于社区的婚姻家庭教育和咨询"作为中国妇女发展的重要目标。但是该要求由于缺乏具体操作内容而难以落实②。在当前中国法律法规体系中,没有明确的法律制度保证婚姻生活教育的实施。

其次,婚姻生活教育制度的重点应该强化家庭生活婚姻培训与再教育专业化师资建设。从完善法律法规方面确定多渠道支持不同机构参与到婚姻生活教育中来,重点要将婚姻生活教育与现有正规的学校教育体系相整合,扩大与完善中小学性教育课程规划,增加有关择偶、亲密关系及家庭人际关系等内容,高等院校开设婚姻与家庭生活专业或课程,设立婚前、婚中及婚后辅导课程,培养具有专业资质的婚姻家庭咨询师,吸引大量教师、律师、医生、社会工作者及心理辅导员等专业人员积极参与中国家庭的婚姻生活教育实践,协力推进中国家庭婚姻生活教育的可持续性发展。

再次,扩大专门的财政投入和更大范围的社会经费支持,多渠道保障婚姻生活教育的经费来源。中央政府不断扩大的财政投入和更大范围的社会经费支持是澳大利亚家庭的婚姻生活教育项目获得持续快速发展的关键因素,而在中国家庭发展历程中,婚姻生活教育的经费支出则是教育经费投入的一块短板。就目前的发展情况而言,总体上婚姻生活教育还处于被忽视、被边缘化的状态,无组织、无系统的自然生长态势,缺乏专门机构组织为其筹措经费,没有形成以中央政府为主导,各级地方政府或民间社会团体为辅的经费管理模式,其目标很难实现。

最后,制度建设方面需要明确婚姻生活教育不同组织机构的管理职责。有

① Boaz Shulruf, Claire O'Loughlin, Hilary Tolley.(2009). Parenting Education and Support Policies and Their Consequences in Selected OECD Countries. Children and Youth Service Review. 31, 526 - 532.
② 王晓萍:《社会文化变迁背景下的婚姻与婚前准备教育》,《江苏社会科学》,2010 年第 4 期,第 252 - 255 页。

效的管理是资源利用效率最大化的重要手段。中国政府在婚姻生活教育的管理工作方面一直处于薄弱环节,如果没有健全有效的管理机制,管理职责不明确,管理工作就无法有效开展。今后的发展重点是与社区、妇联及人口计划生育部门协调,重点发挥全国妇联组织协助政府推广婚姻生活教育的有力助手的角色,统筹规划,重点抓好婚前教育,以社区居民为主要服务对象,广泛聘请家庭婚姻生活方面的咨询师和有关专业人才参与其中,汇编婚姻教育指导员专业教材,开展制度化、普及化的婚姻生活教育指导员培训课程,推动相关家庭婚姻生活教育的推广与普及。

强化家庭生活教育者资质,促进家庭生活教育专业化

肇始于19世纪末的以美国为代表的现代化发达国家或地区开展实施了家庭生活教育运动,通过向家庭成员提供信息、技术、经验或资源的有组织尝试,增强、改善和丰富他们的家庭经验,改善家庭生活质量①,旨在干预与减少家庭危机,保证家庭功能正常发挥,其重要的经验之一是通过学术研究与从事专门服务实践人才培养的专业化实践,在全球范围的家庭生活教育实践的过程中,培养具有专业知识技能的家庭生活教育者,探寻适切的家庭生活教育发展方式,以及合理地设计家庭生活教育课程②。

近年来,赋予家庭生活教育新的时代价值,健全专业的理论研究体系,建立专业的指导服务机构,培养具有专业资格的服务人员,形成政府主导多元协同的服务制度体系,日益成为国际上评价公共服务专业化改革的重要指标,也是目前许多国家或地区促进家庭生活教育专业化服务发展的重要路径选择。全球范围实现家庭生活教育的专业化,其最终目标是努力提供专业性的教育支持,促进家庭每　个成员的能力发展,增进现代家庭生活和谐与幸福。中国目前从事与家庭生活教育有关的人员更多的是学校班主任或其他教师、妇联工作人员、社区工作者以及高等院校一些家庭社会工作者。其中大多数缺乏专业学习教育与专业上岗资格认证,影响教育的可能效果。

中国家庭生活教育专业化发展的现实状况

改革开放以来,在现代化与城市化力量的推动下,中国家庭结构更为多元,家庭生活呈现出外化与社会化的特征,来自家庭的对于家庭生活教育支持的需求十分迫切。然而由于社会政策和服务滞后于家庭的快速变化,以及人们对于

① 夏岩:《美国家庭生活教育导论》,载史秋琴:《城市变迁与家庭教育》,上海文化出版社,2006年,第211页。

② Charles B. Hennon, M. Elise Radina, Stephan M. Wilson.(2013). Family Life Education: Issues and Challenges in Professional Practice [G]//GARY W, KEVIN R, BUSH. Handbook of Marriage and Family. New York: Springer Science+Business Media, pp. 815 - 843.

支持家庭发展的服务需求日益多元化，致使传统家庭的功能已经不能满足多元家庭的需要。通过外部力量解决家庭问题，缓解家庭压力，增强家庭抵御社会风险的能力，使得以预防与治疗为主的家庭生活教育服务日益凸显其必要性。但是另一方面，与一些国家或地区相比，中国家庭生活教育专业化发展明显滞后，主要表现在以下几方面。

首先，有关家庭生活教育的内涵与价值认识不足。2010年中国出台了首份家庭教育指导性文件《全国家庭教育指导大纲》，其关注的对象主要是家庭中未成年子女的教育，对处于家庭生命周期其他阶段的家庭成员发展关注不够。对于家庭生活教育的认识囿于传统家庭教育的概念，即家庭中父母对子女，或长辈对晚辈施予的训斥或教诲。家庭生活教育范围狭窄，受教对象单一，现有家庭生活教育实践与家庭的现实需求脱节，对家庭成员的现实关怀不够[1]。社会对于家庭生活教育的价值、目的与功能认识的不足，在一定程度上限制了家庭生活教育的推广与发展。

其次，家庭生活教育专业化人才培养体系不健全。目前，中国大陆高校没有单独设立家庭生活教育的相关院系[2]。就课程而言，只有部分高校的教育学专业开设了家庭生活教育相关课程。根据中国儿童中心的调查，中国目前家庭生活教育指导人员大多以自学方式进行继续学习，仅有三分之一的家庭生活教育指导服务人员可以接受外界提供的继续教育。超过四分之一的地区没有家庭生活教育师资培训机构，即使在现有的培训机构中，以"其他公办教育机构"最多，培训机构散落在机关、大学、科研机构、民办教育机构、学术团体等机构中的比例不及10%[3]。从总体上看，无论是妇联系统组织的培训，还是民办社会机构提供的培训，基本上都是短期培训，没有规定的教材和固定的师资队伍，缺乏系统的家庭生活教育理论培训。在市场上出现一些非专业的"家庭生活教育工作者"打着"家长学校""家长培训中心"的招牌，家庭生活教育呈现出营利的功利倾向。家庭生活教育的学科建设与理论研究的短板，使专业人才培养滞后，严重制约了家庭生活教育专业化发展。

最后，各级政府对家庭生活教育的专门管理职权不明晰。2012年全国妇联办公厅颁发的《关于指导推进家庭教育的五年规划(2011—2015)》也指出要建立党政领导、妇联、教育、文明办、卫生、民政、人口计生、关工委等有关部门共同参与的协调领导机制。《全国家庭教育指导大纲》也是由妇联联合其他六个部门共同制定。目前大陆家庭生活教育的管理是以妇联为主、其他部门相互配合，这种

[1]　吕慧，缪建东：《改革开放以来我国家庭教育的法制化进程》，《南京师范大学学报(社会科学版)》，2015年第2期，第80-88页。
[2]　邱旭光：《台湾家庭教育专业人才培养及其启示》，《高教探索》，2013年第5期，第92-97页。
[3]　中国儿童中心：《我国家庭教育指导服务体系状况调查研究》，中国人民大学出版社，2014年，第8页。

由多个部门"齐抓共管"的管理局面,比较容易导致各部门职责交叉与责任推诿现象发生,将会制约家庭生活教育实效的发挥。

现阶段,中国存在上述有关于家庭生活教育的价值认识不够、政策制度滞后、专业服务人才缺失等问题,都是加强家庭生活教育专业化建设亟待解决的问题。2015年10月教育部颁布的《关于加强家庭教育工作的指导意见》指出,要加快形成我国家庭生活教育社会支持网络,完善家庭生活教育保障措施。基于变迁背景下家庭生活教育问题和家庭的现实需求,建设符合国际规范的家庭生活教育指导服务体系,满足多元模式家庭的家庭生活教育服务需求,提升家庭应对风险的抵抗力和复原力,其关键在于推进家庭生活教育的专业化改革。

创新专业教育制度,培养专业的家庭生活教育者

家庭生活教育者是体现家庭生活教育地位与实现家庭生活教育发展性功能的关键。培养专业人才服务家庭生活需要是提升家庭生活教育质量的重要举措。人才的专业化主要依靠一系列系统的家庭生活专业教育制度,它是家庭生活教育专业化的核心基础。一般地,专业教育制度主要包括专业人才的教育层级与所依赖的成熟的课程系统。

借鉴美国以及中国台湾地区的家庭生活教育专业化实践经验,要依托高校培养家庭生活教育专业人才的智力与专业优势,开设面向市场的家庭生活教育专业与课程,统一家庭生活教育者培养的课程标准,将家庭生活教育者列入正式的职业,建立家庭生活教育专业人员的资格认证制度,着力培养实践型与研究型家庭生活教育专业人才。目前,尽管婚姻家庭咨询师已经列入正式职业及资格认证,但是其专业化的程度还与现实服务需求质量有巨大距离。需要积极扩大家庭生活教育者服务种类与范围,建立与中国家庭现实相一致的家庭生活教育服务范畴及内容,涵盖子女教育、婚姻关系与性、家庭关系沟通与冲突处理、家庭资源管理、家庭伦理道德及价值观等方面。

目前,最为紧迫的专业化发展需要在两方面切实加以推进。一方面,高校要积极与政府、社区、家庭生活教育机构建立合作关系,为家庭生活教育专业学生建立专业对口的实习和就业基地。让学生在理论学习的基础上,积极参与岗位实践,提升自己的实践能力,为基层家庭生活教育工作提供人力资源。另一方面,完善机制推进中国家庭生活教育的理论研究,探索适应我国家庭现实需求的家庭生活教育理论,为中国家庭生活教育制度决策提供专业咨询服务。同时,需要继续挖掘现有的从事家庭生活教育指导服务的人员潜能,建立包括高校高质量的专家、中小学教师、服务实践的讲师团以及从事社会工作的志愿者的专业人员队伍。

政府主导多元协同，改革家庭生活教育服务体系

　　家庭生活教育作为一种社会提供的专业化公共服务，主要是依靠社会与政府力量帮助与支持家庭获得调适家庭关系、缓解亲职压力，应对家庭冲突以及应对家庭挫折及问题的学习与训练。它需要既面对家庭整体功能的服务，又要针对个体发展服务；不仅是一种应急与修补性的服务，更多的是需要预防与早期干预的服务供给。长期以来，中国在调动民间组织力量、挖掘社区丰富资源以及强化社会服务规范等方面是最为薄弱的环节。

　　因此，关于家庭生活教育的学习与训练服务供给，其本质上是需要激活社会多元力量参与的一种社会专业服务，要想取得切实的社会效益与长远发展，首先应在服务的体制改革上寻求突破。本书前面论述的新加坡以及中国香港及台湾地区成熟经验表明，设立政府主导、多元主体协同的伙伴式的家庭生活教育服务网络结构，对于发挥家庭教育指导服务功效以及促进发展型的家庭生活教育制度建设无疑具有重要的改革借鉴意义。

建立政府主导的家庭生活教育服务体系

　　依据中国社会经济改革与发展的传统优势，主要依靠并发挥各级政府在服务与指导家庭生活教育体系中的主导作用。这种主导作用主要体现在对家庭生活教育的整体规划与顶层设计上，设立专门组织机构指导、发展与评估家庭生活教育服务质量，重点管理与协调其余社会参与力量，监督管理社会机构、民间组织及其他社会力量，积极引导他们在其中发挥重要作用。

　　"中国儿童中心"的研究指出，服务我国家庭教育指导的体系应该由主体系统、实施系统、专业支持系统及保障系统构成，它们各自负责相应的功能，形成以中央政府为主体的顶层设计、地方政府负责中层落实及家庭教育指导服务机构负责基层落实的三个层级系统[①]，各司其职，又相互配合与补充。从中央政府层面，主要是制定国家层面的关于家庭生活教育法律政策体系与规划，设立该层面的管理机构，发挥监督与保障的职能。包括省、市、县区及街道等各级地方政府形成与之权限一致的决策，建立专司家庭生活教育的常态统筹机构，并组建相关专业服务队伍，提供相应的监督与保障作用。由于其依托的指导思想、目标及原则相同或相似，因此这些建议同样适用于指导与改革家庭生活教育服务体系的实践。

　　除了建立责权利分明的各级政府机构实施家庭生活教育服务管理外，目前最为紧迫的一项制度改革是需要整合与变革那些以家庭为视角的管理机构。各

① 中国儿童中心：《我国家庭教育指导服务体系状况调查研究》，中国人民大学出版社，2014年，第96－99页。

级政府需要建立的以家庭为视角的教育政策很难说是单纯的教育政策,它总是与社会福利、女性就业、儿童青少年保护等联系起来,成为社会政策的重要组成内容。同时,家庭生活教育也具体涉及家庭生活的许多方面,由此极易形成多条块与多部门参与的现实矛盾,势必影响家庭生活教育综合性功能的释放。为此,需要从组织结构与制度安排上加以突破,继续强化国家政府的主导角色而非减弱其责任,凭借其强有力的行政领导,将家庭、社区、学校、企业等正规与非正规教育组织吸纳进来,组建有力的教育政策协调机构,统整各种社会相关机构(妇联、共青团、关工委、大中小学校教育机构等)力量,建立专司家庭生活教育的常态统筹机构,下设诸如"家庭生活教育部""家庭协助办公室"等,提供跨越教育、医疗、保育、家庭支持、社会保障等部门的以家庭整体作为家庭生活教育服务的对象,供给家庭所需要的真正意义上的家庭生活方面的教育与训练,提高家庭发展能力,恢复家庭整体功能,促进家庭生活质量改善。

融入社会参与力量,创新家庭生活教育服务机制

随着中国社会改革不断走向深入,国家治理体系与能力现代化水平不断得到提高。其中,最为重要的是关于推进服务型政府的建设,强调发挥市场在资源配置中的重要作用。在以促进家庭关系和谐与增强家庭幸福为宗旨的家庭生活教育服务制度建设中,必须要推进公共服务的社会化。

一方面,目前社会中家庭的结构与形态日益多元,不同家庭下的家庭成员的生活需要及服务需求是不一样的,需要具体调查论证不同家庭关于家庭生活教育服务的需要,确立多样化的不同家庭发展阶段的教育项目,这本身需要社会其他专业力量参与其中;另一方面,世界各国的实践表明,尽管国情不同,政治制度与经济制度有着差异,但在服务社会体系建设中都在调动市场方面达成共识。家庭生活教育服务的推动,是与广大民众、与家庭密切相关的社会服务,以支持与服务家庭为使命,它的实践推行需要与公民不断互动来完善体系建设。长期以来,中国关于家庭生活教育中的家庭教育指导服务,侧重致力于依托家长学校提高父母教养子女水平的单一性服务,所涉及的家庭生活内容更多地侧重应急与修补功能。由于其调动市场参与力量有限,相应的社会化服务体系与机制没有切实建立,服务项目及方案的质量难以发挥其应用效果。

2004年以来,上海浦东新区探索建立第三部门模式开发社区家庭教育资源模式,整合政府、社区、学校及企业、民间组织、公益组织等各方积极性,加大政府投入,广泛培育民间组织,形成了政府宏观管理、行业自律、第三部门组织自我发展的架构①。这一具有地方创新性质的个案表明,推行发展型的家庭生活教育项目及方案需要激活地方主动性与创造性,整合政府、社会、市场和家庭资源,积

---

① 史秋琴:《城市变迁与家庭教育——上海家庭教育报告书》,上海文化出版社,2006年,第49页。

极调动多种力量,发挥多元主体的积极性,健全家庭生活教育服务体系,为家庭提供公益性与普适性的公共服务,确保家庭生活教育服务覆盖所有家庭以及每个家庭个体成员。需要进一步探索家庭生活教育服务创新管理,可能采取购买家庭生活教育项目服务的方式,可由第三方提供的事务性管理服务交给市场与社会办理;另一方面,需要引进家庭生活教育专业人才,发展壮大志愿者队伍,吸收营利或非营利组织、非政府组织、各种社团或宗教团体,推广各类家庭生活教育服务,如开办讲座、举办针对家庭成人的社会教育及专业培训、开展居民的家庭咨询和辅导等,主题可以涉及父母孕产保健、新生儿养育知识辅导、育龄男女优生优育、生殖健康继续教育、专业家庭婚姻生活咨询与培训等,定期进行服务跟踪反馈与评估,积极调查了解中国家庭的现实需求变化,逐渐完善机构的服务范围与主题,使家庭生活教育服务切实指向家庭发展能力的建设。

完善以家庭生活教育为内容的教育政策体系

改革开放以来,中国家庭面临着社会变革带来的多元压力与风险。在这种社会转型背景下,中国社会政策应该赋予家庭重要的社会保护责任。但有研究指出,其对家庭的支持却有限,主要表现为缺乏针对家庭有力的政策支持[1]。与此同时,在整个教育政策领域中,家庭也是一个很少被政策研究与实践提及的专门对象及内容。与学校教育关系非常密切的家庭,常常有意或无意地被忽视或忽略。现有研究也较少关注中国家庭变迁背景下给教育政策带来的冲击及影响。

在推进发展型的家庭生活教育的制度建设过程中,确立其制度与政策归属领域是不能回避的问题。前面我们从理论层面已经分析了家庭生活教育更多地体现出终身教育与学习的性质与特点,从制度与政策的范畴来看应该属于教育政策领域的主题,为此,建立发展型家庭生活教育制度需要将其放置在中国教育现代化与教育政策体系中来考察与分析。这也是与近年来世界各国普遍把私领域的家庭及其成员的教育投资与教育服务变成公共社会议题,纷纷大举投资家庭政策,逐步完善以家庭为视角的教育政策体系建设的趋势比较一致的。

国际范围以家庭为视角的教育政策发展检视

20 世纪 90 年代以来,随着全球化进程加速和世界风险社会的形成,国际社会普遍在政策发展上达成一致,逐步摒弃以经济为中心的"发展"概念,提出了"发展型社会政策"概念,它强调以社会投资为导向,寻求多种方式来发展社会资本与人力资本,以提高人们参与经济发展能力。作为社会政策的重要组成部分的家庭政策,相应地也致力于建设"发展型家庭政策",强调社会成员的家庭责

①　张秀兰、徐月宾:《建构中国的发展型家庭政策》,《中国社会科学》,2003 年第 6 期,第 84－96 页。

任,重视对家庭的政策支持或投资,通过设计专门的制度、项目及服务等,影响家庭功能和家庭福利,以全面提升家庭成员抵御社会风险的能力。

目前,国际范围日益增多的研究关注也从发展家庭能力层面,强调增进家庭的教育投资,提高家庭人力资本含量在推动中国发展型家庭政策实践中的意义。依照美国威斯康星-麦迪逊大学教授博根施纳德(Bogenschneider,K)的划分,家庭政策类型包括显性的家庭政策(family policy)和在政策制定中隐性的家庭视角(a family perspective in policy-making)两部分①。事实上,以家庭为视角的政策类型势必关涉青少年儿童教育问题。从这个角度看,更多的教育政策不再是单纯的教育政策,往往与家庭相关的其他社会政策一起形成更为多元主体与内容的复杂政策网络。这种政策的内涵要求从教育政策角度切入,将家庭及变迁问题作为教育政策问题的重要对象及目标,分析可能的教育政策对家庭的建立、家庭经济保障、家庭成员的养育照顾与教育、家庭关系维系及家庭履行其责任的能力等方面的影响。

20世纪以来西方福利国家依据社会与家庭变迁,积极进行与家庭变迁相关的社会政策的调整与创新,积极动用家庭补贴和税收优惠政策,产假、生育补贴和工作保护,以及儿童看护和教育政策②,发挥政策工具对家庭资源、认知与行为的积极干预与调节功能,支持与满足家庭成员健康、个人独立、终身学习或创新的需要。

其中,在渐成体系的家庭政策中,西方国家也特别强调透过公共教育体系改善,让教育议题与问题成为发展性家庭政策中最重要的一项内容,重视通过教育政策的制定、调整与创新,加强家庭的教育投资与人力资本含量,积极协调家庭资本在维持与发展儿童及青少年学业表现与教育效果上的重要作用,以预防、支持与治疗家庭问题,恢复家庭功能,提高家庭质量。相关教育政策内容主要包括:①促进教育公平的对处境不利家庭实施的补偿教育政策。与家庭政策协调使用的教育政策,突出表现为对家庭儿童的家庭健康、营养与教育服务的支持型政策,譬如著名的美国"开端计划"(Head-Start Project)、英国的"教育优先区计划"(Educational Priority Areas)、南非的"行动计划"与"全国营养计划"等特别扶持与补偿教育政策。②围绕家庭生命周期不同阶段投资的家庭生活教育(Family Life Education)政策,增加家庭生活的知识与技能,预防和减少家庭危机,增进家庭的关系和谐。③促进孩子学校教育质量的家长参与教育(Family Involvement in Education)政策,如苏格兰制定家长参与学校教育法,新加坡政

① 何欢:《美国家庭政策的经验和启示》,《清华大学学报(哲学社会科学版)》,2013年第1期,第147-156页。
② 盛亦男、杨文庄:《西方发达国家的家庭政策及对我国的启示》,《人口研究》,2012年第4期,第45-51页。

府推出的 COMPASS(Community & Parent in Support of Schools)计划，美英等实施"学校发展计划""家庭增益项目""有效学校运动"，强化家长学校教育选择权以及家长参与学校决策等政策。随着这些以家庭为中心的家庭参与学校教育政策实践，表明父母/家庭参与孩子的教育日益成为促进学生发展与学业成功的重要环境影响因素。④增进父母的教育能力的亲职教育政策。如"家长即教师"项目等，以提高家长的教育水平，促进家长参与到孩子发展中去。⑤推行促进家庭参与成人终身学习的计划与法案，如终身学习税收信贷计划、成人与家庭读写能力法等。

　　不难看出，西方国家逐步通过教育政策切入，重视儿童早期的养育支持，青少年时期家长教育的选择与质量监督，中年家庭生活的教育服务以及老年时期社区教育的帮扶，基本形成了纵贯家庭生命全程的加强家庭能力建设的政策体系。有专门研究曾指出，西方国家不同层面的教育政策之所以能够获得政府不同党派以及公众支持，就在于其教育政策的框架始终围绕着家庭的价值来展开①，显示了教育政策对社会工业化、城市化与现代社会大变革与家庭变迁及其问题的积极回应与生动反映。这些不同类别与形式的教育政策与法案反映了西方国家重视教育政策对家庭生活的影响力，它们所形成的有效的实践经验值得中国在制定家庭生活教育相关的教育政策时学习与借鉴。

改革开放以来中国教育政策的家庭议题回顾

　　改革开放以来，随着国家经济社会改革现代化的推进，相关家庭政策体系日益完善，家庭在教育中的地位和作用日益受到重视，中国教育政策在满足家庭日益增长的教育需要与促进家庭和谐发展方面取得了重要成绩。

　　但是，由于历史文化及体制等影响，家庭在中国兼具经济单元、秩序单元、教化单元和福利单元，是负有社会化和保护其成员责任的独特社会组织②，现有以家庭为视角的相关教育政策对家庭在健康、知识技能、道德与学习能力等人力资本建设方面的支持、服务及发展方面还有较大提升的空间。其中，围绕相关家庭的政策议题主要集中在以下几个方面。

1. 人口政策下独生子女教育政策

　　我国从 1970 年代开始推行的计划生育政策及项目，至目前已经形成学生及其家长与教师大都是独生子女的独特的家庭结构，如此"三独"现象逐渐成为困扰当前中国教育的一个普遍的难题③，给教育的深化改革与学校发展带来很大

①　Kevin.K.Kumashiro. (2009). Education Policy and Family Values: A Critical Analysis of Initiatives from the Right. Multicultural Perspectives, 11(2)，72 - 79.

②　胡湛、彭希哲：《家庭变迁背景下的中国家庭政策》，《人口研究》，2012 年第 2 期，第 3 - 10 页。

③　教育部关心下一代工作委员会"新时期家庭教育的特点、理念、方法研究"课题组：《我国家庭教育的现状、问题和政策建议》，《人民教育》，2012 年第 1 期，第 6 - 11 页。

的挑战。为此,国家加强基础教育阶段义务教育普及,并积极推进基础教育均衡发展政策,极大改善了独生子女家庭孩子的受教育状况。而针对该人口政策与家庭结构状况,通过何种有效的系统的教育政策或改革项目介入,改善他们的家庭与工作关系、未来发展教育及可能面临的社会风险问题,还需要有针对这部分家庭的专门政策应对及支持。

2. 儿童早期营养、照顾与教育政策

改革开放以来,我国通过宪法、《儿童权利公约》及《中华人民共和国教育法》《中华人民共和国母婴保健法》《关于幼儿教育改革与发展的指导意见》等部分法规,重视家庭对儿童的早期教育支持政策,体系日益完善。尽管如此,有研究指出,我国现有相关儿童早期发展的家庭政策的构成依然以"家庭支持"为主,对家庭的支持还较为有限[1]。家庭福利政策仍主要关注失去家庭依托的边缘弱势群体,政府缺乏专门针对婴幼儿群体提供的任何公共服务[2]。为应对中国家庭变迁以及风险家庭压力对儿童早期发展的影响,亟需完备的家庭婴幼儿早期照料、保育及学前教育繁荣发展的政策供给与投资。

3. 家庭义务教育补偿性政策

进入新的世纪,中国政府在建设和谐社会进程中,日益重视实现教育公平与均衡发展,保障公民依法享有受教育权利。为促进东西部教育公平与城乡教育均衡发展,实行了相关家庭义务教育补偿性政策,如义务教育财政转移支付政策、国家贫困地区义务教育工程等。此外,注重由于社会转型与教育体制及政策因素导致的农民工家庭子女、城市下岗人员家庭困难子女以及留守家庭子女的教育扶持政策,加大对家庭经济困难学生的扶持力度,重点健全国家资助政策体系等。接下来需要做的是如何从补缺型教育政策中走出来,有效发挥教育政策的调控工具作用,关注学校教育改革中整体家庭的利益诉求,形成贯穿家庭生命不同阶段的终身学习体系,让家庭全体成员通过切合的教育获得合理的社会流动,最大程度促进家庭成员受教育机会、过程与结果的公平。

4. 家庭教育指导服务政策

20 世纪 80 年代以来,中国政府十分重视家庭教育、学校教育与社会教育的相互协作,强调对家长的教育支持。如 1981 年转发全国妇联党组《关于两个会议情况及 1981 年妇联工作要点的报告》,1992 年国务院颁布的《九十年代中国儿童发展规划纲要》以及《中华人民共和国未成年人保护法》《中华人民共和国教育法》《国家中长期教育改革和发展规划纲要(2010—2020)》以及最近教育部的《关于加强家庭教育工作的指导意见》等文件的出台及实施,都一致强调帮助家

---

[1]　徐浙宁:《我国关于儿童早期发展的家庭政策(1998—2008)——从"家庭支持"到"支持家庭"?》,《青年研究》,2009 年第 4 期,第 49 - 59 页。

[2]　胡湛、彭希哲:《家庭变迁背景下的中国家庭政策》,《人口研究》,2012 年第 2 期,第 3 - 10 页。

长加强和改进对子女的教育,为学生家长提供家庭教育指导,加强与学校的沟通配合等的重要意义及相关要求。但由于一些具体的制度跟进以及机制创新等问题,并未能够很好地解决其中存在的问题。学校与家庭彼此呈现的依然是孤立的、非互动合作的文化与管理结构关系,父母很难获得真正来自学校的有效指导与支持服务。

由此看来,中国以家庭为视角的"支持家庭"的家庭生活教育政策发挥的实际效果也较为有限,难以发挥教育在家庭人力资本形成与培育中的不可替代的作用。今后,中国教育政策供给体系建设要重点围绕家庭生活教育这几方面进行加强:①关于家庭婴幼儿童早期营养、教育与照顾等家庭的社会公共教育政策的支持,以此来平衡现代家庭与工作之间的关系,有效抑制家庭面临的社会风险;②激励与支持家庭参与青少年学校教育政策的供给,主要推进现代学校制度建设解决学校与家庭协作推进不够的问题,积极回应中国家长对学校教育发展的民主参与的愿望,密切家庭与学校的伙伴关系;③面对日益增加的家庭问题,需要推行家庭生活教育政策,立足通过专门的教育来传递家庭生活必需的知识与技能,有效预防与治疗家庭问题,凝聚家庭合力与认同,建立和谐家庭关系。④积极回应家庭老年人口社会化对社会教育与学习的需求,加强以家庭为视角的成人终身学习相关教育政策的制定。

概括起来,今后一段时期在制定以家庭为视角的中国教育政策过程中,一方面需要注意纠正现有教育政策侧重弱势群体,忽视家庭整体的发展能力的倾向;另一方面需要立足中国不同生命周期家庭发展与终身学习需要,统整教育政策的服务、支持与发展功能,以更为丰富的跨学科的政策知识与实践策略积极回应中国家庭社会变迁背景下家庭发展能力的现实需要。

建立发展型家庭生活教育政策体系的总体思路

当代西方围绕"社会投资"的理念,重视家庭中的人力资本作用,倡导积极型社会政策,要求不再仅仅关注人生的低谷和尾声,而是扩展至人生的所有阶段的发展问题①。相应地,针对中国人口转变与教育现代化的转型现实背景,回应中国家庭对于公平及有质量教育的需求,促进中国家庭发展能力建设,必须重视通过制定、调整与创新以家庭为视角的发展型家庭生活教育政策,平衡与协调从婴幼儿、青少年儿童、成人到老年人口家庭生命周期的系统的教育政策体系,以此来强化政策的投资功能,促进家庭幸福。

1. 确立发展型家庭生活教育政策体系总目标

基于中国家庭生命发展周期理论,认真探讨在家庭生命周期不同阶段的教

---

① 胡位钧:《社会政策的"积极"转型:OECD 的经验及其启示》,《复旦学报(社会科学版)》,2010 年第 5 期,第 99 - 106 页。

育政策需求内容,以终身教育思想为指导,建立具有中国特色的家庭生活教育政策目标、内容与实践体系,提升家庭教育能力,促进家庭生活质量,建设友好型幸福家庭。为此,可以围绕以下思路达成相关体系构建:首先,依据中国家庭变迁的现实发展特点与家庭生命发展周期理论,客观分析基于家庭生命周期理论的不同教育阶段家庭面临的现实问题及挑战;其次,从家庭不同发展阶段切入,全面探讨建立适应终身教育与学习化社会要求的相关教育政策需求内容与具体议题;最后,需要具体探讨家庭不同发展阶段教育政策的内涵、目标、层次内容、评价指标、发展原则、实施重点与具体措施。

2. 形成发展型家庭生活教育政策框架

根据先前分析,从纵向上看,中国关乎家庭生命发展历程的不同阶段的教育政策是不连续的,缺乏系统性;即使在每一个阶段,也都存在其固有的问题。从横向上看,现有中国教育政策更多关涉的是补偿性或补缺型内容,缺乏支持、增强与服务家庭成员全面发展的政策内容。从纵向上看,既有教育政策更多停留在一次性的学校正规教育体系内。由此,需要建立一种全面促进家庭生活质量的立体的动态的家庭生活教育政策框架。

肇始于 1997 年欧洲社会发展生态中的社会质量理论,作为一种崭新而富有活力的社会发展研究范式,引起社会发展政策研究领域的高度重视。该理论指出衡量社会质量状况核心指向"人们能够在多大程度上参与其共同体的社会与经济生活,并且这种生活能够提升其福祉和潜能。"[①]依据社会质量理论从社会经济保障状况、社会包容、社会凝聚与社会赋权四个维度描述一个社会的社会质量状况的研究成果,具有中国特色的家庭为本的教育政策,也需要从保障家庭经济状况、改善家庭关系、获得社会公正支持与服务、提高社会参与意识与能力等方面,来丰富家庭生活教育政策的内涵与内容体系。因此,构建纵横结合的发展型家庭生活教育政策体系框架应该是:纵向涵盖从婴幼儿童、青少年、成人以及老年人不同发展阶段的生命全程教育需求的政策发展。横向包括保障、救助、服务与发展四种不同类型的多样化多层次教育政策议题,形成适应终身教育与学习化社会要求的具有中国特色的发展型家庭生活教育政策立体动态框架。

基于社会质量理论的家庭生活教育政策框架

1. 社会质量理论关照下的家庭生活质量内涵

欧洲学者建立的社会质量理论强调个人的福祉和潜能的实现,是建立在个体间的相互联系与作用的社会存在基础上。在这个互动过程中,涉及人力资源、意识形态以及包括社会经济保障、社会包容、社会凝聚和社会赋权四个方面的条件性因素。借鉴欧洲社会质量理论的分析框架与方法,依据一般社会质量关注

---

① 张海东:《社会质量研究:理论、方法与经验》,社会科学文献出版社,2011 年,第 240 页。

经济与社会进步的指标以及促进及提升人们日常生活质量的框架，可以期望以此作为理论参照，依据中国社会与家庭发展现实需要，尝试演绎构建家庭生活质量的理论架构，主要包括以下几个方面的内容。

第一，如何改善与提高家庭经济保障？包括改善家庭经济总体状况，提高家庭成员收入水平以及住房条件的改善。第二，如何让家庭及家庭成员获得家庭的责任认同感与价值归属感？通过什么方式来强调对家庭的信任，形成非正式的家庭网络与家庭成员亲密关系？第三，如何让家庭及家庭成员获得社会的公正支持与良好社会服务？第四，如何提高家庭及家庭成员的社会参与意识与能力？这些问题的系统研究与应用解决必将能够综合衡量一定社会人们对家庭生活质量的满意程度，更为重要的是将有力提升家庭成员发展能力，能够在某种程度反映家庭生活的幸福水平。

2. 家庭生活教育政策的社会化模型

国际应用发展科学日益关注发挥政策工具作用促进社会发展，从而实现社会进步与社会公平。在借鉴 Lerner 等人构建的有关青少年政策的社会化模型①，并结合前述关于社会质量的理论，尝试组建关于在中国推进家庭生活质量的一个社会政策社会化模型（见图 8 - 1）。

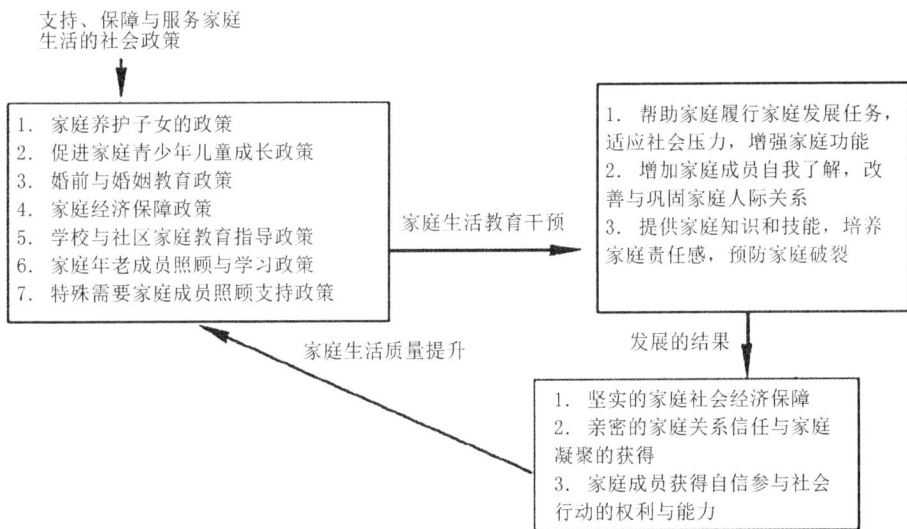

支持、保障与服务家庭
生活的社会政策

1. 家庭养护子女的政策
2. 促进家庭青少年儿童成长政策
3. 婚前与婚姻教育政策
4. 家庭经济保障政策
5. 学校与社区家庭教育指导政策
6. 家庭年老成员照顾与学习政策
7. 特殊需要家庭成员照顾支持政策

家庭生活教育干预

1. 帮助家庭履行家庭发展任务，适应社会压力，增强家庭功能
2. 增加家庭成员自我了解，改善与巩固家庭人际关系
3. 提供家庭知识和技能，培养家庭责任感，预防家庭破裂

家庭生活质量提升

发展的结果

1. 坚实的家庭社会经济保障
2. 亲密的家庭关系信任与家庭凝聚的获得
3. 家庭成员获得自信参与社会行动的权利与能力

图 8 - 1 基于生活质量理论的家庭生活教育政策社会化模型

图 8 - 1 中所提出的初步的政策体系设想，是从构建发展型家庭生活教育入手，其关键是在全社会组成一个支持家庭、投资家庭成员、关注家庭青少年儿童

---

① 张文新、陈光辉、林崇德：《应用发展科学——一门研究人与社会发展的新兴学科》，《心理科学进展》，2009 年第 2 期，第 251 - 260 页。

发展的社会制度体系,其意义在于通过家庭生活教育系统的社会专业服务来支持与提升家庭自我发展能力,帮助家庭成员认识到他们自己在他们所属的文化中创造性地生活的潜能。

图8-1表明,如果通过这些预防与治疗为主的家庭生活教育政策资源能够有效地促进家庭生活质量,必将让整个家庭成员获得充分的自信与发展活力,融入社会,为社会文明进步做出更大贡献,那么将使整个社会达到和谐发展的理想状态。反过来,社会质量的整体提升又会影响到国家政府对家庭支持的社会政策内容、结构与水平,使之臻于完善,如此下来自然就形成了通过政策来促进社会发展体系的良性循环。概括起来,推进家庭生活质量建设的政策社会化模型表明,系统科学的家庭生活教育政策体系是完全可以实现包括家庭生活质量改善在内的整个社会体系的和谐、稳定与持续发展的。这里所提及的政策框架建议仅仅是初步的与理想化的,如何具体构建具有中国特色的家庭生活教育制度与政策体系,需要更多的力量参与进来,切实推进该问题的进一步研究与实践。

中国发展型家庭生活教育的运行策略

依据埃莉诺·奥斯特罗姆(Ostrom,E.,2000)的制度多层次理论框架,一项集体行动需要采取多层次方法才能够有效达成制度的目标。在她看来,最为底部层次应该属于制度多层次的最基层的操作层次,涉及如何具体执行决策的内容,指基层各部门使用的各种策略和技术,如具体工具选择、采取何种方式,如何鼓励与惩罚各种行为与表现等[①]。要真正建立中国发展型家庭生活教育制度,也需要构建属于操作运行的方式、途径以及评价等方面的具体策略,使其与前面的理论基础、基本制度与具体政策构成 一个多层次框架,共同推进家庭生活教育的实践。

以网络通信为基础的信息化建设

随着信息化、网络技术、数据库技术以及人工智能等计算机技术的飞速发展,管理服务信息化已成为社会管理的重要途径与方式。网络通信技术的快速发展,推进家庭生活教育服务制度的信息化,使其更好地服务家庭生活教育,传递与教导与家庭生活实际密切相联系的生活教育知识、信息与技能,是最为现实与便利的服务创新方式。具体而言,家庭生活教育服务的信息化建设,是指以现代信息通信技术为主要手段,发挥其在家庭生活中综合管理、服务、教育与评价等功能,并提供完善的信息应用服务体系的过程,最终达到提高家庭成员生活质

---

① 陈芳:《公共服务中的公民参与——基于多层次制度分析框架的检视》,中国社会科学出版社,2011年,第31-32页。

量及促进社会稳定发展的目的。

首先,各级政府以建立家庭生活教育服务网络平台为重点,使政府与家庭建立一种无限联络的虚拟空间,面向不同家庭受众提供提升家庭生活质量的知识、信息与技能信息的公共服务,利用先进的网络技术与人工智能技术,开发适应现代家庭生活所需要的软件,如虚拟的家长学校、网络婚姻培训课程等涉及家庭生活教育不同主题与课程内容,这将有效地扩大家庭生活教育惠及大多数家庭成员。应用现代网络通信技术面向家庭开展家庭生活的教育,其中一个重要的有效的直接途径是建立内容丰富的家庭生活教育服务网站。埃利奥特(Elliot,M,1999)对美国 356 个相关网站的内容分析后提出,建立家庭生活教育网站应该具有四个规则:一是网站建立的目的是增强个体及家庭幸福;二是提供专业资讯,具有教育性的;三是不能涉及线上治疗及其有关的活动或短期介入;四是内容需要与家庭生命周期内的家庭生活教育有联系[1]。其次,网络通信化手段为变革家庭生活教育的方式与方法提供了可能。将网上网下教育方式进行融合,为家庭生活开展学习与培训提供更为方便快捷的渠道。积极探索服务家庭生活教育的信息传播新方法与新途径,如充分发挥现代通信工具如电话、短信等功能,在链接底层数据库的基础上,建立多种形式的手机 APP 与客户端,实现信息高效传递,实现家庭生活教育服务的信息传递方式多样化。再次,由于今天中国家庭结构多元,每一个家庭生活的教育与学习训练目的与发展需求都不一样,重点也有差异。充分运用家庭成员对于教育信息的多元需求,开展特色的家庭生活教育服务。最后,家庭生活教育网络信息化制度,需要规范面向家庭的信息化服务,实现各部门信息化的融合统筹发展。由于家庭生活教育涉及儿童养育、夫妻婚姻关系、亲子教育及家庭生活资源管理等多方面内容,联系到社会保障、医疗卫生、教育、民政及其他很多服务行业与领域,需要通力合作共同促进面向家庭问题的纠正、扶助与预防。信息化为整合包含各级政府、社区街道、卫生医疗、学校等多个部门的信息、制度与政策提供了坚实条件与现实基础。此外,在家庭生活教育服务信息化建设中,培养专业化的家庭生活教育服务的信息化人才,创建优质的信息服务软硬件环境,制定相关服务准则及配套的信息管理规范,也是推进家庭生活教育网络信息化需要重视的内容。

以政策学习为目的的跨文化交流

20 世纪以来,世界许多国家或地区针对家庭的变革及其引发的家庭成员的社会问题,积极通过系统的组织运作推展家庭生活教育,努力增加家庭生活的知识与技能,预防和减少家庭危机,达到增进家庭幸福和谐的目的。这一举措很快

---

[1]　Elliot，M.（1999）.Classifying Family Life Education on the World Wide Web.Family Relations，48(1)，7–13.

在除了美国之外的日本、澳大利亚、加拿大、以色列、新加坡等国家以及中国香港、中国台湾等地区加以推广与实践,形成了诸多的家庭生活教育实践特色。结合中国家庭变革现实,学习与借鉴西方家庭生活教育制度,赋予家庭建设幸福家庭生活的知识和技能,提升家庭生活质量,促进和谐社会建设,是一个很有现实意义的重要研究课题。

家庭生活教育属于在国外形成与发展的一个概念,其内涵及运作实践都比较成熟。家庭生活教育是西方福利国家的社会政策,不同时期的社会发展对家庭功能和责任的理解左右着政府与家庭关系的界定,从而体现出不同的政策重点,使家庭生活教育制度创新具有特殊性。中国家庭变革具有同西方国家相一致甚至趋同的发展态势,家庭生活教育具有相互转移学习的普遍性基础。与此同时,中国家庭的发展又具有其自身演化逻辑。中国社会科学院五城市家庭调查课题组最近的调查认为,中国城市家庭虽然正在经历史无前例的现代化过程,但是并没有显现向西方的个人主义社会演变的趋势。中国的家庭关系在社会生活中扮演着无与伦比的重要角色[①]。国际上家庭生活教育从理论到实践的研究,为政策转移与借鉴从不同视角认识家庭生活教育的特点和规律提供了有益的理论、观点、方案和例证。

具体而言,全球化背景下要重视将国际化作为推进中国家庭生活教育制度的重要策略之一。由于跨文化的差异与社会发展的不同,如何结合中国家庭生活教育需求的实际推进家庭生活教育,使之本土化,值得认真加以研究。比如,澳大利亚家庭生活教育制度形成更多体现政府主导的影响特点。而美国对家庭生活教育专业化制度比较重视,凸显人类性行为主题与老年家庭生活教育内容。因此,在构建中国发展型家庭生活教育制度的时候,需要结合中国家庭历史与传统特点,加强对家庭生活教育制度的跨文化分析。同时,需要走出去,引进来,开展不同文化与区域关于支持家庭与发展家庭能力的经验考察与对话交流,譬如积极引进成熟并形成效益的家庭生活教育项目或方案,诸如亲职教育训练课程、婚姻生活教育培训教材及专业认证标准等。此外,还需要以政府为主体,积极学习借鉴其他文化领域关于家庭生活教育法制化、服务专业化与社会化的具体实践策略,以提高家庭生活教育制度及政策转移与学习创新的科学化水平。

以教育政策为导向的学术研究

家庭生活教育的专业化,需要借助专业社群的协同推进。家庭生活教育的持续健康发展,需要建立以专业教育及专业工作服务人才为核心的制度。这种制度所依赖的具体策略与技术应该是关于家庭生活教育的一大批研究者及研究

[①]　中国社会科学院五城市家庭调查课题组:《五城市家庭结构与家庭关系调查报告》,http://www.sociology.cass.cn /2010－07－20。

专业社群的集聚,要积极鼓励更多学术理论研究转向家庭生活教育,尤其要注重以政策为导向的家庭生活教育研究,强调面向家庭生活实际需的调查,将以走入家庭生活实践为基础的分析与社会政策相结合,为政府的决策与政策提供咨询与建议。各级政府应通过设立政府基金项目,提供专门的研究资助经费,鼓励研究机构设立专司家庭生活教育的研究学会或中心,鼓励研究者将研究重点放在社会、家庭、亲子关系、婚姻生活质量及家庭互动等领域,使学术研究指向政府政策与行政决策。

同时,各级政府需要及时对家庭生活教育的政策与推进进行评估与修改。从推进一系列针对家庭生活的支持项目的运作来看,这些习惯政策与制度执行之后,并不意味着一定能够帮助个体与家庭。这时候需要回到研究上来,在丰富可靠与科学的研究基础上重新评估关于家庭生活教育项目的价值及目标,为新的决策提供更有品质及更适合的项目方案。

此外,具体的研究方面,还需要注意开展多学科综合协同,推进以家庭生活教育为整体的政策研究。以家庭生活为视角的教育政策问题,并不仅仅只与教育有关,还与社会保障与福利制度问题、社区与多元文化问题、公共卫生问题、性别问题以及社会管理等问题紧密相连,形成复杂多元的研究网络社群。为此,适应终身教育与学习化社会要求的具有中国特色的家庭生活为本的教育研究,需要放置在多学科领域中加以审视,统整家庭生命全程发展相关的健康、生活、教育、医疗、社区多元文化公共政策理论,加强以家庭为视角的教育理论研究,以家庭关系互动为主要内容,为实现家庭成员的全面发展,提升家庭生活质量,推进社会文明进步而贡献理论智慧。

参 考 文 献

［1］阿伦・C・奥恩斯坦、琳达・S・贝阿尔-霍伦斯坦、爱德华・F・帕荣克:《当代课程问题(第三版)》,浙江教育出版社,2004 年。

［2］阿玛蒂亚・森:《能力与福祉》,载阿玛蒂亚・森、玛莎・努斯鲍姆:《生活质量》,社会科学文献出版社,1992 年。

［3］Afrrica Taylor:《澳大利亚的女权运动:重要的转变和事件》,《妇女研究论丛》,2007 年第 7 期。

［4］安东尼・哈尔、詹姆斯・梅志里:《发展型社会政策》,社会科学文献出版社,2006 年。

［5］保尔・朗格朗:《终身教育引论》,周南照、陈树清译,中国对外翻译出版公司,1985 年。

［6］本杰明・列文:《教育改革——从启动到成果》,项贤明、洪成文译,教育科学出版社,2004 年。

［7］卜玉华:《课程理念探——历史、现在与未来》,复旦大学出版社,2001 年。

［8］蔡忠:《境外经验:青少年事务社会工作的项目与研究》,华东理工大学出版社,2009 年。

［9］陈奔:《从美国家庭变革看其基本价值观》,《厦门大学学报(哲社版)》,1996 年第 2 期。

［10］陈芳:《公共服务中的公民参与——基于多层次制度分析框架的检视》,中国社会科学出版社,2011 年。

［11］陈敏、徐晓筑:《家庭干预对居家老年痴呆患者生存质量的影响》,《西南军医》,2013 年第 3 期。

［12］陈雯:《家庭暴力研究:回顾与前瞻》,《学习与实践》,2008 年第 8 期。

［13］程晋宽:《试论走向后现代社会的西方家庭与学校》,《比较教育研究》,1999 年第 1 期。

［14］达肯沃尔德・梅瑞安:《成人教育——实践的基础》,教育科学出版社,1986 年。

［15］戴维・英格利斯:《文化与日常生活》,中央编译出版社,2010 年。

［16］丹尼尔・U・莱文、瑞依娜・F・莱文:《教育社会学(第九版)》,中国人民大学出版社,2010 年。

[17] 邓林园、戴丽琼、方晓义：《夫妻价值观相似性、沟通模式与婚姻质量的关系》，《心理与行为研究》，2014 年第 2 期。

[18] 邓伟坚：300 万设基金培训家长辅导员，2013，https://app.msf.gov.sg/Portals/2016 - 04 - 20。

[19] 邓伟志、徐新：《家庭社会学导论》，上海大学出版社，2006 年。

[20] 杜晓燕、宋希斌：《新加坡共同价值社会化路径及对我国核心价值观建设的启示》，2013，http://www.cssn.cn/2015 - 04 - 01。

[21] 范明林：《社会工作方法与实践》，上海大学出版社，2005 年。

[22] 冯增俊、张运红、王振权、杨启光：《教育现代化论》，广东高等教育出版社，2014 年。

[23] Froma Walshh：《家庭抗逆力》，朱眉华译，华东理工大学出版社，2013 年。

[24] 富朗索瓦·德·桑格利：《当代家庭社会学》，天津人民出版社，2012 年。

[25] 弗里得利希·冯·哈耶克：《自由秩序原理（上）》，邓正来译，三联书店，1997 年。

[26] 弗洛玛·沃希：《正常家庭过程：多元性与复杂性（第四版）》，刘翠莲等译，上海三联书店，2013 年。

[27] 盖笑松、王海英：《我国亲职教育的发展状况与推进策略》，《东北师范大学学报（哲社版）》，2006 年第 6 期。

[28] 高台嫚、沈彦君：《夜光天使亮不亮？夜光天使点灯专案计划之起源、目的与省思》，《家庭教育双月刊》，2011 年第 29 期。

[29] Geggie J：《澳洲家庭教育的实施经验》，载史秋琴：《城市变迁与家庭教育》，上海文化出版社，2006 年。

[30] 合田美穗：《新加坡职业妇女与育儿问题》，http://www.crn.net.cn/research/201504105397292.html，2016 - 05 - 20。

[31] 何欢：《美国家庭政策的经验和启示》，《清华大学学报（哲学社会科学版）》，2013 年第 1 期。

[32] 何勤华：《澳大利亚法律发达史》，法律出版社，2004 年。

[33] Hoa Phuong Tran：《促进幼儿的全面发展—亚太地区国家发展的迫切需要》，Asia-Pacific Regional Netwo-rk for Early Child，2013 年。

[34] 洪久贤：《家庭生活教育的性别议题：女性主义观点》，《家庭生活教育》，师大书苑（台北），2001 年。

[35] 胡杰：《将家庭教育指导纳入政府公共服务体系的研究》，上海交通大学硕士论文，2011 年。

[36] 胡位钧：《社会政策的"积极"转型：OECD 的经验及其启示》，《复旦学报（社会科学版）》，2010 年第 5 期。

[37] 胡湛、彭希哲:《家庭变迁背景下的中国家庭政策》,《人口研究》,2012 年第
　　　2 期。

[38] 黄富顺:《家庭教育法的特色与挑战》,《师友月刊》,2003 年第 12 期。

[39] 黄宗坚:《从后现代家庭的建构与解构看学校咨商的未来趋势》,《迎接二十
　　　一世纪师资培训——教师专业知能的省思研讨会论文集》,1998 年。

[40] 霍利婷、黄河清:《学校、家庭、社会共同营造和谐教育——新加坡"教育合
　　　作伙伴"概念引介》,《外国教育研究》,2008 年第 12 期。

[41] 霍利婷:《新加坡"学校家庭教育计划"》,《外国中小学教育》,2008 年第
　　　7 期。

[42] Jerry. J. Bigner:《亲子关系——家庭教育导论》,郑福明、冯夏婷译,高等教
　　　育出版社,2012 年。

[43] 家庭福利会:《夹缝中的曙光"儿童为本"共享亲职先导计划》,http://58.
　　　64.139. 16:8080/b5_service.aspx? id = 75 & show = 2 & aaa = 2.2015 -
　　　01 - 20。

[44] 贾馥茗:《教育大辞书》,文景书局,2000 年。

[45] 江超庸:《香港社区服务的特点与启示》,《探求》,2002 年第 6 期。

[46] 江苏省妇女儿童活动中心:《老年大学》,http://www.jschild.com.cn/
　　　2016 -7 - 14。

[47] 蒋凌燕:《当代美国青少年性教育的两大模式探析》,《比较教育研究》,2009
　　　年第 7 期。

[48] 蒋月娥:《未成年人的全面健康发展是落实科学发展观的要求》,《中国妇
　　　运》,2004 年第 6 期。

[49] 教育部关心下一代工作委员会"新时期家庭教育的特点、理念、方法研究"
　　　课题组:《我国家庭教育的现状、问题和政策建议》,《人民教育》,2012 年第
　　　1 期。

[50] 景天魁:《创新福利模式优化社会管理》,《社会学研究》,2012 年第 4 期。

[51] 金一虹、史丽娜:《中国家庭变迁和国际视野下的家庭公共政策研究》,南京
　　　师范大学出版社,2014 年。

[52] 夸美纽斯:《大教学论》,傅任敢译,人民教育出版社,1984 年。

[53] 赖黄雪咏:《夹缝中的曙光——协助离异家庭建立"儿童为本"亲职模式的
　　　远景与挑战》,香港家庭福利会,2013 年。

[54] 李建忠:《教育公平: 国外的探索与经验》,中国教育报,2006 年 11 月
　　　26 日。

[55] 李生兰:《比较学前教育》,华东师范大学出版社,2008 年。

[56] L·哈里曼:《家庭生活教育》,载 Torsten Husen、T.Neville Postlethwaite、

吴庆麟:《国际教育百科全书(第四卷 F-H)》,贵州教育出版社,1990 年。

[57] 林钧:《国外学习化社会理论与实践研究》,中国经济出版社,2013 年。

[58] 林如萍:《The Best Home for Families:新加坡的家庭生活教育》,《健康婚姻与家庭国际研讨会会议手册》,台湾师范大学,2004 年。

[59] 林水木:《家庭教育法及其对学校教育之冲击》,《学校行政月刊》,2005 年 39 期。

[60] 林志成、欧怡珍:《夜光天使点灯计划实施现状之研究》,《学校行政月刊》,2010 年第 67 期。

[61] 娄宏毅、宋尚桂:《成人教育学》,齐鲁书社,2002 年。

[62] 鲁洁:《德育课程的生活论转向———小学德育课程在观念上的变革》,《华东师范大学学报(教育科学版)》,2005 年第 3 期。

[63] 罗斯·埃什尔曼、理查德·希拉克罗夫特:《心理学:关于家庭(第 12 版)》,徐晶星译,上海人民出版社,2012 年。

[64] 吕慧、缪建东:《改革开放以来我国家庭教育的法制化进程》,《南京师范大学学报(社会科学版)》,2015 年第 2 期。

[65] 马克斯·韦伯:《社会科学方法论》,中国人民大学出版社,1999 年。

[66] M·E·布里林格、D·H·布伦戴奇:《成人的家庭生活教育》,载 Torsten Husen、T.Neville Postlethwaite、吴庆麟:《国际教育百科全书(第四卷 F-H)》,贵州教育出版社,1990 年。

[67] 梅伟强:《香港之家庭暴力》,《亚洲家庭暴力与性侵害》,2009 年第 2 期。

[68] 缪建东:《家庭教育社会学》,南京师范大学出版社,1999 年。

[69] 内尔·诺丁斯:《始于家庭:关怀与社会政策》,侯晶晶译,教育科学出版社,2006 年。

[70] 内尔·诺丁斯:《幸福与教育》,龙宝新译,教育科学出版社,2009 年。

[71] Neil S.Jacobson、Alan S.Gurman:《夫妻心理治疗与辅导指南》,贾树华等译,中国轻工业出版社,2001 年。

[72] 奥利瑞:《夫妻治疗指导计划》,张锦涛译,中国轻工业出版社,2005 年。

[73] 佩妮·斯帕克:《离家在外:家庭生活与现代主义》,载李砚祖主编:《艺术与科学:卷 12》,清华大学出版社,2012 年。

[74] 邱旭光:《台湾家庭教育专业人才培养及其启示》,《高教探索》,2013 年第 5 期。

[75] 全国妇女儿童工作部:《全国家庭教育调查报告》,社会科学文献出版社,2011 年。

[76] 单中惠、刘传德:《外国幼儿教育史》,上海教育出版社,2006 年。

[77] 单中惠:《外国素质教育政策研究》,山东教育出版社,2004 年。

［78］上海社会科学院性别与发展研究中心:《性别影响力》,上海社会科学院出版社,2014 年。

［79］沈奕斐:《个体家庭 iFamily:中国城市现代化进程中的个体、家庭与国家》,三联书店,2013 年。

［80］盛亦男、杨文庄:《西方发达国家的家庭政策及对我国的启示》,《人口研究》,2012 年第 4 期。

［81］史静寰、周采:《学前比较教育》,辽宁师范大学出版社,2002 年。

［82］史秋琴:《城市变迁与家庭教育》,上海文化出版社,2006 年。

［83］世界卫生组织:《暴力的定义》,http:www.who.int/topics/violence/2009 - 01 - 02。

［84］宋尚桂:《当代西方成人学习理论述评》,《济南大学学报》,1998 年第 3 期。

［85］唐·埃德加、海伦·格莱泽:《家庭与亲密关系:家庭生活历程与私生活的再建》,《国际社会科学杂志》,1995 年第 1 期。

［86］唐灿、张建:《家庭问题与政府责任——促进家庭发展的国内外比较研究》,社会科学文献出版社,2013 年。

［87］唐先梅:《澳洲的家庭生活教育》,《健康婚姻与家庭国际研讨会会议手册》,台湾师范大学,2004 年。

［88］田丰:《当代中国家庭生命周期》,社会科学文献出版社,2011 年。

［89］涂信忠、陈俪洁:《从家庭复原力与家庭生态系统观点探讨夜光天使点灯计划专案——以台南县为例》,《家庭教育》,2013 年第 31 期。

［90］王磊、梁誉:《以服务促发展:发展型社会政策与社会服务的内在逻辑析论》,《理论导刊》,2016 年第 3 期。

［91］王湘、邓瑞姣:《老年痴呆患者护理模式的国内外比较及其启示》,《解放军护理杂志》,2006 年第 1 期。

［92］王福民:《家庭:作为生活主体存在空间之价值论旨趣》,《哲学研究》,2015 年第 4 期。

［93］王建平、涂肇庆:《香港地区家庭住户结构变迁的探究》,《中国人口科学》,2003 年第 4 期。

［94］王顺民:《从免费的营养午餐、营养晚餐到其他——关于夜光天使点灯专案计划的政策性思考》,http://www.wretch.cc/2015 - 12 - 27。

［95］王思斌:《社会政策时代与政府社会政策能力建设》,*Social Sciences in China*,2004 年第 4 期。

［96］王思斌:《我国适度普惠型社会福利制度的建构》,《北京大学学报(哲社版)》,2009 年第 3 期。

［97］王晓萍:《社会文化变迁背景下的婚姻与婚前准备教育》,《江苏社会科学》,

2010 年第 4 期。

[98]王英、谭琳:《赋权增能:中国老年教育的发展与反思》,《人口学刊》,2011 年第 1 期。

[99]魏章玲:《美国家庭模式和家庭社会学》,世界知识出版社,1990 年。

[100]乌尔里希·贝克、伊丽莎白·贝克-格恩斯海姆:《个体化》,李荣山、张惠强译,北京大学出版社,2011 年。

[101]吴帆、李建民:《家庭发展能力建设的政策路径分析》,《人口研究》,2012 年第 7 期。

[102]吴航:《家庭教育学基础》,华中师范大学出版社,2010 年。

[103]吴可立、钱焕琦:《家庭服务业发展的挑战与机遇》,南京大学出版社,2011 年。

[104]吴敏玲、何永莲、洪荣梅:《加强家属健康教育对老年痴呆患者生活质量的影响》,《齐齐哈尔医学院学报》,2006 年第 4 期。

[105]吴明珏、张雅淳、黄乃毓:《澳洲与新加坡的家庭政策发展与家庭教育策略——经验与启示》,《人类发展与家庭学报》,2013 年第 15 期。

[106]吴小英:《公共政策中的家庭定位》,《学术研究》,2012 年第 9 期。

[107]香港家庭福利会:《"爱·TEEN·和谐"计划研究报告》,香港家庭福利会出版社,2010 年。

[108]香港家庭福利会:《反对家庭暴力系列项目》,http:// www.h kfws.o rg. hk/ 2016 - 02 - 24。

[109]香港家庭福利会:《夹缝中的曙光"儿童为本"共享亲职先导计划》,http://58.64.139.168:8080/b5_service.aspx? id=75 & show=1 & aaa= 2.2015 - 01 - 20。

[110]香港家庭生活教育的发展,http://flerc.swd.gov.hk/lm_io/lm5_fle_ intro.asp? lang=1/2012 - 09 - 20/2015 - 04 - 01。

[111]香港家庭福利会:《和平计划——施虐者辅导先导计划》,http://www. hkfws.org.hk/2016 - 01 - 20。

[112]香港家庭福利会:《心连心·齐踏暴计划》,http://www.hkfws.org.hk/ 2016 - 01 - 25。

[113]香港路德会:《家庭生活教育组服务内容》,http://www.hklssfle.org.hk/ index.php? id=3,2015 - 01 - 20。

[114]香港社会福利署及香港大学社会工作及社会行政学系顾问团:《建构有效家庭服务:综合家庭服务中心模式实施情况检讨》,http://wenku.baidu. com/2016 - 02 - 11。

[115]香港政府统计处:《香港统计年刊》,香港统计出版社,1995 年。

［116］项贤明：《论生活教育与学校教育的逻辑关系》，《教育研究》，2013 年第 8 期。

［117］谢银沙：《台湾家庭生活教育专业化之回顾与评析》，《家政教育学报》，2005 年第 7 期。

［118］熊跃根：《社会政策：理论与分析方法》，中国人民大学出版社，2009 年。

［119］徐安琪、张亮、刘汶蓉、包雷萍：《风险社会的家庭压力和社会支持》，上海社会科学院出版社，2007 年。

［120］徐安琪：《应将家庭生活教育和训练制度化》，《中国妇女报》，2012 年 3 月 20 日。

［121］徐枫：《上海家庭政策蓝皮书》，上海人民出版社，2014 年。

［122］徐浙宁：《我国关于儿童早期发展的家庭政策（1998—2008）——从"家庭支持"到"支持家庭"？》，《青年研究》，2009 年第 4 期。

［123］许美瑞：《家庭生活教育的本质》，《家庭生活教育》，师大书苑（台北），2001 年。

［124］薛宁兰：《无过错离婚在美国的法律化进程》，《外国法译评》，1998 年第 4 期。

［125］雅各布森·杰曼：《夫妻心理治疗与辅导指南》，中国轻工业出版社，2001 年。

［126］杨宝忠：《大教育视野中的家庭教育》，社会科学文献出版社，2003 年。

［127］杨迪：《聚焦中国家庭变迁，探讨支持家庭的公共政策——"中国家庭变迁和公共政策国际研讨会"述评》，《妇女研究论丛》，2011 年第 6 期。

［128］杨桂凤：《社会质量——一种集体认同的可能》，《中国社会科学报》，2016 年 2 月 24 日。

［129］杨启光、陈明选：《家庭与学校教育改革的关系：西方的经验与中国的问题》，《华东师范大学学报（教育科学版）》，2011 年第 4 期。

［130］杨启光、孙玉丽：《美国"父母即教师"项目（PAT）的发展及效果评估》，《比较教育研究》，2012 年第 3 期。

［131］杨启光、朱纯洁：《论我国儿童课后照顾与教育服务的需求及政府责任》，《教育理论与实践》，2014 年第 34 期。

［132］杨启光、曹艳红：《香港家庭生活教育服务发凡》，《重庆社会科学》，2015 年第 12 期。

［133］杨启光、段然：《论英国"青年中心"开展家庭生活教育专业化服务》，《中国青年政治学院学报》，2016 年第 2 期。

［134］杨启光：《当代中国发展型家庭生活教育研究》，《南京社会科学》，2016 年第 2 期。

[135] 杨启光、严灵:《论我国家庭生活质量建设的政策框架选择——基于国际家庭生活教育的发展经验》,《徐州工程学院学报(社会科学版)》,2016 年第 4 期。

[136] 杨启光、苏文青:《美国洛杉矶市青少年性教育的创新实践:一种基于权利的综合性性教育方法》,《基础教育》,2016 年第 3 期。

[137] 杨启光、曹艳彬:《台湾家庭生活教育专业化的发展路径及其启示》,《探索》,2016 年第 4 期。

[138] 杨启光:《全球教育政策转移比较研究》,浙江大学出版社,2013 年。

[139] 杨启光:《学校教育变革中的家庭参与问题研究》,河海大学出版社,2015 年。

[140] 杨团、孙炳耀:《资产社会政策与中国社会保障体系重构》,《江苏社会科学》,2005 年第 2 期。

[141] 杨漾:本地首个"家庭年"——今年有更多活动促进家庭凝聚力,https://app.msf.gov.sg/Portals/2016 - 03 - 25。

[142] 叶高芳:《展望婚姻之旅》,四川大学出版社,2007 年。

[143] 叶霞崔:《家政教育论文集》,华冈出版(台北),1973 年。

[144] 英国国家统计局,Statistics.https://www.gov.uk/government/statistics/2015 - 09 - 10。

[145] 英国青少年司法委员会,http://www.youth-justice-board.gov.uk/2015 - 09 - 10。

[146] 袁险峰:《香港的社会福利和流浪儿童救助机构》,《社会福利》,2002 年第 9 期。

[147] 约翰·德弗雷、大卫·H 奥尔森:《美国婚姻和家庭面临的挑战——社会科学家的对策》,《江苏社会科学》,2002 年第 5 期。

[148] 约翰·怀特:《教育与"有意义的生活"》,《教育研究与实验》,2014 年第 1 期。

[149] 曾培芳、王冀:《议"家庭"概念的重构——兼论家庭法学体系的完善》,《南京社会科学》,2008 年第 11 期。

[150] 张春海:《小家庭 大问题——社会转型期的家庭研究受关注》,《中国社会科学报》,2015 年 3 月 13 日。

[151] 张海东:《社会质量研究:理论、方法与经验》,社会科学文献出版社,2011 年。

[152] 张建莉:《孟加拉国国农村基础教育阶段学生资助项目分析研究及对中国的启示》,《西北成人教育学报》,2007 年第 4 期。

[153] 张剑,赵宝爱:《社会福利思想》,山东人民出版社,2011 年。

［154］张金荣、杨茜:《"后家庭时代的家庭"理论的中国适用性研究》,《社会科学辑刊》,2014 年第 3 期。

［155］张锦涛,方晓义:《夫妻对沟通模式感知差异与双方婚姻质量的关系》,《中国临床心理学杂志》,2011 年第 3 期。

［156］张乐天:《农村劳动力转移中的教育作用与问题——澳大利亚、马来西亚、中国、孟加拉国四国比较研究》,《比较教育研究》,2005 年第 1 期。

［157］张丽丽:《和谐家庭——理论与实践探索》,上海社会科学院出版社,2009 年。

［158］张文霞、朱冬亮:《家庭社会工作》,社会科学文献出版社,2005 年。

［159］张文新、陈光辉、林崇德:《应用发展科学——一门研究人与社会发展的新兴学科》,《心理科学进展》,2009 年第 2 期。

［160］张新文:《发展型社会政策与我国农村扶贫》,广西师范大学出版社,2011 年。

［161］张秀兰、方黎明、王文君:《城市家庭福利需求压力和社区福利供给体系建设》,《南京社会科学》,2010 年第 2 期。

［162］张秀兰、徐月宾:《建构中国的发展型家庭政策》,《中国社会科学》,2003 年第 6 期。

［163］赵媛媛:《关怀伦理的生态文化转向——论生态女性主义的关怀环境伦理》,《自然辩证法通讯》,2011 年第 1 期。

［164］赵忠心:《大陆地区家庭教育的发展状况》,《成人教育》,1998 年第 44 期。

［165］赵忠心:《家庭教育学》,人民教育出版社,1994 年。

［166］赵忠心谈家庭教育:《民国年间的〈推行家庭教育办法〉》,http://mt.sohu.com/20160502/n447217343.shtml。

［167］郑寰:《新加坡家庭政策的调适与创新》,《学习时报》,2016 年 2 月 18 日。

［168］中国儿童中心:《我国家庭教育指导服务体系构建与推进策略研究》,中国人民大学出版社,2016 年。

［169］中国社会科学院五城市家庭调查课题组:《五城市家庭结构与家庭关系调查报告》,http://www.sociology.cass.cn/2010-07-20。

［170］周丽端、唐先梅:《家庭生活教育专业化之经验:以美国经验为例》,《家政教育学报》,2003 年第 5 期。

［171］综合家庭服务中心:《综合家庭服务中心 2013—2014 年年度报告》,综合家庭服务中心出版社,2014 年。

［172］邹强:《中国当代家庭教育变迁研究》,天津大学出版社,2011 年。

［173］左玉辉、邓艳、柏益尧:《人口——环境调控》,科学出版社,2008 年。

［174］Adams, B. N. (1988). Fifty Years of Family Research. Journal of

Marriage and the Family,50,5-17.

[175] Agnes NG et.al. (1974). Social Causes of Violent Crimes among Young Offenders in Hong Kong. Hong Kong: Social Research Centre, pp.14-24.

[176] Aireitton,Shelly,Klotiz,Jack,Roberson and Thelma. Parents as Teachers:Advancing Parent Involvement in a Child's Education. http://www.parentsasteachers.org/2011-02-20.

[177] Alam,K. R. (2006). Ganokendra:An Innovative Model for Poverty Alleviation in Bangladesh.Review of Education,52(3-4),343-352.

[178] Albert. D.K. Amedzro. (1996),Theory and Practice of Community Education. A Comparative Study of Nordic,British,Canadian and Ghanaian Experiments.Ghana University Press,pp.33-42.

[179] Albritton,Klotz,Roberson.(2004).The Effects of Participating in a Parents as Teachers Program on Parental Involvement in the Learning Process at School and Home.E-Journal of Teaching and Learning in Diverse Settings,(1),188-20

[180] Allen,K. R. & Baber,K. M. (1992). Starting a Revolution in Family Life Education:a Feminist Vision. Family Relations,41(4),378-384.

[181] Anderson. Schull,Pegorraro. An Assessment of a Home-visiting Intervention on Rural,Low-income Children's School Readiness. http://hdl.handle.net/2006/2011-02-20.

[182] Andrew J.Cherlin,(1992),Marriage,Divorce,Remarriage,Harvard University Press,p2.

[183] Annette Lareau & Elliot B. Weininger (2003). Cultural Capital in Educational Research:A Critical Assessment. Theory and Society. 32,567-606.

[184] Arcus,M. E. (1995). Advances in Family Life Education:Past, Present,and Future,Family Relations,44(4),336-344.

[185] Arcus,M. E.,(1992),Family Life Education:Toward the 21st Century. Family Relations,41(4),390-393.

[186] Arcus,M.E. (1995). Family Life Education. In Levinson,D. (Ed). Encyclopedia of Marriage and the Family,pp. 259-265.

[187] Arcus,M. E.,Schvaneveldt,J. D. & Moss J. J. (Eds),Handbook of Family Life Education:Foundations of Family Life Education.v.1. USA:Sage Publications,Inc.

[188] Australian Bureau of Statistics. Population by Age and Sex，Australian States and Territories .Australian Bureau of Statistics.2010. http：// www.abs.gov.au /Ausstats/abs.

[189] Avery，C. E.，& Lee，M. R. (1964). Family life education：Its philosophy and purpose. The Family Life Coordinator，13(2)，27 – 37.

[190] Bagarozzi，D. A.，& Bagarozzi，J. I. (1982). A Theoretically Derived Model of Premarital Intervention：The Building of a Family System. Clinical Social Work Journal，10(1)，52 – 64.

[191] Ballard S. Taylor A. (2012) Family Life Education with Diverse Populations. USA：Sage Publications，Inc. P.11.

[192] Barnes，M.Alyssa. (2012)，Open Arts，Open Minds，Open Doors：Including Children with Special Needs in Ministry，Christian Education Journal,9(3),81 – 100.

[193] Bhola，H. S. (2009). Reconstructing Literacy as an Innovation for Sustainable Development：a Policy Advocacy for Bangladesh. International Journal of Lifelong Education，28(3)，371 – 382.

[194] Bmwn SL. (2010). Marriage and child well-being：Research and pclicy perspectives. Journal of Marriage and Family，72(5)，1059 – 1077.

[195] Boaz Shulruf，Claire O'Loughlin，Hilary Tolley. (2009). Parenting Education and Support Policies and Their Consequences in Selected OECD Countries. Children and Yout Service Review. 31，526 – 532.

[196] Bogenschnider，K. (2003). Family Law and Public Policy. In D，J. Bredehoft，& M. J. Walcheski (Eds.). Family Life Education：Integrating Theory and Practice. Minnieapolis，MN：National Coucil on Family Relations.pp.117 – 124.

[197] Boonstra HD.(2010).Winning campaign：California's Concerted Effort to Reduce its Teen Pregnancy Rate. Guttmacher Policy Review，13 (2),18 – 24.

[198] Bourdieu，P. (1986). The Forms of Capital. In J. C. Richardson (Ed.)，Handbook of Theory and Research for the Sociology of Education. New York：Greenwood Press.PP.241 – 258.

[199] Braver，S. L.，Salem，P.，Pearson，J.，& Delusé，S. R. (2005). The Contentof Divorce Education Programs：Results of a Survey，Family Court Review1996，34(1)，41 – 59.

[200] Bredehoft D J. (2001)，Bredehoft. The Framework for Life Span

Family Life Education：Revisited and Revised., 9(2),134 - 139.

[201] Brian Maddox. (2008). What Good is Literacy? Insights and Implications of the Capabilities Approach. Journal of Human Development，9（2），185 - 206.

[202] Broman，C. L. (2009). The Longitudinal Impact of Adolescent Drug Use on Socioeconomic Outcomes in Young Adulthood，Journal of Child & Adolescent Substance Abuse，18(18)，131 - 143.

[203] Brown. M. W. (1964). Organizational Programs to Strengthen the Family.In Christensen. H. T (Ed.). Handbook of Marriage and the Family. Rand McNally，Chicago,Illinois：p.823.

[204] Bubolz，M.M.，& McKenry，P.C.(1992).Gender Issues in Family Life Education：A Feminist Perspective. Handbook of Family Life Education，p.1.

[205] C. Darling and K.Turkki,（2009），Global Family Concerns and the Role of Family Life Education：An Ecosystemic Analysis，Family Relations，58(1)，14 - 24.

[206] Charles. B，Hennon ，Ellse Radina，Stephan. M，Wilson（2013）. Family Life Education：Issues and Challenges in Professional Practice [G]//GARY W，KEVIN R，BUSH. Handbook of Marriage and Family. New York：Springer Science＋Business Media，pp. 815 - 843.

[207] Chiara Saraceno，Jane Lewis and Arnlaug Leira（Eds.）. Families and Family Policies，Vol.1.Cheltenham：Edward Elgar，2012，Preface，P.Xi.

[208] Choedhury，A.，Carson，D.，(2006). Carson，C. Family Life Education in India：Perspective，Challenges，and Application.New Delhi：Rawat Publications.

[209] Claude A. Guldner. （1977）Marriage preparation and marriage enrichment：The preventive approach. Pastoral Psychology.25（4），248 - 259.

[210] Corteen，K. M. (2007). School's Fulfillment of Sex and Relationship Education Documentation：Threc School-based Case Studies，Sex Education，6(6)，77 - 99.

[211] Cromwell，B.E.，& Thomas，B.L. (1976).D veloping resources for Family Potential：A Family Action Model. The Family Coordinator，25，13 - 20.

[212] Curtis E. Avery and Margie R. Lee.(1964). Family Life Education: Its Philosophy and Purpose, The Family Life Coordinator, 13(2), 27 – 37.

[213] Dan, L. W., Saito, H., Plank, L. D., Jamieson, G. G., Jagannath, P., & Hwang, T. L., et al. (2006). Postsurgical infectionsare reduced with specialized nutrition support. World Journal of Surgery, 30(8), 1592 – 1604.

[214] Darling, C, A., & Hollon, S. (2003). Human Sexuality. In D, J. Bredehoft, & M.J.Walcheski (Eds.).Family life education: Integrating theory and practice. Minnieapolis, MN: National Coucil on Family Relations.pp.44 – 58.

[215] Deanna, Gomby. Home Visitation in 2005: Outcomes for Children and Parents. www.ced.org/ 2011 – 02 – 20.

[216] Doherty, W. J. (1995). Boundaries between Parent and Family Education and Family Therapy: The levels of Family Involvement Model. Family Relations, 44(4), 353 – 358.

[217] Drazen, Haust.Lasting Academic Gains from an Early Home Visitation Program.http://www.parentsasteachers.org/2011 – 02 – 20.

[218] Duncan S F, Goddard H W. (2005). Family Life Education: Principles and Practices for Effective Outreach. SAGE Publications,p.317.

[219] Duncan, S. F. etal. (2011). Family Life Education: Principles and Practices for Effective Outreach (2nd ed.). CA: Sage.

[220] Duvall, E. M. & Miller, B. C. (1985). Marriage and Family Development (6th Ed.). New York: Lippincott.p.61.

[221] Elkind, David. (1995). School and Family in the Post-modern World. Phi delta Kappan,77(1),8 – 14.

[222] Ellinghaus, K. (2002). Margins of Acceptability: Class, Education, and Interracial Marriage in Australia and North America. Fronticrs, 23 (3), 55 – 75.

[223] Elliot,M.(1999).Classifying Family Life Education on the World Wide Web.Family Relations,48(1),7 – 13.

[224] Glascoe, Leew. (2010). Parenting Behaviors, Perceptions and Psychosocial Risk: Impacts on Young Children's Development. Pediatrics, 125, 313 – 319.

[225] Greene, M. (2006).The Evaluation of Policies, Programs and Practices & In The Sage Handbook of Evaluation.London: Sage Publications.pp.

88 - 96.

[226] Guerney，B & Guerney，L F，（1981）. Family Life Educaton as Intervention.Family Relations 30,591 - 598.

[227] Haha Krausman Ben-Amos.(1989). Adolescence and Youth in Early Modern England.New Haven Yale，pp.25 - 40.

[228] Halfcrd WK，Markman HJ，Stanley SM. (2008). Strengthening Couple Relationships with Education：Social Policy and Publichealth Perspectives. Journal of Family Psychology，22,497 - 505.

[229] Harris R，Others A. Love，Sex and Waterskiing.(1992).Love,Sex and Waterskiing The Experience of Pre-Marriage Education in Australia，the University Printing and Publications Unit，pp.190 - 225.

[230] Haslam C. Community Education at the British Open University. Educational Broadcasting International，(12),36 - 38.

[231] Hawkins，A.J.，Blanchard，V.L.，Baldwin，S.A.，& Fawcett，E.B. (2008).Does Marriage and Relationship Education Work? A Meta-analytic Study. Journal of Consulting & Clinical Psychology，76(5)，723 - 734.

[232] Heath M. (2009).State of our Unions Marriage Promotion and the Contested Power of Heterosexuality. Gender & Society，23(1)，27 - 48.

[233] Hughes，J. R. & Perry-Jenkins，M. (1996). Social Class Issues in Family Lfe Education. Family Relations，45(2)，175 - 183.

[234] Hullfish，H. G. (1986). Women and Family Life Education in India. Printwell Publishers.

[235] Jacobson，A.L. (2003). Parent Education and Guidance. In D，J. Bredehoft，& M.J.Walcheski (Eds.).Family life education：Integrating theory and practice. Minnieapolis，MN：National Coucil on Family Relations.pp.110 - 116.

[236] Jane.Thomas，Jay D.Schvaneveldt，Margaret H.Young. Programs in Family Life Education：Development，Implementation and Evaluation. In Handbook of Family Life Education .P.107 - 108.

[237] Hughes，J. R. (1994). A Framework for Devcloping Family Life Education Programs. Family Relations，43(1),74 - 80.

[238] Jurkovic，I. (2015). Understanding Profiles of Couples Attending Community-based Couple Counseling and Relationship Education Services. Journal of Couple & Relationship Therapy，14(1)，64 - 90.

[239] K. Allen. (2016). Theory, Research, and Practical Guidelines for Family Life Coaching, Springer International Publishing Switzerland, p.48.

[240] Kelly, P. (2006). The Entrepreneurial Self and 'Youth at Risk': Exploring the Horizons of Identity in the twenty-first Century, Journal of Youth Studies, 9(1), 17 – 32.

[241] Kerckhoff. R. K. (1964). Family Life Education in America. In Christensen. H.T (ed.).Handbook of Marriage and the Family. Rand McNally, Chicago, Illinois: p.881.

[242] Kevin.K.Kumashiro. (2009). Education Policy and Family Values: A Critical Analysis of Initiatives from the Right. Multicultural Perspectives, 11(2), 72 – 79.

[243] Khan, A. M. M. Z. K. (2005). Continuing Education in Bangladesh: The Lessons of Experience, (38), 43 – 54.

[244] Kim H W, Michele S. (2005). Couple Relationship Education in Australia. Family Process, 44(2):147 – 159.

[245] Kim, H. W., Markman, H. J., Kling, G. H., & Stanley, S. M. (2003). Best Practice in Couple Relationship Education, Journal of Marital and Family Therapy,29(3), 385 – 406.

[246] Kirkendall, L.(1948).Emerging Concepts in Family Life Education. The School Review, 56(8),448 – 458.

[247] Laszloffy, T. A, (2002). Rethinking family development theory: Teaching with the Systematic Family Development (SFD) model. Family Relation, 51,206 – 214.

[248] Lawler P A, King K P. (2000).Refocusing Faculty Development: The View from an Adult Learning Perspective. Adult Education Research Conference.

[249] M. E.Arcus, (1987). A Framework for Life-Span Family Life Education, Family Relations, 36(1), 5 – 10.

[250] Magaly Marques, Nicole Ressa. (2013), The Sexuality Education Initiative: a Programme Involving Teenagers, Schools, Parents and Sexual Health Services in Los Angeles, CA, USA. Clinical & Experimental Pharmacology & Physiology.7(2),113 – 117.

[251] Markman HJ, Stanley SM, Jenkins NH, et al. (2006). Preventive Education: Distinctives and Directions. Journal of Cognitive Psychotherapy,

220(4)，411 - 434.

[252] Malenie Heath. (2009). STATE OF OUR UNIONS: Marriage Promotion and the Contested Power of Heterosexuality. Gender & Society，23(1)，27 - 48.

[253] Manitoba Dept. of Education and Training，Winnipeg. (1990a). Family Life Education. Grade 5. An Optional Health Education Unit. (ERIC: ED343859).

[254] Maria Helena de Almeida Reis，& Duarte Gonçalo Rei Vilar. (2006). Validity of A Scale to Measure Teachers' Attitudes towards Sex Education. Sex Education，6(2)，185 - 192.

[255] Markman HJ，Stanley SM，Jenkins NH，et al. (2006). Preventive Educaticn: Distinctives and Directions. Journal of Cognitive Psychotherapy，20(4)，411 - 434.

[256] MCDS.Family Matters! Singapore Annual Report 2001 - 2002. https://app.msf.gov.sg/2016 - 02 - 10.

[257] MCYS. (2012). Parent Education in Pre-school (PEPS) Guide on Set Up and Management. Family Education Department，p.2.

[258] MCYS.A Guide to Family Lif Education in Singapore. http://www.aitong.moe.edu.sg/ 2016 - 04 - 08.

[259] Ministry of Community Development，Youth and Sports (MCYS). http://www.singaporebudget.gov.sg/ 2016 - 03 - 20.

[260] Moloney，L.，& Smyth，B. (2004). Family Relationship Centers in Australia，Family Matters2004，69，64 - 70.

[261] Monica，Sweet，Mark ，Appelbaum. (2004). Is Home Visiting an Effective Strategy? A Meta-Analytic Review of Home Visiting Programs for Families With Young Children. Child Development，75，1435 - 1456

[262] Moran，J.(2003).Globalization，Family Life，and the Future Research Environment in Home Economics and Human Sciences，International Journal of Human Ecology，4(2),89 - 100.

[263] Morgaine .C.A.(1992).Alternative Paradigms for Helping Families Change Themselves.Family Relations，41(1),9 - 11.

[264] MSF，Interview with the Minister: Money can't resolve the falling fertility rate problem. 2012，https://app. msf. gov. sg/Press-Room/Interview-with-the-Minister-Money-cant-resolve-t，2015 - 12 - 20.

[265] MSF，State of the Family Reports[EB/OL].2004，https：//app.msf.gov. sg/Research-Room/Research-Statistics/State-of-the-Family-Reports.

[266] MSF.Interview with the Minister：Money can't resolve the falling fertility rate problem. 2012，https：//app.msf.gov.sg/2015 - 12 - 20.

[267] Myra Marx Ferree.（1990）.Beyond Separate Sphere：Feminism and Family Research. Journal of Marriage and the Family. 52 （Nov.），866 - 884.

[268] Nancy，F，Berglas & Francisca，Angulo-Olaiz & Petra，Jerman & Mona，Desai，& ，Norman，A，Constantine.（2014）. Engaging Youth Perspectives on Sexual Rights and Gender Equality in Intimate Relationships as a Foundation for Rights-Based Sexuality Education. Sex Res Soc Policy，2 （11），288 - 298.

[269] National Commission on Famlily Life Education.（1968）.Family life education programs：principles，plans，procedures；A Framework for Family Life educationors.The Family Coordinator，17，211 - 214.

[270] National Council on Family Relations （1995）. College and University Guidelines. In Bredehoft，D. J. & Cassidt，D. （Ed）. Family Life Education Curriculum Guidelines. 12 - 14. MN：Author.

[271] Nel Noddings （1992）. The Challenge to Care in Schools. New York：Teachers College Press.

[272] Nel Noddings.（2003）. Happiness and Education.Cambridge University Press.p.30.

[273] Neuman，Celano. （2001）.Access to print in Low-income and Middle-income Communities：An Ecological Study of Four Neighborhoods. Reading Research Quarterly，36 （1），8 - 26.

[274] Nicole Haberland，Deborah Rogow. （2015）. Sexuality Education：Emerging Trends in Evidence and Practice. Journal of Adolescent Health，（56），15.

[275] Norman A Constantine，Petra Jerman & Nancy F Berglas. （2015）. Short-term Efects of a Rights-based Sexuality Education Curriculum for High-school Students：a Custer-randomized Trial. Bmc Public Health. 15（1），1 - 13.

[276] Ockey，T. L. （2008）. The Parents as Teachers Program and Kindergarten Literacy Readiness. Department of Counseling Psychology and Special Education Brigham Young University，（8），

15 - 18.

[277] Olson，A.，& Olson，D. H.（2003）. Interpersonal Relations. In D，J. Bredehoft，& M.J.Walcheski（Eds.）.Family life education：Integrating theory and practice. Minnieapolis，MN：National Coucil on Family Relations.pp.92 - 100.

[278] Palm，G.（2003）. Ethics. In D，J.Bredehoft，& M.J.Walcheski（Eds.）. Family Life Education：Integrating Theory and Practice. Minnieapolis，MN：National Coucil on Family Relations.pp.125 - 130.

[279] Paoloni，S.，Mercuri，F.，Marinelli，M.，Zammit，U.，Neamtu，C.，& Dadarlat，D.（2005）. Research and Evaluation in Marriage and Relationship Education.Family Matters,（71）,32 - 35.

[280] Parents as Teachers National Center.（2011）. Essential Requirements for Affiliates.http：//www.parentsasteachers.org/2011 - 02 - 20.

[281] Parents as Teachers. http：//www.parentsasteachers.org/2011 - 02 - 20.

[282] ParkerR.（1999），Research in Premarriage Education .Family Matters，（54），72 - 74.

[283] Parker，F. J.（1987）. Home Economics：An Introduction to a Dynamic Profession. 3rd ed. Mac Millan Publishing Company.

[284] Peppard J.（2008）Culture Wars in South Australia：The Sex Education Debates. Australian Journal of Social Issues，43(3)，499 - 516.

[285] Pfannenstiel，Zigler.（2007）. Prekindergarten Experiences，School Readiness and Early Elementary Achievement. Unpublished report prepared for Parents as Teachers National Center.

[286] Reimers，F.，Silva，C. D.，& Trevino，E.（2006）. Where is Education in the Conditional Cash Transfers in Education.UNESCO Institute For Statistics,Montreal.

[287] Renick，M. J.，Blumberg，S. L.，& Markman，H. J.（1992）. The Prevention and Relationship Enhancement Program（PREP）：An Empirically Based Preventive Intervention Program for Couples. Family Relations，41，141 - 147.

[288] Rettig，K.D.（2003）.Family Resource Management. In D，J.Bredehoft，& M.J.Walcheski（Eds.）.Family life education：Integrating theory and practice. Minnieapolis，MN：National Coucil on Family Relations.pp. 101 - 109.

[289] Roy，k.，& MacDermid，S.M.（2003）.Families in Society. In D，J.

Bredehoft，& M.J.Walcheski（Eds.）.Family life education：Integrating theory and practice. Minnieapolis，MN：National Coucil on Family Relations.pp.59－67.

[290] School Family Education Appreciation Lunch 2012. https：//app.msf. gov.sg/.

[291] Schvaneveldt J D，Young M H.(1992).Strengthening Families：New Horizons in Family Life Education. Family Relations，41(4),385－389.

[292] SFE Appreciation Lunch 2012 Speech.https：//app.msf.gov.sg/ 2016－04－08.

[293] Shaikh S. Ahmed，Department of Finance and Banking，"Study on Delivery Mechanismsof Cash Transfer Programsto thePoor in B angladesh"，Draft Version for Comments and Suggestions，June12, 2004.

[294] Sharpe J A.(1987)，Early Modern England：A Social History.London： Edward Arnold，pp.93－103.

[295] SIECUS. Adolescent Sexual Health Promotion at a Glance. (2013FY)/ 2015－12－02. http：//siecus.org/document//doc.

[296] Skinner H A.，Steinhauer P. and Sitarenios，G. (2000). Family Assessment Measure (FAM) and Process Model of Family Functioning. Journal of Family Therapy，22(2),190－210.

[297] Stagner，Brian H.(2007). Relationships Dissolving：Many Paths in Our Evolving Understanding of Divorce PsycCRITIQUES，52（20）, 110－128.

[298] Stahmann，R.F. & Salts，C. J.(1993).Educating for Marriage and Intimate Relationships. In In Arcus，M. E.Schvaneveldt，J. D. & Moss J. J. (Ed.)：Handbook of Family Life Education：Foundations of Family Life Education (vol.1). USA：Sage Publications，Inc，pp. 33－61.

[299] Steffens，D. C.，Mcquoid，D. R.，& Potter，G. G. (2014). Amnestic Mild Cognitive Impairment and Incident Dementia and Alzheimer's Disease in Geriatric Depression. International Psychogeriatrics，26 (12), 1－8.

[300] Stiglitz J. (2007). Making Globalization Work. New York：W. W. Norton，pp.10－11.

[301] Struening，K. (2007). Do Government Sponsored Marriage Promotion Policies Place Undue Pressure on Individual Rights? Policy Science，40

(3), 241 – 259.

[302] The Parents as Teachers Program: Its Impact on School Readiness and Later School Achievement. http://www.parentsasteachers.org/2007.

[303] Thomas,J & Arcus, M,(1992).Family life education:An analysis of the concept.Family Relations,41,3 – 8.

[304] Thompson, P.J., (1995).Reconceptualizing the Private/Public Sphers: A Basis for Home Ecnomics Theory. Canandian Home Economics, 45(1), 53 – 57.

[305] U, Bronfenbrenner. (1979). The Ecology of Human Development: Experiments by Nature and Design.London: Harvard University Press, p.1 .

[306] UNESCO.(2008). The Development and State of the Art of Adult Learning and Education Bangladesh National Report.

[307] Virginia State Dept. of Education, Richmond. (1988). Family Life Education. Standards of Learning: Objectives for Virginia Public Schools. (ERIC: ED412142)

[308] Wagner, Clayton. (1999).The Parents as Teachers Program: Results from Two Demonstrations in Home Visiting: Recent Program Evaluations.The Future of Children, (9), 91 – 115.

[309] Wagner, Spiker, Lin. The Effectiveness of the Parents as Teachers Program with Low-income Parents and Children. http://www.parentsasteachers.org/2011 – 02 – 20.

[310] Walcheski, M. & Bredehoft, D. (2003).Internal Dynamics of families. In D, J.Bredehoft, & M.J.Walcheski (Eds.).Family life education: Integrating theory and practice. Minnieapolis, MN: National Coucil on Family Relations.pp.68 – 74.

[311] Walker, J., Green, J., & Tilford, S. (2003). Walker, Green Tilford. An Evaluation of School Sex Education Team Training, Health Education Health Education, volume 103(103), 320 – 329.

[312] Weiss, H. B. (1993). Home Visits: Necessary But Not Sufficient. The Future of Childrcn, (3), 113 – 128.

[313] Wetton, N., T. Williamsn. (1989) .A Way in: Five Key Areas of Health Education. London: Health Education Authority, pp.70 – 88.

[314] Whithear, D. (1999). Web Update.Family Matters, No.55, 85.

[315] Wolcott I.(1999).Strong Families and Satisfying Marriages, Family

Matters，No.53，21 – 30.

［316］Wong，H.（2004）.The Changing Social Welfare，HongKong Social Welfare Publications，pp.3 – 4.

［317］Yada，H.，Abe，H.，Lu，X.，Wakizaki，Y.，Omori，H.，& Matsuo，H.，et al.（2014）. Job-related Stress in Psychiatric Nurses in Japan Caring for Elderly Patients with Dementia. Environmental Health & Preventive Medicine，19(6)，436 – 443.

［318］Zigler，Pfannenstiel，Seitz.（2008）.The Parents as Teachers Program and School Success：A Replication and Extension.Journal of Primary Prevention，29，103 – 120.

索 引

后　记

　　十多年前,在西南师范大学攻读教育学硕士学位教育原理专业的时候,华东师范大学陈桂生教授那本影响力比较大的《教育原理》中关于"教育与家庭"的内容深深地吸引了我。在他看来,"家庭之于教育,其意义是众所周知的。问题在于从什么视角考察教育与家庭关系。"这成为推动我多年来从事与家庭主题有关的教育研究的直接原因。

　　细想起来,关于教育与家庭问题的看法与认识经历了几次变化,这也影响了我具体研究的重点与内容取向。最初,主要是站在作为主要的正式教育的学校教育立场,从家庭作为影响学生学习成长重要教育环境因素出发,研究关注与探讨家长承担未成年子女教育规律的家庭教育现代化问题。后来,随着担任江南大学"家庭教育学"本科课程教学的工作,开始重点从历史演进与国际实践层面来考察家庭因素与学校教育改革的关系问题,出版了学术专著《学校教育变革中的家庭参与问题研究》,完成了该问题的一个阶段的研究任务,丰富了我对学校教育变革与家庭关系的理解。

　　在先期的家庭教育学课程教学与家校教育关系的研究中,我深刻感受到家庭问题与教育的研究必须实现认识上的一些转变。现代的家庭教育远远不能停留在家长与子女社会化的狭窄意义的理解上了,家庭中的每一个个体都需要终身学习与发展。教育对家庭生活的影响与促进也不仅仅表现在学校制度化机构中,教育的精神与力量应该拓展到家庭成员所触及的广阔社会家庭生活领域。真正本真的教育应该为增进家庭中的每一个成员的人力资本含量发挥促进作用,必须为预防家庭生活日常压力与困难强行介入家庭私生活据点。因为时代的快速变化,推动了家庭生活的历史形态、关系、结构以及与社会相互关系的巨大变化,致使许多家庭面临突出的发展风险问题与现实困境。教育研究者需要有积极的社会关怀情怀,并切实推进终身教育思想的实践进程。总之,现代教育要敢于发挥面向家庭生活、服务家庭生活与建设家庭生活的社会功能,在全球化背景下的中国家庭生活变迁关键时期,走进私领域的家庭生活,承担起为了家庭生活幸福的教育,将关爱的主题包括进我们今天的课程之中,努力提高家庭成员的家庭发展能力。这也应该是我们今天教育研究者应有的时代使命。

在一次偶然的机会,我发现了由阿库斯(Arcus,M.E,1993)等学者合作编辑的《家庭生活教育手册》(*Handbook of Family Life Education*)理论与实践两部英文著作,开始了关于家庭生活教育的中国化问题的研究。经过较长时间的酝酿、前期论证与积极准备,2013年我申报的"中国发展型家庭生活教育的理论与制度创新"(BGA130042)获得了国家社会科学基金教育学一般项目的立项。本书正是近几年来该项目的最终研究成果。为此,要感谢全国教育科学规划办公室的立项对于本课题研究的大力资助,这为顺利完成该研究任务提供了有力的支持。

需要指出的是,本书的部分研究内容作为阶段性研究任务的成果,已在国内一些重要刊物发表。基于全书的系统体例的设计要求,本书对其中的内容做了重新修订与进一步完善。我要借此机会对为这些论文的发表作出贡献与努力的主编、论文匿名评阅人、编辑及杂志社表示谢意。同时,本书的完成也要感谢本课题组其他成员的辛勤的劳动付出。我所指导的教育原理专业六名研究生不同程度上参与到本课题项目中,主要负责了本书第五章与第六章关于家庭生活教育实践与项目的跨文化比较的研究任务,并以家庭生活教育为主要领域开展了自己的硕士毕业论文研究。我相信,他们的研究将为促进与完善中国家庭生活教育的发展做出他们特别的贡献。这里,要借此机会特别感谢研究生苏文青、曹艳彬、曹艳红、段然、程琳与贾丙新对本研究所付出的劳动。同时,我也要向本书所引用到的文献资料的国内外作者与编者表达我的谢意。尽管我在引述与参考文献时都尽力作了详细的注释,没有他们提供的资料以及前期的丰富研究作为基础,我要完成这本书也是不可能的。

同时,也要感谢江南大学学界朋友与工作的同仁为本课题研究开题工作中所提供的殷切鼓励、研究建议与关心支持。要感谢2013年与我一起在加拿大阿尔伯塔大学(University of Alberta)访学的熊伟丽博士带来的关于国外家庭生活教育图书的扫描资料。也要感谢江南大学小学教育专业2014级学生黄宇波同学利用到台湾东吴大学访学交换时期帮我收集到的研究资料。最后,还要感谢上海交通大学出版社糜玲编辑以及出版社相关工作人员所付出的专业性劳动。

在书稿即将付梓的过程中,还有幸得到了长期深入研究中国婚姻家庭问题的上海社会科学院家庭研究中心主任徐安琪研究员的指导,这里要衷心感谢她提出的宝贵意见以及对本书具有的开创性研究价值的肯定。同时,非常感谢来自美国家庭关系委员会(NCFR)国际部的夏岩(Ruth Yan Xia)部长能够在百忙之中为本书作序。她们两位导师奖掖后学的精神令我甚为感动,必将激励着我为中国家庭生活教育的发展继续努力。

由于发展型家庭生活教育研究涵盖社会政策科学、家庭社会学与教育学等跨界的许多知识领域,作为非社会学专业的研究者,本书的相关研究尚属于作者初步的思考。鉴于个人学识、能力及其他因素的影响,书中难免存在不足与纰漏,敬请各位专家学者及读者批评指正。

完成此书,是对我长期以来开展家庭生活教育问题的研究与思考的一个阶段性的总结。祈愿以此研究为推动,秉持"教育让家庭生活更美好"的价值与信念,肩负起建立中国发展型家庭生活教育制度的社会责任,为共同推进一个公正美好社会的实现而继续努力!

杨启光

2016 年 10 月于江南大学